管理沟通

（第4版）

杜慕群　朱仁宏　编著

清华大学出版社
北京

内 容 简 介

本书在介绍西方管理沟通理论的同时，加入了中国传统文化国学精华作为中国式管理沟通的文化基础，从中西方文化融合的角度阐述了真正贴合本土实际的沟通原则与策略，并通过对大量本土案例的分析，为读者打开了沟通方法的融会贯通之门。

本书分为"管理沟通的理论""组织沟通策略""沟通技能的提升与锻造"以及"管理沟通未来发展趋势"四篇；第4版在第3版的基础上进行了精简与整合，更新了超过三分之一的案例，包括沟通概论、管理沟通的相关理论、管理沟通策略、组织内部沟通策略与团队建设、组织外部沟通、跨文化沟通、会议与面谈、非语言沟通与倾听、演讲、谈判以及组织管理沟通未来发展趋势共十一章。

本书是作者对多年企业管理实践经验的浓缩与总结，也是对多年MBA与EMBA教学与企业培训经验的积累与升华，不仅可作为高等院校经济管理专业的本科生与研究生（包括EMBA/MBA、MPM与MPA）的教材，而且适合企业中希望进行高效沟通的各层次管理人员阅读，一般读者也可通过学习本书提高自己的沟通技能。

本书封面贴有清华大学出版社防伪标签，无标签者不得销售。
版权所有，侵权必究。举报：010-62782989，beiqinquan@tup.tsinghua.edu.cn。

图书在版编目（CIP）数据

管理沟通 / 杜慕群，朱仁宏编著. —4版. —北京：清华大学出版社，2023.2（2025.1重印）
ISBN 978-7-302-62836-1

Ⅰ．①管… Ⅱ．①杜… ②朱… Ⅲ．①管理学 Ⅳ．①C93

中国国家版本馆CIP数据核字（2023）第028746号

责任编辑：杜春杰
封面设计：康飞龙
版式设计：文森时代
责任校对：马军令
责任印制：宋　林

出版发行：清华大学出版社
网　　址：https://www.tup.com.cn, https://www.wqxuetang.com
地　　址：北京清华大学学研大厦A座　　　邮　编：100084
社 总 机：010-83470000　　　　　　　　　邮　购：010-62786544
投稿与读者服务：010-62776969, c-service@tup.tsinghua.edu.cn
质量反馈：010-62772015, zhiliang@tup.tsinghua.edu.cn
印 装 者：三河市龙大印装有限公司
经　　销：全国新华书店
开　　本：185mm×260mm　　印　张：20.75　　字　数：502千字
版　　次：2009年11月第1版　2023年3月第4版　印　次：2025年1月第3次印刷
定　　价：69.80元

产品编号：097724-01

第4版前言

本书从2009年第1版、2014年第2版到2018年第3版，在中山大学管理学院已经连续使用了13年，总体反馈一直不错。特别是第3版后，短短4年的时间，本书已经连续印刷了5次，从出版社反馈的消息看，全国已经有100多所大学（学院）将其用作EMBA、MBA、本科、专科和职业培训的教材，这些数据说明该书中西方文化融合与通俗易懂的编撰理念已得到学界的充分认同。

本次修订的初衷是解决一线教材的时效性问题。目前国内MBA教材普遍采用过去3年内出版的书籍，由此看来，第3版教材应尽快修订再版，以适应国内教材的选用标准。其次，本人在第3版教材成书后的4年教学过程中，陆续发现教材中需要与时俱进的地方，主要体现在：部分缺乏时效性的内容需要更新修订，许多案例及其知识链接等需要更加新颖贴切的内容替代。最后也是最关键的一点，就是作者在最近4年多来的教学生涯中又积累了一批高质量的管理沟通案例，这为本书顺利修订打下了良好的基础。

本书第4版将延续图文并茂、格式生动活泼、不落俗套的写作风格，具体修订内容如下。

（1）总体思路。全书整体框架不做大的调整，主要增加与更新部分内容。对于部分案例链接与资料链接采用二维码方式存于出版社云盘，在不影响阅读与使用的基础上，尽量节约本书的篇幅。

（2）对部分章节内容与案例进行调整，主要包括对第1章"沟通概论"的导引案例进行更新；第2章"管理沟通的相关理论"删节了部分内容；第3章"管理沟通策略"更新章节典型案例；第4章"组织内部沟通策略与团队建设"更新了章节导引案例与典型案例，并补充了具有思政特色的中国共产党史上最成功的创业团队案例链接；第5章"组织外部沟通"不仅更新了章节导引案例，而且更新了章节大部分案例链接，提高了案例的时效性；第6章"跨文化沟通"则更新了部分案例链接；第7章"会议与面谈"删节了部分内容并更新了章节典型案例；第8章"非语言沟通与倾听"对部分内容进行了精简；第9章"演讲"章节典型案例中将马云的"中国的贸易机会"案例替换为更具思政特色的刘震云的"中华民族最缺的就是笨人"案例；第10章"谈判"更新了章节导引案例，增加了中美高层对话的思政案例；对第11章"组织管理沟通未来发展趋势"替换更新了章节导引案例，并增加了企业微信与腾讯会议等企业商务沟通软件的介绍与案例链接。

（3）在本书最后补充了本人在中山大学管理学院给 MBA 开设的《人情与面子：中国人的沟通之道》讲座的实况录像的二维码链接，以便读者更加深刻理解中国文化下的沟通策略。

本书的修订程序如下：首先，由本人与朱仁宏老师编撰全书的详细提纲框架；其次，在原书稿的基础上，梁菲同学参与了第 1 章、第 3 章、第 4 章、第 6 章与第 8 章的修订工作，李超同学参与了第 5 章与第 10 章的修订工作，范淑英参与了第 2 章的修订工作，李皓晨同学参与了第 7 章的修订工作，黄倩愉同学参与了第 9 章的修订工作，金冬平同学参与了第 11 章的修订工作；再次叶燕婷、冯肇琛、吴妍、牛嘉、黄琦、李皓晨、马一鸣与袁茹轩等同学为本书提供了第一手的更新案例；最后，由本人对全书进行了统稿。

最后，本人衷心希望再次修订后的本书配合本人于 2012 年出版的《赢在挫折后：职场精英应对困境之道》与 2013 年出版的《管理沟通案例》两本案例集，能够进一步完善基于沟通实战情境的管理沟通课程的教材体系；希望 MBA 与 EMBA 等各类学员在使用这本教材的过程中，能够快速进入特定的案例情境，进行讨论与碰撞，快速有效地提升面对中国式沟通情境时的应对能力。

杜慕群

2022 年 10 月 6 日于羊城

第3版前言

本书从2009年第1版到2014年第2版，在中山大学管理学院已经连续使用了8年，总体反馈效果一直不错。特别是第2版，短短3年多的时间已经被连续印刷了8次。出版社反馈全国已有100多所大学（学院）将本书用作MBA、本科、专科和职业培训的教材，这些数据说明该书中西方文化融合与通俗易懂的编撰理念得到了学界的充分认同。

本次修订的初衷是解决一线教材的时效性问题。目前，国内MBA教材普遍采用过去三年内出版的书籍，由此看来，第2版教材应尽快修订再版，以适应国内教材选用标准。其次，本人在第2版教材成书后的三年教学过程中，陆续发现教材中需要与时俱进之处，主要体现在：部分时效性内容需要更新，许多原有时效性案例与链接等需要更加新颖贴切的替代内容。最后也是最关键的一点，就是在过去三年多的教学生涯中，本人又积累了一批高质量的管理沟通案例，这为本书能够顺利修订打下了良好的基础。

本书第3版将继续保持图文并茂、格式生动活泼、不落俗套的写作风格，具体修订内容如下。

（1）整体思路。全书整体框架不做大的调整，主要增加与更新部分内容。

（2）对部分章节内容与案例进行调整，主要包括：对第1章"沟通概论"的典型案例进行更新；第2章"管理沟通的相关理论"增加了佛家"六和敬"圆融沟通理念的成果，确保将儒、释、道三家的精华思想全部纳入本书，并更新了章节典型案例；第3章"管理沟通策略"更新章节导引案例；第4章"组织内部沟通策略与团队建设"中的中国传统文化团队思想，增加了佛门众生平等的沟通思想，并更新了章节典型案例；第5章"组织外部沟通"不仅更新了章节导引案例，而且将典型案例由"三鹿危机"案例替换为"魏则西百度危机"沟通案例；第6章"跨文化沟通"则更新了章节典型案例；第7章"会议与面谈"一章主要加强罗伯特议事法则的内容，使其独立成为一小节；第8章"非语言沟通与倾听"则更新了章节典型案例；第9章"演讲"将白岩松的"中国梦"案例替换为更加具有时效性的马云的"中国的贸易机会"案例；对第10章"谈判"增加了章节典型案例；对第11章"组织管理沟通未来发展趋势"进行重新编写，删去媒介融合一节，重点补充了微信与商务通信软件等工具的描述与比较，并将章节典型案例更新为非常有典型样本意义的"微信沟通的喜与忧"。

（3）将每章最后的知识小结框图修订为更详细的每章知识思维导图，以便学员总览章节内容。

本书的修订程序如下：首先，由本人编撰全书的详细提纲框架；其次，在原书稿的基础上，本人修订了第 1～4 章，杜慕菊修订了第 5 章与第 7 章，朱仁宏修订了第 6 章与第 10 章，范淑英修订了第 8 章与第 9 章，杜鹃鸿修订了第 11 章；再次，在形成初稿过程中，何蕙江参与了第 2 章与第 4 章初稿的修订工作，孙林海、黄展恒与陈蕾参与了部分案例的初稿修订编撰工作，付永珍参与了全书思维导图的绘制工作；最后，由本人对全书进行统稿。

相信修订之后的本书，能够配合本人于 2012 年出版的《赢在挫折后：职场精英应对困境之道》与 2013 年出版的《管理沟通案例》两本案例集，进一步完善基于沟通实战情境的管理沟通课程的教材体系。最后，本人衷心希望 MBA 等各类学员在使用这本教材的过程中，能够快速进入特定案例情境，进行讨论与碰撞，快速有效地提升在中国式沟通情境中的应对能力。

杜慕群

2017 年 10 月 22 日于羊城

第 2 版前言

本书第 1 版自 2009 年 11 月份出版后,在中山大学管理学院已经连续使用了 4 年,总体反馈效果良好。本人自 2011 年起至今,连续参加了三届由全国工商管理硕士(MBA)教育指导委员会主办的管理沟通教学研讨会,根据会上的反馈信息来看,该书得到了国内管理沟通课程教学同行的普遍认可,并已被 10 余所大学(学院)用作 MBA、本科和职业培训的教材。该书在使用过程中,也收到了许多读者的积极反馈,并依据读者反馈的意见和使用需求进行了两次重印,足以体现市场对本书整体编撰思路的认可。

本次修订的初衷是解决一线教材的时效性问题。目前国内 MBA 教材普遍采用过去三年内出版的书籍,由此看来,第 1 版教材应尽快修订再版,以适应国内教材的选用标准。其次,本人在第 1 版教材成书后的 4 年教学过程中,陆续发现教材中需要与时俱进的地方,主要体现在:主体教材篇幅太长(将近 400 页),部分敏感内容需要修订,许多原有案例与链接等有了更加新颖贴切的替代内容。针对以上情况,亟须对第 1 版教材进行修改或调整,以适应教学的需要。

本书第 2 版将延续图文并茂、格式生动活泼、不落俗套的写作风格,具体修订内容如下。

(1)对教材篇幅进行压缩。将本书相关内容进行全面精简,删去一些相对冗余的内容,将第 1 版教材近 400 页的篇幅压缩了 1/6,整体控制在 330 页左右。

(2)对本书结构进行了调整。对教材框架结构进行了较大的调整,将原第 3 章"跨文化沟通"纳入第 2 篇"组织沟通策略";将原第 5 章中的"组织内部沟通策略"与第 7 章"团队建设"整合修订为第 4 章"组织内部沟通策略与团队建设";将原第 5 章中的"会议技巧"与第 8 章"会见与面谈"合并修订为第 7 章"会议与面谈";将原第 9 章"非语言沟通"与第 10 章"倾听"合并修订为第 8 章"非语言沟通与倾听"。经过上述调整,全书重新形成 4 篇共 11 章的结构。

(3)对全书内容进行更新。根据这几年 MBA 教学方面的成果,对各章节案例内容进行更新,主要包括:第 2 章管理沟通的相关理论补充了中国人的人情与面子最新成果论述;第 3 章沟通策略中的主体沟通策略部分补充了挫折对策的理论与相应的案例;第 5 章危机管理部分补充了自媒体时代危机管理的特征与对策内容;第 6 章"跨文化沟通"、第 9 章"演讲"

与第 10 章"谈判"补充了最新的案例；对第 11 章"组织管理沟通未来发展趋势"进行重新编写，重点突出沟通媒介发展更新下移动互联网带来的新改变，并对微博、微信等新媒体的传播特征与沟通对策进行了专门的探讨；对教材中部分政治敏感性内容进行了调整。

修订后，本书仍然包括管理沟通的理论、组织沟通策略、沟通技能的提升与锻造以及管理沟通未来发展趋势 4 篇：第 1 篇包括沟通概论、管理沟通的相关理论、管理沟通策略 3 章；第 2 篇包括组织内部沟通策略与团队建设、组织外部沟通——公共关系与危机管理、跨文化沟通以及会议与面谈 4 章；第 3 篇包括非语言沟通与倾听、演讲、谈判 3 章；第 4 篇包括组织管理沟通未来发展趋势一章。

本书的修订程序如下：首先，由本人编撰全书的详细提纲框架；其次，在原书稿的基础上，本人修订了第 1 章至第 5 章、第 7 章与第 8 章，朱仁宏老师修订了第 6 章与第 10 章，范淑英修订了第 9 章，杜鹃鸿修订了第 11 章；再次，在形成初稿过程中，丘凌峰参与了第 1 章至第 5 章初稿的编辑工作，黎俊彦参与了第 7 章至第 9 章以及第 11 章的初稿编辑工作，徐燕红参与了第 6 章与第 10 章的初稿编辑工作；最后，由本人对全书进行了统稿。

相信修订之后的本书，能够配合本人于 2012 年出版的《赢在挫折后：职场精英应对困境之道》与 2013 年出版的《管理沟通案例》两本案例集，进一步完善基于沟通实战情境的管理沟通课程的教材体系。最后，本人衷心希望 MBA 等各类学员在使用这本教材的过程中，能够快速进入特定的案例情境，进行讨论与碰撞，快速有效地提升面对中国式沟通情境时的应对能力。

杜慕群
2013 年 8 月 22 日于羊城

第 1 版前言

本书成书的背景可以用"两个领悟""两个原因"与"一个目标"归纳。首先,"两个领悟"来源于我的职场经历与攻读企业管理博士研究生的经历。1993 年,我从中科院陕西天文台研究生毕业进入职场。长期理工科的教育背景造就了我思维逻辑比较直接,缺乏迂回性,对于职场发展也一直倾向被动等待,缺乏主动性,虽然在每个岗位的专业能力都是出色的,但由于人际沟通能力比较弱,导致前十年的职业生涯一直不够顺畅。在多个行业的不断辗转磨炼过程中,我也遭遇了从技术人员向管理人员转变过程中的许多困难与挫折,后来在攻读博士学位时接受了工商管理的专业教育,对人际关系与沟通的理解才有了一定的领悟,这种提升与悟道为后续职业生涯的发展奠定了一定的基础。这是我第一个领悟:前十年职场经历使我真正领悟了人际沟通的重要性。

2003 年年底,经过三年半的艰苦在职攻读,我终于获得了中山大学管理学院企业管理博士学位。我的博士论文是《企业核心竞争力》,这篇论文是我在对企业核心能力的理论进行深入研究的同时,通过对中国 IT 制造业企业进行了问卷实证研究分析基础上撰写完成的。2005 年年初,我的博士论文进行修订并补充了联想、惠普、三星等六个企业案例后,入选了财政部经济科学出版社《中青年经济学家文库》丛书,获得正式出版。正是在撰写博士论文的过程中,我开始对管理沟通这门跨学科的课程产生了兴趣,因为根据我本人的理解,企业核心竞争力的最关键之处就在于企业内部各部门(事业部)各种能力的整合与协调,而这种协调与整合能力是真正具有独特性且难以被模仿的。从本质上看,企业整合与协调的最基本要点就是企业内部无间隙地顺畅沟通,因此企业内部高效的沟通是企业核心竞争力的基础,在企业内部如何强调沟通都不为过。这是我对核心竞争力更深层次的第二个领悟:高效沟通才是个人乃至企业真正的核心能力。

所谓"两个原因",则是本人利用业余时间为中山大学等高校的学员讲授管理沟通课程时引发的两方面原因。一方面,本人在完成博士论文后,由于在核心能力方面研究的前瞻性,陆续有学校邀请我开设企业核心能力的讲座。在讲授企业市场、管理与技术三大能力的基础上,我始终都在强调核心能力的基础就是企业的高效管理沟通能力。在这种背景下,听课的学员督促我为他们讲授管理沟通课程,因而讲授管理沟通课程首先是学员要求及其督促的结果。另一方面,虽然本人经过多年的磨炼以及管理理论的学习，对人际关系与沟通获得了一定的理解，但我经常看到身边很多组织内部的管理人员尽管在业务能力方面无可挑剔，却在日常沟通与人际关系处理方面存在缺憾，使得日常实际管理效果大打折扣，进而导致其职业生涯没有机会获得更大的突破。在这些人的身上，我依稀看到了我当年迷茫无助的影子。防止这些职场新兵重蹈覆辙才是我讲授管理沟通最重要的原因。

最后提出的"一个目标"就是本人希望编制一本既能够吸取西方沟通理论精华，又能够真正贴合中国文化背景的实战型 MBA 管理沟通教材。从 2004 年开始到现在，我陆续在中山大学等学校开设管理沟通课程与讲座，开始通过培训分享本人在沟通方面的研究积累与经验教训。从反馈情况看，反响比较热烈。经过三年多的教学实践，我发现目前的管理沟通教材部分是完全从西方教材翻译过来的，部分是国内各大学 MBA 专职教师根据西方沟通理论基础，加上少许中国传统文化要素编辑而成的，书中大部分案例均为西方或本土二手案例，往往缺乏原创性与实践性。我虽然也推荐了几本管理沟通书籍作为学生教材，但一直没有办法找到一本既注重实战演练，又注重沟通过程中东西方文化交融的教材，这也是本教材编撰的初衷。

浙江大学魏江教授对管理沟通这门课程的教学提出了两个引人深思的问题：什么是中国文化背景下的管理沟通？管理沟通到底有没有体系结构？他将这两个问题的答案落脚在：管理沟通的本质应该是换位思考，在沟通过程中不能忘记文化背景。对这两点归纳我深表认同。首先从换位思考的角度看，我本人理解管理沟通的过程就是主客体双方信息不断对称、完善的过程，因而整个管理沟通的所有技巧可以用简单的沟通过程八要素模型与约哈里窗口模型概括。鉴于此，本书在阐述组织沟通策略过程中，就基本按照沟通过程八要素模型的每个要素展开论述，这就是管理沟通的最基本的思路。其次从不能忘记文化背景的角度看，如何才能掌握真正属于中国人的文化背景，这也是中国人管理沟通必须解决的问题，因而本书强调了西方理论与中国文化融合的特点。为了能够真正阐述清楚中国文化背景，本书引入了社会心理学与中国文化心理学中的人情与面子的研究理论，并针对目前中国的实际情况阐明了基于中国人的人情与面子的沟通策略。

根据西方理论与中国文化融合视角这个特点以及管理沟通理论的基本思路，本书分为管理沟通的理论、组织沟通策略、沟通技能的提升与锻造以及管理沟通未来发展趋势四大部分。第一部分包括了沟通概论、沟通理论、跨文化沟通和管理沟通策略 4 章，不仅从西方管理沟通理论与中国传统文化沟通理论比较的角度介绍了中西方沟通理论在人性假设方面的差异对管理沟通理论的影响，而且引入了社会心理学研究范畴的中国人的人情与面子相关理论，并针对人情与面子理论，提出了适用于中国文化的沟通策略。第二部分包括组织内部沟通策略与会议技巧、组织外部沟通策略（公共关系与危机管理）、团队沟通和面谈沟通 4 章，从组织沟通策略的层面探讨管理沟通的实战策略，案例尽可能贴近企业管理实践。第三部分包括非语言沟通、倾听、演讲和谈判 4 章，从沟通技能提升的角度，运用大量实战案例进行阐述分析，力求切合企业管理实际。最后一部分即最后一章，该章在描述过去三十年信息化发展的技术脉络历史的基础上，预测了网络多媒体不断融合的沟通趋势，在分析了网络沟通对管理沟通影响的前提下，提出了未来虚拟组织与学习型组织沟通策略。

本书首先由我本人编撰了全书的详细提纲框架，并编写了第 2 章初稿作为样章格式，提交给相关学生作为各章节的初稿模板。在初稿出来后，我本人进行了全面审阅统稿。具体撰写分工如下：第 1 章、第 2 章、第 4 章、第 7 章由杜慕群执笔，第 6 章与第 13 章由丘凌峰执笔，第 5 章由邹华执笔，第 3 章由邹华与郭淞才执笔，第 8 章由陈义丽与丘凌峰执笔，第 9 章由刘艳军执笔，第 10 章由游苗执笔，第 11 章由范淑英与杜慕群执笔，第 12 章由徐岗与杜慕群执笔。此外，赖庆华、范星星与林静宜等同学参与了初稿编辑与资料收集工作，最后统稿完成后，范星星、丘凌峰、游苗、邹华与刘艳军参与了校对工作。

本书稿初步完成后，由于篇幅的限制，很多优秀的案例以及沟通的资料都没有办法融入本书内容，相关内容的取舍也是根据本人的判断进行的。在本书出版后，我希望专门针对本书再出版一本管理沟通的教学案例汇编，这样或许能够弥补本书编写过程中的遗憾。

杜慕群

2009 年 8 月 3 日于广州

目 录

第 1 篇 管理沟通的理论

第 1 章 沟通概论 2
1.1 沟通的基本概念 4
1.2 沟通、人际沟通与管理沟通 6
1.3 沟通的种类 7

第 2 章 管理沟通的相关理论 14
2.1 西方管理理论的人性假设与相关沟通理论 15
2.2 中国传统的人性假设理论 22
2.3 中西方人性假设理论的比较与应用 23
2.4 中国传统文化的沟通理念 24
2.5 中西方"面子"理论比较及人情与面子互动模型 28
2.6 西方组织冲突理论与中国人冲突化解模型 36

第 3 章 管理沟通策略 43
3.1 认识沟通策略 45
3.2 管理沟通主体策略 47
3.3 管理沟通客体策略 51
3.4 管理沟通的编码和解码策略 52
3.5 管理沟通的信息与渠道策略 56
3.6 沟通的通俗原则 58
3.7 中国人的人情与面子沟通策略 62

第 2 篇 组织沟通策略

第 4 章 组织内部沟通策略与团队建设 74
4.1 组织内部沟通的含义和作用 76
4.2 组织沟通的对象及策略 77
4.3 组织中的沟通网络 88

  4.4 团队概论 91
  4.5 团队建设与团队领导 95
  4.6 团队沟通技巧 104
  4.7 团队沟通决策 106

第 5 章 组织外部沟通——公共关系与危机管理 114
  5.1 企业对外沟通的对象及策略 115
  5.2 企业危机的定义、类型和特征 119
  5.3 西方危机管理理论和中国古代"顺道"文化危机管理思想 123
  5.4 危机管理的识别与预控 126
  5.5 危机的形成与发展、处理与化解 128
  5.6 危机管理的企业常态恢复 132
  5.7 危机管理沟通的三个知道与八项注意 133
  5.8 自媒体时代的危机管理沟通 137

第 6 章 跨文化沟通 143
  6.1 跨文化沟通概述 144
  6.2 跨文化沟通的相关理论 147
  6.3 跨文化沟通障碍的主要原因 153
  6.4 跨文化沟通的原则 158
  6.5 跨文化沟通的策略 159

第 7 章 会议与面谈 166
  7.1 会议沟通概述 168
  7.2 有效的会议 169
  7.3 面谈概述 173
  7.4 面谈的一般过程 176
  7.5 几种重要的面谈 180

第 3 篇 沟通技能的提升与锻造

第 8 章 非语言沟通与倾听 192
  8.1 非语言沟通的特点 193
  8.2 非语言沟通与语言沟通的关系 194
  8.3 非语言沟通的分类 196
  8.4 身体语言沟通 196
  8.5 环境语言沟通 206
  8.6 中西方非语言沟通的比较 210
  8.7 倾听的含义与意义 211
  8.8 倾听的过程与策略 214

第9章 演讲 226
9.1 演讲概论 228
9.2 演讲前的准备 229
9.3 演讲稿的结构安排 234
9.4 演讲过程中的技巧 238
9.5 演讲能力持续提升的路径 248

第10章 谈判 255
10.1 谈判的定义与分类 257
10.2 谈判的过程与策略 260
10.3 谈判技巧 265
10.4 跨文化谈判 270

第4篇 管理沟通未来发展趋势

第11章 组织管理沟通未来发展趋势 282
11.1 组织管理沟通未来发展趋势概述 283
11.2 学习型组织的沟通原则 288
11.3 虚拟组织与网络沟通的优劣势 290
11.4 网络环境下的沟通伦理与策略 298

参考文献 307
后记 311

第 1 篇

管理沟通的理论

- 第1章 沟通概论
- 第2章 管理沟通的相关理论
- 第3章 管理沟通策略

第1章 沟通概论

> 言不顺，则事不成。
> ——《论语·子路》

本章目标

◇ 掌握沟通的必要性，理解沟通的作用。
◇ 理解并掌握正式沟通与非正式沟通的作用。
◇ 掌握双向沟通的重要性。
◇ 理解自我沟通、人际沟通和群体沟通的特征。

关键概念

沟通；沟通作用；沟通类型。

导引案例：投资总监范总的一天

乙丑年岁末的一天

上午：

7:00 小爱音响定时响起民谣类唤醒歌曲——李健和缓的《风吹麦浪》，之后是《新闻早报》节目，起床、洗漱完毕，定时早餐机已经蒸好了早餐，享用玉米与鸡蛋等早餐过程中，微信公众号"财经早报"语音播报国内外财经大事，股市与房地产市场都不容乐观。

8:00 司机小虎在楼下等候。上车后，跟进查看手机OA（自动化办公）上投决会审批通过的汽车新能源项目的合同法审情况，打电话与经办项目经理讨论后续股权反稀释条款的内容，如今新能源投资赛道太火了，投资人的谈判议价能力越来越弱了。交代司机抽空将兼职授课华南大学MBA《管理沟通》考试卷批改原件以及成绩表送给MBA中心许老师，平时时间太紧，好不容易挤出时间完成了春季课程最后一项工作。

8:23 接到在华南大学攻读MBA硕士学位的苍穹公司胡总的电话。胡总说，听了他在大学兼职讲授的管理沟通课程后非常受启发，邀请他到苍穹公司给中高管讲授同样的课程。他请胡总将邀请函及企业简略情况和目标学员基本情况介绍发到他的电子信箱，并许诺根据时间安排给予答复。

8:30 抵达办公室。打开电脑,通过 OA 收取公司内部邮件与处理公司内部流程审批。首先查阅了公司财务部提交的月度报税利润表之后调阅了公司内部近期资金头寸情况,针对近期准备投放的两个项目,电话要求财务部准备 1 亿元左右的资金头寸。

9:00 通过 Foxmail 查收 163 等多个邮箱的邮件。发现广告与垃圾邮件居多,倒是天眼查 App 每天推送的《天眼查风险日报》给出了自己通讯录里面相关重点人群的监控情况非常有价值,今天推送的日报有公司近年来合作伙伴之一的福永集团实控人明总由于诉讼执行问题纳入失信人名单的信息,还好半年前项目经理及时发现了福永集团经营危机,及时退出了与其合作的最后一个项目,避免了后续可能的投资损失。另外一封邮件是确定在华南大学 MBA 春季学期授课的课表,华南大学希望他接两个班。可惜精力跟不上了,心回邮件只同意接一个班,并且小心春季半学期后半段集中化两个月内的 6 个周末全天完成授课。

9:30 按照周一例会确定的日程,与公司风控部与投后管理部讨论投决会审批完成的锂矿项目的投资要素变更问题,由于新能源火速崛起导致的锂矿市场竞争太激烈,导致原定的投资条件变动很大,为了实现投放,在风险控制基础上,得最大限度给一线投资沟通留下议判空间。

10:30 进入实现设定好的腾讯会议,线上参加了与知名投资机构远川资本合作设立的私募基金"穗芯"项目的投决会,因为该项目是近期为数不多的硬核芯片项目,众多投资机构都在抢份额,决策时间很短。项目经理演示着他事先已经看过一遍的项目商业计划书,他就该类视频加速芯片的市场容量天花板与销售客户集中度等核心问题、该项目现在估值高企的问题进行询问,对标同类企业的市场估值模型与 PE 倍数,会议最后形成初步结论,拟投资 3000 万元额度,尽量能够有回购保障条款。

12:30 安排了与在投房地产项目永达集团董事长王文的工作餐。王董介绍了近期严酷的房地产调控形势下,开发贷融资不太顺利,下游销售也不太理想,加上销售款的银行按揭款放款周期不断拉长,项目资金非常紧张,因此原定一个月的还款期没有办法如期归还,希望能够给予项目重组展期处理。考虑到过往双方合作比较愉快,永达集团一直征信不错,拟同意按照压降 1000 万元本金展期半年的重组方案提交公司审批。

下午:

2:00 短短 30 分钟午休后,刚刚坐下喝了口茶,就接到儿子所在大学的校友办老师的微信,邀请他在线上给在校大学生举办一次读书讲座,初定题目是"管理者广度与深度的平衡之道"。其他讲座可以推,这个不行,在某种程度上儿子学校老师的面子比单位领导都大。

2:30 按计划召集投资团队开了一次年度绩效考评协调会,主要讨论当年 KPI 绩效考核与明年的预算编制问题。虽然经济形势不好,但为了体现对团队精英的激励,对个别能力突出的人员给予升职加薪,这样才能体现管理的激励精神。

4:00 与事先约好的创投部门总经理进行面谈,讨论三年前投资的绿源环保项目成功 IPO 上市后,明年锁定的股份解禁后的减持退出策略。

5:00 预约投资公司大股东之一陈董事长汇报投资公司最近的经营情况。首先报告了过去一年的项目投资与项目退出情况,由于市场惨淡,预期年度预算目标只能完成 90% 左右;其次汇报了拟将主要投资方向由原有房地产加快转型到权益类股权方向,并提请加大对外招募股权投资人才的力度;最后汇报了公司近期资金回笼放慢,头寸不够了,拟加大对外募资的力度，加快布局私募股权基金的步伐。陈董事长肯定了过去一年的工作与未来工作的设想，建议尽快提交一份权益类方向投资方案与私募股权募资方案，提请公司董事会在年度会议上讨论，并形成决议。

晚上：

6:30 在远航大厦顶楼酒家约见了正在募资的湾区三号私募基金意向投资人王董，在寒暄一番后，由股权部门投资总监汇报了公司过往三年的投资业绩以及未来私募基金的投资方向与投资策略，推杯换盏中，气氛非常热烈。王董邀请了私募股权团队尽快到其公司进行募资路演。

8:30 送走了王董，不觉有些疲惫了，却还不能回家，因为事先已经约了律师事务所的王律师在酒家楼下的茶馆里见面。在茶香氤氲中，讨论三年前投资的外地新河项目的清收处置问题，鉴于三线城市房地产市场更低迷，公司已经给予两次展期仍旧没法收尾，因此得采取诉讼清收的方式了，还好项目原来的抵质押物比较足值，项目底层风险还是可控的。

11:00 迈着疲惫的步伐，终于回到家中。洗漱完毕后，打开微信，查看一天收到的信息。信息爆炸年代，各类信息的爆炸冲击某种程度上已经是一种负担。上床睡觉前，拿出计划行事录，检讨一遍当天的计划编排，再梳理一下明天的安排。

明天又是新的一天……

有些管理者如果把自己每一天的沟通事件列出来，可能比范总的还要多。但这些沟通是否达到了预定目标？应该如何评价与改进？这就需要对沟通的含义、意义、要素及种类进行了解。

本章 1.1 节给出沟通的基本概念，探讨沟通的含义、作用与意义；1.2 节简介沟通、人际沟通和管理沟通之间的联系；1.3 节介绍沟通的各种类型。

1.1 沟通的基本概念

> **资料链接：沟通的误解**
> "沟通不是太难的事，我们不是每天都在进行沟通吗？"
> "我告诉他了，所以我已和他沟通了。"
> "只有当我想要沟通的时候，才会有沟通。"

以上是很多人对沟通的认识，沟通并不是一个永远有效的过程。对沟通有了清晰的认识，才会体察自身在沟通能力方面存在的缺陷。要做到有效沟通，首先应了解沟通的含义、作用和意义。

1.1.1 沟通的含义

"沟通"源于拉丁文 communis，意为共同化，英文为 communication，在《美国传统英汉双解学习词典》中的解释为"交流、交换思想、消息或信息，如经由说话、信号、书写或行为"；《现代汉语词典》关于沟通的解释为"使两方能通连"。本书综合古今中外学者的论述，将沟通定义如下：

> 沟通（communication）是信息、思想与情感凭借一定符号载体，在个人或群体间从发送者到接收者进行传递，并获取理解达成协议的过程。

首先，沟通的传递要素包括中性信息、理性思想与感性情感，在本书后续的阐述过程中，用广义的信息包含上述三者；其次，沟通具有相互性，两个以上个体或群体之间的传递过程才能称为完整的沟通；最后，主体发出的沟通要素信息、思想与情感不仅要被传递到客体，还要被充分理解并达成协议。总之，沟通是双方准确理解、传递反馈信息、思想与情感的过程。

对于一个企业的管理者而言，要时刻面对各种各样的沟通，企业管理者就是一个不断调整自我角色面对各种利益相关者的沟通者。所谓利益相关者，是指在企业发展过程中，对企业生产经营活动能够产生重大影响的团体或个人。企业利益相关者网络如图1-1所示。

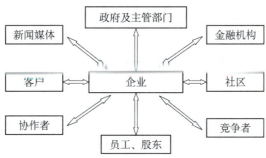

图1-1 企业利益相关者网络

1.1.2 沟通的作用与意义

> **案例链接：沟通的作用**
> 电影《荒岛余生》中汤姆·汉克斯扮演的男主人公被困在孤岛上，因为孤独，他把一个排球作为最好的朋友和精神寄托。当他的排球朋友Wilson消失在大海中时，他奋力去救但没办法救回来，大喊"I'm sorry."。这镜头让人感动得流泪。我们离不开别人，更离不开沟通。

1. 沟通的作用

沟通是一种自然而然的、必需的、无所不在的活动。通过沟通可以交流信息和获得感情与思想。人们在工作、娱乐、居家、买卖时，或者希望和一些人的关系更加稳固和持久时，都要通过交流、合作、达成协议达到目的。在沟通过程中，人们分享、披露、接收信息。根据内容，沟通信息可以分为事实、情感、价值取向、意见观点；根据目的，沟通信息可以分为交流、劝说、教授、谈判、命令等。综上所述，沟通的主要作用有以下两个。

（1）传递和获得信息。信息的采集、传送、整理、交换，无一不是沟通的过程。通过沟通，交换各种有意义、有价值的信息，生活中的大小事务才得以开展。掌握低成本的沟通技巧、了解如何有效地传递信息能提高人们的办事效率，而积极地获得信息更会提高人们的竞争优势。好的沟通者可以一直保持注意力，随时抓住重点内容，找出自己所需要的重要信息，并节省时间与精力，获得更高的生产力。

（2）改善人际关系。社会是由人们互相沟通所维持的关系组成的网，人们相互交流是因为需要同周围的社会环境建立联系。沟通与人际关系两者相互促进、相互影响。有效的沟通可以赢得和谐的人际关系，而和谐的人际关系又使沟通更加顺畅。

2．沟通的意义

沟通是人类组织的基本特征和活动之一。家庭、企业、国家都是十分典型的人类组织形态。沟通是维系组织存在，保持和加强组织纽带，创造和维护组织文化，提高组织效率、效益，支持、促进组织不断进步发展的主要途径。善于沟通的人懂得如何维持和改善相互关系，更好地展示自我需要、发现他人需要，最终赢得更好的人际关系和成功的事业。

有效沟通的意义可以总结为以下几点：
（1）满足人们彼此交流的需要；
（2）使人们达成共识，更好地合作；
（3）降低工作的代理成本，提高办事效率；
（4）获得有价值的信息，并使个人办事更加井井有条；
（5）使人能清晰地进行思考，有效把握所做的事。

1.2　沟通、人际沟通与管理沟通

沟通包括逐渐递进的三个层次：其一，沟通是人类与生俱来的本能，和衣食住行一样是基本需求；其二，人际沟通是本能的、经验型的、以个性为基础的沟通；其三，组织沟通是具有科学性、有效性与理性的沟通。

人际沟通是指个体之间信息、思想和情感相互传递的过程。人际沟通是组织沟通的基础；组织沟通是人际沟通的一种表现和应用，任何有效的组织沟通都是以人际沟通为保障的。

管理沟通即组织沟通，是一种动态的、多渠道过程，它包括特定组织内部和外部的沟通。管理沟通是组织为了顺利地经营并取得经营成功，为求得长期的生存发展，营造良好的经营环境，通过各种商务活动，凭借一定的渠道，将有关组织经营的各种信息发送给组织内外既定对象（接收者），并寻求反馈以求得组织内外的相互理解、支持与合作的过程。管理沟通是不同个体或组织在经营活动中围绕各种信息所进行的传播、交换、理解和说服工作。

> **资料链接：管理沟通是非常必要的**
>
> 美国普林斯顿大学对1万份人事档案进行了分析，结果是：智慧、专业技术、经验只占成功因素的25%，其余75%取决于良好的人际沟通。
>
> 美国哈佛大学的调查结果显示，在500名被解雇的男女中，因人际沟通不良而导致工作不称职者占82%。
>
> 福特公司的董事长亨利·福特曾说："作为福特公司的董事长，我告诫自己，必须与各界确立和谐关系，不可在沟通上无能为力。"
>
> 资料来源：陈企盛．金牌直销员的9堂训练课[M]．北京：中国纺织出版社，2006．

1.3 沟通的种类

1. 语言沟通与非语言沟通

根据沟通符号的种类，沟通分为语言沟通与非语言沟通。最有效的沟通是语言沟通和非语言沟通的结合。语言沟通包括书面沟通和口头沟通。语言本身就是力量，语言技巧是人们最强有力的工具。语言可以帮助人们获得他人的理解，并使与他人的沟通成为可能。你对语言的驾驭使他人对你产生印象——你所处的状态和接受的教育。

表达能力绝不只是你的"口才"，非语言表达方式和语言同样重要，有时作用甚至更加明显。美国加州大学洛杉矶分校（UCLA）的研究者发现，在面谈中，信息的55%来自身体语言，38%来自语调，而仅有7%来自真正的语言。正如管理学大师德鲁克所说，人无法只靠一句话沟通，总得靠整个人沟通。人们控制要说的话比较容易，而控制身体语言却不容易，身体语言会将人的思想暴露无遗。

2. 口头沟通与书面沟通

根据语言载体的不同，沟通分为口头沟通与书面沟通。最常用的信息传递方式是口头沟通。在生活中，可以通过面谈、小组讨论、演讲、电话、电话会议等方式与人进行口头沟通，也可以通过电视、电影、录像获得信息。口头沟通的优点在于快速传递和快速反馈；缺点在于失真的潜在可能性很大。当信息经过多人传送时，卷入的人越多，信息失真的潜在可能性就越大。如"传话"游戏，每个人都以自己的方式解释模糊的信息，当信息到达终点时，它的内容常常与最初情况大相径庭。

书面沟通包括信函、各种出版物、传真、平面广告、浏览网页、电子邮件、即时通信、备忘录、报告和报表等任何传递书面文字或符号的手段。书面沟通有形而且可以核实。对于复杂或长期的沟通来说，这一点尤为重要。但是书面沟通耗费时间。事实上，花费1小时写出的东西只需10~15分钟就能说完。同时，缺乏反馈是书面沟通的另一个缺陷。口头沟通能使解说者对自己听到的信息及时给予回应，而书面沟通则不具备这种内在的反馈机制。

> **资料链接：请养成书面沟通的习惯**
>
> ISO 9001:2000标准中第4.2.4条，关于"记录控制"的要求是应建立并保持记录，以提供符合要求和质量管理体系有效运行的证据。记录应保持清晰、易于识别和检索。应编制形成文件的程序，以规定记录的标志、储存、保护、检索、保存期限和处置所需的控制。ISO内审员资格培训很重要的一句话是"没有记录等于没有发生"。绝大部分有企业管理经验的人都认同这句话，但是真正在意这句话对于企业管理的影响的人并不多。
>
> 一些成长型的企业存在执行力不强的原因就是信息沟通不顺畅，而导致信息沟通不顺畅的原因居然是没有养成书面语言沟通的习惯。

3. 正式沟通与非正式沟通

根据是否具有结构性和系统性的特征，沟通分为正式沟通和非正式沟通。所谓正式沟通，就是按照组织结构所规定的路线和程序进行的信息传递和交流，如组织间的信函往来，组织内部的文件传达、汇报制度等。沟通越正式，对内容的精准性和对听众定位的准确性要求就越高。但是正式沟通往往比较刻板，速度很慢，层层传递之后存在信息失真或扭曲的可能。

所谓非正式沟通，就是运用组织结构以外的渠道所进行的信息传递与交流，如员工私下交谈、朋友聚会时的议论以及小道消息等。非正式沟通具有迅速、交互性强、反馈直接、有创造力、开放、流动性强、较灵活等特点，可以提供正式沟通难以获得的"内幕新闻"。其缺点是沟通难以控制，信息容易失真，而且还可能导致小集团、小圈子滋生，影响组织凝聚力和向心力。

> **案例链接：旁敲侧击**
>
> 宋朝时，宋太祖对一位大臣说："鉴于你对国家做出的杰出贡献，我决定升你做司徒长史（古代官名）。"这位大臣等了好几个月也不见任命下来，可是又不能当面向皇帝询问，因为这会伤及皇帝的面子；但如果不问，升官的事情就可能告吹了，该怎么办呢？
>
> 有一天，这位大臣故意骑了一匹奇瘦的马从宋太祖面前经过，并惊慌下马向皇帝请安。宋太祖就问："你的马为什么如此之瘦？"那位大臣回答："我答应给它一天三斗粮，实际上我没有给它吃这么多。"
>
> 宋太祖马上明白了大臣的意思，第二天就下旨任命这位大臣为司徒长史。

4. 向上沟通、向下沟通和平行沟通

根据在群体或组织中沟通传递的方向，沟通分为向上沟通、向下沟通和平行沟通。向上沟通是指居下者向居上者陈述实情、表达意见，即通常所说的下情上传，如臣对君、子对父、下属对上司等。在向上沟通中，"下"应是主体。积极的向上沟通可以提供员工参与管理的机会，减少因不能理解下达的信息而造成的失误，营造开放式氛围，提高企业创新能力。

向下沟通是居上者向居下者传达意见、发号施令等，即通常所说的上情下达，此时"上"应是主体。要想沟通顺畅，上司要降低姿态，不要高高在上使下属畏惧，产生不愿沟通的反感心理。

平行沟通是指同阶层人员的横向联系，平行沟通的目的是交换意见，以求心意相通。对上、对下沟通比较容易找到合理的平衡点，平级之间容易产生"谁怕谁"的心态，对沟通十分不利。在此情况下，要想进行顺利的沟通，得先从自己做起，尊重对方，只有这样对方才会用同样的态度对待你。中国人讲交互，你敬我一尺，我敬你一丈，所以你尊重对方，对方也以礼相待，这样才方便沟通。

5. 单向沟通与双向沟通

根据是否进行反馈，沟通分为单向沟通与双向沟通。两者各有优缺点，应学会在不同的情况下选择合适的沟通方式。单向沟通是指在沟通过程中，信息发送者负责发送信息，信息接收者负责接收信息，信息在全过程中单向传递。单向沟通没有反馈，如做报告、发指示、下命令等。

资料链接：某企业校招 Q&A

双向沟通是指信息发出者和接收者之间进行双向信息传递与交流。在沟通中双方位置不断变换，沟通双方往往既是发送者又是接收者。双向沟通中的发送者以协商和讨论的姿态面对接收者，信息发出以后还需及时听取反馈意见，必要时双方可进行多次重复商谈，直到双方共同明确和满意为止。双向沟通与单向沟通的比较如表 1-1 所示。

表 1-1　双向沟通与单向沟通的比较

项　目	比　较
时间	双向沟通比单向沟通耗费更多的时间
信息准确度	双向沟通中，信息发送与接收的准确性大大提高
沟通者的自信度	双向沟通的接收者产生平等感和参与感，增加自信心和责任心，双方都比较相信自己对信息的理解
满意度	双向沟通的双方对沟通的满意度一般更高
噪声	双向沟通中与主题无关的信息较易进入沟通过程，双向沟通的噪声比单向沟通大得多

管理者应学会在不同情景下选择合适的沟通方式。一个组织如果只重视工作快速与成员秩序，直接用单向沟通，对熟悉的例行公事、低层的命令传达，可用单向沟通，要求工作的正确性高、重视成员的人际关系，则宜采用双向沟通；处理陌生的问题、参加上层组织的决策会议，双向沟通的效果较佳。从领导者个人来讲，如果经验不足，或者想保全权威，那么单向沟通较有利。

6. 自我沟通、人际沟通与群体沟通

从发送者和接收者的角度而言，沟通分为自我沟通、人际沟通与群体沟通。自我沟通是指人的思想、情感以及看待自己的方式。你是信息的唯一发送者和接收者，信息由思想和情感构成，大脑是渠道，使你的所思所想时刻在发生改变。在自我沟通中，你不用直接与他人接触，经验会使你懂得如何与自己"交谈"。

人际沟通是指人和人所进行的信息和情感的传递与交流。它提供心理上、社会上和决策上的功能。心理上，人们为了满足社会性需求和维持自我感觉而沟通；社会上，人们为了发展和维持关系而沟通；在决策中，人们为了分享资讯和影响他人而沟通。人际沟通在形成组织规范、协调人际关系、实现组织目标和加强组织领导方面是一个重要因素。

案例链接：5—15 报告

群体沟通指的是组织中两个或两个以上相互作用、相互依赖的个体，为了达到基于其各自目的的群体特定目标而组成的集合体，并在此集合体中进行交流的过程。

本章小结

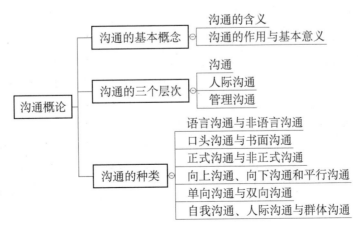

本章管理游戏：单双向沟通游戏

◇ 游戏目标

1. 让学员体会到单向沟通的局限性。
2. 增强学员对双向沟通重要性的认识。

◇ 游戏程序

人 数	20人	时 间	15分钟	场 地	不限
用 具	A4废纸40张				

游戏步骤及详解

```
给每位学员发一张纸
        ↓
培训师发布指令（一）
        ↓
培训师请一位学员到前面来，让他重
复上述口令，这次大家可以提问
        ↓
培训师组织学员进行问题讨论（二）
```

一、游戏指令
◇ 大家闭上眼睛，全过程不许提问
◇ 把纸对折
◇ 再对折
◇ 再对折
◇ 把右角撕下来，转180°，把左上角撕下来
◇ 睁开眼，打开纸，比较大家撕出的图样是否相同

二、问题讨论
1. 两次折纸的结果有什么不同？原因是什么？
2. 单向沟通的缺点是什么？双向沟通比单向沟通有什么优势？

 本章典型案例：不该发出的部门联系函

一份预算表引发的危机

又到了年底置业集团对下属各业务中心下达年度预算指标的时候，经营中心总监李天看着手里刚刚拿到的集团最终审批的明年预算指标，长长地松了一口气，既为终于争取到一个合理的指标而宽心，又为由这个指标引起的一场小风波得到平息而感慨。

11月8日，星期二，经营中心的物业经营部经理刘波刚刚拿到中心派驻财务部提供的部门明年的年度预算目标表：经营收入目标增加20%，成本费用还砍掉了一大块，还要不要人活了？刘波压住心中的不悦，把小张叫过来，让他去跟财务部沟通一下。

不到半个小时，小张悻悻地回来了："刘经理，财务小李说了，今年是集团的管理效益年，那些成本费用指标是统一按比例调减的，他们也改不了，收入指标那里他们也是根据我们提供的合同情况和往年的历史数据编制的。"刘波面露不悦："他又不懂，你没有跟王劲经理讲讲我们今年的情况？""我讲了，刚想跟王经理解释几个项目合同的情况，他一下子就打断我，说有什么意见跟李天总监提……"小张有点委屈地回答刘波。

为了更好地实现对全业务流程链条进行监管，置业集团采取派驻财务管理制度，对下属各中心的财务实行直线管理。各中心的财务部直接隶属集团财务总部归口管理，王劲正是今年从集团财务总部新调任到经营中心的派驻财务经理，他在集团职能部门工作多年，有深厚的上下级沟通协调根基。但是刘波和他接触时间不长，平日里基本以正常业务往来为主，没有深入交往。

刘波听完，沉思了一下，说："写一份部门联系函，明确我们不同意财务部的预算建议，明年最多增加5%，其他几项成本费用也按我们部门内部讨论的数上报。"小张面露难色："刘经理，财务部就在我们旁边，大家天天见面，还发个书面的部门函过去，不太好吧？要不要先跟李天总监商量？""不用了，就这么办，就要顶住，我倒要瞧瞧他王劲能把我们怎么样！"

不该发出的部门联系函

工作联系函是集团内部的沟通工具，主要用于不同部门之间寻求协助配合、提交涉及对方的问题、确认工作事项等。这种工作联系函在不同中心之间比较常用，因为不同中心在不同地点办公，又涉及中心之间和中心内部的层级管理，双方文件往来比较常见。但在经营中心内部，经办人工作商量一下就解决了，解决不了的，自然是由中心总监直接裁决。因此，小张在面对刘波发函的命令时才显出了犹疑。

第二天上午，这份措辞强硬、字里行间透出强烈不满的函就摆到了王劲的桌面上。王劲气不打一处来："他说报多少就是多少啊？那还要我们预算编制和监管部门干什么？我知道，下面的业务部门都在报数的时候打折扣，每年都超额完成目标，到了年底为了完成成本指标就随意花钱，那有谁啊！"他叫来手下的主管起草了一份回函，也明确表示要按照派驻财务部提供的预算指标执行，还特别强调指标是经过集团财务总部内部讨论过的，如果要调整可通过经营中心向集团反馈。当天下午，一份同样措辞凌厉的回函就发给了物业经营部。刘波看到这份回函，强压住心中怒火，寻思找个机会跟王劲理论一番。

充满火药味的会议

星期五，在经营中心的月度例会上，待日常工作事项讨论完后，刘波开始向财务部发难："李总，下个月底要敲定明年的预算了，这次财务部提给我们部门的预算指标大大超出我们的预估，我们估计很难做到。"

李天把目光转向派驻财务部的王劲，王劲面不改色道："明年的指标确实比今年增幅要大，但是集团今年定下了管理效益年的总体目标，对于物业部收入方面的指标，我们是仔细核算过现有合同情况和客户情况的，我们认为努力一下20%的增幅是完全可以做到的，而且集团财务总部也认真分析讨论过了，原本他们想要增加25%，是我们努力争取后才降到20%的。"

"李总，现在外部的经济大环境怎么样您是知道的，而且今年好几个项目合同到期，续不续期还说不准。要是招商困难，出现一两个月的空置期，别说20%，能持平就不错了。"刘波提高了声音。

王劲仍然毫不退让："这个情况我们也考虑过了。我查了前几年的数据，同样的情形出现过，也是物业部提出要考虑更多的招商时间，但事实上每次都提前完成了招商，而且超额完成预算指标。另外，我们也了解到其他同行企业明年的目标增幅都在20%以上，刘经理是我们中心最得力的经营人才、行业中的精英，我想这点小事一定难不倒您。"

"你这是外行说话不腰疼，有本事你来做，我们天天在市场走，情况怎样我们最清楚。财务只管考核，不管死活，到时候大家完不成，受损失的是我们，你还照样领奖金……"刘波再也没有顾忌，撕破脸皮，一吐心中不快。

"行了！"李天脸色也难看起来，他打断他们的话，把手一挥，"你们两个不用在这里争了，这件事情具体情况我不了解，中心的预算指标是非常重要的事情，下周五再开专题会议讨论，今天先散会。"

会议结束后，李天留下刘波，劈头盖脸就是一顿批评："你怎么回事，事先不跟我说一声就在会上跟财务部叫板？刚才王劲还说，你们直接发了个部门联系函给他们财务部强烈反对他们提出的预算目标，这事情你也没跟我请示一下……"刘波说："李总啊，现在市场的大环境您最清楚了，几个重要客户都已经要求降租了，我是替中心着急啊，到时候我完成不了指标无所谓，影响整个中心的考核就麻烦了……""着急，你就随便发联系函给人家？你跟王劲当面沟通过没有，你说的他了解多少？他怎么考虑的，你清不清楚？"没等刘波继续解释，李天抛出一连串问题问得他哑口无言，"你这样公开跟派驻财务部搞对立，财务总部周总知道了怎么看？我还怎么跟他协调业务工作？你知不知道王劲是集团田总亲自推荐过来的，他认为王劲这个人业务能力强，对我们这种市场灵活度高的业务很了解，在财务处理上很有经验，能帮到我们。人家刚到，你就这样处理问题，我们以后怎么让财务的人主动帮我们出主意？你回去好好想想，下周回来我召集大家开个会，好好讨论一下明年的预算。"

李天的一席话，说得刘波心里很不是滋味。刘波冷静下来一想，自己在这件事情上的处理确实有不妥当的地方，但也在心里埋怨领导为什么不早告诉自己王劲的情况，现在事情已经闹成这样，看看怎样才能挽回局面，争取把指标降一点。他知道，专题会议过了就会基本敲定各个业务部门明年的预算指标，由财务部统一报给集团了，如果派驻财务部坚持之前的意见，到了集团层面就很难再协调了。刘波左思右想，决定开会前亲自去找王劲。

平息风波的转机

刘波来到王劲的办公室，先是对之前发书面联系函的事情表示了歉意，接着提出想安排两个部门的骨干一起吃个饭，没想到王劲很爽快地答应了。第二天晚上，两个部门的人坐了一桌，席间觥筹交错，谈笑风生。言语间，王劲和刘波发现其实彼此有不少共同爱好，聊起来也更投机了。酒过三巡，大家喝开了，说话也就放开了。刘波看准时机，端起酒杯，凑到王劲耳边："王经理，之前开会的时候我说了些难听的话，你别往心里去，我也是为他们这帮弟兄着急。集团领导要效益，我们压力大啊，说实话，要是几个大项目的招商能顺利接上，20%也不是没可能，但现在大环境不好，我也没把握啊。"刘波听罢，也端起酒杯，搂着王劲的肩膀："兄弟啊，这事儿我也有做得不周的地方。你有压力，我也有压力啊，明年给你们经营中心加码，是集团的想法，我对经营中心的具体业务不是很了解，在财务总部的预算会上也不好提意见。原本我打算私下跟你们商量的，只是没想到你直接给我来了个函，你让我怎么批？我不能让财务总部那边说我不坚持原则啊。"

"对对对，大家都不容易！"刘波举杯一饮而尽。王劲把刘波拉到一边，小声说："刘经理，你回头叫人写一份说明材料，再发一份正式的部门函过来，把你们的困难系统地说一说，我就有依据了，挑几个说得过去的理由向财务总部汇报一下，按我的判断，总部会考虑的。"刘波大喜："那再好不过了，我发函之前先把材料给你看看……"

双方都满意的结局

星期五，经营中心的预算讨论会如期召开，物业经营部提出了详细的说明和建议，财务部也从财务专业角度提出了一些参考意见，大家虽然还有分歧，但最终还是达成了一致。会后王劲还主动找到刘波，向他透露集团明年将会有新举措，允许半年申请预算目标调整，到时如果客观原因充分，还有机会调整年度预算指标。

12月，集团正式下发了明年的预算指标，经营中心物业经营部收入目标增长12%。

资料来源：秦宁，陈蕾．不该发出的部门联系函[Z]．中山大学管理学院MBA案例作业，2016．

 本章思考与讨论

一、仔细阅读开篇导引案例"投资总监范总的一天"，就以下问题进行分析讨论：

1. 生活中的沟通是怎么四处渗透的？根据该案例格式，撰写一篇你本人的一天沟通经历。

2. 结合本章的沟通基本概念，从沟通的层次、渠道等方面对范总的沟通行为分类。

二、针对本章典型案例"不该发出的部门联系函"，就以下问题进行分析讨论：

1. 分别评价物业部经理刘波和派驻财务部经理王劲的管理沟通风格和技能。
2. 通过本案例试分析书面沟通与口头沟通的特征与应用情境。
3. 通过本案例试分析正式沟通与非正式沟通的特征与应用情境。
4. 试运用中国传统文化基于"面子"的冲突化解模型，分析本案例相关人物的沟通情境。

延伸阅读提示

1. 曾仕强．圆通的人际关系[M]．北京：北京大学出版社，2010．

2. 黑贝尔斯，威沃尔．有效沟通（第7版）[M]．李业昆，译．北京：华夏出版社，2005．

3. 罗宾斯，贾奇．组织行为学精要（原书第13版）[M]．郑晓明，译．北京：中国人民大学出版社，2016．

4. 尤莉．管理沟通实务操作：原理、技巧与行动[M]．北京：电子工业出版社，2016．

第 2 章 管理沟通的相关理论

礼之用，和为贵。

——《论语·学而》

本章目标

- ◇ 理解西方管理理论的人性假设与相关的管理沟通理论。
- ◇ 掌握菲德勒权变模型情境分析方法。
- ◇ 理解中国传统文化的人性假设理论。
- ◇ 理解中西方人性假设与沟通理论的异同。
- ◇ 掌握中西方"面子"理论的差异以及人情与面子互动模型的含义。
- ◇ 理解西方人际冲突理论以及华人社会中的冲突化解模型。

关键概念

X 理论与 Y 理论；人际关系理论；Z 理论；菲德勒权变模型；儒家：和为贵与中庸之道；佛家：六和敬圆融；道家：无为不争；墨家：兼爱尚同；人情与面子互动模型；华人冲突化解模型。

导引案例：新来的财务处长

> 市针织总公司财务处长刘仁退休后，该公司下属最大的一家针织厂的财务科长李刚继任其职。财务处在公司内部地位举足轻重，原处长刘仁资深能干、待人随和、善解人意。他要求下属互相协作，在没有严格监督下做好各自工作。一直以来，财务处的工作颇有效率。李刚年富力强，既有学历又有工作经验，被认为是接替的合适人选。他本人也满心希望领导好财务处的一班人。就职两个多月以来，李刚觉得财务处的工作效率下降了，不顺心的事接二连三出现。
>
> ◇ 一次，李刚急着要用最新的成本资料，两位女职员却屡屡拖延。李刚认为这是故意的。
>
> ◇ 又一次，一位老职员误报情况，致使李刚在给总经理的一份报告中出现差错。为此，李刚很恼火，当着其他同事的面批评了这位老职员。

◇ 还有一天刚上班，处里一位年轻的女职员来请事假，说要去火车站接人。李刚不准假，结果引发了一场激烈的争吵。

一连串的事情令李刚深感苦恼。

资料来源：黄培伦. 组织行为学[M]. 广州：华南理工大学出版社，2016.

管理沟通本身是一门交叉学科，其理论基础包括制度经济学与信息经济学对组织效率的影响、管理学沟通方式演进与冲突化解、心理学人性假设与满意的激励基础、传播学互动双方的共识性与趋同性达成、社会心理学社交圈子人群互动基础以及系统论、信息论与控制论等。

本章 2.1 节介绍西方管理理论的人性假设与相关沟通理论；2.2 节给出中国传统的人性假设理论；2.3 节通过对中西方人性假设理论的比较，探讨其在管理沟通过程中的实际应用；2.4 节以专题的形式探讨中国传统的诸子百家中的儒家、佛家、道家与墨家的沟通理念；2.5 节给出中西方对"面子"理论的研究综述，阐述了华人社会人际沟通中的人情与面子互动模型；2.6 节在简述西方冲突理论的同时，给出了基于人情与面子的华人社会冲突化解模型。

2.1 西方管理理论的人性假设与相关沟通理论

西方思想界和经济管理学界对人性假设理论的论述十分丰富。美国著名的组织行为学家埃德加·沙因在 1960 年的《组织心理学》一书中，将西方人性假设理论归结为三种，即"经济人"假设、"社会人"假设和"自我实现人"假设。到了 20 世纪 60 年代末 70 年代初，沙因等人提出了"复杂人"假设。而到了 20 世纪 80 年代，美国加利福尼亚大学管理学院日裔美籍教授威廉·大内在对企业进行比较研究后，提出了综合日本与美国两国企业特点的 Z 理论。一年后，美国哈佛大学阿伦·肯尼迪和特雷斯·迪尔提出了"文化人"假设。下面分别介绍这五种人性假设的基本含义与其相对应的管理沟通理论。

2.1.1 "经济人"假设与 X 理论

"经济人"假设应当追溯到 18 世纪的亚当·斯密和李嘉图，亚当·斯密认为每个人都是理性人，对个人利益最大化的追求就像"一只看不见的手"，指挥着人的行为；李嘉图倡导一种"流氓"假设，认为社会由无组织的个人组成，每个人都为了自我保存和自我利益而行事。"经济人"假设是泰勒、福特科学管理思想的基础，他们认为管理手段应以物质诱饵为主。之后，美国工业心理学家道格拉斯·麦格雷戈在 1960 年出版的《企业中人的因素》一书中曾经提出两种完全不同的人性假设：X 理论认为人性是消极的，Y 理论认为人性是积极的。一个管理者关于人性的观点建立在一组特定的假设之上，他倾向于根据这些假设塑造自己对待下级的行为。

1. 理论要点

"经济人"假设和 X 理论起源于享乐主义，认为人的行为目的是获得最大的经济利益，工作的目的是获得经济报酬。该理论的基本假设内容如下。

大多数人：① 天生趋于懒惰，讨厌和尽可能逃避工作；② 缺乏进取心，宁愿受人领导，也不愿担负责任；③ 以自我为中心而忽视组织目标；④ 缺乏理智，易于盲从；⑤ 认为生理和安全需要最重要，选择获利最大的事情去做；⑥ 习惯于抵抗变革。

2．相应的管理沟通理论

（1）泰勒"职能工长制"的初始下行沟通。1895—1912年，美国管理学家弗雷德里克·温斯洛·泰勒提出了"科学管理理论"，其中包括职能工长制。泰勒关注到管理中下行沟通的重要性，并试图通过组织结构设计保证对下沟通。

（2）埃默森直线组织的下行沟通。1910—1915年，"科学管理"理论的奠基人之一哈林顿·埃默森在其著作《组织中的个性》一书中提出在企业中应借鉴普鲁士军队总参谋的组织形式，在每个企业中设一位"参谋长"，下设四个主要的参谋小组，参谋人员向直线管理人员提供建议，直线组织的管理人员统一指挥和发布命令。这样既能发挥专业知识的长处，又不破坏统一指挥的原则。

（3）韦伯的行政组织沟通。1905年，行政组织理论的创始人马克斯·韦伯指出，组织中人员之间的关系完全以理性准则为指导，不受个人情感的影响，因此组织中的沟通也是严格以理性的方式自上而下进行的。

（4）法约尔的等级链沟通和跳板沟通。1916年，法国的亨利·法约尔在《工业管理与一般管理》一书中，阐述了一般管理的14条原则。法约尔认为，组织内部信息传递和沟通首先要遵循"等级链"原则，即从最上级到最下级各层权力连成的等级结构，有时为提高沟通效率同级之间可采用"跳板"进行横向沟通。法约尔思想被认为是组织沟通理论的雏形。

2.1.2 "社会人"假设与人际关系理论

霍桑试验暴露了"经济人"假设的不当之处，美国管理学家梅奥指出，管理中应强调与人协作，而不是乌合之众的相互竞争；人除了物质利益追求，还有人际关系需求，甚至有时为了维系与同伴的感情，宁愿放弃自己的经济利益；人除了理性思考，更多的时候会受感情的支配。以梅奥为代表所形成的人际关系学派理论研究的基点就是"社会人"假设。

1．"社会人"假设

（1）理论要点。"社会人"假设认为人们最重视的是工作中与周围人友好相处，物质利益是相对次要的。

（2）基本观点。① 社交需要是人类行为的基本激励因素，而人际关系是形成身份感的基本因素；② 机械化使工作失去了许多内在的意义，这种感觉必须从工作中的社交关系里得到弥补；③ 员工更易于对同级同事所组成的群体的社交因素做出反应；④ 员工对管理部门的反应能达到什么程度，取决于管理者对下级的归属需要、被人接纳的需要以及身份感的需要满足到什么程度。

2．相应的管理沟通理论

（1）梅奥的人际关系沟通。梅奥通过霍桑试验建立了人际关系理论，体现了管理沟通的思想，强调人与人之间的相互沟通，其中非正式组织理念的提出，拓宽了后人对于组织沟通领域的研究范围。这是管理沟通史上具有重要意义的事件，为管理沟通的理论研究奠定了基础。

（2）巴纳德的社会系统沟通。1938年，被誉为现代管理理论之父的美国管理学家切斯特·巴纳德出版了《经理人员职能》一书。他将组织看作一种社会系统，这种系统受社会环境各方面因素的影响，组织的存在及其活动以信息沟通为前提条件。

（3）卡茨与卡恩的系统组织沟通。1996年，卡茨与卡恩在《组织社会心理学》一书中指出，组织应该真正地被概念化为一个复杂的开放系统。系统组织学派将组织内部的沟通过程理解为系统行为，运用控制系统及韦伯的组织学理论，解析组织内部的沟通过程，并认为组织沟通是一个系统的共同依赖过程。

> **案例链接：韦尔奇的"便笺式"管理**
>
> 通用电气公司董事长兼CEO韦尔奇最擅长的沟通方式是写便笺。他写的便笺有给直接负责人的，也有给小时工的，无一不语气亲切而发自内心，具有强大影响力。韦尔奇通过便笺表明对员工的关怀，使员工感到他们之间已从单纯的主管与下属的关系升华为人与人之间的关系。
>
> 资料来源：郑晓明．组织行为学[M]．北京：经济科学出版社，2002．

2.1.3 "自我实现人"假设与Y理论

20世纪四五十年代，马斯洛提出了需求层次理论：最低层次是生理需求，往上分别是安全需求、社会交往需求、尊重需求，最高层次是自我实现需求。他认为人都期望发挥自己的潜力，表现自己的才能，只要人的潜能可以充分发挥出来，就会产生最大的成就感和满足感。道格拉斯·麦格雷戈的Y理论认为人性基本上是积极的，与"自我实现人"假设存在共通之处。

1．"自我实现人"假设理论

（1）理论要点。"自我实现人"假设认为人都期望发挥自己的潜力，表现自己的才能，只要人的潜能发挥出来，就会产生最大的满足感。

（2）基本观点。① 一般人并非天生厌恶工作；② 如果员工对工作做出承诺，能够自我督导和自我控制，将会促使人向组织目标努力；③ 人对于目标的承诺，是由于达到目标可以给个人带来某种报酬，对人最有意义的报酬是自我需要及自我实现需要的满足，这种报酬是使人向组织目标努力的动力；④ 只要情况适当，一般人不仅能学会承担责任，还能学会争取责任；⑤ 大多数人拥有以高度的想象力、智力和创造力解决组织中各种问题的能力；⑥ 在现代产业活动中，常人的智慧和潜能仅有一部分得到了利用。

2．相应的管理沟通理论

（1）需求层次理论中的沟通。麦格雷戈提出X理论、Y理论，强调了参与式和协商式管理，让职工参与决策，给职工某些发言权，并为满足他们的社会需要和自我实现的需要提供重要的机会。麦克利兰提出人的三类基本激励需要，其中包括社交需要，指出社交需要强烈的人常从友爱中得到快乐，并因被某个社会团体拒绝而感到痛苦。

（2）彼得斯的感情沟通。20世纪80年代，美国管理学大师托马斯·彼得斯提出了管理的八条原则。有别于科学管理思想中纯理性的管理模式，他指出管理界到处有感情用事的人，他们通过直觉进行管理和决策。

2.1.4 "复杂人"假设与超Y理论（权变理论）

20世纪60年代末70年代初，沙因等人在总结前人的人性假设理论后提出"复杂人"假设。

> **资料链接：权变理论**
>
> 美国学者卢桑斯（F. Luthans）在1976年出版的《管理导论：一种权变学》一书中系统概括了权变管理理论。
>
> （1）权变理论就是要把环境对管理的作用具体化，并使管理理论与管理实践紧密地联系起来。
>
> （2）环境是自变量，而管理的观念和技术是因变量。例如，如果在经济衰退时期，企业在供过于求的市场中经营，采用集权的组织结构，就更适于达到组织目标；如果在经济繁荣时期，在供不应求的市场中经营，那么采用分权的组织结构可能会更好一些。
>
> （3）权变管理理论的核心内容是：环境变量与管理变量之间的函数关系就是权变关系。
>
> 环境可分为外部环境和内部环境。外部环境又可以分为两种：一种由社会、技术、经济和政治、法律等组成，另一种由供应者、顾客、竞争者、雇员、股东等组成。内部环境基本上是正式组织系统，它的各个变量与外部环境各变量之间相互关联。
>
> 资料来源：冯国珍. 管理学[M]. 上海：复旦大学出版社，2006.

与沙因同时期的美国管理心理学家约翰·莫尔斯和杰伊·洛希在1970年提出了超Y理论，其思想观点和"复杂人"假设如出一辙，它们共同构成了权变学派的理论基础。

1. "复杂人"假设和超Y理论

（1）理论要点。人的需要因自身发展和环境改变而改变，形成错综复杂、各不相同的动机模式。不存在某种"放之四海而皆准"的组织模式，适当的组织模式应该根据工作性质和工作人员的特定需要而定。

（2）基本观点。① 人类的需要分成许多类，并且会随着个体的发展和环境的变化而变化。② 由于需要与动机彼此作用并组合成复杂的动机模式，所以满足需要、达成激励目的的方式复杂多变。③ 人们可以在生活和工作情境中习得新的需要和动机。人们工作的动机各种各样，需要也各不相同，但其主要需要是获得胜任感。获得胜任感后，一个新的、更高的目标就会树立起来。④ 每个人在不同组织中或在同一组织中的不同工作部门和岗位可能表现出不同的需要。⑤ 人们能够对同一管理方式和策略做出不同反应，所以没有唯一正确的管理方式。

> **资料链接：菲德勒权变模型**
>
> 菲德勒的权变模型（Fiedler contingency model）是指有效的群体绩效取决于两个方面的恰当匹配：其一是与下属发生相互作用的领导者风格，其二是领导者能够控制和影响情境的程度。该模型基于这样的前提假设：在不同类型的情境中，总有某种领导风格最有效。这一理论的关键在于界定领导风格的不同以及不同的情境类型，然后建立领导风格与情境的恰当组合。
>
> 菲德勒模型的情境因素有三个：领导者与被领导者的关系，工作任务的结构，领导

者所处职位的固有权力。

领导风格 LPC 问卷调查（详细问卷见本章相关测试部分）。菲德勒相信影响领导成功的关键因素之一是个体的基本领导风格，因此，他为发现这种基本风格而设计了最不喜欢同事（LPC）调查问卷，由 16 组对应形容词构成。作答者要先回想自己共过事的所有同事，并从中找出一个最难共事的同事，在 16 组形容词中按 1～8 等级对他进行评估。如果以相对积极的词语描述最难共事的同事（LPC 得分高），则作答者很乐意与同事形成良好的人际关系，就是关系导向型。相反，如果对最难共事的同事看法很消极，说明作答者更关注生产，就称为任务导向型。菲德勒运用 LPC 问卷将绝大多数作答者划分为两种领导风格，也有一小部分处于两者之间。

菲德勒模型解析。菲德勒模型指出，当个体的 LPC 分数与 3 项环境变数的评估分数相匹配时，则会达到最佳的领导效果。菲德勒将 3 项环境变数任意组合成 8 种情况，对 1200 个团体进行了观察，收集了将领导风格与对领导有利或不利条件的 8 种情况关联起来的数据，得出在各种不同的情况下组织领导有效所应当采取的领导方式，如图 2-1 所示。

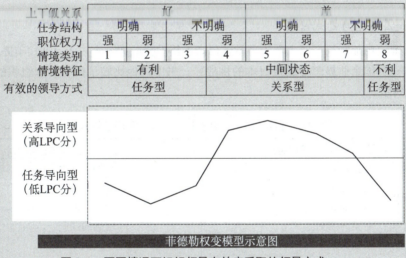

图 2-1 不同情况下组织领导有效应采取的领导方式

菲德勒模型表明，在对领导者最有利和最不利的情况下（1、2、3、8 项），采用任务导向型的效果比较好；在对领导者中等有利的情况下（4、5、6、7 项），采用关系导向型的效果比较好。许多情境分析证明，该模型是不错的。

资料来源：基尼齐. 组织行为学核心概念[M]. 苗莉，译注. 大连：东北财经大学出版社，2008.

2. 相应的管理沟通理论

（1）德鲁克的知识型沟通。1988 年，"管理学之父"——美国管理学家彼得·德鲁克在《哈佛商业评论》上发表了论文《新型组织的出现》，指出信息技术的发展将使企业组织进入新的形态：由专家小组构成的知识型企业，知识成为最重要的生产要素。这表明现代管理学的发展已经进入知识管理时代。

（2）圣吉的学习型组织沟通。1990 年，麻省理工学院斯隆管理学院资深教授彼得·圣吉出版了《第五项修炼——学习型组织的艺术与实务》一书，指出企业组织持续发展的精神基础是持续学习。任何一个组织要成为学习型组织，都必须进行五项修炼：自我超越、改善心智模式、建立共同愿景、团队学习和系统思考。圣吉认为，创建学习型组织应该做到"7C"。

> **资料链接：以"7C"为标志的学习型组织的特点**
> ① 持续不断的学习（continuous）；② 亲密合作的关系（collaborative）；③ 彼此联系的网络（connected）；④ 集体共享的观念（collective）；⑤ 创新发展的精神（creative）；⑥ 系统存取的方法（captured and Codified）；⑦ 建立能力的目的（capacity building）。

（3）萨维奇的知识网络沟通。1991年，查尔斯·萨维奇出版了《第五代管理》一书，提出为满足企业虚拟扩张的需要，应建立网络化时代的新管理观，通过网络实现虚拟的"章鱼型"企业组织构架。企业的管理方式也要从封闭的、实物的、静态的管理向开放的、虚拟的管理方式转变。在《第五代管理》中，虚拟企业是建立在企业与顾客以及顾客与顾客深度沟通的基础上的。

2.1.5 Z理论与"文化人"假设

1．Z理论与Z式管理

Z理论由加利福尼亚大学管理学院日裔美籍教授威廉·大内于1981年提出，在《Z理论——美国企业界怎样迎接日本的挑战》一书中，他比较了两种管理组织的区别，如表2-1所示。

表2-1　日本（J式）和美国（A式）管理组织的比较

日本（J式）管理组织	美国（A式）管理组织
长期雇佣制	短期雇佣制
缓慢评定和提升	快速评定和提升
非专业化的职业道路	专业化的职业道路
含蓄的控制	明确的控制
集体决策	个人决策
集体责任制	个人负责制
整体关心	部分关心

分析A式组织和J式组织之后，大内提出了"Z式组织"模式。其特点如下：① 长期雇佣制，给予职业保障；② 上下结合制定决策，鼓励员工参与管理；③ 个人负责制，要求基层管理人员不机械地执行命令；④ 长期评价和稳步提拔；⑤ 全面培训，使员工适应多种工作；⑥ 含蓄的控制机制和正规的检测手段相结合；⑦ 整体关心，包括对职工家庭的关心。

大内认为，企业实行了Z式管理会产生高效率、高效益，就能立于不败之地。Z理论与X理论、Y理论、超Y理论联系紧密：Z理论中"在决策上要求他们与管理人员保持意见一致""检测手段要正规"等符合X理论；"实行管理人员对组织成员的全面关心""不以'一时一事'对员工做结论"等与Y理论一致；从整体上看，Z理论体系比较符合超Y理论的框架，但比其更实际。

Z理论超越了X理论、Y理论：X理论、Y理论着重于对人性的心理分析；而Z理论来源于管理实践，也直接指导管理实践。Z 理论认为管理之道在于以情度理，特别强调企业内部的沟通。

2．Z 型文化

实施 Z 式管理，需要建立以 Z 理论为价值观的"Z 型组织"。大内认为，组织发展的关键是创造基于信任的亲密无间的组织环境或氛围，以提高其生产率。"Z 型组织"的发展过程就是"Z 型文化"的建设过程。Z 理论开创了企业文化研究的先河，它的提出引起了强烈的反响，使得对企业文化的研究如火如荼。

3．"文化人"假设

Z 理论提出一年后，哈佛大学阿伦·肯尼迪和特雷斯·迪尔出版了《企业文化》一书，提出了"文化人"假设：人是环境的动物，环境是自变量，人是因变量，人的未来不可知。"文化人"假设认为，人是文化的创造者、传播者和继承者，文化是社会经济发展的内在动因。企业文化能有效调节人与人之间的关系，规范并约束人的行为。通过文化建设推动和促进企业发展日益受到重视，最终导致在行为科学理论的基础上，升华出一种新的管理理论和方法——人本管理。

4．相应的管理沟通理论

从 20 世纪 80 年代起，企业文化理论研究逐渐走向成熟阶段。企业文化学派的代表 T. 莫尔、L. 刘易斯、E. 沙因等人指出企业文化具有导向、凝聚、协调、激励和辐射等功能。企业文化建设可以加强企业内员工沟通，使员工同心协力为实现企业的共同目标而团结奋斗；可以把各个方面的人团结在企业周围，还能促进企业与社会和谐统一。

综合上述西方人性假设理论，给出五种假设的对比，如表 2-2 所示。

表 2-2 西方人性假设理论的要点与管理对策

"经济人"假设	"社会人"假设	"自我实现人"假设	"复杂人"假设	"文化人"假设
早期传统的认识	初期人际关系论	后期人际关系论	20 世纪 60—70 年代	20 世纪 90 年代
认为人以合乎理性、精打细算的方式行事，人的行为是由经济因素推动和激发的，个人在组织中处于被动、受控制的地位	认为人是受社会需要所激励的，集体伙伴的社会力量比上级主管的控制力量更加重要	认为人是自我激励、自我指导和自我控制的，人要求提高和发展自己，期望获得个人的成功	体现权变思想的人性观。认为人是千差万别的，不同的人，以及人在不同的场合，会表现出不同的动机和需要	体现知识经济条件下的人性观。认为人需要依靠高度的主体性与自觉精神，不断学习，持续进步超越自我，在推动企业持续发展的同时获得个人激励与满足
管理者激励下属的主要手段是"胡萝卜加大棒"	领导者应该关心下属，通过培养组织成员的归属感调动人的积极性	企业应当把人当作宝贵的资源看待，通过提供富有挑战性的工作使人的个性不断成熟并体验到工作的内在激励	管理者对人激励的措施和领导方式也应该力图灵活多样，因人、因问题、因环境而异	管理者为员工提供长期稳定的岗位与全方位培训，构建和谐平等的上下级关系，通过集思广益为员工提供充分发挥潜能的机会

2.2 中国传统的人性假设理论

中国自两千多年前的先秦时代起一直对人性问题有着丰富的论述。孔子最先在《论语·阳货》中提出"性相近也,习相远也",即人的本质相似,由于所处环境不同而有不同表现。但孔子对人性善恶问题未具体说明。此后诸子"皆言性有善有恶"(《论衡·本性》),人性问题逐渐成为古代思想家探求的中心问题,并形成了各种派别。归结起来可分为性善论、性恶论、性无善无不善论、性有善有恶论,四个派别均在先秦时代出现,之后形形色色的观点可视为其变式。

2.2.1 性善论

性善论由孟子提出,他主张"人之初,性本善",人的本性天生善良,具有"恻隐、羞恶、辞让、是非"这"四端",扩充"四端"可发展为仁、义、礼、智。孟子认为,人人有善的萌芽,统治者能保持发展它,庶民则不能。性善论是孟子"仁政说"的理论基础,对后代影响很大。

2.2.2 性恶论

性恶论是荀子提出的与性善论相对立的另一种人性论观点,主张"人之初,性本恶"。荀子在《荀子·性恶》篇中指出"人之性恶,其善者伪也",是说人的本性天生是恶的,善良只是后天人为的结果,是一种假象。在"性恶论"的基础上,荀子提出了"隆礼""重法""礼法"结合的思想,认为人通过后天获得的"礼义法度"等社会属性才是善的。此后韩非子、李斯等人把"性恶论"推到极端,形成了法家"法治"的理论基础。

2.2.3 性无善无不善论(流水人性)

告子从"生之谓性"和"食色,性也"(《孟子·告子上》)的见解出发,把人性理解为人人都具有的一类生理方面的共同需求。告子认为,"性犹湍水也,决诸东方则东流,决诸西方则西流。人性之无分于善不善也,犹水之无分于东西也"。他的人性论因此也被称为"流水人性"。告子还认为"性,犹杞柳也;义,犹桮棬也"(《孟子·告子上》),认为人性犹如杞柳,可以编成各种不同的器具,即人性是后天教育的结果。近代梁启超的"个性中心论",主张天性自然,倡导"尽性主义",这种人性观与"流水人性"也是异曲同工。

2.2.4 性有善有恶论

性有善有恶论是由战国时期世硕等人提出的。"以为人性有善有恶,举人之善性,养而致之,则善长;性恶,养而致之,则恶长。如此,则性各有阴阳,善恶在所养焉。"(《论衡·本性》)其基本观点是,人生来具有善和恶这两种自然本性,它们犹如阴阳二气,阴者谓恶,阳者谓善。

中国传统的人性假设如表 2-3 所示。

表 2-3　中国传统的人性假设

理论	性善论（儒家）	性恶论（法家）	性无善无不善论（流水人性）	性有善有恶论
主要观点	人之初，性本善	人之初，性本恶	性无善无不善	人性有善有恶
主要内涵	恻隐之心、羞恶之心、辞让之心、是非之心	目好色，耳好声，口好味，心好利，骨体肤理好愉逸	性犹湍水也，决诸东方则东流，决诸西方则西流。人性之无分于善不善也，犹水之无分于东西也	举人之善性，养而致之则善长；性恶，养而致之则恶长。如此，则性各有阴阳，善恶在所养焉
代表人物	孟子、张栻、陆九渊、陈确、黄宗羲、王夫之等	荀子、韩非子、李斯等	告子、苏轼、廖燕、梁启超等	世硕、董仲舒、扬雄、王充、韩愈、司马光等

资料来源：许芳，秦峰，胡圣浩，等. 组织行为学原理与实务[M]. 北京：清华大学出版社，2007.

2.3　中西方人性假设理论的比较与应用

中西方人性假设理论有许多共通之处，例如：西方的"自我实现人"假设、Y 理论的基本观点与孟子的"性善论"相类似，"复杂人"假设近似于"性有善有恶论"；"经济人"假设、X 理论认为人天生懒惰、缺乏雄心、不愿负责任的观点与荀子的"性恶论"十分接近。

1．中西方人性假设理论的比较

中西方人性假设理论的简要比较，如表 2-4 所示。

表 2-4　中西方人性假设理论的简要比较

中国理论	性善论（儒家）	性恶论（法家）	性无善无不善论（流水人性）	性有善有恶论
主要观点	人之初，性本善	人之初，性本恶	性无善无不善	人性有善有恶
西方理论	"社会人"假设（人际关系理论）	"经济人"假设（X 理论）	"自我实现人"假设（Y 理论）	"复杂人"假设（超 Y 理论）
主要观点	社交需要是人的基本需要，物质利益相对次要	人是自私的，以获得最大的经济利益为目的	人都期望实现自我的潜能，能够"自我督导"	人的需要因自身发展和环境改变而错综复杂

资料来源：许芳，秦峰，胡圣浩，等. 组织行为学原理与实务[M]. 北京：清华大学出版社，2007.

2．人性假设理论对组织管理与沟通的影响

人性假设理论对组织管理与沟通产生了以下影响。

（1）人性观决定管理者在沟通过程中如何对待员工。通过观察，麦格雷戈得出结论：一个管理者关于人性的观点建立在一组特定的假设之上，并倾向于根据假设塑造对待下级

的行为。不同人性假设会带来不同思维定式,表现为对员工的看法大为不同。泰勒的"经济人"假设颇为极端,他认为,如果人真能像牛一样愚蠢,就可以让他们俯首帖耳地按照他所设计的标准进行工作,工作效率也许会更高。丰田汽车公司则把人看作"自我实现人",鼓励员工提合理化建议,即使公司不采用这些建议,也给予象征性的奖励。

(2)人性观决定管理者如何确定与员工的关系。泰勒发现员工中有联合起来对付管理当局的倾向,为此他在伯利恒钢铁公司明文规定,除经特殊批准外,不得有四名以上的员工在一起工作,以减少员工对管理当局的反抗。日本企业多采用J管理模式或Z管理模式,十分尊重员工,如花很多时间与员工搞社交活动,一起郊游。

(3)人性观决定组织管理与沟通的方式与策略。以性恶论、"经济人"假设、X理论为前提的管理者认为,人天生好逸恶劳,缺乏进取心,因而主张管理以处罚为主、奖赏为辅,即所谓"严格而公平",借助于外力刺激,控制和提高职工的工作热情。而以性善论、"自我实现人"假设、Y理论为前提的管理者认为,人并非天生厌恶工作,有能力发挥高度的想象力、智力和创造力解决问题,工作满足与自我实现是完成工作任务的最重要动力,因而管理方式主要是创造适当的环境,达到员工的自我实现。Z理论认为,企业的成功离不开信任、敏感和亲密,因此完全可以以坦白、开放、沟通为原则进行民主管理。

(4)人性观决定组织的生产效率。按照"复杂人"假设,没有"放之四海而皆准"的管理模式,管理方式和策略是否适合任务性质、员工特点、环境要求,将决定管理效率的高低。

2.4 中国传统文化的沟通理念

中国传统文化博大精深,不乏好的管理思想和沟通理念。墨子《尚同》中说:"上之为政,得下之情则治,不得下之情则乱。"说的是,在上为政的管理者,能通晓下情就能治理好,不能通晓下情就会出乱子。"尚同"即"上同",强调上下沟通,思想保持一致。明代余继登所著《典故纪闻》一书中记述朱元璋语:"治国之道,必先通言路。言犹水也,欲其长流,水塞则众流障遏,言塞则上下壅蔽。"就是说,治国如同治水,需要先做到沟通顺畅,否则上级和下级会交流不顺,为事所蒙蔽。诸葛亮也曾说:"为政之道,务于多闻。"意思是,管理在于多听。由此可见,沟通自古以来就受到中国历代管理者重视,没有有效沟通就不会有有效管理。本节从我国传统文化中的管理哲学思想入手,探寻传统文化中蕴含的沟通理念。

2.4.1 儒家"中庸之道"的贵和沟通之道

在中国古代思想中,贵和思想早就有记载,《尚书》中尧帝、周公等人就提出了"协和万邦""和恒四方民"的主张,《左传》提出了"以和民"。在儒家看来,"和"是管理活动的最佳境界,是人与人沟通必须遵循的基本原则。

1."和为贵"的意义

"和为贵"是著名的儒家名言。《论语·学而》提出"礼之用,和为贵";《中庸》说"和也者,天下之达道也";孟子指出"天时不如地利,地利不如人和";荀子指出"下不失地利,中得人和,而吾事不废",以及"和则一,则多力,多力则强,强则胜物",认为取得了"和"就"强",能够"胜物",确保"吾事不废";西周末年太史伯阳父(史伯)提出"和实生物,同则不继。以他平他谓之和,故能丰长而物归之",认为"和"既是万物化生的根据和源泉,亦是万物存在的一种状态,只有不同事物之间的统一才会产生新的事物;汉代董仲舒说"德莫大于和";明代仁孝文皇后也曾提出"内和而外和,一家和而一国和,一国和而天下和"的主张,足可见知"和"的重要性。"和为贵"蕴含着深邃的哲理和高超的人生智慧,是一种人生观、价值观、整体观、大局观。"和"在管理中的地位和作用,是通过协调各种矛盾因素,以达到最佳的和谐管理状态。"人和"是影响组织效率的主要因素,在企业中"人和"解决得好,能提高生产力,减少人力资源浪费。

2. 中庸之道实现了贵和沟通

我国古代传统文化中崇尚"中"的观念,称之为"中"或"中道"。孔子把中正适度作为认识事物合理性的方法论准则,提出"过犹不及",中庸、过、不及这三个概念属于辩证法的质量互变范畴,中庸反映着美好事物质和量的统一。"发而皆中节","中"是达到"和"的方法和要求。只有事物的各个方面都适"度",事物的总体才能达到协调、和谐的状态,儒家把这个"度"的最佳分寸定为中庸,认为中庸之道才能实现"贵和"的沟通原则。

《周易》的中道思想和儒家的中庸之道一脉相承。中道思想贯穿于《周易》六十四卦始终,而且试图对自然和社会的普遍规律进行理论概括。《周易》将自然界和人类社会中一切对立事物抽象成一对阴阳,"天地之间无往而阴阳;一动一静,一语一默皆是阴阳之理""穷则变,变则通,通则久""一阴一阳之谓道",生生不息的阴阳转化就是变易,而卦象的推衍变化象征着矛盾运动及其转化。《周易》倡导刚柔相济的沟通方式,同时也强调对人和事的控制,提出以感化临民、以智慧驭下、以厚临民等思想。因此,在沟通中要加强对事物发展的控制,尤其要注意事物发展可能发生逆转,要及时把握事物的变化趋势。

3. 在现代沟通中如何掌握"和为贵"

"和为贵"的哲学思想在沟通中表现为化解人际矛盾、把控节度。"以和处之,则情相合;以礼待之,则分相安""发而皆中节谓之和",儒家要求管理者将"和"的思想纳入管理,通过把握为人处世的"度"创造和谐的人际关系,互重互信,不过于突出自己。但是儒家既主张"和为贵",又主张竞争。

首先,儒家的"和"是有原则的"和"。"君子和而不同,小人同而不和。""和"是指协调、和谐,"同"是指无差别地同一。"君子和而不同"是指善于与人相处而不随波逐流,它要求管理者既强调柔性化沟通,又重视制度化等硬约束,保证整个管理系统既和谐又富有原则、充满活力。管理者应实施符合大局的决策,让更多组织成员全面了解管理者行为的依据和目的,同时争取利益受损者的理解和认同,最大限度地及时消除矛盾,实现组织协调运行。

其次,儒家在"和"与"争"的关系上,主张以"和"为主、以竞争为辅,和是目的,竞争是手段,争是为了在更高层次上取得"和",竞争并不排斥人和。儒家坚持以"和为贵"的手段和方法解决现实生活中的一切矛盾与冲突,因此,儒家的基本原则是能"和"

则"和",内部和谐的最终目的是进一步增强对外竞争的实力,即"内和外争",对外竞争优势的基础是内部的人和。

最后,"和为贵"不仅适用于企业内部沟通,也适用于企业与企业沟通,以及企业与外部环境沟通。企业与企业之间的竞争也要求和合,在竞争中相互学习、相互促进、争取双赢甚至多赢,在竞争中合作,在合作中竞争,通过和谐竞争为顾客创造价值,为社会创造价值。

2.4.2 佛家圆融平等的"六和敬"思想

佛家文化提出因缘、因果、无我等核心思想,其中"因缘和合而生""缘起性空"思想提倡人与人、事物与事物都是"众生平等""共生互存"的相互观念,因此佛家创始人释迦牟尼在管理众多弟子时说:"诸有诤事,若已起,若未起,悉令息灭,已同修六和敬法。""六和敬"不仅是佛教僧团成员之间共住共事、人际交往的原则,也是佛家与世俗体、集体与个人之间处事的法则。

1. "六和敬"的缘起

在概念上,"六和敬"有"六慰劳法""六可喜法"不同译本。"六慰劳法"最早出现在东晋僧伽提婆所译的《中阿含经卷第五十二·大品周那经第五》中,其中记载:"彼波和中有一尼揵,名曰亲子,在彼命终。终后不久,尼揵亲子诸弟子等各各破坏。"一名叫亲子的尼揵命终后,他的弟子们彼此起争议,互相攻击,"不共和合,各说破坏,不和合事,斗讼相缚,相憎共诤"。沙弥周那看到这一切后担心佛陀离世后,僧团也会发生这样混乱的状况,于是与尊者阿难"俱往诣佛,稽首佛足",对此,佛陀教化诸比丘以慈身业、慈口业、慈意业、利分布、戒分布及见分布的六种慰劳法。唐玄奘所译《阿毗达摩集异门足论》中又出现"六可喜法",宋朝施护的《息诤因缘经》为此法的不同翻译本,提出"六和敬"概念。虽然各部佛家典法采用了不同的概念,但"六和敬"的概念逐渐成为广为流传的说法。

在内容上,各部佛家典法对"六和敬"也采用了不同的表述。后秦鸠摩罗什所译、其弟子僧肇所注的《注维摩诘所说经》强调以慈心起身、以慈心起口业、以慈心起意业的行为动机。隋代两位僧人智顗、慧远在各自的著作中对"六和敬"表述和侧重不同:智顗的《法界次第初门》将同戒放在首位,慧远的《大乘义章》将"六和敬"中的六"同"分成"身彰同"和"形说同"两类;唐朝澄观的《大方广佛华严经随疏演义钞》提出同戒和敬、同见和敬、同行和敬、身慈和敬、口慈和敬、意慈和敬的表述;北宋释道诚在《释氏要览》进一步将"六和敬"表述为"一戒和同修、二见和同解、三身和同住、四利和同均、五口和无诤、六意和同悦";明代智旭的《阿弥陀经要解》及《灵峰蕅益大师宗论》等著作中反复出现"身和同住、口和无诤、意和同悦、见和同解、戒和同修、利和同均"的"六和敬"表述。尔后,"六和敬"在内容上基本按此表述固定。

2. "六和敬"圆融平等管理沟通理念

佛家僧人弟子众多,与企业相同,也是一种组织形式,管理的对象都是人。"六和敬"是佛家管理的核心,其中"和"及"敬"有不同的侧重。隋代智顗所著的《法界次第初门·卷下》记载:"外同他善,称为和;内自谦卑,称为敬。菩萨与物共事,外则同物行善，内则常自谦卑，故称和敬。"指出对外与人和善广结良缘，对内时常自省保持谦卑心态，这样的为人处世方式才能达到组织中个体与个体、个体与集体良好的相互依存关系。

"六和敬"第一条"身和敬"，"菩萨住于无缘平等大慈，以修其身，常与众生一切乐事，而无有乖诤"，提出身体力行实施和睦平等相处，相互照顾、包容、理解、尊重、提携。这不仅要求内部个体与个体之间沟通圆满融通，也要求集体间放下身段，彼此提供资源，互补合作，共同发展。第二条"口和敬"，"菩萨以无缘平等大慈，以修其口，常与众生说一切法，令其得乐，而无有乖诤"，提出在语言上彼此善言相待，和睦无争。这要求遇到纷争时各自放下对彼此的成见，换位思考互为通融，才能平等沟通、乐见其成。第三条"意和敬"，"菩萨住于无缘平等大慈，以修其意，常知众生诸根性欲，与众生乐，而无有乖诤"，是指了解并包容每个人秉性的不同，超越个体思维的局限，不计较得失和利害，不忘初心的快乐。从现代管理的角度来说，组织应树立愿景并打造共同的价值观，在相同使命感下积极主动推动组织的发展，实现组织共同目标，并获得成长的快乐。第四条"利分布"，"菩萨通达实相正行，而能了知无作无行，然为安立众生于实相正行，故以方便善巧同诸行，而无有乖诤"，要求相互补单救济，资住贫穷源，均衡布施。这与现代"共享经济"的概念极为相似，实现区域资源合理分配、边际效用最大化。第五条"戒分布"，"菩萨通达实相正理，知罪不可得，然为安立众生于实相正理，故以方便善巧同持戒品，而无有乖诤"，建立人人平等的法制，集体内所有个体皆接受此戒法，无一例外，各自安守。第六条"见分布"，"菩萨通达实相正理，而能了知诸法本无所得，亦无所知见，然为安立众生于实相正见，故以方便善巧同一切知见，而无有乖诤"，提出彼此应心怀平等、包容、尊重的共同理念达成一致见解，在组织内及组织外形成共生、共赢的目标共识，突破思想的障碍，圆融畅顺地沟通，实现共同成就的局面。

2.4.3 道家文化辩证管理的沟通理念

道家学说由老子开创，其《道德经》作为经典传于后世。后有杨朱、尹文、慎到、田骈等人发展了老子思想，称稷下黄老之学。再后来，庄子秉承道家提出了"无为无不为"的哲学思想，他认为在大道之下，事物是发展变化的，并且是矛盾运动的结果，矛盾运动是对立统一的。不仅如此，道家还发现了矛盾的斗争性和互相转化。懂得矛盾的发展变化，便可洞察并把握事物的发展。《道德经》说的是事物变化的法则，蕴含深刻的哲理，其中也包含着一些沟通理念。

1. 道家"无为"与"不争"的沟通方式

"天之道利而不害，圣人之道为而不争"，应该"处无为之事，行不言之教"，老子告诉人们在沟通中应少争论，更不要诡辩，而要以身作则、多做实事、力戒空谈、真抓实干。《道德经》中有"大辩若讷"，王弼注："大辩，因物而言，己无所造，故若讷也。"即最大的辩论好似不会说，老子主张合乎道理的"大辩"，而反对花言巧语的诡辩。正所谓"善者不辩，辩者不善"，沟通的真谛，并非在于逞口舌之强，而是实现沟通目标。因此老子说："知（智）者弗言，言者弗知（智）。""多言数（速）穷，不如守中。"即智者不会乱发言，指东道西的人自然不是智者。过多地指手画脚，只会加速失败。作为一个企业管理者该如何进行沟通呢？"美言可以市尊"，美好的行为可以影响他人。所以圣人行的是"不言之教"，靠的是以身示范，不言多行。

2. "以退为进"的沟通理念

老子说："将欲歙之，必固张之；将欲弱之，必固强之；将欲废之，必固兴之；将欲夺之，必固与之。"其用在沟通之中，可以理解为示弱原则，即所谓：名为退，实乃进；以退为进，以屈求伸。之所以要以退为进，蕴含的哲学思想是很深刻的，"曲则全，枉则直，洼则盈，敝则新，少则得，多则惑"，老子讲述的正是辩证的哲学思想，即矛盾是运动的，并且是对立统一的。

明智的沟通者懂得"大者宜为下""企者不立，跨者不行，自见者不明，自是者不彰，自伐者无功，自矜者不长"的道理，应当"不自见故明，不自是故彰，不自伐故有功，不自矜故长"，即不可以固执己见地自作聪明、自以为是、自我表扬，以及过于自尊。自我表扬，爱听表扬的话，有了成绩爱表功，则会有功等于无功；自尊心过重等同于清高傲慢。自矜的人在沟通中必然伴随着浮躁浮夸，或好大喜功或文过饰非或不思进取，给沟通带来不良影响。不自见，但要自知，置自己于众人之后，置私利于度外，"为人""与人"愈多，而自我之积累愈丰，反而能成就自我实现的沟通目标。一个管理者要实现有效的沟通，就要先赢得下属的拥戴和信服，要有相当的威望和号召力；而要拥有这些，就必须舍小利以求大德，示员工以无私，示员工以谦让，只有这样方能得员工之倾服，"不战而屈人之兵"，永远立于不败之地。

如何修炼到上述境界，"上善若水"，"天下莫柔于水"而"攻坚者强，莫之能胜；天下之至柔，驰骋天下之至坚"，老子认为可以向"水"学习，天底下最柔弱的是水，但水却能够战胜坚硬的强者，如果能学到"水"的优点，就可以做到"柔之胜刚"，这在人际沟通中很值得深思。

资料链接：墨家的"兼爱"与"尚同"沟通理念

2.5 中西方"面子"理论比较及人情与面子互动模型

中国是一个有着五千年历史的文明国家，中国人好面子由来已久。20 世纪初期，旅居美国的社会学家胡先晋女士第一次从人类学与社会学角度研究了中国人的面子问题，从此中西方学者不断从人情、面子、报（恩）与冲突化解等多个方面研究中国人的面子问题。

西方人首先从礼貌准则入手进行研究，"礼貌"本身是日常行为中具有道德或伦理意义的行为准则，包括人们为维护和谐人际关系所做出的种种努力，它是人类文明的标志。面子论是一种礼貌现象，是言语活动中不可分割的组成部分。这个理论是否在中西方文化中普遍适用？中国学者则站在传统文化的基础上，着重从"礼"的角度，研究人情与面子的互动关系。本节将对中西方不同文化情境中面子理论的差异及其成因进行探讨。

2.5.1 中西方文化情境中的面子理论

资料链接：面子的最早记载

1. 齐桓公与管仲

周朝末期，封建诸侯群起争霸。在宰相管仲辅佐之下，齐桓公终于成为霸主。管仲在临终前劝诫齐桓公将某些人从朝廷斥退。齐桓公当时答应了，后来却发现自己少不了他们。这些人掌权之后便设计推翻齐桓公，最后叛军攻占了王宫。齐桓公被放逐后，沦落到无饭可吃的地步。当他想起管仲的忠告时，不禁悲泣道："亡者无知则可。设若亡者有知，我有何面目见仲父于地下？"

2. 项羽与江东父老

公元前207年秦朝灭亡后，在争夺天下的斗争中，项羽和刘邦最具实力，最后失败的是项羽。经过几次挫败之后，项羽的军队被敌人团团围住。他知道大势已去，便率领一小队骑兵突围，一直逃到乌江边。当地的地方首长出来迎接项羽，并告诉他如何安全逃走。如果回到江东故里，他也许能够东山再起。他回答："我和江东八千子弟兵一起出来打天下，如果战战败而独自回去，即使江东父老怜悯我，甚至奉我为王，我又有何面目见江东父老？"

资料来源：黄光国. 人情与面子：中国人的权力游戏[M]. 北京：中国人民大学出版社，2010.

1. 西方文化中的面子论

英国社会心理学家 Erving Goffman 早在20世纪50年代便从社会学角度提出"面子"（face）这一概念。他把"面子"界定为"按照社会所赞许的属性而创造的自我形象"。"面子策略"指人们在交际中所采取的与面子一致的行动，如避免发生尴尬、丧失自尊等。面子是个人神圣的私有物，是安全感和幸福感的中枢。Goffman 认为，"脸面工作"是互相配合的，面子的维持和赋予取决于他人。要想自己不丢面子，最保险的方法就是不伤害他人的面子。

微课：中西方面子观的比较

英国人类学家 Brown 和 Levinson 于 1978 年发表了一篇题为"语言应用的普遍现象：礼貌现象"的文章，第一次对礼貌、面子这一问题进行了系统探讨。他们分别调查了英语、墨西哥语和印度南方的土著语，发现在三种毫无关系的文化中，语言使用中有普遍的礼貌现象。他们提出了"面子保全论"（Face Saving Theory）。"面子保全论"首先设定参加交际活动的人都是典型人（model person）。典型人是"一个具有面子需求的理性人"，其所具有的"面子"即每一个社会成员意欲为自己争得的公众眼中的"个人形象"（the public self-image），它分为消极面子（negative face）和积极面子（positive face）两类。消极面子是指有自主的权利，不希望别人干涉自己的行为；积极面子是指需要得到对方的承认和喜爱，与对方达成共识。在社会交往中，既要尊重对方的积极面子，又要照顾对方的消极面子，以免带来难堪的局面或使关系恶化。在语言交际中为减少对面子的威胁，交际者应采取一些礼貌策略：积极礼貌策略强调双方的平等、熟悉，消极礼貌策略的特点为克制、正视双方的社会距离。

2. 中国人的面子论

作为礼貌理论中的核心概念，面子和礼貌紧密相连。顾曰国（1990，1992）曾指出，现代汉语中的"礼貌"起源于古代的"礼"。《管子·五辅》曰："上下有义，贵贱有分，长幼有等，贫富有度，凡此八者，礼之经也。"可见，礼的主要功能在于使社会中每个人在等级制度中有恰当的地位，反映了中国文化对等级性和群体和谐的重视。从古代的礼演变而来的礼貌，同样强调赋予他人以尊重，支持交际对象的面子。由此可以看出，在社会交际中礼貌和面子是互相联系的。Peccei（1999）指出，礼貌就是对他人的"面子需求"（face wants）表示认可，是"典型人"为满足面子需求所采取的各种理性行为。实施礼貌就意味着照顾和抬高对方的面子，向对方表示尊重，而维持和增加对方的面子就意味着有礼貌，二者的最终目的都是实现人际和谐。

Mao（1994）引述人类学家胡先晋（1944）对汉语面子概念的讨论，认为汉语中的"面子"包括两方面，即"面子"和"脸"。"面子"指在生活中因获得成功而获得的，或者他人赋予自己的威信或名誉；而"脸"指个体由于遵守社会道德标准而从所处群体获得的尊重。正如林语堂先生在《脸与法治》一文中所说："中国人的脸，不但可以洗，可以刮，并且可以丢，可以赏，可以争，可以留。"无论一个人是富有还是贫穷，是尊贵还是卑微，"面子"终归是要的。在儒家学说里，人们提倡个人从属于社会的价值观，强调的是个人的需求不要超越社会所给予个人的身份地位。人在社会交往中，当不得不使用有伤面子的言辞时，采用的策略往往是先肯定后指出不足，或先赞同后摆出分歧，这就是所谓的"求同"。

翟学伟（2011）认为，中国人的脸面观并非在同一向度上，而是根据脸的规矩性和面子的心理地位的统一和分离，产生出四种不同的类型（见图2-2），而脸面的张力也正体现在中国人的文化价值系统和社会功能系统之间的协调或不协调上。

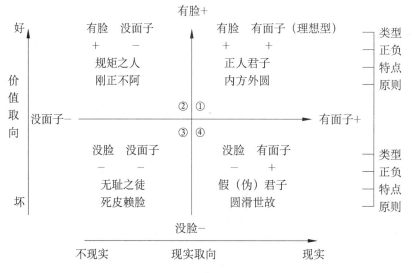

图2-2 脸面四分图模式（翟学伟，2011）

"脸"和"面子"分别反映了中国人的价值观和现实观。根据中国人的脸面观可将人分成四种类型：① 有脸有面子，即正人君子，处世原则是内方外圆；② 有脸没面子，即规矩之人，处世原则是刚正不阿；③ 没脸没面子，即无耻之徒，处世原则是死皮赖脸；④ 没脸有面子，即伪君子，处世原则是圆滑世故。

由此，可总结出10项中国人的脸面观原则。

（1）绝大多数中国人在社会生活中都追求脸面，但追求的方式有所不同。大多数人处于第②④类之中。第①类人为数极少，为中国人所崇敬，第③类人通过相反的方向实现这一目标。

（2）中国社会文化价值观排斥第③④类人（如伪君子和小人），从儒家经典中可看出。

（3）在现实社会生活中，因关系变项的介入，中国人更认可第①④类人，以获得更多的社会资源。

（4）从（2）（3）可知，中国人无论在价值层次还是在现实层次都认为第①类人好，第③类人坏。

（5）从价值观上看中国人的脸面观，中国人对第②类人做高评价，对第④类人做低评价。

（6）从现实生活中看中国人的脸面观，中国人对第②类人做低评价，对第④类人做高评价。

（7）由（5）（6）造成的第②类人在价值和现实之间的认知失调倾向于通过精神胜利法来调整，表现出架子式的行为，如俞伯牙和钟子期追求的"高山流水"。

（8）由（5）（6）造成的第④类人在价值和现实之间的认知失调倾向于通过人情法则来调整，表现出社会交换的行为。例如，一些带原罪的企业家"洗白"上岸，通过社会捐赠与做慈善等行为谋求政协委员、人大代表等社会地位来获得"脸"。

（9）处于第③类的中国人最有可能选择越轨行为来获得脸面。

（10）追求任何一种脸面类型（包括没脸没面子）的成功与失败，都将使中国人产生一种世故的特征，而所谓世故就是个人外在表现与内心体验不统一。当然，每个人不可能一辈子都是同一类人，其所属的类别都可以通过脸和面子的运作发生动态变化。

2.5.2 中西方面子理论之差异与成因

虽然在各个社会文化中都存在对面子的关注和需求，但在不同的文化中赋予面子、失去面子或获得面子所依赖的标准却大相径庭，而这些标准根植于各种社会文化不同的价值取向。

1. 中西方面子理论的差异

首先，Brown 和 Levinson 把面子界定为"人们想为自己获得的自我形象"，强调的是面子的个体；而汉语的面子具有社会取向，是社会赋予个体的。其次，汉语的面子强调社会对个体的承认和社会成员之间的互相依赖，西方文化中的面子概念强调个体的愿望或需求。中国人希望在周围的人中保持和谐，给别人留"面子"。相反，西方人通常坚持自己认为是"事实"的意见。

2. 中西方面子理论差异之成因

尽管礼貌具有普遍性，但不同文化在实现礼貌的方法以及在礼貌的判断标准上却存在着差异。这些差异有其历史原因，是在社会、历史、人文、地理等多种因素长期影响下逐步形成的。

现代西方文化以自由、平等、竞争为核心，源于一个"争"字，即在处理人事时以己为先。公元 1 世纪，基督教产生，鼓励人们突出自我。"文艺复兴"思想解放运动中，人们宣扬肯定人的价值、尊重人的权利、重视人的力量。"人文主义"思潮的传播一方面将人的思想从神学中解放出来；另一方面也使得私欲过度膨胀，更加深了西方文化的"争"。

与西方文化不同的是，中国的文化思想关键在于孔子的"谦、恭、信、敏、慧"。两千多年的封建历史，使得中华文化有着"群体高于个人"的一般特征。中国传统的社会群体意识首先以家族群体为基础。林语堂先生在谈到这一问题时曾说："这种家族意识和家族荣誉的感觉，也许是中国人生活上队伍精神、集团意识的唯一表现。"自古以来，中国农耕社会中的人们过着自给自足的家族定居生活，个人行为必须以家族为出发点。带有宗法色彩的家国一体制度，养成了人们的群体意识。这种意识强调群体内部成员的相互依赖，强调群体关系的和谐以及群体对个人的约束，提倡服从、克制、循例从众。因此，中国人注重集体，以贬抑自己突出他人或群体。中国注重群体合作和个人谦虚的"集体主义"价值观，与西方以自我为中心、强调个人自由、不受外来约束的"个体主义"价值观形成了鲜明的对比。

2.5.3 华人社会的人情与面子互动模型

在华人社会，人情与面子是每天沟通必须面对的，到底它们之间是如何互动与演进的呢？胡先晋（1934）、黄光国（1988，1997）与翟学伟（1995）等华人社会学家做了很多研究。下面从人情的定义、人情法则与"报"的规范、人情的困境、人情与面子互动模型四个方面论述。

1. 什么是人情

大体而言，人情在中国文化中有下列三种不同的含义。

第一，人情是指个人在各种不同的生活情境下，可能产生的情绪反应。《礼记》有言："何谓人情？喜、怒、哀、惧、爱、恶、欲，七者，非学而能。"如果能理解别人在生活上遭遇不同情境时可能产生的情绪反应，进而喜其所喜、哀其所哀，甚至投其所好、避其所恶，这个人便是通情达理的人。反过来说，如果对别人的喜、怒、哀、乐无动于衷，他便是不通人情的人。

第二，人情是指人与人进行社会交易时，可以用来馈赠对方的一种资源。在中国社会，别人有喜事，我赠送礼物；别人有急难，我给予实质的帮助，便是"做人情"给对方。对方接受了礼物或帮助，便欠了我的人情。此处所谓人情，指的是一种可以用来交易的"资源"。

第三，人情是指中国社会中人与人相处的社会规范。人情的社会规范主要包含两大类社会行为：首先，在平常，个人应当用馈赠礼物、互相问候、拜会访问等方式与其关系网内的其他人保持联系和良好的人际关系。其次，当关系网内的某个人遭遇贫病困厄或生活上遇到重大难题时，其他人应当有"不忍人之心"，尽力帮助他，"做人情"给他。"受人滴水之恩，当以涌泉相报"，对方受了恩惠，欠了别人人情，也应时时想办法回报。如此构成了中国人的人情法则。

微课：人情的定义

2. 人情法则与"报"的规范

Gouldner（1960）认为，"报"的规范是一种普遍存在于人类社会中的规范，也是任何文化公认的基本道德律。人类的社会关系无不建立在"报"的规范上。在中国文化中，人情法则和需求法则或公平法则一样，都是"报之规范"的衍生物。这些法则的主要差异在于它们适用的人际关系范畴不同，"报"的方式和期限也有所不同。

在工具性的关系中，交往双方并不预期将来会进行任何情感性的交易，所以他们根据客观标准估计双方资源的价值，然后在彼此认为"公平"的情况下交易。在交易过程中，一方将资源交付另外一方后，对方通常必须立即给予回报，如有事情拖延，双方必须明白约定回报日期。

在中国家庭中，依照需求法则进行交往的情感性关系，也遵循"报之规范"。"养儿防老，积谷防饥"，便蕴含父母预期子女回报的意思。这种回报关系在交易的资源或是回报的期限上都没有一定的限制。父母抚养子女时，子女有任何需要，父母大都会竭尽所能，极少考虑付出资源的代价。子女回报父母，亦是"各尽所能，各取所需"，没有明确的范围和客观的计算方法。

以人情法则进行交易的混合性关系，蕴含的"报"的方式和性质，都与公平法则或需求法则大不相同。中国社会讲究"有恩报恩，有仇报仇"，主要适用于混合性的人际关系，它既不像血缘关系那样不可分割，又不像工具性关系那样"合则来，不合则去"，假使个人不顾人情法则而开罪他人，双方在心理上都会陷入尴尬境地。因此在混合性的关系网内，交往双方平时必须讲究"礼尚往来"，"投之以桃，报之以李"，以维系彼此间的情感关系。一旦一方在生活上遭遇贫病困厄或其他重大困难，而开口向拥有资源支配权的另一方请求帮忙时，资源支配者往往会考虑对方可能做出的各种回报，而给予特别的帮助。在这种情况下，受恩者便欠下一份人情，而必须在将来伺机回报。这时，他们之间的情感关系便发挥了工具性的作用。反过来说，如果资源支配者不讲人情，不愿意伸出援助之手，双方关系便可能弄僵，甚至彼此"反目成仇"。

总而言之，促使中国人对别人"做人情"的主要动机之一，是他对别人回报的预期。尽管儒家伦理十分强调"施人慎勿念""施恩拒报"，然而，诸如此类的想法基本上只是一种圣贤理想。对于一般人而言，中国伦理十分肯定"受恩者"回报的义务，而强调"受施慎勿忘""人有德于我，虽小不可忘也"。这种符合"报之规范"的道德律是一般人实际行动的准绳，在此道德律之下，施者能够放心地期待：受者欠了自己人情，将来自己如果开口向他要求帮忙，对方必然难以拒绝。基于对此种回报的预期，资源支配者才愿意对别人"做人情"。

3．人情的困境

在中国社会中，和资源支配者有关系的人如果向其求情，要求他将资源做有利于自身的分配，资源支配者往往会陷入"人情困境"。这种"人情困境"主要由下列三个因素构成。

（1）资源支配者付出的代价。资源支配者接受了对方请托，必然要付出某些资源。如果是资源拥有者，帮助对方，自己便要承受某些损失。对方要求愈多，自己损失愈大。在许多情况下，他往往不是资源的所有者，而只掌握资源的支配权。假使他违背公平法则，将资源做有利于对方的分配，他还可能遭到其他利益相关者的非议，甚或法律的惩处，这些都是他接受对方请托时必须考虑的代价。

（2）受者回报之预期。在一个讲究"受人滴水之恩，当以涌泉相报"的文化里，资源支配者施恩于他人时，虽然预期受者有机会将回报，可是人情很难用客观标准来衡量，不仅回报时日遥遥无期，方式也难以预料。因此，资源支配者只能依照对方权力大小估计回报。对方地位愈高，权力愈大，掌握的资源愈多，平常又以出手大方著称，回报的层面愈广，回报的方式也愈丰厚。反过来，对方地位愈低，权力愈小，掌握的资源愈少，平常又是小气成性，做出的回报也愈有限。

（3）关系网内其他人的回应。在中国这种关系取向的社会里，个人所拥有的社会关系也是一种十分重要的权利。资源支配者在考虑是否要"做人情"给对方时，除了考虑代价和回报，往往还会考虑：对方的关系网内有哪些人物？这些人物对自己有多大影响力？如果对方"结交尽权贵，往来无白丁"，而且这些权贵对自己又有直接影响，资源支配者便可能"不看僧面看佛面"，屈从对方的请求。反过来说，如果对方家世寒微，又没有良好的关系，资源支配者便很有可能推拒求情。

总之，资源支配者在面临人情困境时，往往会考虑自身必须付出的代价以及各种预期的得失，以决定是否要"做人情"给对方。无权无势又无社会关系的人，在失意潦倒之余，常会感叹"世态炎凉""人情薄如纸"，其道理即在于此。

4．人情与面子互动模型

人情与面子互动模型的核心在于其关于中国人人际关系的分类，黄光国（1988）综合已有研究，将中国社会中的"关系"分为"情感性关系""工具性关系"及"混合性关系"三种类型。从图2-3来看，三种关系都是由工具性成分和情感性成分构成的，所不同的是两种成分所占比例不同。就具体界定而言，情感性关系通常是一种长久而稳定的以满足情感需求为目标的社会关系，如家庭、密友等主要社会团体中的人际关系，尽管个人也可以通过这种关系获得物质资源，但其中的工具性成分远低于情感性成分。工具性关系是一种在陌生人之间以获取物质资源为主要目标的社会关系，这种关系短暂且不稳定，纵然带有情感成分也十分有限。混合性关系则是两者相混合的一种中间性关系形态，是个人最可能以"人情"和"面子"来影响他人的人际关系范畴，主要包括亲戚、邻居、师生、同学、同事、同乡等各种角色关系。就三种类型关系的相互关联而言，由于"人情"与"面子"的联结作用，工具性关系比较容易发展为混合性关系，混合性关系则难以成为彼此一体化的情感性关系。因此在图2-3中，工具性关系与混合性关系之间用虚线表示，而混合性关系与情感性关系之间则用实线表示。

不同性质的关系交往遵循不同交往法则，对于工具性关系请托者，资源支配者按照公平法则来对待；对于情感性关系请托者，资源支配者按照需求法则，尽其所能来满足对方需求，但也可能由于交换或分配资源的矛盾而产生"亲情困境"；对于混合性关系请托者，资源支配者则按照人情法则，将其所付出的代价与未来可能获得的回报做比较，并兼顾对方的关系背景来权衡轻重，最终决定是否"做人情"，由此也就常常陷入"人情困境"。并且，黄光国敏锐地认识到，中国人的人情关系往往没有明显的"公""私"界限。规避公事中的人情困扰在于心理"区隔"策略的运用，常常坚持以公平法则处理只拥有支配权的公共资源，而以人情法则处理拥有所有权的私人资源。若要进一步规避"人情困境"，则常常采取"对事不对人"的态度，进而以公平法则建立互动规则，或者到陌生地区建立公平法则的工具关系。

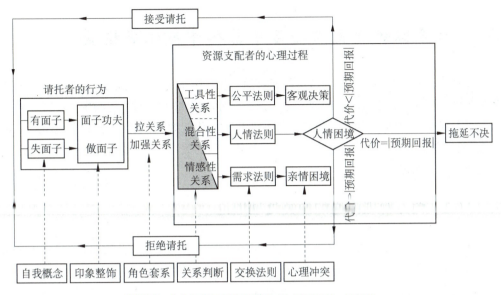

图 2-3 人情与面子的理论模式（黄光国，1988）

从资源请托者的角度看，资源支配者接受请托将使其感到"有面子"，而拒绝请托则会导致其"失面子"，这也常常会使资源支配者尽量"做人情"给对方。资源支配者既不愿意答应请托，又不愿意损及对方的"面子"，常常会"拖"而不给予答复，但有时请托者可能因其拖延不决而恼火，造成更为严重的后果。从自身印象整饰来看，资源请托者常通过炫耀自己、显示与一些要人的关系做"面子功夫"，进而通过种种方法与资源支配者"拉关系"，以使得在未来资源请托的过程中，资源支配者由于"人情"亏欠顾及请托者的"面子"而难以回绝。在被拒绝请托"失面子"后，请托者则可能要通过各种方式"做面子"来挽回损失的"面子"，并且将来一有报复机会也会让对方"面子"上不好看，最终使得大家都没有"面子"。总之，请托者常通过"面子功夫"及"角色套系"的关系运作，使资源支配者做出有利于请托者的资源分配。

就"关系"与"报"两者的关系而言，工具性关系属于"合则来，不合则去"的一次性关系。情感性关系与混合性关系则属于长期的交往关系，均遵循中国人"报"的规范。情感性关系中的回报，也遵循"各尽所能，各取所需"的需求法则，并不计较代价。混合性关系的双方则遵循"有恩报恩，有仇报仇"的原则，在长期交往过程中"施"与"报"基本上对等平衡。

如上所述，"人情"的概念偏重于社会交换论的解释，与"关系""报"等概念在解释上具有相当的一致性；"面子"的概念则侧重于符号互动论及戏剧论的解释，与"人情""关系""报"等概念的解释具有相当大的差异。换言之，"人情"的概念解释倾向于关系资源性，"面子"的解释则较倾向于个体表现性。黄光国人情与面子模型的重要贡献之一也就在于将"人情"与"面子"两个概念用社会交换论的架构衔接起来，将符号表现性的"面子"置于工具交换性的"人情"之中，并最终用"混合性关系"的概念涵盖了它们。

微课：人情与面子的互动模型

2.6 西方组织冲突理论与中国人冲突化解模型

冲突是企业组织中的员工经常可能面对的问题。Thomas 及 Schmidt（1976）发现美国经理人平均要花掉其上班时间的四分之一去处理公司内的冲突问题。组织中冲突管理的妥当与否不仅会影响到员工的工作满足、组织承诺与工作绩效，更会影响到企业组织的经营绩效。冲突管理与员工个人工作态度及企业绩效之间的关系，一直是企业管理与组织行为研究所重视的课题。

2.6.1 西方管理沟通的冲突处理理论

冲突（conflict）是人类为达到不同目标和满足相对利益形成的具有直接性和公开性的某种形式的斗争。由于其中一方认为另一方影响了自身利益或者目标，从而产生认识与感情上的矛盾。冲突的要素有：① 目标或利益；② 对立面交互行为；③ 差异、矛盾、斗争和对抗。

冲突的根源包括价值观、利益、人的个性、角色冲突、信息不畅、职责不清、组织变动和组织风气。组织中的冲突不可避免，不可能完全消除。但如果处理不当，它会影响组织运作。冲突也能激发创造性、革新和变化意识，甚至可以改善关系，一个健康的组织必须有适度的冲突。

为了有效地解决组织中的人际关系冲突，美国的行为科学家 Thomas 提出了一种二维模式，他认为发生冲突以后，冲突参与者的反应有两个主要维度：武断性和合作性。于是出现五种处理策略，代表二者的五种组合：竞争、折中、回避、妥协和合作，如图 2-4 所示。

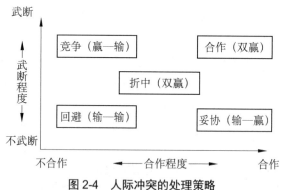

图 2-4 人际冲突的处理策略

竞争造成一赢一输，以牺牲一方利益快速中止争议，更大的冲突可能由此孕育；回避造成双输，它避免了矛盾激化，但矛盾和问题依然存在；妥协有得有失，是双方可以接受的权宜之策，但是当一方或者双方想获取更大利益时，"协议便是一纸空文"，冲突将再次发生。相较之下，合作策略的有效运用能使冲突双方产生满足感，而其他策略都会为下一次冲突埋下伏笔。

伯克（1970）曾对五种策略的有效程度进行过调查，他发现使用合作策略，常能有效解决冲突问题；竞争策略效果很不好；回避策略和妥协策略一般很少使用，而且使用效果都不好。

2.6.2 中国人的人际冲突处理模式

传统上,"和"是一般中国人在处理人际冲突时的最高指导原则。中国人解决冲突往往强调不要正面冲突,以免伤和气,总是希望能平顺地化解冲突,大事化小,小事化无。杨国枢(1992)认为,中国人的"关系取向"特征之一为"关系和谐性",即强调与追求所有人际关系的和谐。中国人对不和谐或冲突会形成一种焦虑甚至恐惧。为维持双方关系的和谐,当事人必须各依角色规范行事,在做人方面处处小心,尽力保护对方的面子,以免破坏和谐而引发冲突。传统中国人恢复和谐的主要策略是"和稀泥",即强调"以人为体""为和谐""家丑不可外扬"。

黄光国根据西方 Hall(1969)的两个维度,将组织内部可能采取的冲突化解模式构建出五种冲突化解模型的雏形,以达到目标,如图2-5所示。

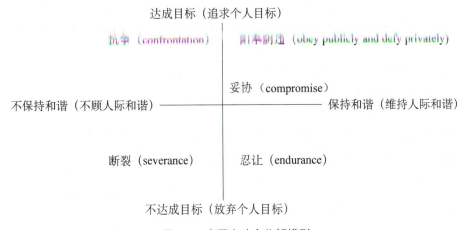

图 2-5 中国人冲突化解模型

对于以上冲突化解模型图,黄光国用表2-5的直观表示,给出了各种情境下冲突化解的优势选择。

表 2-5 中国人的冲突化解模式

	保 持 和 谐	达 到 目 标	协 调	优 势 反 应
纵向内团体	顾面子	阳奉阴违	迂回沟通	忍让
横向内团体	给面子	明争暗斗	直接沟通	妥协
横向外团体	争面子	抗争	调解	断裂

资料来源:HWANG K K. Guanxiand and Meintze: Conflict Resolution in Chinese Society[J]. Intercultural Communication Studies VII: 1, 1998(8): 17-42.

该研究将中国人的人际关系分成三类:垂直的圈内人(vertical in-group);水平的圈内人(horizontal in-group);水平的圈外人(horizontal out-group)。

如表2-5所示,在纵向内团体中,当居下位者与居上位者发生冲突时,为了保持人际和谐,居下位者必须替居上位者顾面子,因而,前者可能采取的优势反应是忍让。如果他想追求个人目标之达成,便会阳奉阴违,也会采取迂回沟通模式进行沟通。在横向人际关系中，个人可能采取的冲突化解模式则会视对方的关系位置不同而不同，若视对方为内团体一分子，在发生冲突时，为了保持人际和谐，双方都会给对方面子，也可能采取直接沟通与妥协的协调方式，如果有一方坚持要达成其个人目标，则他们可能陷入长期的明争暗斗中；相反，若双方都坚持要达成其个人目标，他们便可能将对方界定为外团体，而爆发明显抗争，此时，他们会不顾人际关系和谐，而与对方争面子，消除双方冲突往往靠第三方调解，而冲突后的优势反应则为双方关系断裂。值得注意的是，在纵向内团体中，当居上位者不顾居下位者的感受，而一再坚持要达成其目标时，居下位者也可能采取反抗行动，严重的抗争甚至会导致关系破裂。

值得注意的是，领导者的管理行为会围绕"差序格局"进行，对不同的部属采取不同的对待方式。因此，当主管征询部属意见时，"自己人"可能畅所欲言，"外人"则尽量避免招惹麻烦。

> **资料链接：差序格局**
>
> 差序格局是由费孝通先生提出的，旨在描述亲疏远近的人际格局。
>
> 关于差序格局和团体格局的区别，费先生打了个比方：西方社会以个人为本位，人与人之间的关系好像是一捆柴，几根成一把，几把成一扎，几扎成一捆，条理清楚，呈团体状态；中国乡土社会以宗法群体为本位，人与人之间的关系是以亲属关系为主轴的网络关系，是一种差序格局。在差序格局下，每个人都以自己为中心结成网络。这就像把一块石头扔到湖水里，以这个石头（个人）为中心点，在四周形成一圈一圈的波纹，波纹的远近标示着社会关系的亲疏，可分为自家人、自己人和外人。费先生揭示了中国传统社会的以下五种特点。
>
> （1）自我主义。一切价值以"己"为中心。
>
> （2）公私群己的相对性。在这种格局中，站在任何一圈中，向内看可以说是公，是群；向外看就可以说是私，是己。两者无清楚的界限。
>
> （3）特殊主义伦理。中国的道德和法律根据所施加的对象与自己的关系而加以不同程度的伸缩，一切普遍的标准并不发生作用。
>
> （4）人治社会。维持秩序时所使用的力量，不是法律，而是人际关系的历史传统。
>
> （5）长老统治。这是一种包含不民主的横暴权力、民主的同意权力及教化权力等复杂内容的权力结构，整个中国传统社会中的制度安排和权力运作，都以这样的社会关系模式为基础。
>
> 资料来源：阎云翔. 差序格局与中国文化的等级观[M]. 许纪霖，刘擎. 丽娃河畔论思想：华东师范大学思与文讲座演讲集（第2辑），上海：华东师范大学出版社，2006.

微课：差序格局下中国传统社会的特征

本章小结

相关测试：菲德勒权变模型领导风格 LPC 测试问卷

 本章典型案例：高管的陨落

菲德勒权变模型
领导风格 LPC
测试问卷

大华公司在广州的房地产圈子里规模只能算中等，专做住宅项目的房地产开发。由于资金有限，大华公司无法在一级市场上通过"招拍挂"取得土地，只能在二级市场上，从第三方手中收购一些有麻烦或有纠纷的地块，例如，涉及拆迁、权属有纠纷的地块等，在广州也仅开发了三四个住宅项目。同时集团下属还有一些涉及其他业务的公司，但都没什么盈利，主要的盈利业务还是房地产。

由于集团逐渐发展壮大，且因集团开发地块涉及拆迁，经常有各类的法律纠纷。2006年年底，大华公司通过猎头，聘请了在一家全国大型房地产公司法律事务部任职5年的华飞，作为公司的副总经理，全面负责组建公司的法律事务部：对内管控合同，预防法律风险；对外处理公司的诉讼业务。

春风得意的华飞

华飞上任后，以其丰富的专业知识和良好的外部资源，很快解决了公司外部一些重大的诉讼案件，给公司挽回了不少损失，同时，给老板提了许多规避法律风险的建议，从而深得老板赏识。再加上华飞先生外表俊朗，唱歌跳舞样样精通，为人风趣幽默，很快就成为大华公司名副其实的"super star"。

2007年年初，通过另一位主管财务的副总经理王刚的介绍，大华公司决定收购南方某城市的一家化工生产企业，该企业的主营业务是锌锭。该企业风光时曾出资赞助并冠名了一家甲A的足球队，后由于经营不善导致资金链断裂，无法采购原材料，工厂停产，工资停发，2000多名工人无班可上，且由于企业背负大量债务，厂房设备等都被法院查封，企业濒临破产。大华公司经过分析，认为该企业虽然面临破产，但机器设备尚在，生产人员配备也较整齐，如果有足够的资金投入，购买原材料恢复生产，起死回生的可能性比较大。但关键问题在于，该企业背负了将近7亿元的债务，若要注资，则必须首先偿还7亿元的欠款，大华公司显然不会选择当冤大头。但大华公司的老板认为，商机就蕴含在大家都不愿意或不敢做的事情里，高风险必然伴随着高收益。在此指导思想下，大华公司在当地成立了分公司，并从广州调配了各专业人员，再委派老板得意干将作为分公司的总经理，全权负责分公司的业务。项目预计投资总额为人民币4亿元，大华公司的举动得到了当地政府的大力支持。同时，大华公司总部也由老板、副总经理王刚，副总经理华飞组成项目领导小组，对项目进行全盘把控和支持。

因涉及法院查封且有多个涉诉案件，经反复论证，华飞为大华公司设计了一套操作方案，以合法的方式规避化工企业高额的债务和多家法院的查封。方案施行前期进展相对顺利，生产开始逐渐恢复。虽然没有盈利，但工人都看到了希望，情绪也逐渐稳定，对大华公司的拥护度也逐渐增加。总公司和分公司都对项目的前景普遍看好，老板甚至开始幻想以该项目独立上市。化工公司的管理水平比较低下，财务状况混乱，因此，王刚作为梳理化工公司账务的主力，主导着整个项目的进程。而华飞则主要负责收购方案和项目架构方面的设计，并负责和当地的政府部门沟通。

不信任感初现

随着大华公司资金投入得越来越多，且短期内并未产生明显的收益，加之公司一些风言风语的影响，大华公司的老板对参与该项目的主要责任人员，包括主管财务的副总经理王刚、华飞以及项目公司总经理的信任也开始慢慢动摇。与此同时，由于众多的债主认为大华公司是唐僧肉，纷纷给法院施加压力，在中国的特有国情下，南方某地的法院无视相关法律的规定，多次对大华公司正常的生产经营活动进行阻碍。这就更加深了大华公司老板对项目团队的不信任感，尤其是对华飞的专业能力产生了怀疑。而华飞疲于应付各种突发情况，完全没有感受到老板的心思变化，除了每周一次的管理层会议和邮件汇报外，华飞并没有和老板进行单独的面对面的私下沟通，而精明的王刚和项目经理则天天早请示晚汇报。慢慢地，老板对华飞的态度开始有了转变——认为华飞不贴心，双方的隔阂就此产生。

最后一根稻草

在老板的不信任感继续蔓延的过程中，精明的财务副总经理王刚意识到了问题的严重性，开始慢慢淡出项目，到分公司的次数明显减少，且在分公司会议决策中，基本不表态。有人就分公司项目请他做决定时，他常常"谦虚"地表示："这些问题，华飞先生是专业人士，你们去请示华飞先生吧。"同时，在公司的各类场合，王刚经常有意无意地把华飞和项目负责人的职位联系在一起。对于这一系列的变化，华飞虽感觉有脑不妥，但总是认为，"无论如何，项目的主要负责人并不是自己，而且每一个重大的决策都是老板拍板的，自己只要干好自己分内的事就好。在项目遇到阻力的时候，自己应该冲到第一线解决问题"。在这种指导思想下，华飞前往分公司的频率越来越高。

某日，一家债权人找上门，约华飞吃饭，提出想和华飞私下交易，让华飞帮忙协调公司和债权人和解结案，并尽快支付300万元的赔偿款。作为报酬，债权人提供给华飞10万元的"辛苦费"，华飞当然不会同意债权人的方案，当场就婉言拒绝了。事后，华飞将此事一五一十地汇报给了老板，老板表面不动声色，甚至还夸奖了华飞，但对华飞的怀疑却因此达到了顶峰——看来有人跟公司私下交易的事情真有发生！这次是10万元，你顶住了诱惑，下次20万元呢？50万元呢？你还能不能顶住？公司花费了将近1亿元的资金难道全是外部因素？

压死骆驼的最后一根稻草终于落下，加之项目本身的诸多复杂情况，工人因不能每月拿到足额工资，情绪越来越激动，甚至集体到市政府上访……局面变得越来越难以控制。而当地法院出于各种利益的考虑，也对涉及大华公司的几个案件做出了不利于大华公司的判决。不得已，大华公司做出了暂时撤销分公司的决定，将外派人员全部撤回，经财务核算，亏损高达8000万元。

高管陨落

外派人员全部撤回后，大华公司表面上风平浪静，但平静之下却暗流涌动。精明的财务副总经理王刚继续远远躲在项目之外，以局外人的身份在老板身边对项目的失败进行分析点评，一副痛心疾首、对华飞恨铁不成钢的样子。很明显，老板接受了王刚的观点，项目失败的责任都变成了华飞的责任，都变成了法律事务部的责任，却全然忘记了项目的引进者正是王刚，项目的主导者也是王刚，也忘记了一个投资收购项目的主要负责人无论如何也不会是公司律师，更加忘记了除了王刚和华飞，公司还派驻了项目的总经理常驻当地，全权负责项目的进程，当然更忽略了一个关键人物，每一步的重大决策都是由老板亲自拍板的。但是，这些已经不重要了，重要的是，项目失败的责任总是要有人承担的。不管你是不是真的项目责任人,总之,老板认为是你,就是你了!

其后的发展似乎顺理成章,老板通过关系,外聘了另外一位律师参与项目的收尾工作,核心管理层的会议再没有人通知华飞参加,相关的法律事务也不再以华飞的意见为准,甚至人力资源部同事的眼神都变得奇怪起来。尽管还没有正式的文件出台,但所有人都明白,华飞在大华公司彻底出局了。

在公司的冷暴力下,法律事务部的员工纷纷另谋出路,先后离开了公司。华飞为了赌一口气,一直坚持到公司主动提出解除其劳动关系,拿了补偿金后才黯然离去。那段日子的煎熬,我们可想而知。其后,大华公司再也没有成立法律事务部,相关的法务工作均外包给外聘的律师事务所完成。

资料来源:杨杰.中大 MBA 管理沟通学生课程作业[Z]. 2012.

本章思考与讨论

一、仔细阅读开篇导引案例"新来的财务处长",就以下问题进行分析讨论:
1. 作为新上任的领导者,李刚的困境是如何造成的?
2. 李刚与其前任刘仁的领导方式有何不同?
3. 菲德勒权变模型是否适用于本案例?这对你有何启示?
4. 李刚应当如何增加自己的影响力?

二、针对本章典型案例"高管的陨落",就以下问题进行分析讨论:
1. 从中国传统的冲突处理模式入手,你如何分析副总经理王刚在案例中的表现?
2. 如果你是华飞,在不离职的前提下,是否有机会摆脱眼前的困境?
3. 试运用菲德勒权变模型对案例情境进行分析,如果你是当初的华飞,你该怎么做?

三、试举例分析你身边遇到的基于人情与面子的沟通案例。

延伸阅读提示

1. 刘永芳. 管理心理学[M]. 3版. 北京:清华大学出版社,2021.
2. 许芳. 组织行为学原理与实务[M]. 2版. 北京:清华大学出版社,2014.
3. 陈国海,李艳华,吴清兰. 管理心理学[M]. 4版. 北京:清华大学出版社,2020.
4. 罗宾斯,贾奇. 组织行为学(第18版)[M]. 孙健敏,朱曦济,李原,译. 北京:中国人民大学出版社,2021.
5. 翟学伟. 中国社会心理学评论:第2辑[M]. 北京:社会科学文献出版社,2006.
6. 汪凤炎,郑红. 中国文化心理学(修订版)[M]. 广州:暨南大学出版社,2013.
7. 崔佳颖. 组织的管理沟通[M]. 北京:中国发展出版社,2010.
8. 张廷伟. 国学中的管理智慧[M]. 北京:中国言实出版社,2008.
9. 翟学伟. 中国人的关系原理[M]. 北京:北京大学出版社,2011.
10. 黄光国. 人情与面子:中国人的权力游戏[M]. 北京:中国人民大学出版社,2010.
11. 彭瑞花. 佛教"六和敬"思想探析[J]. 青海师范大学学报(哲学社会科学版),2016(4):45-50.

第 3 章　管理沟通策略

世事洞明皆学问，人情练达即文章。

——清·曹雪芹《红楼梦》

本章目标

- ◇ 认识沟通的八要素模型。
- ◇ 了解"约哈里窗口"及其意义。
- ◇ 掌握管理沟通主、客体策略。
- ◇ 掌握管理沟通的编码与解码的障碍及解决办法。
- ◇ 认识管理沟通的信息与渠道策略。
- ◇ 掌握人际沟通的主动、关心与同理心等通俗原则。
- ◇ 理解中国人的人情与面子法则，掌握人情与面子沟通策略。

关键概念

八要素模型；约哈里窗口；自我认知；主体沟通；客体沟通；同理心；人情运作法则。

导引案例：一次尴尬的招聘

贺先生就职于某公司的深圳分公司，因工作表现出色，2009 年晋升为分公司企划部经理。考虑到部门企划人力不够，经过多番沟通，人力资源部同意增加一个人力编制。由于企划部工作内容比较广，较难具体到某些特定的素质要求，所以在对就职者的要求上贺先生写得比较宽泛，一个星期后，贺先生从近 100 份简历中挑了 10 份简历并亲自打电话通知面试。一天的高效面试结束，贺先生对其中两个人较满意：一个是在同业另一家知名公司做企划工作的小李；另一个是名牌大学毕业、专业科班出身，在一家快消品公司工作了 3 年多的小鲍。两人各有优劣，不好取舍。

犹豫了两天后，贺先生之前的同事且是好友罗先生打来电话，热情推荐小李。贺先生正在小李和小鲍之间犹豫，罗先生的一个电话让天平自动向小李这边倾斜。贺先生想，反正两个不相上下，还不如卖个面子给朋友，于是爽快地答应罗先生。

这边手机刚挂，总公司企划部于总打来电话询问招聘情况。

贺:"正在进行中,有几个候选人,正在最后比较。"贺先生知道,在内部流程没走完之前不能在领导面前说自己已经定下来了。

　　于:"哦,这样。总公司的小潘,你上次来开会见过的,这小女孩的工作能力在各方面都不错,在我们部门也干了两年多了。最近她谈了个男朋友,是以前的同学,在广州工作,基本确定要结婚了,所以想回广州。让她去你们部门吧,怎么样?"

　　贺:"哦……我没问题啊,最好您跟我们吴总也说一声吧!"贺先生有点不愿意,但总公司的直接领导都开口了,没法拒绝,只好把球踢到吴总那儿去——吴总是分公司总经理。

　　不到10分钟,吴总打来电话,让贺先生找人力资源部帮总公司小潘办内部调动手续。

　　贺先生正在考虑如何跟朋友罗先生解释时,电话又响起来了,这次电话是监管部门张处长的电话。

　　张:"我有一个亲戚,上个星期投了应聘简历到你们那儿,你关照一下!"张先生直言不讳。

　　贺:"你亲戚叫什么名字啊?"贺先生觉得这个事情越来越复杂了,停顿了一下才问。

　　张:"胡××,各方面条件还可以。"

　　贺先生从首轮被自己淘汰的简历中找到胡××的简历,一看就头疼,年龄偏大,40多岁的一个女性,一直在某国企干财务工作,没一处与自己理想的要求相符合。

　　贺:"年龄有点大哦,张处。"

　　张:"年龄大好啊,稳重,又有小孩了。你找个未婚的,干不了几年就结婚生小孩,那工作谁接啊。再说你让她以后对口我们局的工作,开展起来也会顺利不少啊!"张先生也是半开玩笑地说,而且中间带有一丝威胁的口气。

　　贺:"好吧,我请示一下领导!"监管部门得罪不起,贺先生只能唯唯诺诺地把球再次踢给领导。

　　放下电话,贺先生马上向吴总汇报。情况一汇报完,吴总就直接批评他:"你在沟通上有问题,既然知道监管部门得罪不起,就不能让他以为有希望,你这样一沟通,人家肯定会认为我们还没有确定人选,你要不答应,人家还以为我不同意。你明明知道我们这边已经确定了小潘,就应该第一时间告诉他,我们这边要招的人已经到位了。你让我怎么跟于总解释?"一番训斥后,吴总找来了人力资源部经理,确定录用胡女士,补办面试流程,并统一口径:"以后不管谁来电话,第一时间告诉对方已经定下来了。"

　　最后,部门录用了胡女士,对部门工作帮助不大。贺先生还专门请罗先生吃饭赔罪,吴总也向于总解释道歉。

　　资料来源:彭向阳. 中山大学MBA课程作业[Z], 2012.

　　管理沟通作为一门学科,有着独特的规律及方法策略。根据管理沟通的要素分析,管理者要实现有效的沟通,应该从管理沟通的八要素入手,系统全面地考虑管理沟通的策略。

　　本章3.1节对沟通的八要素模型与约哈里窗口做简要描述;3.2节与3.3节探讨管理沟通主、客体策略;3.4节介绍编码与解码策略;3.5节阐述信息和渠道策略;3.6节介绍沟通应该遵循的通俗原则;3.7节在本书第2章的基础上专题探讨了中国人的人情与面子沟通策略。

3.1 认识沟通策略

3.1.1 沟通的八要素模型

一个完整的沟通过程包括主体/发送者、编码、渠道（媒介）、解码、客体/接收者、反馈、噪声与背景。任何简单或复杂的沟通都遵循沟通过程的八要素模型，如图3-1所示。

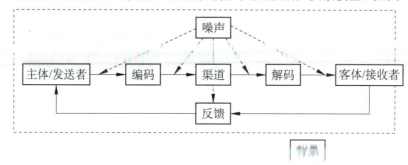

图3-1 管理沟通的过程（八要素模型）

主体/发送者：信息源与沟通发起者，这是沟通的起点。

编码：组织信息，是把信息、思想与情感等内容用相应的语言、文字、图形或其他非语言形式表达出来就构成了编码过程。

渠道：媒介、信息的传递载体，除了采用语言面对面地交流，还可借助电话、传真、电子邮件、手机短信等媒介传递信息。

解码：译码，接收者对所获取的信息（包括中性信息、思想与情感）的理解过程。

客体/接收者：信息接收者、信息达到的客体、信息受众。

反馈：接收者获得信息后会有一系列的反应，即对信息的理解和态度，接收者向发送者传送回去的那部分反应即反馈。

噪声：上述六个环节在进行过程中，不可避免地会遇到各种各样的干扰，统称噪声，它存在于沟通过程的各个环节，并有可能造成信息损耗或失真。常见的噪声源来自以下八个方面：发送者的目的不明确、表达不清、渠道选择不当、接收者的选择性知觉、心理定式、发送者与接收者的思想差异、文化差异、忽视反馈。

背景：沟通过程所处的背景环境。同样的一次沟通在不同的时空背景下导致的沟通效果是不一样的，正是因为沟通双方的人际关系是动态变化的，从而使得彼此之间的沟通效果也是动态变化的。

要想成功地沟通，必须针对每一个要素进行分析，尽力使沟通效果最优化。对管理沟通主体策略、客体策略、编码与解码策略以及信息与渠道策略的掌握，可帮助管理者实现有效沟通。

3.1.2 约哈里窗口

"约哈里窗口"是一个关于沟通的理论模型框架，最初由美国心理学家乔瑟夫·勒夫和哈里·英格拉姆在20世纪50年代提出。"约哈里窗口"使用广泛，被用来分析以及训练自我意识，增强信息沟通、人际关系、团队发展、组织动力以及组织间关系。根据这个理论框架，沟通双方的内心世界（掌握的知识与内在感受）被分为四个区域，如图3-2所示。

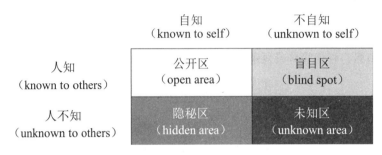

图3-2 "约哈里窗口"模型

公开区。你知我知的信息。
隐秘区。我知道对方不知道的信息。
盲目区。别人知道的信息，但我自己并不清楚。
未知区。双方都不了解的全新领域信息。它对其他区域有潜在影响。

案例链接："约哈里窗口"四个区域的主客体实例（见表3-1）

表3-1 "约哈里窗口"四个区域的主客体实例

信息类型	公开区	盲目区	隐秘区	未知区
知识与事实	广东人对凉茶功效的理解	初次见面对客体的薪酬了解	对普通人客体而言，天文学家对超新星的理解	银河系内其他智慧星球
内在感受	感冒感受	初次见面对客体初恋的体验了解	对客体而言，初次见面主体的初恋体验	伟人的初恋体验

真正有效的沟通只能在公开区内进行，因为在此区域内双方交流的信息可以共享，沟通的效果会令双方满意。人与人开始接触之际，公开区较小。为了获得理想的沟通效果，沟通主体要通过提高个人信息曝光率给予反馈的方式，让客体加深对主体的了解，不断扩大公共区域；作为客体而言，需要反馈意见等，加强主体对客体的理解，从而不断扩大自己的公开区，不断增强信息的真实度、透明度和诚信度。所以，公开区是沟通的安全区域，双方基于共同的认知达到很好的沟通效果；隐秘区和盲目区只被一方认知，存在潜在的冲突，限制了沟通的有效性，甚至稍不注意可能造成冲突；未知区既没有被自己认知又不能被他人认知，因模糊性、隐蔽性和不确定性而最容易产生冲突。出现冲突之后如何处理，请参照第2章人际冲突理论相关介绍。

选择沟通策略的原则就是扩大公开区域，增加真实度、透明度和诚信度，缩小隐秘区、盲目区和未知区。沟通之前，主体需要收集公开区信息，沟通过程中要对自己的隐秘区给予表达和展示，对自己的盲目区、对方的隐秘区进行信息挖掘，并对未知区进行合理预测。表3-2给出了应对策略，每一个策略如何发挥作用将在本章后续部分详细介绍。

表 3-2 选择沟通策略的原则

区 域	方 案	策 略
公开区	事先了解对方所掌握的信息,进行信息的收集(自我定位和认知对方)	管理沟通主体策略 管理沟通客体策略
隐秘区	沟通过程中有效地表达信息	管理沟通编码策略 管理沟通信息和渠道策略
盲目区	沟通过程中挖掘对方的信息(语言、非语言等)	管理沟通解码策略
未知区	通过综合分析,对沟通的发展进行预测,避免出现冲突	

3.2 管理沟通主体策略

在沟通主体分析过程中关键要明确两个问题:"我是谁""我处于什么位置",即自我认知与自我定位,这是一切沟通策略的前提。沟通主体还需在沟通开始之前确定沟通目标及形式。

3.2.1 沟通主体的自我认知与定位

1. 自我认知

分析"我是谁"的过程,是自我认知的过程。自我认知是对沟通情境中自我动机、态度、可信度等的认识,其中最重要的是分析自身的可信度。所谓可信度,就是沟通客体在沟通情境中对沟通主体的信任、信心以及依赖的程度。可信度受身份地位(rank)、良好意愿(goodwill)、专业知识(expertise)、外表形象(image)及共同价值(shared values)的影响,如表 3-3 所示。

表 3-3 影响可信度的因素和技巧

因 素	建立基础	对初始可信度的强调	对后天可信度的加强
身份地位	等级权力	强调你的头衔或地位	将你与地位很高的某人联系起来
良好意愿	个人关系、"长期记录"等值得信赖	涉及关系或长期记录 承认利益上的冲突,做出合理的评估	通过指出受众利益建立良好意愿
专业知识	知识和能力	包括经历和简历	将你自己与受众认为是专家的人联系起来,或引用他人的话语
外表形象	吸引力、受众具有喜欢你的欲望	强调受众认为有吸引力的特质	通过认同你的受众利益建立你的形象;运用受众认为活泼的非语言表达方式及语言
共同价值	道德准则	在沟通开始时就建立共同点和相似点,将信息与共同价值结合起来	

初始可信度是指沟通发生之前受众对你的看法。在那些拥有很高初始可信度的场合下,即使你的决策或建议不受欢迎或不完全与他们预先期望的一致,他们仍可能对你充满

信任。你必须通过良好意愿和专业知识不断提高初始可信度。后天可信度是指沟通之后受众对沟通者形成的看法。即使受众事先对你毫无了解，但你的好主意或具有说服力的写作和演说技巧有助于你赢得可信度。因此，获得可信度的最根本办法是在整个沟通过程中表现出色。

2．自我定位

自我定位是分析"我处于什么位置"，就是要对自身的地位、能力、个性特点、价值观和形象等进行客观定位。自我定位需要考虑的因素有很多，例如：自己在组织中的地位、可获得的资源、组织传统与价值观、人际关系网络、领导的利益与偏见、沟通渠道、文化环境等。

> **案例链接：沟通中的角色定位故事**
>
> 英国著名的维多利亚女王与其丈夫阿尔伯特相亲相爱，感情和谐。有一天，维多利亚女王去参加社交活动，而阿尔伯特却没有去。已是深夜，女王才回到寝宫，只见房门紧闭着，女王走上前去敲门。房内，阿尔伯特问："谁？"女王回答："我是女王。"门没有开。
>
> 女王再次敲门。房内，阿尔伯特问："谁呀？"女王回答："维多利亚。"门还是没开。
>
> 女王徘徊了半晌，又上前敲门。房内的阿尔伯特仍然是问："谁呀？"女王温柔地回答："你的妻子。"这时，门开了。
>
> 资料来源：郎福德．英汉对照人物传记：维多利亚女王[M]．肖宏宇，译．北京：外语教学与研究出版社，2002.

3.2.2 自我沟通

自我认知和自我定位通过持续的自我沟通而实现。自我沟通的目的是在取得自我认同的基础上更有成效地解决问题。"要说服他人，首先要说服自己"是对其重要性和必要性的现实概括。

1．自我沟通的过程和特征

相对于人际沟通过程，自我沟通有自身的特殊性，主要表现在：其一，自我沟通的主体和客体都是"我"本身；其二，沟通的目的在于说服自己；其三，沟通过程中的反馈来自"我"本身；其四，沟通渠道也是"我"自身，可以是自言自语、日记、随感或心理暗示。

案例链接：一位波音777机长"学飞"过程所遇到的挫折

2．提高自我沟通技能

自我沟通从某种意义上讲是每个人的本能，只不过不同的人通过不断的自我修炼和自我完善，在自我沟通技能上存在差别。我们把自我的不断学习和交流、不断思考和总结，使自身的沟通技能得到不断提高的过程，称为管理沟通技能的自我修炼。正如自我的发展是一个认知自我、提升自我、超越自我的过程，自我沟通技能的提高也是一个"三阶段"过程，在这个过程的每个阶段，都要从不同角度提升自我沟通的技能和意识，如图3-3所示。

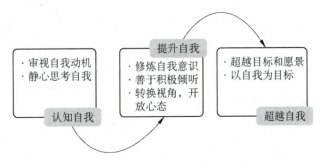

图 3-3 自我沟通技能提升"三阶段"过程

知识链接：挫折调适理论

对于挫折，不少学者给出了不同的概念。韦正翘旻、阿兄夫妇用的是目的行为受到阻碍的情境，重视挫折与目的行为的关系。石蓉华、周宏、冯江平、彭聃龄更多地强调挫折的情绪状态，重视挫折与情绪反应的关系；而王以仁、杨国枢两位台湾学者明确界定挫折既是一种情境，又是一种情绪状态。笔者认为，挫折的概念有狭义和广义之分。广义的挫折泛指干扰或阻碍人们实现目标，而且能够引起人们精神紧张、造成疲劳和心理产生变化的刺激性生活事件；狭义的挫折是指人们在某种动机的推动下，在实现目标的过程中，遇到难以克服或自以为难以克服的障碍和干扰，使目标不能实现、需要得不到满足时所产生的一种紧张的情绪体验和行为反应。挫折所刻画的是一种行为目标受阻后的情绪状态，包含三个因素：挫折情境、挫折认知和挫折反应。挫折主体只有通过一定的心理防御机制与调适机制，才能有效克服挫折带来的不良影响。相关的防御机制与调适机制发生作用的流程如图 3-4 所示。

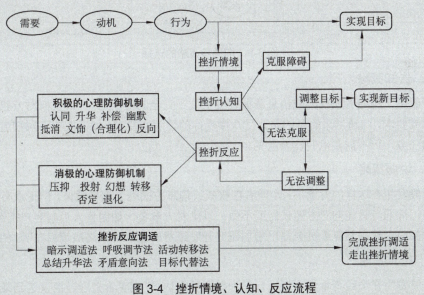

图 3-4 挫折情境、认知、反应流程

资料来源：杜慕群. 赢在挫折后：职场精英应对困境之道[M]. 北京：清华大学出版社，2012.

3.2.3 沟通主体目标确立与评价

任何一个管理者在沟通行为发生之前，都必须明确沟通的目标。沟通目标是沟通者对受众就沟通的反应的期望,即沟通想要达到的效果。沟通目标的可行性通过自我背景测试进行。

表 3-4　自我背景测试框架

- ◇ 我的沟通目标是否符合社会伦理、道德伦理?
- ◇ 在现有内外部竞争环境下,这些目标是否具有合理性?
- ◇ 我就这个问题做指导性或咨询性沟通的可信度如何?
- ◇ 是否有足够的资源(如信息、资料等)支持我的目标的实现?
- ◇ 我的目标能否得到那些我所希望的合作者的支持?
- ◇ 我的现实目标是否会与其他同等重要的目标或更重要的目标发生冲突?
- ◇ 目标实现的后果如何,能否保证我帮组织得到比现在更好的结果?

3.2.4　沟通形式的选择

沟通者可根据沟通内容控制程度、沟通对象参与程度不同采取四种形式,如图 3-5 所示。

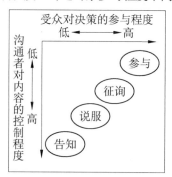

图 3-5　沟通者策略的选择

1. 告知策略

一般用于沟通者在权威或信息掌握程度上处于完全的控制地位,仅仅向对方叙述或解释信息或要求,沟通结果的目的是让受众接受你的理解和要求。如老板要下属知道或明白规定的任务,但不需要他们发表意见。

2. 说服策略

一般发生在这样的背景下:沟通者在权威或信息方面处于主导地位,但受众有最终的决定权,沟通者只能向对方建议做或不做,以供对方参考。如销售人员向客户推销产品,或技术部门主管向预算委员会提出增加研究开发经费的建议,最终决策权在听众手里。

3. 征询策略

一般发生在沟通者希望计划执行行为得到受众认同,或者希望通过商议达到某个目的情况下。双方有付出也都有收获,如希望说服同事支持他向高层管理者提出某个建议。

4. 参与策略

具有最大限度的合作性。沟通者最初可能并没有形成最后建议,需要通过共同讨论发现解决问题的办法。如采用头脑风暴法,让与会者就某个创新性问题提出新的思想。

告知和说服统称为指导性策略,征询和参与统称为咨询性策略,前者重在能力,后者重在态度。当沟通目的在于通过为他人提供建议或制定标准帮助对方提高工作效率时，可采用指导性策略；当沟通目的在于帮助他人认识某个思想情感问题，则采用咨询性策略。

3.3 管理沟通客体策略

管理沟通的本质是沟通者站在对方的立场思考问题、传递信息，所以，成功的管理沟通是客体导向的沟通。客体策略应先分析以下三个问题：① 他们是谁？② 他们了解什么？③ 他们感觉如何？弄清楚这三个问题后，再采取相应的策略激发他们的兴趣。

3.3.1 沟通对象的特点分析

1. 他们是谁

分析这个问题的目的在于解决"以谁为中心进行沟通"，具体可以从以下方面入手：一般来说，沟通中的受众包括六类，如表3-5所示，六类受众中的某几类可以由一个人充当，如负责人常常既是最初对象又是守门人，有时最初对象也是主要受众。

表3-5 沟通中的六类受众

六类沟通受众	接收和处理信息的特点
最初对象	他们最先收到信息，有时信息就是这些最初对象要求你提供的
守门人	他们是沟通者和最终受众的传递途径，他们有权阻止你的信息传递给其他对象，也有权决定你的信息是否能够传递给主要对象
主要受众（直接受众）	他们是那些直接获得口头或者书面信息的人或团体。他们可以决定是否接受你的建议，各种信息只有传递给主要对象才能达到预期目的
次要受众（间接受众）	他们是通过道听途说获得信息或受到信息波及的人或团体。他们可能会对你的提议发表意见，或在你的提议得到批准后负责具体实施
意见领袖	他们是受众中有最大影响力的、非正式的人或团体。他们可能无权阻止信息的传递，但他们可能因为拥有政治、社会地位和经济实力，而对你的信息实施产生巨大的影响
关键决策者	最后且可能是最重要的，可以影响整个沟通结果的人就是关键决策者。如果存在，则要依据他们的判断标准调整信息内容

2. 他们了解什么

明确受众类型后，现在需要进一步分析的是：受众已经了解、仍然需要了解的是什么。

（1）分析有多少背景资料是受众需要了解的。他们已经了解多少沟通的主题，他们能够理解多少专门术语。如受众对了解背景资料的需求较低，就不需要在无谓的背景资料介绍上花费时间；如受众对背景资料的需求量较大，则应该准确地定义术语和行话，将新的信息和他们已经掌握的信息结合起来，并给出非常清晰的结构。

（2）受众对新信息的需求。分析对沟通的主题，受众需要了解什么新信息，以及他们还需要多少细节和例证。对于新信息需求高的受众，则应提供足够的例证、统计资料、数据及其他材料。概括而言，沟通者应考虑受众实际需要的信息，而不要只考虑能为他们提供什么信息。

（3）受众的期望和偏好。分析在沟通风格和渠道上，受众各偏向于哪一种。要分析受众在文化、组织和个人风格上是否有偏好，如正式或非正式、直接或婉转、互动性或非互动性交流形式；还要分析受众在渠道选择上的偏好，如书面还是口头、纸面报告还是电子邮件、小组讨论还是个人交谈等。

3. 他们感觉如何

为使沟通者对听众在沟通过程中可能产生的情感反应有一定了解，需要分析受众对沟通主题及结果的关注程度。受众可能有三种意见倾向：正面、负面和中立。如估计受众会表现出正面或中立倾向，只需要强调信息中的利益部分以加强他们的信念；若估计受众会出现负面意见，应首先同意问题确实存在，然后解决该问题。

3.3.2 激发受众兴趣

1. 明确受众利益

对受众背景分析的最直接动机是明确受众的利益期望，即"什么能打动他"，然后努力创造更大的受众利益，达到双赢。受众的利益期望包括他们在接受你的产品、服务或信息后所能得到的好处和收益。总体来说，受众的利益有两类：第一类是具体好处，即强调某一事物的价值或重要性（但不要夸张）；第二类是事业发展和完成任务过程中的利益。为了更好地激发他们的兴趣，有两点是明显的：首先要明确受众的利益，其次要传递恰当的信息给受众。

> **资料链接：**
> 爱默生与儿子一个推、一个拉，想将吃奶的小奶牛引进牛棚，但一直没有办法如愿。这时女仆走过来，只用一只小拇指放入小奶牛口中，知道有奶吃的小奶牛乖乖地在女仆的牵引下进入牛棚。这个小故事告诉我们不能只想着自己的愿望，而忽略了对方的愿望。

2. 通过可信度激发受众

当受众对主题的涉及和关注的程度越小，沟通者就越应该以可信度作为驱动因素。具体策略有：一是确立"共同的价值观"的可信度驱动，如果一开始达成一致，那么在后续的沟通中更容易改变受众的观点。从共同点出发，即使是讨论不相关话题，也能增强沟通主题的说服力。二是以传递良好意愿与"互惠"技巧激发受众，遵循"投桃报李、礼尚往来"的原则，通过给予利益而得到自己的利益；通过己方让步换得对方的让步。三是运用地位可信度与惩罚技巧激发受众。这种方式只有在自己有能力确保对方顺从且确信能消除不良行为时才能奏效。

3. 通过信息结构激发受众

通过信息结构激发受众，即巧妙地利用信息内容的开场白、主体和结尾等结构的合理安排激发受众，这部分将在信息策略中具体讲述。

3.4 管理沟通的编码和解码策略

编码和解码的决定因素包括技巧、沟通态度、知识水平、文化背景等。每种因素被影响，都可能产生沟通障碍，对此我们提出了一些克服障碍的措施。

3.4.1 影响编码和解码的个人障碍和组织障碍

1．影响编码和解码的五种个人障碍

影响沟通的个人障碍主要有以下五种。

（1）地位的差异。地位的差异可从以下两个方面考察：① 向下沟通更易进行。根据心理学上的研究，由上往下沟通比较快也比较容易，反之既慢也比较困难，这被称为"大班椅的压力"。管理者应实行"报事贴走动管理"，不要常常坐在办公室里。人家能够接近你，就容易与你沟通，你回到你的房间，就再也没有人愿意敲门。② 专业术语。每个人都会炫耀自己的专业素养，讲话的时候经常有专有名词跑出来。一个人在卖弄他的专业术语的时候肯定会影响沟通的正常效果。在沟通时，遇到专有名词，尽量将它直白化，用其他人听得懂的方式进行沟通。

> **案例链接：不要卖弄专业术语**
>
> 医生告服第一个护士说，"给他们一个IV。"这句话，很少有病人听得懂。其实就是吊盐水的意思，原意就是静脉注射，这是医学界的术语。
>
> "张先生，你这个合约不能够对抗善意的第三人。"这句法律专业术语意思是当事人两个互相知道，但是该条文对其他人没有约束力。对于一个不懂法律术语的人来说，这句话等于白说。
>
> 如果证券公司告诉你这个股票可以买，最近正好除权，没有几个人能听懂除权股是什么意思。其实，除权股的意思就是说，股息已经分过了，这样的股票通常比较便宜，逢低把它买进将来有涨价的空间。可是这种除权股的概念，只有金融界人士才明白。

（2）信息的可信度。作为一个领导者，如果讲话没有公信力，就很难想象别人对他的话是应该相信，还是不相信。在本章管理沟通主体策略中自我认知部分已经对可信度给予了阐述。

（3）认知的偏见。很多人带有偏见，有时都不知道是谁先提出来的，久而久之就形成了偏见。在管理活动中，企业招聘时也会有大量的偏见，如性别、年龄、学历甚至户籍。同样一个职位，用男职员比用女职员好，这句话就是一个偏见。社会学家已经证明女性和男性的智慧是差不多的，工作耐力、对公司的向心力也是差不多的，只有体力差一点，但是并不能因此就否定女性的工作能力。

（4）过去的经验。做主管不要常常说"这是我的经验"，而应该说："过去遇到这种事情的时候，我有这种想法，现在说出来给你做个参考。"正确的经验，随着时代的变迁也会变成历史，而经验不见得都是正确的，也有错误的经验。"文革"时期的种种政策在当代社会的运行中，就没有多少可行性。

> **资料链接：保险业的"扫楼"经验**
>
> 保险经纪人经常采用对整栋住宅楼挨家挨户敲门的方式进行陌生人推销，这种方式被称为保险业的"扫楼"式营销。在保险业开放初期，由于大众对保险缺乏了解，采用这种方式效果往往不错，但是现在这种保险业的营销方式在实战中已经基本没有什么效果了。

(5) 情绪的影响。情绪所涵盖的不只是精神层面，还会影响个人感受、认知思考、行为表现等。

> **案例链接：林肯的情绪控制**
>
> 一天，陆军部长斯坦顿来到林肯这里，气呼呼地对他说，一位少将用侮辱的话指责他偏袒一些人。林肯建议斯坦顿写一封内容尖刻的信回敬那家伙。"可以狠狠地骂他一顿。"林肯说。斯坦顿立刻写了一封措辞激烈的信，然后拿给总统看。"对，对！"林肯高声叫好，"要的就是这个！好好训他一顿，真是写绝了，斯坦顿。"
>
> 但是当斯坦顿把信叠好装进信封里时，林肯却叫住他，问道："你干什么？""寄出去呀。"斯坦顿有些摸不着头脑了。"不要胡闹。"林肯大声说，"这封信不能发，快把它扔到炉子里去。凡是生气时写的信，我都是这么处理的。这封信写得好，写的时候你已经解了气，现在感觉好多了吧，那么就请你把它烧掉，再写第二封信吧。"
>
> 资料来源：张健鹏，胡足青. 虚掩的门[M]. 北京：当代世界出版社，2005.

2. 影响编码和解码的五种组织障碍

(1) 信息泛滥。沟通经常面临的问题是信息过度泛滥，影响组织沟通效率。自从发明计算机和互联网以后，信息泛滥成灾，很多人每天上班只是看邮件和回邮件就几乎花掉两小时。

> **案例链接：珍珠港事件**
>
> 1941年12月，日本偷袭了珍珠港，结果1942年，罗斯福总统在他的档案里面突然间发现一条信息，说："哎呀！中国在去年4月就通知我们，日本人可能偷袭珍珠港。"第一个知道日本可能偷袭珍珠港的是中国情报部门，但没有想到如此重要的信息却湮没在了一大堆档案里面，等到罗斯福在第二年4月看到的时候，珍珠港偷袭已经过去五个月了，这就叫信息泛滥。
>
> 资料来源：余世维. 有效沟通[M]. 北京：机械工业出版社，2006.

(2) 时间压力。沟通会面临时间带来的压力，有时候可能要求你在非常短的时间内进行沟通并做出决策。在时间的压力下，很容易产生仓促的决定。管理学有一个很有名的理论，叫作"芝麻绿豆原理"。所谓芝麻绿豆原理，就是对于重要的事情两三天就下决定了，而对于芝麻绿豆的事情却拖了两个月都没有下决定。重大决策有时太过仓促就下决定了，而芝麻绿豆的事却要搞半天，在沟通中，经常会发现如此有趣的事情。

> **案例链接：英国政府之芝麻绿豆原理**
>
> 为了马岛，英国与阿根廷闹得很不愉快，英国首相只用了三天时间就做出了对阿根廷宣战的决定。但是，英国议会在讨论骑摩托车是否要戴安全帽的议案时，讨论了三年却还没有结果。
>
> 资料来源：余世维. 有效沟通[M]. 北京：机械工业出版社，2006.

(3) 组织氛围。组织氛围属于高压还是属于宽松，对于组织沟通和决策会有重大影响。过于安静的企业生产力不佳，决策冲突在所难免，企业内部的不同意见可以改善和修正决策，提高生产力。

> **案例链接：纳科尔钢铁公司扭亏为盈**
>
> 纳科尔公司业绩一度非常糟糕，只有一个部门在盈利，其他部门都在花钱。在公司

濒临破产的时候，其钢筋横梁分公司的总经理肯·埃弗逊被提拔上来组建一支新队伍。

埃弗逊召开了多次总经理会议，他知道必须通过会议了解情况以及员工们的真实想法，让人们达成一致，营造一种"有效"的对话氛围。当时参加会议的经理们回忆道："会场乱糟糟的，我们一连数小时在那里讨论问题，大家叫喊着，在桌子旁边挥舞着手臂，脸涨得通红，几乎要大打出手。"这样持续了好几年。同事们常常走进埃弗逊的办公室大嚷大叫，直到达成共识。就是通过一次次争吵和争论，纳科尔公司先卖掉了原子能业务部，决定重点经营钢筋横梁，再后来开始自己炼钢，又投资了两家矿井。30年后，纳科尔公司成了世界四大钢铁厂之一。

资料来源：柯林斯. 从优秀到卓越[M]. 北京：中信出版社，2006.

（4）信息过滤。有两种信息过滤，一种是从上往下过滤，另一种是从下往上过滤。有人曾经做过研究，向下沟通的有效信息在依次递减，董事长100、副总经理63、经理56、主管40、科长30、职员20。结果就是，董事长讲一句话是100，底下的员工听到的只有20。向上沟通也存在相同的情况。

（5）缺乏反馈。反馈相当于把自己理解的信息重复一遍给对方，看是否与其所要表达的信息一致。反馈能确保信息理解的准确性，可有效地促进沟通。与客户讲完话就走，领导讲完而底下的人没有做笔记就算完，都是没有反馈的表现。缺乏反馈会产生两种后果：一是不知道对方在讲什么，二是只按照自己的想法去做。

3.4.2 克服障碍的对策

对于以上编码和解码障碍，有三种克服方法：利用反馈、简化语言和主动倾听。

1. 利用反馈

反馈可以让沟通参与者知道思想和情感是否按照他们计划的方式分享，有助于提高沟通的准确性，减少出现误差的概率。值得注意的是，反馈并非总能自觉发生，反馈也不总是一次性可以完成，反馈也不一定是有意的。如果发送者没有要求反馈，或接收者认为信息已经完全理解，没有必要反馈；或接收者由于各种原因不愿意进行反馈，反馈往往也不会发生。

如果要求别人做事情，那么你必须让他养成一个习惯——及时反馈。当大家都知道你有紧盯到底的习惯时，他们就会按要求把事情做到最好，这就叫作让他人养成跟进和反馈的习惯。

案例链接：笔记本购买的及时反馈习惯

领导要求你去买一个笔记本，如果你不清楚领导的喜好，你应该马上询问：

"您希望笔记本是空白的，还是有格子的？""有格子的。"

"您喜欢软皮抄，还是带真皮套的？""带真皮套的！"

"真皮颜色喜欢暖色调，还是冷色调或特定颜色？""蓝色的！"

"您希望是16开本，还是32开本，或是其他尺寸的？""16开本的！"

"您喜欢纸张装订好的，还是带活页夹可拆卸的？""装订好的。"

只要你把该问的话都问到了，买笔记本回来，领导肯定什么话都没有；否则，你会发现，空白的笔记本一买回去，领导却希望是有格子的。你为自己抱怨叫屈，事先怎么不讲清楚呢？事实上，不是他不讲，而是你没有问。领导可能还会这样说："你连问都不问就出去了。"

2．简化语言

一个人讲话漫无边际，可能是思路混乱的表现，也可能是委婉曲折地达到目的的手段。不过，对大多数人来说，那只不过是一种习惯。

> **案例链接：拨打求救电话，简化你的语言**
> 拨打各类求救电话时应保持镇静，讲话要清楚，分清主次。你要说明灾害事故的性质、发生事件、地域范围和严重程度，并告诉施救方本人姓名和联系方式。

（1）讲话要有重点。简化语言的重中之重就是讲话要有重点。客户将他的后背贴在椅背上，表示他没有兴趣。一讲到折扣，他会突然将身体从椅背上移开，移向你的方向，这表示他在注意。但这种注意只有几分钟，很关键，如果你讲得不好，他又靠在椅背上了。这一次，可能就再也不挪开了。

（2）善用比喻。善用比喻就是举例子给人家听，例子生动、真实可信，人家就很容易明白。

3．主动倾听

与人沟通时，要不断地提出问题澄清你的想法。大部分问题是"纸老虎"，越问越无处藏身，问题的答案就自然而然浮现出来了。一个人在听话和问话的时候，很快就会找到答案。有人说谈判很困难，其实不难，只是该听的时候没听，该问的时候没问。

3.5 管理沟通的信息与渠道策略

3.5.1 信息策略

德国学者尤·弗莱克提出了"人际沟通的四维度理论"，如图 3-6 所示。四边形的四边分别代表了内容（中性信息）、情感（感性情感）、行动（理性思想）及彼此的关系。其中，"内容"就是中性的成分；"情感"是指信息里面感性的成分；"关系"则指沟通信息，暗含了沟通双方的关系状态；"行动"是希望接受者对这个信息进行理性思考后采取的行动。

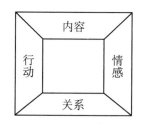

图 3-6　人际沟通的四维度

> **相关链接：从这句话里，你听到了什么**
> A 说："王总，我把您明天开会要用的资料弄丢了。"
> 对于 A 说的话，我们如果用四维度理论进行分析，有可能获知以下几个方面的信息（当然，只是看文字而没有非语言信号的分析是不能得到以下几点的，而且这里只是一种可能的情况）。
> （1）表达内容：丢了开会用的资料。

> （2）内在情感：害怕、懊悔。
> （3）表示特定的关系：总经理与下属。
> （4）期望你采取的行动：了解情况，原谅并指引方向。
>
> 如果王总能根据四维度模型进行分析，听出以上的意思，再采取相应的行动，就很容易达到一种有效的管理沟通效果，管理也将更人性化。

可见，四维度模型提供了获得沟通主体发出的所有信息的方法，提高了沟通的准确性和有效性。

根据四维度沟通模型，沟通在信息结构安排上要做到分析内容、论证和结构的组合与统一。

首先，对信息的论证过程进行分析。在确定中心信息时，为实现沟通过程的一致性，应在受众分析的基础上，获取直接受众的支持，平衡次要受众的利益，设法获取反对者的承认或中立，并解释为什么你的建议比其他方案更具可行性。在此基础上，在论证过程中有效地使用逻辑和依据。

其次，要提出具有说服力的论据。一般来说，论据包括事实和数据、共同的知识、普遍认同的例子、权威观点。以这些依据为论证的大前提和小前提，推导出大家接受的结论。

最后，信息结构的合理安排。尽管运用逻辑和依据可以使你的沟通更有说服力，但如果沟通者不能把这些依据和论证予以合理组织，同样会给人一种信息堆砌的感觉，说服力不足。在信息结构安排中，有一种为大家普遍认可的结构形式叫"行动导向的结构"，这种结构有利于行动者的具体操作，能使他们更直接、更直观地根据沟通的信息组织自己的工作。

3.5.2 渠道策略

沟通渠道选择是指对传播信息媒介的选择。过去这类选择基本上局限于口头和笔头，现在还包括传真、电子邮件、语音信箱、电子会议、电话、电话会议、电子公告板、新闻小组等。

1. 渠道的选择策略

（1）书面沟通或口头沟通渠道。书面沟通一般在信息需要记录保存、处理大量细节问题、采用精确用词或让受众迅速接受时采用。口头沟通需要更丰富的表达效果，在严格、持久性要求较少，无须永久记录时采用。

（2）正式或非正式沟通渠道。正式渠道一般适用于法律问题谈判或关键要点和事实表达，具有精确、内敛、技术性与逻辑性、有条理、信息量大、概括性强、果断、重点突出、力度大等特点。非正式渠道适用于获取新观念和新知识的场合，具有迅速、交互性强、反馈直接、有创造力、开放、直接、流动性强、较灵活等特点，包括电子邮件、通知、个人之间的口头交流（面对面交流、语音信箱）等。

（3）个体或群体沟通渠道。个体渠道适用于个人关系的构造，获知他人的反应，获取属于隐私或机密的信息。具体形式包括当面交流、电话沟通、传真和电子邮件等。群体沟通则适用于团体形象和关系的构建，取得团队反应，防止排除某人或确保团体中的每个成员都能接收你的信息，如各种会议形式。

2. 不同渠道可能出现的问题

（1）网络沟通。网络沟通具有沟通便利、节约成本等特点，同时有些问题也不容忽视。

① 横向沟通扩张，纵向沟通弱化。网络超越时空的限制，人际横向沟通迅速扩张，但在现实生活中，人们却缺少真挚、深入的纵向沟通。

② 口头沟通受到极大的限制。网络沟通使父母和孩子存在语言隔阂，从而扩大了代沟；网络沟通也使青少年因缺少人际交流而出现心理问题。

③ 传统价值观和道德观受到挑战。上网时间的增长削弱了现实生活的感情和伦理联结，网络游戏、色情电影也使思想道德面临挑战。

④ 合理的个人隐私权受到侵犯。在网络时代，人们的生活、娱乐、交往都留下了数字化痕迹，有些人就利用网络获取他人隐私，甚至进行敲诈、勒索等。

（2）电子邮件。电子邮件已经成为管理和工作中不可缺少的沟通工具，它也带来一些问题。

① 沟通效果难以保证，反馈性低。我们难以确保对方已经接收到邮件。

② 技术条件限制。当遇到网络条件不好、邮箱容量限制等问题时，我们将无法收到邮件。

③ 有安全性的问题。网络病毒、垃圾邮件的问题使很多邮件难以保证其可靠性。相反，有些重要的邮件因被放入垃圾邮箱而"石沉海底"。

以下是几个提高电子邮件有效性的建议：① 提高你的信息质量；② 设置"已读回执"确保有效发送；③ 与其他渠道如短信等关联，提高反馈性；④ 改善你的硬件和软件环境。

（3）电话沟通。电话沟通具有实时、便捷、双向和经济等特点，但是不能看到对方实际情况，信息渠道单一容易造成误会；难以留下可追溯性记录，容易造成纠纷；在处理重要问题上有局限性。

我们可以采取相关策略扬长避短：事先确定沟通内容，准确发送信息；重视自己和对方的非语言因素，如语调、语速等；对沟通的关键内容进行记录；提高通话效率，避免浪费对方时间。

3.6 沟通的通俗原则

本节将在中国传统文化与西方理论融合的基础上，阐述沟通过程中最通俗的原则，包括沟通的基本心态、基本要求、基本原理与同理心原则。

3.6.1 沟通的基本心态

1. 不自私

传统教育中，我们常常关注所谓五伦教育。五伦的基本要求是做到父子有亲、君臣有义、夫妇有别、长幼有序、朋友有信，即孝敬父母、夫妇循礼、关爱兄弟姐妹、对朋友忠诚宽容、同道相谋。这五伦由近到远，每个"伦"内都协调有序（"伦"的含义是次序）。在现代社会中，我们常常只关注五伦之内，这是一种相对自私的心态，这种心态往往会妨碍我们达到有效的沟通。所以，沟通的基本心态中，第一点就是必须关注五伦之外。

2. 不自我

认为别人的问题与我无关，这叫作自我。每个人最大的敌人就是自己，能真正战胜自己的人才不是一个自我的人。只有先尊重别人，才能赢得别人的尊重。一个以自我为中心的人，是很难真正赢得别人的尊重的。

> **相关链接："请勿吸烟"**
>
> 在我们的生活中，吸烟的人非常多，吸烟的人在掏烟时会先瞄瞄墙上，看有没有写"请勿吸烟"。墙上明明写有"请勿吸烟"，他却装作看不到，这当然不能原谅。
>
> 最有趣的是，墙上没有写时，他就会放心地点火吸烟。其实，吸不吸烟不应该看墙上有没有警示，而要看旁边有没有人也吸烟。只要你确定你旁边的人都吸烟，那么你们就一起吸好了；但如果你旁边的绝大多数人不吸烟，你能做到不吸，这叫作不自我。

3. 不自大

现实中我们往往喜欢将自己的想法强加于人，这就是自大。在人际沟通中，自大会以各式各样的面目出现，它会造成许多阻碍，使人本身的辨别力不敏锐，理性便无法发挥正常功能。

> **相关链接：群英公司董事长的话语权**
>
> 每次群英公司召集开会，无论是业务会议还是周期业务例会，公司董事长杨君都等到部门领导与公司其他高层讲完后，才最后一个说话，甚至在中间都不插一句话。公司同事询问其原因时，杨董说："如果我中间插话或者前面发表意见，其他同事有与我不同的意见，就不可能讲出来了，那么公司不就没有不同意见，变成'一言堂'了吗？"

3.6.2 沟通的基本要求——主动

一个人升了副总后请教总经理："有什么需要我努力的吗？"这其实就是问以前那个副总做得不好的地方，但是讲话的技巧运用得好。"哎呀，以前那个魏副总……"总经理就讲出来了。所以，主动跟别人沟通极为重要。

所谓主动，对公司而言是系统行为，即不是主动支援，就是主动反馈。如果想成功，你就得主动做事。

1. 主动支援

主动支援就是事先通过对沟通客体的分析，了解他们的利益需要，从而主动满足其需要。这是通过在沟通中不停地追问对方的特点寻找拉近双方距离的方式。

> **相关链接：海南喜来登酒店的地图**
>
> 海南喜来登酒店的地图设计得非常人性化，事先穷尽顾客入住酒店可能遇到的问题，主动提供了酒店地图、设备使用说明等明确指引，让顾客体会到宾至如归的感觉。原因是顾客来到一个陌生酒店后，不知道酒店内部路线以及从酒店到其他地方的路线，会遇到不少麻烦。

2. 主动反馈

无论是银行大厅的叫号提示，还是地铁里的广播告知，或者公交车站台的到达显示，都叫作主动反馈。有了提示,你就会对等候时间有一个了解,做到心中有数,避免了骚乱和忧惧的产生。

> **相关链接:淘宝网的配送主动反馈信息单**
>
> 这是一张订书发货单信息摘录,让客户能够非常直观地第一时间获知网购商品送货状态。
>
> 配送公司:中通速递　　　发货日期:2013-07-09 08:37:23
> 包裹跟踪:
> 2013-07-09 10:22:42 订单被物流公司接收
> 2013-07-09 21:19:06 快件离开义乌,已发往广州
> 2013-07-11 00:55:00 快件离开广州中心,已发往广州五羊
> 2013-07-11 07:19:11 广州五羊的李延宏正在派件
> 2013-07-11 13:24:26 广州五羊派件已签收,签收人是拍照签收

3. 主动紧盯

主动紧盯就是通过密切注意谈话对象的细节,将自己"校准"到不同状态,从而进行有效沟通。

> **相关链接:明潮酒家服务员的茶水紧盯**
>
> 在酒店喝茶,服务员一般见到杯子就直接续茶,而不管杯中茶水是否已经凉了。然而明潮酒家的服务员在给每位顾客续茶时,会用手指轻轻触碰一下茶杯,若发现茶杯凉了就立即将茶杯中的凉茶倒掉,再续上热茶。一个小小的举动,令顾客感受到了关怀,记住了这个酒家。

所以对有效沟通而言,一要主动支援,二要主动反馈,三要主动紧盯。只要能同时做到这三点,沟通就会顺畅,解决起问题来就会十分轻松简捷。

3.6.3　沟通的基本原理——关心

美国著名教育专家内尔·诺丁斯博士撰写过一本书——《学会关心:教育的另一种模式》。这本书的主题是"关心"。作者在引言中说:"关心和被关心是人类的基本需要。"关心,是一种问候与帮助别人的表达方式,是一种发自内心的真挚情感。学会了关心就等于学会了做人,也学会了生存。沟通上说的关心就是关注他人的状况,关注他人的需求,关注他人的痛苦。

1. 关注状况与难处

可以通过帮助对方解决问题、增加对方的利益来获得对方的好感。

> **案例链接:课程助理的润喉服务**
>
> 汪总应邀到珠江大学管理学院开办"非权力影响力"讲座,正好这段时间,汪总感冒刚刚恢复,嗓子一直不太好,讲课时嗓音受到一定影响。在讲课中间的休息时间,汪总正在想嗓子在下半场能否顶得住时,管理学院课程助理马上递上了一盒润喉片,同时冲泡了一杯胖大海润喉茶。经过休息调整,汪总终于成功地完成了整个讲座,听众反应非常热烈。

2. 关注需求与不便

相对于难处，需求与不便可能不那么明显，发现对方需求并给予满足，必将换来关系亲近。

> **案例链接：注意员工的需求与不便**
>
> 据调查，全世界搞 IT 的人中有 20%患有忧郁症，这是因为压力太大。在美国 IT 界，当员工工作到晚上时，老板会派按摩师给他们按摩。学理工的人通常不爱讲话，所以希望能够带玩具到公司。很多人以为年纪大的人不玩玩具，这种观念其实是错误的。手机也是一种玩具。理工科的人与他人之间感情比较淡，如果他还不能玩玩具，收集一点心爱的东西，他会有压力的。所以美国公司允许员工在办公室摆上玩具，在办公桌上也摆上地毯、在地下室里尽情地发泄……这些贴心做法，就是考虑到员工的需求与不便。

3. 关注痛苦与问题

关注对方的痛苦更是防患于未然、体贴入微的方式。

> **案例链接：关注顾客**
>
> 有一次王先生住在深圳阳光酒店，一进去就发现枕头上面有一张卡片，上面写着："本酒店的床饰用品都是羽绒制品，阁下如果对羽绒制品敏感，请拨分机号码×××，管家部会为你换上全棉质地的床饰用品。"给那些身体特别敏感的顾客摆上这么一个告示，这是真正的关心。

3.6.4 人际沟通的同理心原则

同理心原则是进行有效交流的关键。同理心即站在对方立场进行思考。在已发生事件上，把自己当成别人，想象自己因为什么心理产生这种行为，从而触发这个事件。因为自己已经接纳了这种心理，所以也就接纳了别人的这种心理，从而理解这种行为和事件的发生。

据统计，人际沟通仅有一成通过语言进行，三成取决于语调与声音，其余六成靠肢体语言。所以在倾听的过程中，不仅要耳到，还要眼到、心到，即用眼睛观察，用心灵体会。我们总结出同理心六项基本原则。

其一，我怎么对待别人，别人就怎么对待我。

其二，想让他人理解我，首先要理解他人。将心比心，才会被人理解。

其三，别人眼中的自己，才是真正存在的自己。学会从他人角度看问题，并据此改进形象。

其四，只能修正自己，不能修正别人。想成功与人相处，让别人尊重自己，唯有改变自己。

其五，真诚坦白的人，才是值得信任的人。

其六，只要付出真情，一定能得到回报。

同理心原则实际上与中国儒家仁爱与忠恕之道所强调的"己所不欲，勿施于人"如出一辙，是一种"设身处地"的沟通原则。它和同情是不同的，同情掺杂了价值判断与认同。

同理心也不代表赞同，而是指深入了解对方的感情与理智世界，是一种体谅和尊重。

3.7 中国人的人情与面子沟通策略

华人社会到底有哪些面子语言，在这些面子语言下，如何采取适当的对策规避日常交往过程中的沟通困境呢？本节将给出相关的阐述。

3.7.1 华人的人情运作法则与面子语言

1. 中国人的人情运作法则

中国社会人情运作有法则可依，一个善于讲人情的人多是善于依人情法则而小心行事的人。

（1）扪心自问。在与人互动过程中，若想自己的言行合情合理，应该扪心自问：假若别人对自己做了这件事，自己心中会感觉怎样，并由此得出结论。假若心中感觉快乐，那么这件事就合乎人情。

（2）讲求回报。"受者"接受了"施者"人情，便欠了对方人情，一有机会便应想方设法予以回报；"施者"在给予"受者"人情时，也预期对方终将回报。正是基于这种"报"的规范，人们才会以人情法则与别人交往。正如黄光国所说，中国人做人情的主要动机之一就是对别人回报的预期。

> **案例链接：叶子的"人情"烦恼**
> 办公室文员叶子最近很烦，本来家里就不宽裕，这个月又有特别多的"人情"要送、要还。同事老李家儿子结婚，之前叶子家小孩满月，老李来送过礼，现在人家家里有喜事，怎么也要送个更大的礼；还有大学同学小月，也是叶子的好朋友，之前结婚叶子送了礼，等叶子结婚的时候，小月回了一个更大的礼，现在小月的孩子周岁，又得回比上次小月的回礼更大的礼；还有老王家……这个月，估计两口子的工资大部分又砸进去了，可是这礼越送越多，越还越大，何时是个头啊！

（3）延时回报。有时，当他人给你一个人情，你为了不欠他的人情，当场回报他一个人情的做法是不近人情的，正确的做法应是：稍后再找个恰当的机会回报他人的人情。

（4）增量回报。报大于施也是一个基本法则，以更多的人情回报他人是最合人情的做法，正如"你敬我一尺，我敬你一丈""受人滴水之恩，当以涌泉相报"。当人际交往开始后，受惠人总是想方设法加重分量去报答对方，造成施惠人反欠人情，这又使施惠人再加重分量去归还，如此往复，人际关系便建立起来了。

（5）不能算清。"不能算清"是一个重要的待人原则。中国社会里，人际关系具有长期性和直接性的特点，只有"算不清"关系才能旷日持久地维持下去。"算清"与"算账"在国人眼中都是不好的字眼。

微课：人情的运作法则

2. 华人社会面子语言

华人社会交往的特色，必须放置在儒家关系主义的脉络中加以理解。在华人社会中有着约定俗成的面子语言，下面是心理学家黄光国给出的介绍以及情境解释。

(1) "给面子/不给面子"。给面子就是占有较高地位的资源支配者 A，在其他人面前将他所掌控的某种社会资源给予请托者 P，以增加或维系 P 的声望。用 U.G.Foa&E.B.Foa（1976）所提出的"社会交换资源论"来看，给面子的方法包括：在大众面前称赞 P 的才能或成就；对 P 表示关爱；接受 P 的建议，对其意见表示尊重；授予 P 某种具体的资源；等等。相反，如果 A 在大众面前拒绝 P 的请求，指出 P 所犯的道德错误，贬抑其地位，甚至加以斥责，都可以说是不给 P 面子。

(2) "增面子/损面子"。"增面子"是指 A 在其关系网络中的 P 有某种成就时，公开给予其某种象征性资源，以增加 P 的声誉。"损面子"相对于"不给面子"，范围较狭窄，通常是故意在众人面前暴露他人在道德或能力上的缺失，让他受到大众的耻笑。

(3) "借面子/看面子"。所谓"借面子"，是请托者 P 在请求资源支配者 A 将资源做利于自身的分配时，提及他和社会上某位有声望者 O 之间的关系，A 可能看 O 的面子而接受请托。有时候，O 也可能亲自介入，他可能会向 A 说："请看我的面子。"如果 A 接受，O 可能感到"有面子"，同时也欠了 A 人情。

(4) "顾面子/不顾面子"。在讲究"尊尊法则"的儒家社会里，位于劣势地位者 A 掌握某种特殊资源，占有优势地位的 P 要求他将掌握的资源做有利于 P 的安排，通常 A 不敢不顾及 P 的面子。在讲究人际和谐的华人社会里，有所谓"扬善于公堂，规过于暗室"的原则，一个善于"做人"的人，通常善于顾及他人面子，他会在公开场合给别人面子；如果对别人有意见，他也会做私下沟通。

> **案例链接：职场上下级的面子观**
>
> 上司问下属："交给你写的计划书写好没有？"下属忘了写，但是碍于面子，却说："写好了，只是早上急着上班，忘带了。"上司明白这是下属在找借口，但如果说破了，下属面子上过不去，以后可能处处与自己唱反调，所以只是淡淡地说："哦，明天别忘了带过来。"下属说谎暂时保住了自己的颜面，下班后会赶快写好，第二天上班把它交上去。
>
> 下属不但完成了工作，而且吸取了教训：这一次差点儿惹麻烦，幸亏平时信用还不错，勉强遮掩过去，下一次不可以再犯，万一被上司拆穿了，不但难堪，还可能受罚。

(5) "大家有面子/没面子"。华人发生冲突，争执不下时，他们"心理社会图"中的第三者 O 很可能便挺身介入，充当调解人。他会要求他们"看我的面子"，停止争吵。如果他们接受了他的调解，而获得一种双方都能接受的解决方案，O 可能会说："这样最好，大家都有面子。"

(6) "撕破脸/留面子"。如果 O 替 P 出面请求 A "看我的面子"，A 最好接受请托，替 O "留面子"。如果 A 不为所动，这时 O 可能变成当事人，如果 O 因此和 A 撕破脸，那么最后结果很可能是"大家都没面子"。

(7) "留面子/敷衍面子"。为了避免发生不愉快的后果，A 往往做出某种程度的让步，给 P 或 O "留面子"。有时，A 可能并不愿意做出实质上的让步，而只是表现出某种象征性的敬意，恰好不会使对方感到不快，这便是"敷衍面子"。其目的在于息事宁人，维持当事者的心理社会均衡。

微课：华人面子术语解析与面子运作策略

3.7.2 人情与面子的沟通对策

1. 人情压力的沟通对策

俗话说:"钱财债好清,人情债难还。"为了减轻或者避免人情压力,种种做法也就应运而生了。在这些做法中,有些是恰当的,有些是不太恰当的。

(1) 不恰当的消除人情压力的做法。

① 拒绝收礼。礼品作为人品的延续,是社交的纽带,送礼也是与人类其他一系列礼仪活动一同产生的。一件理想的礼品能传递某种特殊的信息。拒绝接收礼品,从某种层面上是将自己与他人隔离开来,往往会让送礼的人感到尴尬及疏远。从人际沟通上说,是很不恰当的对策。

② 当场算清。当场算清是指当场以"等价"人情送回。这样做虽可获得一个"互不欠人情"的结果,但在现实人际交往中,一个稍通人情世故的人是不会选择这种方式来减少人情压力的。

③ 更多回报。等待合适时机给对方以更多回报不是能真正消除人情压力的做法,一来二往,原本可能纯粹的付出变得不纯粹,人情越滚越大,到最后人情大似债,成为一种还不清的负担。

(2) 恰当的消除人情压力的做法。

真正消除人情的压力必须坚持一个原则:在交往时既讲人情又彰显理性,这就是所谓的做人艺术。具体来说,人们一般可以采取以下几种做法。

① 君子之交。此语出自《庄子·山水》,"且君子之交淡若水,小人之交甘若醴;君子淡以亲,小人甘以绝",指的是君子的交往,平淡如水,不为名利,不尚虚华。在人际交往中保持"君子之交淡如水",既能保证交往的持续和愉悦,又可以减轻人情债,是理想的人际沟通方式。

② 客观对待。客观对待,即对事不对人。不对人性进行扭曲、伤害,不对人做道德说教、评判,不对人的素质妄下论断,是保证能客观看待事物的基础。在一个强调公平法则的文化中成长的个人,比较重视理性的彰显,进而不太会把人情作为待人处事的法则,相应地也就不会背上人情包袱。一个想躲开人情压力的中国人,也可采取对事不对人的策略。

> **案例链接:托尔斯泰与乞丐**
>
> 托尔斯泰有一次向一个乞丐施舍,朋友告诉他,该乞丐不值得施舍,因为他品格很坏,性格固执闻名莫斯科。托尔斯泰说:"我不是施舍给他那个人,我是施舍给人道。"这就是典型的对事不对人,是以事情本身决定正误,和事情的所属人无关。

③ 区隔策略。所谓区隔策略,是指将人情法则的使用限制于某些特定范围之内。根据第2章阐述的中国人情与面子交换法则,有些人坚持这样的原则:以公平法则处理自己只拥有支配权的资源,用人情法则处理自己拥有所有权的资源。例如,公务员在处理公务时,严格依照法律程序办事,强调公私分明;在处理私人事务时,则重视人与人之间的人情关系。

④ 保持距离。人与人之间因有不同的秉性、不同的需要、不同的兴趣,"注定"彼此

相处困难。对这种"二律背反"妥协的结果，只有保持适当的"距离"，才会创造一种和谐的环境，才会造就一片自由天空，才会给一切生命自我发展的空间。

> **资料链接：豪猪的安全距离**
> 两头豪猪因为天气太冷，打算蜷在一起取暖，因此彼此相互靠近。但是只要靠得太近，彼此就会被对方的棘刺所伤。因为疼痛而分开的话，又会遭到寒冷的袭击。于是彼此再度靠近……就在这种反复尝试的经验中，它们终于测知既不伤身又可取暖的安全距离。
> 资料来源：马银春. 赢在距离[M]. 北京：中国物资出版社，2008.

⑤ 账单明晰。"亲兄弟明算账"是为了防止出现因权利、义务或利益关系不明晰导致的纠纷而必须事先进行的预防措施。将经济性交换与社会性交换分开，表面看似乎是太过利益化的人际交往方式，实际上却是保证人际交往正常规范的一种很好的策略。

> **资料链接：同学间"暧昧"的"账单"**
> 早在4月初，即将毕业的小王已开始为租房奔波。因为学校对毕业生下了逐客令，必须赶紧找个落脚的地方。单间很难找，只能和同学一起分担面积大点的套房。5月底，小王择了两个同学搬进了一所房子，但因为伙食费等问题，几人就有了矛盾。在小王看来，很多生活用具是自己掏钱买的，若开口要别人分摊好像显得自己很小气，但看着她们用得那么心安理得，自己心里又有疙瘩。伙食费亦然，自己下班早，自己经常买菜做饭，几个同学一起吃，但大家对买菜费用都绝口不提，以为分摊了水电费便够了。很多次小王都不想再做她们的份了，但同住一个屋檐下，又曾是同学，不做她们的份或者开口要买菜的费用，小王又做不出来。在"暧昧"的"账单"前，小王与同学的关系变得越来越差。

微课：人情压力下的沟通对策

2. 面子功夫对策

（1）事先面子功夫对策。这是一种预防性的措施，常用的有以下几种。

① 事先声明。个体在预期一项失面子的行为可能发生时，通常以声明在先的方式，解释或否认其可能带来的不良后果，即"丑话说在前头"。如果你想唱一首歌，先说几句诸如"自己五音不全，请勿见笑"之类的话，无论唱得好不好，有"自知之明"在前，往往能使你不丢面子。

② 自我修养。加强自我修养（包括能力与人品等）是一种事先有效避免丢面子的好做法。这种做法一般是：自己知道自己在某方面的不足，于是事先加强自我修养，练好"真本领"，以备不时之需。加强自我修养同时是事后挽回面子与增加面子的策略之一。

③ 预测躲避。在事件发生前，根据现有情形推算可能产生的相对不利的影响，就可以提前采取一定的规避措施，置身事外，化被动为主动。在预测若参加某项活动自己可能会丢面子的前提下，为了避免丢面子，而采取种种方法不参加此项活动，就是躲避策略。

④ 居间交涉。人际交往中，因为种种原因，某些事件往往不能或不便通过双方直接接触推动，这时就需要中间人双向沟通，使事件的主体达到一致目标，完成事件。有时候为了避免丢面子，事先找个中间人打听虚实，然后再做打算，也是一种常用的方法。

（2）事中面子功夫对策。

① 宁小勿大。意指宁愿自谦点，将自己的面子估计得小一些，防止将自己的面子估

计得过高,以致产生尴尬或失面子的事情。"我的面子不够"或"我没有那么大的面子"常常是"会做人"的人维护自己面子的一种最稳妥的做法。

② 恪守礼仪。中国的典籍上记载"礼仪三百,威仪三千",即礼仪准则有300条,行为准则有3000条。与人相处,在适当的时候遵守恰当的礼仪,"礼多人不怪"成为面子功夫中一种最为有效的策略。按礼节规范行事,常常可以免除因失礼带来的尴尬。

③ 沉默忍耐。在与人交往时遇到某些突如其来的尴尬事,你不是以牙还牙,而是信奉"沉默是金"的道理予以包涵,不但显出修养、雅量,也让非难者自觉无趣,自然能使你赢得面子。

> **案例链接:沈从文的气度**
>
> 刘文典是中文系的前辈教授,也是一位在国学研究方面颇有名气的学者。在西南联合大学时,有一次,刘文典跑空袭警报,路遇同样在跑空袭警报的著名小说家沈从文。刘文典正言厉色地对沈从文说:"你跑什么!我跑,是因为我被炸死了,就不再有人能讲《庄子》了。"面对这种莫名的挑衅话语,沈从文一言不发,扭过头,一走了之。虽然这是件小事,却体现了沈从文的气度和修养,既保全了自己的面子,又让别人对他肃然起敬。
>
> 资料来源:汪凤炎,郑红. 中国文化心理学[M]. 广州:暨南大学出版社,2005.

④ 幽默化解。幽默一直被人们称为只有聪明人才能驾驭的语言艺术,而自嘲又被称为幽默的最高境界。人际交往中,在人前蒙羞,处境尴尬时,用自嘲对付窘境,不仅能很容易找到台阶,保住面子,而且多会给人留下机智、幽默的好形象。

⑤ 适度表现。在人面前适度展现自己的人品才学,往往可赢得他人的尊敬或欣赏,自然也能赢得面子。表现出自己的才能和优势,是适应挑战的必然选择,但刻意地自我表现就是做作,所以,把握好度,适当地表现自己,是增加自我优势的一种持续而有效的方式。

(3) 事后面子功夫对策。一旦感觉做了丢面子的行为,当事人可能会采取某种补救性的措施。

① 补偿行为。当丢面子的责任在自己时,当事人会采取某些挽回面子的做法。这些行为包括马上停止丢面子的行为、重新解释自己行为失态的原因、做形式上的道歉与赔礼以请求别人的谅解以及努力提高自己的地位等。

② 报复行为。当丢面子的责任在他人时,某些人可能会采取报复手段。常见的报复手段有指责、攻击对方,以降低对方的面子的行为挽回自己的面子,或千方百计阻止别人进一步看低自己。因为中国人的团体内部往往不允许公开的攻击行为,若羞辱来自团体内部,人们常常采取某些微妙的、间接的方式表达自己的不满;若羞辱来自外部,当事人一般会马上直接报复。

③ 自我防御。面子丢失会让人心理失衡,有人就会采取自我防御措施以挽回自己的脸面。

- ✧ 想方设法掩盖已发生的事情或假装什么事情都未发生过。
- ✧ 寻求或给予"合理化"的解释,如"酸葡萄心理""甜柠檬心理"。其中,酸葡萄心理是指贬低个人渴望获得但又无法获得的东西;甜柠檬心理,即有些本来无明显吸引力的东西,在自己获得之后,又尽可能地美化它。
- ✧ 在心中贬低对方,即鲁迅先生笔下所谓的阿Q精神。

（4）增加面子的策略。有五种常用的增加面子的做法：自我修养、适度表现、以德服人、水涨船高、水落石出，后两种是非常不好的做法。前文已讲过"自我修养"和"适度表现"，下面只讲余下三种。

① 以德服人。宋代范仲淹的《奏上时务书》有言："臣闻以德服人，天下欣戴，以力服人，天下怨望。"古时以德服人指统治阶级通过良好的德行使百姓顺服。孟子说："仁者无敌。"德高望重的人不但受人尊敬，往往也使人心悦诚服，所以，德高望重的人往往有较大的面子。

② 水涨船高。这种策略指一切通过抬高他人的面子迂回地抬高自己面子的做法。这主要是因为中国人多相信"物以类聚，人以群分"，将自己周围的人的地位抬高了，就可以间接地抬高自己。一些爱面子的人往往喜欢夸耀自己的家庭、身世、师友或同乡，如"名师出高徒"。

③ 水落石出。通过贬低他人抬高自己的面子，你矮了，他自然就高了，所以一些人喜欢抓人小辫子，给别人穿小鞋或扣帽子。其目的无非是将你压低，他的面子自然就抬高了。这种做法非常不好，也达不到预期的效果。

3. 当代中国人的人情与面子启示

（1）善用人情。一个处处讲人情的社会，肯定是一个不公平的社会，因为人情常常会排斥是非。只有公理伸张、是非昭彰的社会，才能慢慢培养起公德社会观念。不过，人情是一个人应有的情感，适度讲人情会让人觉得你和善，太过分则让人感觉到人情压力，不到位易让人觉得你是冷血动物。因此，有真情实感的人情，你既可以笑纳，也可以送给他人，让人感受人世间的温暖；无论是自己还是他人，都应尽可能不要做一些有可能成为压力的人情，这种人情既累己也累人。

（2）与时俱进。人情是传统中国重家族、重差序格局的关系的结果，在以伦理为本位的中国传统的乡土社会，人与人之间的人情味很浓。不过，随着当代中国现代化与城市化进程的加快，中国必将逐步进入发达的工业化、都市化社会，这必然会导致中国社会文化的变迁。按德国经济学家韦伯（M. Weber）的见解，这时人的价值取向将越来越趋向理性化。若果真如此，则在当代中国人的人际互动里，人情的重要性不但会越来越小，而且其内涵也将发生变化，如过去传统社会里被看作"不合人情"的，在现代社会里可能会被看作是合情合理的。

（3）面子适度。作为中国人的一种重要的心理与行为方式，"讲面子"是一个中性词，没有好与坏之分。不过，讲面子要有一个"度"：一个人适度讲面子，对于约束言行和保持一颗廉耻之心都有积极作用；"太过"易让人产生虚荣心，所谓"打肿脸充胖子"，就是一种讽刺；"不及"易让人丢失廉耻之心甚至毫无廉耻之心，所谓"死皮赖脸"，就是对这种做人方式的一种批评。

（4）面子功夫。既然要适度讲面子，自然就会涉及面子功夫。中国人的面子功夫是以承认自己和他人都有面子，或自己和他人都有羞耻心为前提的，中国人在与他人互动的过程中所表现出来的面子功夫，也多半以不使自己和他人丢面子或以维护自己和他人的面子为基本策略，背后蕴藏着一种文化智慧。这种做法不仅达到了维护双方面子的目的，也是达到社会和谐的途径。

本章小结

相关测试：沟通技能测试问卷

 本章典型案例：全叔就医过程中的人际关系平衡

沟通技能测试问卷

　　本案例通过记录主人公全叔患病入院就医的过程，详细描述了全叔及其家人在就医过程中一系列的人际关系活动及微妙心理变化。案例由全叔二女儿撰写，由于全程参与其中，因此可以通过自身及亲属的回忆对事件的始末进行还原。

　　案例的主人公全叔现年 65 岁，已经退休，身体一直比较健康。然而，就在最近的一次体检中，报告中一项生化指标异常高。最初全叔并不在意，直到一次家族聚餐中提起，引起了梅姐的注意（亲属关系：全叔的外甥媳妇，职业：三甲医院某科室行政人员）。梅姐听后便说全叔年纪渐长，这项指标异常提示存在肿瘤可能性极大，建议到医院做进一步的深入检查，并且当即表示由她负责安排，全叔无须担心挂号难、排队难等问题。

　　随后一天早上，全叔便按梅姐所说，向该医院里最权威的医生进行问诊。不同以往的是，本需要排队等上两三天才能全部完成的系列检查，在梅姐的帮助下，仅用短短一个上午的时间就全部完成了。

　　两天后，初步复查结果出来，但依然无法确认原因，医生也认为该项指标不会高出正常水平如此之多。为谨慎起见，梅姐在咨询医生后，建议全叔入院进行病理穿刺和 MR 检查，以便消除顾虑和隐患。由于正值新冠疫情肆虐，一般情况下，医院要求入院检查的病人要一直住院至出检查结果后，才能明确是否可以出院。全叔此时十分忐忑，一是不能确定什么时候可以入院，二是担心等待时间过长增加住院费用。此时梅姐耐心疏导和解释，承诺会第一时间安排好，至于检查时间，MR 的检查结果相对慢一点，有的可能需要等一到两周的时间，即便是权贵要员也要等上个三四天，但她会密切跟进，加快速度。

　　回家等待的全叔做好了长时间住院的准备，过了没多久便接到梅姐通知，可赶快入院。在梅姐的张罗下，全叔在入院当天便完成了所有检查。出乎意料的是，当天梅姐便和他说可以先回家等候，不用住院。她说已与有关部门沟通协调，考虑到老人家在医院住得不习惯，回家会感觉更安心舒适，因此安排他在 MR 出结果期间在家等结果。

　　三天后，病理穿刺和 MR 检查等结果出来了，确诊患有早期恶性肿瘤，医生建议马上动手术。该手术在这家医院每年只有几十例，为了保险起见，梅姐建议请市中心大型三甲医院的专家过来主刀。梅姐认为，纯熟的技术、丰富的经验和医院先进的硬件设备，就是最优治疗方案。为了不引起本院主治医生的反感，梅姐还婉转周旋，给原负责手术的主刀医生发短信，以师父尊称，先是称赞师父的医者仁心和医德美德，然后委婉地转达全叔作为病人忐忑不安的恐惧心情，最后隐晦地表达了病人及家属希望市中心专家过来主刀的想法。此类情况偶有发生，对方立马领悟到了意思，很爽快地答应了由梅姐通过私人关系到市中心大型三甲医院邀请专家过来主刀的请求，同时也表示自己愿意以副刀的身份参与其中。

　　长时间住院，需要提前安排的事情就更多了。第一个是送礼问题。为了住院期间得到更好的"关照"，全叔夫妇已经商量并准备好特产和礼品，从麻醉师、主刀医生，乃至护士和陪护人员，无一遗漏。全叔的二女儿一直和他们同住，在父母的庇护下，少有关注人情世故。她认为，现在医生护士都不敢收礼，怕丢饭碗。全叔本来有点动摇，为谨慎起见还是向梅姐咨询,梅姐也如实相告,让全叔自行把握,如果要给就让她转交,她表示现在的医护人员绝对不会收"外人"给的东西,一定要通过"熟人"转交。再三思量后,全叔还是决定给,一方面是为了图个吉利,希望手术顺顺利利;另一方面觉得送了礼后,医护的态度肯定会更好一点。为了平安健康着想,这些钱是不能省的。第二个是陪护问题。医院出于防疫要求,只允许一名陪护家属入内。考虑到全叔妻子要照顾外孙,因此全叔便委托了住在医院附近的小舅舅作为陪护家属。小舅舅是全叔一家最亲密的亲戚。至于日常的生活起居,只能在医院聘请专业的看护人员应付。第三个是保密工作。由于全叔一家在当地生活多年,每天都有固定路线和日程安排,突然"失踪"会让人觉得生疑。为了不引起外人追问,全叔一家打算统一"口径",比如面对街坊邻居,就说全叔和朋友出外旅游几天;面对亲戚和好朋友,就说需要到市里住院做个其他方面的小手术,由于排期问题会耽搁一段时间。

  一切安排妥当之后,全叔便在梅姐安排下办理入院手续。无独有偶,就在分配床位的时候,全叔竟然遇到了邻居一对夫妇,一问之下才得知邻居也因为做同样的检查,加上等待结果和治疗,已经住院一个月有余,但是直到现在院方还没有安排他们手术。据此,全叔只能隐瞒自己的病情,且只字不敢透露自家有熟人帮忙的事情,免得遭到举报。

  手术当天,全叔在外聘专家和本院主任的操刀下,经过足足三个小时的手术才被推出了手术室。手术一结束,专家没有留下任何医嘱就离开了,毕竟不是自家医院的病人。

  接下来就是住院康复的时间,全叔早已通过梅姐把提前准备好的各种礼品特产转交给了相关医护人员,那些医护人员知道全叔是本院领导的亲戚,加之收了礼,自然关照有加,没有丝毫怠慢。

  在全叔手术住院期间以及出院后,家里其他人也没有完全闲着,这里根据事后回忆,选取了几件事情进行描述:

  (1)全叔入院的第一周,就交代他妻子要准备几份当地特产,还有自家养的土鸡,让女婿(二女儿丈夫)第二天一早带过去医院,请梅姐到门口接收转送。全叔二女儿认为没有这个必要,并认为土特产并不受欢迎。此次全叔坚持要送,且据梅姐反馈,那些医生护士一看到礼物,便马上接受,还颇受欢迎,啧啧称赞。

  (2)手术后的第二天,全叔妻子便再三提醒二女儿如果不能去医院,就要给父亲打个电话问候寒暄,让他老人家多点安慰。二女儿却认为没有必要,她觉得父亲并不在意,并且她一直和全叔住在一起,所有消息都能通过母亲第一时间知道,因此不需要专门打电话客套地问候。由于二女儿一直没有按照母亲的意思第一时间打电话问候父亲,全叔妻子十分生气,实在被逼得没办法了,二女儿便给全叔打了视频电话,她甚至认为,这一举动是为了哄母亲而不是哄父亲。

  (3)经历接近三周的术后康复,全叔终于可以出院了。出院当天,全叔的妻子准备了丰盛的晚餐,亲家知道全叔外出"做常规手术"回来了,也特意买了水果过来探望,全叔平时串门的老友们也轮番上门问候他的身体状况,顺便拉拉家常。之后又过了几天,全叔准备了几份当地特产,嘱咐女婿给那个照顾他的护工捎带过去,感谢那段时间他的悉心照料。

  实际上,对于梅姐的举动,全叔一家很惊讶,以往一直不轻易出手帮人的梅姐为什么会这么热心。先前,二女儿几次生病想找她帮忙,都被她以各种方式婉拒了。此次的帮忙,全叔一家猜测有两个方面的原因:一是因为全叔这个病可大可小,看在亲戚的情分上,梅姐不好意思推却;二是因为之前二女儿生病暗示请她帮忙,她都委婉拒绝了,在这种情况下，全叔还是一如既往，时常送自家的农产品给她，对于这份真诚，她应该能感受到。

再后来，小舅舅的妻子因为身体出现不适，久治不愈，想找梅姐所在医院的专家问诊。专家号非常难约，小舅母心急如焚，无可奈何下便请求全叔找梅姐帮忙。对于梅姐来说全叔毕竟是长辈，没有太多礼节拘束，拎起电话就给梅姐打了电话。梅姐当下是答应下来了，但也随即要了解小舅母与全叔的关系是否亲密，全叔自然回答是非常亲的亲戚。于是在梅姐的帮助下，小舅母顺利挂上专家号。这次过后，全叔收到一条来自梅姐的短信，虽然说得很婉转，但大体意思是希望全叔尽量不要找她帮忙挂号，她作为该单位的领导，这种事情还是很忌讳的，一不小心就会被群众举报。全叔意会，马上回复说明白了，梅姐秒回，多谢谅解。

此后，全叔逐渐康复，全叔一家也再没有健康方面的问题需要找梅姐帮忙求医问诊，事情暂且告一段落。

资料来源：叶燕婷. 全叔就医过程中的人际关系平衡[Z]. 中山大学管理学院 MBA 案例，2021.

本章思考与讨论

一、仔细阅读本章导引案例"一次尴尬的招聘"，就以下问题进行分析讨论：

1．贺先生在与各方沟通中有哪些失误之处，请简要分析。

2．你在工作中有过"因为面子和关系处于两难甚至多难的境地"的情况吗？

3．案例中的各种关系分别属于"人情与面子的理论模式"中的哪种关系？

二、针对本章典型案例"全叔就医过程中的人际关系平衡"，参照本书第 2 章人情与面子相关理论以及本章人情与面子的策略，针对以下问题进行分组讨论：

1．试描述本案例主人公全叔的人际关系网络的距离关系，按照人情与面子互动模型，其情感性关系、混合性关系与工具性关系各有哪些？

2．本案例描述中体现了哪些有中国人际关系特色的正常人情法则，请针对案例进行分析阐述。

3．主人公全叔在面对不同亲疏群体时，是如何平衡各方面关系的？试谈谈你对中国文化下人际关系平衡处理的体会。

三、试举例分析身边遇到的基于人情与面子的沟通平衡案例。

延伸阅读提示

1．魏江，严进. 管理沟通：成功管理的基石[M]. 4 版. 北京：机械工业出版社，2019.

2．程艳霞. 管理沟通：知识与技能[M]. 2 版. 武汉：武汉理工大学出版社，2019.

3．赵慧军. 管理沟通：理论技能实务[M]. 北京：首都经济贸易大学出版社，2018.

4．汪凤炎，郑红. 中国文化心理学（修订版）[M]. 广州：暨南大学出版社，2013.

5．翟学伟. 中国人的脸面观：形式主义的心理动因与社会表征[M]. 北京：北京大学出版社，2011.

6．杜慕群. 赢在挫折后：职场精英应对困境之道[M]. 北京：清华大学出版社，2012.

7．于阳. 江湖中国：一个非政治制度在中国的起因[M]. 北京：当代中国出版社，2006.

8．余世维. 有效沟通[M]. 2 版. 北京：北京联合出版公司，2022.

第 2 篇

组织沟通策略

- ◆ 第 4 章　组织内部沟通策略与团队建设
- ◆ 第 5 章　组织外部沟通——公共关系与危机管理
- ◆ 第 6 章　跨文化沟通
- ◆ 第 7 章　会议与面谈

第4章 组织内部沟通策略与团队建设

> 下情求不上通，谓之塞；下情上而道止，谓之侵。
> ——《管子·明法》

本章目标

- ◇ 了解组织沟通的含义和作用。
- ◇ 识别组织内部沟通的类型、障碍、策略和个人技巧。
- ◇ 识别组织内部沟通网络类型并掌握非正式沟通方法。
- ◇ 了解团队的类型、特征及意义。
- ◇ 分析团队建设的五个阶段及特点。
- ◇ 分析团队的角色及其管理方法。
- ◇ 了解团队沟通决策的方法。

关键概念

组织内部沟通；下行沟通；上行沟通；横向沟通；沟通网络；团队；团队类型；团队特征；团队建设；团队沟通；团队决策。

导引案例：鸿程药业的内部沟通障碍

鸿程药业创始人郑总是一位药物化学专家，20世纪90年代初留学美国，毕业后留在美国一家世界500强制药企业从事研发工作，后回国做教授，离开大学后又创立了鸿程药业。该公司是一家从事技术开发并以技术转让为主要收入来源的小企业，因为公司的盈利点主要是技术秘密，所以郑总在用人上最看重的就是人品可靠。因此，郑总任命在大学做教授时的学生李博士做研发总监兼合成部经理。李博士专业精通且为人勤奋老实，深受郑总的信任。但是他没有管理经验，而且为人有些固执，性格内向。

公司创立之初，制度流程还未完善，需要很多跨部门的沟通和协调，科学家出身的郑总也没有太多的管理经验，因此公司的内部沟通问题逐渐暴露。李博士经常因为技术问题跟其他部门经理和郑总争论得面红耳赤，大家觉得李博士很难沟通，开始心生不服。特别是最近发生的事，让郑总开始考虑调整组织架构和人事安排。

关键岗位人才流失

最近，合成部的新药研发组主管王博士提出辞职。王博士较李博士早进入公司，一直担任公司最核心部门的最关键岗位，他原本以为可以升任经理的。所以自从李博士上任，王博士就对他心怀不满，工作中对于李博士的指令基本上是听而不闻、视而不见。由于李博士缺少管理经验，对王博士也一直采取置之不理的态度。

另外，由于王博士入职较早，对项目的情况也比较了解，郑总还是习惯直接找王博士交流技术问题。王博士不愿意将自己负责的项目资料共享给李博士，李博士也很不满，所以他接手管理的很多项目既不让给王博士跟进，也不跟他沟通。

两人均采取相互漠视的态度，基本无任何沟通和交流。这样不到半年时间，王博士几乎没有什么重要项目负责，他感觉自己不再受重视，所以向郑总提出辞职。郑总得知后非常惊讶，但已无力挽留，也只能同意他离职。最后，技术总监兼合成部经理的李博士，又兼任新药研发组主管，一管到底。

被迫调整组织架构

公司项目部负责研发项目的管理，包括整理公司全部技术资料。因此，项目部也是掌握公司核心技术机密的部门。项目部的蒋经理是郑总、任董亲推荐来公司的，专业水平和人品都很让人放心。但蒋经理之前一直在外资企业工作，不善于处理在没有规范流程的情况下，跨部门的沟通协调。同时，她的直接领导李博士不但不能提供协助，反而更难沟通，所以经常产生矛盾。一次蒋经理牵头制定项目管理制度，李博士对蒋经理起草的初稿不满意，让她反复修改，一个月过去了，制度已经改到第21稿还是没有定稿。蒋经理终于爆发了，她表示不能适应制度流程不健全的初创企业的环境，提出离职。郑总思考再三认为，解决的办法只能是调整组织架构，蒋经理不再隶属技术总监管理，直接向总经理汇报。项目部经理算是暂时安抚下来了，但是调整后项目部不属于李博士管理，所以他在工作配合上更不如从前，沟通协调工作更难了。对这些问题郑总也看在眼里。

中试生产组主管的合同到期

合成部中试生产组的龙主管也是一个固执己见的人，他不懂得提出反对意见的方式、方法，常常因为技术问题大声跟郑总争论。最近，在一次项目会上，郑总不同意他提出的技术方案，他竟然当着合成部全体员工的面，跟郑总拍桌子，两人大吵一架后项目会不欢而散。会后郑总告知人事主管，等这个月龙主管的劳动合同到期后就不要再续签了，按照法律规定给予赔偿。

人事主管听后有些顾虑，他认为，龙主管同之前离职的王博士一样，算是公司元老，现在公司发展壮大了，就让他走人，会引起员工非议。另外，郑总一直向员工宣扬，他崇尚西方的理念，在工作上对事不对人，提倡对于技术问题大家能够畅所欲言，现在因为龙主管经常提出跟领导相反的意见就让他离职，是否会让员工觉得老板是一个言行不一的人。郑总听了人事主管的顾虑，陷入了沉思。

资料来源：吴妍. 中山大学管理学院 MBA 案例作业[Z]. 2016.

组织由各个职能部门和许多性格各异的个体组成，只有通过内部沟通才能实现有机的配合和协调，并保证各项任务的完成。沟通可以说是组织管理的基础，组织内部沟通的成效决定着组织的运作效率，也影响着组织中部门职能和个体才能的发挥。不同组织之间运营效率存在着巨大差异，组织内个体工作状态也千差万别，很重要的原因就是组织内部的沟通系统效率的差异。

面对快速变化的环境，对于纷繁复杂的管理事务来说，组织内部的团队协作是行之有效的。团队拥有其固有的价值，然而团队的建设与沟通是团队能否发挥作用的重要因素。

本章4.1节介绍组织内部沟通的含义、特点和作用；4.2节重点给出组织内部沟通对象及策略；4.3节谈及组织沟通网络；4.4节引领大家认识团队的定义、特征、类型、意义以及中国传统文化的团队思想；4.5节介绍团队的形成、角色管理与领导以及如何建设高效团队；4.6节重点介绍团队沟通的技巧；4.7节介绍团队沟通决策的方法。

4.1 组织内部沟通的含义和作用

4.1.1 组织内部沟通的含义

组织沟通是在组织结构环境下的知识、信息及情感的交流过程，它涉及战略控制及如何在创造力和约束力之间达到一种平衡。组织由各层级、部门和个体组成，组织内部需要建立信息沟通网络，在组织内部各部门、各环节之间进行信息传递与交流，以确保组织的协调一致。

组织沟通与一般沟通的区别，主要在于组织沟通特定的情境是工作场所，所以它既具备一般人际沟通的特点，同时又是工作任务和要求的体现。因此，组织沟通具有明确目的，通过影响组织中每个人、每个部门的行为，使之与实现组织的整体目标相一致，并最终实现组织目标。组织沟通是按照预先设定的方式，沿着既定轨道、方向、顺序进行，作为管理的日常活动而发生的。由于组织沟通是管理的日常功能，因此组织对信息传递者具有一定约束和规范。

组织沟通往往与公司规模有关，规模大、规范，沟通过程就会较长；规模较小、不那么规范，沟通过程就会较短。从某种意义上讲，后者的沟通结果容易控制，前者则不太容易控制。

4.1.2 组织内部沟通的作用

组织内部沟通的目的是促进组织行动，即按有利于组织的方向左右组织的行动。组织内部沟通的作用主要表现在下述四个方面。

1. 传递组织信息，控制内部成员行为

组织需要为内部成员采取合理行动提供必要情报。组织成员对自己的工作和工作环境掌握得越多，就能工作得越好。在运行过程中，组织会根据不断变化的外部环境，随时变更和调整目标、任务，通过内部沟通使成员随时了解每一步变化，以便更好地完成组织交给的任务。

2. 征求员工意见，促进决策合理有效

任何组织机构的决策过程，都是把情报信息转变为行动的过程。准确、可靠、迅速地收集、处理、传递和使用情报信息是决策的基础。信息由基层逐级向上传递，上一级把收到的信息进行总结消化，并在职权范围内采取行动，最终传递到最高主管部门。最高主管部门对收到的信息进行总结归纳和决策。同时，组织在决策过程中和制定决策后，还必须进一步与组织成员进行沟通、征求意见，让成员参与决策并对决策提出建议，从而使组织决策更加合理有效。

> **资料链接：毛泽东思想的群众路线**
> 1943年，毛泽东为党中央所写的《关于领导方法的若干问题》，是群众路线具备成熟的理论形态的主要标志。在这个决定中，毛泽东科学地阐述了群众路线包含的内容和实施的步骤，分析了"从群众中来，到群众中去""集中起来""坚持下去"，实行"领导和群众相结合""一般和个别相结合"等正确的领导方法，把马克思主义认识论化为群众路线的领导方法。1945年，在党的七大上，毛泽东在《论联合政府》的报告中强调了密切联系群众的极端重要性，把群众路线概括为党的三大作风之一，深刻而尖锐地提出了共产党人区别于其他任何政党的一个显著的标志，"就是和最广大的人民群众取得最密切的联系"。

3．统一组织行动，激励成员改善绩效

组织沟通可以使组织成员了解内部政策、习惯做法、规章制度，并遵守这些要求，从而保持组织的统一性。在绩效考评方面，上级评价下级对组织所做的贡献，并将此评价传达给下级十分重要，有利于下级了解自己的地位，了解如何改进对组织的贡献，以及了解他们的未来前途，这将极大地激发组织成员的士气，使其工作更有成效。组织沟通还可以促进组织成员交流感情，分享成功和失败经验，引导强化正向行为，避免错误行为，改进员工工作，促进组织成功。

> **资料链接：安利公司的激励大会**
> 著名的安利公司有个优点，就是定期举行激励大会，请一个成功的业务员把他的故事讲给其他人听，再找一个失败的业务员把他的挫折经历讲给别人听，请大家交流。最后把五个成功的和失败的故事摆在一起，让大家再一次互相交流。此外，安利每年会安排成功的业务员赴海外旅游，旅游的安排都是顶级的五星级酒店、专业顶级游艇以及专门的包机航班，让业务员享受最尊贵的接待服务。业务员享受了顶级的服务后，这些点滴经历又成为业务员分享的资料与进步的起点。安利的成功，与这种分享和交流有很大的关系。

4．逐步沉淀积累，塑造企业独特文化

组织通过内部不断沟通，逐渐积累经验，形成独特的沟通文化，进而积淀为组织文化，形成组织的沟通内涵，如组织间乐于共享的心态、对他人的尊重、开放的沟通网络等。这些资源作为企业文化的重要内容，能够为组织的发展增加活力。

4.2 组织沟通的对象及策略

组织通常具有一定的结构。组织内部沟通依据信息在组织结构中的传递方向，可以分为纵向沟通（下行和上行）、水平沟通和斜向沟通，如图4-1中虚线所示，由这些方向不同的信息流构成了具有一定稳定性的沟通网络。

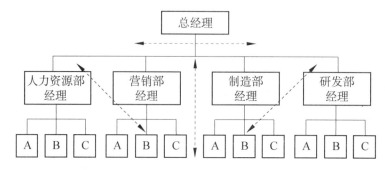

图 4-1 组织结构与信息流

图 4-1 中垂直虚线表示的是纵向沟通。纵向沟通由下行沟通和上行沟通构成，下行沟通是纵向沟通的主体，上行沟通是纵向沟通的关键，上下行沟通顺畅，才能保证组织正常运行。横向虚线表示的是水平沟通。斜向虚线表示的是沿着组织结构中斜线方向进行沟通，它包括不同部门之间、不同管理者和员工之间的沟通，也可以涵盖上行和下行两种形式的沟通。

下面主要介绍组织内部下行沟通、上行沟通和水平沟通。

> **资料链接：余世维谈组织内部沟通的比喻**
>
> 余世维在《高效沟通》一书中用人体的三个器官形象地比喻三种不同的（沟通）方向：
>
> 往上沟通要有胆（识）——超常胆识原则。
> 往下沟通要有心（情）——非常用心原则。
> 水平沟通要有肺（腑）——宰相肺腑原则。

4.2.1 下行沟通——"非常用心"原则

下行沟通是指沿着组织结构的直线等级进行自上而下的沟通，即高层结构向低层结构传递信息的过程。传统上，下行沟通一直是组织沟通的主体，是组织中最重要和最强大的沟通流程。组织管理所涉及的种种职能，如计划的实施、控制、授权和激励等，基本上都依赖下行沟通实现。下行沟通是组织中各层级使下级了解意图、统一思想与行动的重要手段。

在下行沟通过程中，信息发送者是上级，下级是接收者。下行沟通的内容通常是管理决策、规章制度、工作目标和要求、工作评价和工作绩效反馈等。

下行沟通媒介主要有三种形式：书面、面谈、电子。书面的有指南、声明、公司政策、公告、报告、信函、备忘录等。面谈的有口头指示、谈话、电话指示、广播、各种会议、评估会、通知性质会议、咨询会、批评会、小组演示乃至口头相传的小道信息。电子的有闭路电信系统新闻广播、电话会议、传真、电子信箱等。

1. 下行沟通的目的

下行沟通的目的有五个：一是传递工作指示，提供资料和指导；二是促进员工对岗位职责、福利、工作内容及任务的了解；三是向下级传递组织文化，统一组织成员的认识和行为；四是向下级反馈其工作绩效，激励和控制员工；五是向员工阐明企业目标，使员工增强责任感。

2. 下行沟通的障碍

管理专家彼得·德鲁克曾尖锐地指出,"数百年来,管理者只注重向下沟通,尽管他们表现出莫大的智慧,但这种沟通无济于事。这种沟通失效,究其原因,首先是仅仅关注管理者想传达的、所有传达的内容都是指令"。下行沟通结果经常不尽如人意,原因在于存在各种障碍。

(1)企业组织机构复杂化。随着企业成长,规模越来越大,出现了更多的层次和更复杂的职权结构。信息要层层进行传递,就有可能导致信息传递延误、失真甚至传递错误。

(2)管理沟通风格差异化。管理沟通风格主要分为四类:命令式、指导式、支持式和授权式。而任务的性质因为时间要求、复杂程度不尽相同,如果对一个十分重要、时间紧迫的任务采取委托式沟通,势必不能准确、完全地传递信息,导致任务不能完成。

(3)开放沟通心态缺位。没有建立开放的沟通心态:对沟通忽视,组织很少注意通过有效沟通传达不断修订的目标;上下级之间的隔阂,管理层和员工之间存在不信任情绪,尤其是非参与式的管理模式,常常出现员工想要的信息和上级给予的信息完全不符的现象,上级把信息当成权力和工具,有意隐瞒信息,不愿意沟通,或者将信息作为奖赏手段只传达给个别员工。

(4)沟通技能差异化。主要表现在:下级在组织内部所处的时间长短不一、员工自身的理解能力不同等因素,造成员工沟通技能的差异;上级不善于倾听,容易草率评判;员工和管理者急于表现自己,信息接收方不是试图理解对方的意思,而是企图进行评判,或进行推论和引申,妄下结论;编码环节出现语义上的歧义,词不达意,造成理解困难。

(5)各方心理活动牵制。研究表明,由于信息传递方对沟通效果的顾虑,下行沟通中容易信息膨胀或扭曲。

(6)传递信息的遗漏和曲解。组织结构层级越多,信息传递中的遗漏和扭曲就越多。如图4-2所示,一项关于美国公司中层管理者沟通状况的调查显示,信息在下行沟通中运行,如同经过一个漏斗层层过滤,100%的原始信息,经过5个层次最后只剩下20%左右。

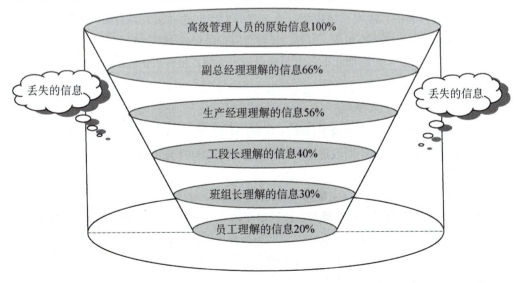

图4-2 信息理解漏斗

3. 下行沟通的策略

"没有难以沟通的员工,只有不善于沟通的领导。"管理者管理工作的成功与否,很大程度上取决于同下属的沟通。日本"经营之神"松下幸之助认为:"企业管理过去是沟通,现在是沟通,未来还是沟通。管理者的真正工作就是沟通。"

(1) 树立正确的向下沟通心态。向下沟通首先应该是"心态"问题,管理者与下属的关系,不能简单地理解为支配与被支配、领导与被领导的关系,最好把"上下"的观念变成"伙伴"。管理者应该以"关怀的口吻""关心的态度",加上"开阔的心胸",善待部属。应该树立几个重要观念:平等待人(不摆资格、不给脸色、不上纲上线);全局观念;责人先责己。

案例链接:领导就是关注对方的感受

(2) 采取开放式管理,鼓励员工参与。采取参与式管理,让员工参与决策,能够集思广益,激励员工的参与积极性,取得员工对决定的支持。管理者要能够接受意见并且共谋对策,同时能够给予员工机会尝试。如果是一起做的决定,员工往往更愿意去做。

(3) 制订沟通计划,建立沟通制度。为保证及时、有效地下传信息,必须制定沟通政策,明确沟通目标,把沟通活动纳入制度建设之中,使下行沟通制度化、规范化,以改变其随意性。

(4) 精简沟通环节,减轻沟通任务,合理安排沟通时间。提高组织沟通效果的最有力做法是"精兵简政",减少沟通环节,用简单的结构和精练的系统保证沟通顺利进行。

(5) 充分授权。合理有效的授权不仅能够对下属产生巨大的激励作用,而且能够缓和下行沟通冷冰冰的纯粹命令的气氛,极大地改善沟通低效的状态。

(6) 言简意赅,提倡简约的沟通。沟通中力求避免含糊其词,管理者可以采用简单、直接的措辞,使用与对方理解层面相符的措辞,而非从自己层面出发进行沟通。

(7) 建立有效的反馈机制。虽然下行沟通的主要任务在于向下属传达指示、布置任务,但为了保证下传信息能够被正确地理解和接受,管理者必须利用各种反馈渠道,倾听下属意见和建议,这样不仅可以帮助管理者判断信息沟通效果,而且能够在信息没有被错误执行之前及时发现问题并采取补救措施,从而保证执行工作正确实施。另外,管理者应该尽可能采用面对面沟通的途径,其相对于书面沟通在很多方面都表现出优势,尤其在获得反馈方面。

案例链接:李开复的"午餐会"沟通法

4. 下行沟通的个人技巧

下行沟通主要应用于上级给下级传达命令,对下级的工作绩效进行评价,批评下级或者赞扬下级。管理者必须不断改进同下级沟通的技巧,向下沟通要有心。

(1) 传达命令。

① 态度和善,语言礼貌。上级向下级传达命令时,管理者应保持理解和和善的态度。在现代化企业管理实践中,上下级关系已经很难依靠上级的个人权威维持,上级的态度和语言能够直接影响下级对领导的看法,进而影响命令的执行。

② 给下属提出疑问的机会。聪明的管理者向下属传达命令时,应主动询问下属的意见,以确保下属能全面和准确领会。

③ 引导下属认识命令的重要性。管理者对命令进行的重复和强调并不能代表下属也这样认为，管理者要通过介绍命令的背景、要求、意义等信息让下属认识命令的重要性。

（2）批评下属。

① 尊重客观事实。管理者批评下属一定要从客观事实出发，坚持就事论事。管理者应充分了解事实情况，并了解下属全部的想法后再做相应的处罚决定。

② 选择恰当场合。在批评下属时，上级要选择合适的场合，不能伤害下属的自尊心和自信心。

案例链接：张飞敬上欺下的悲剧

《三国志》中形容张飞的领导风格是"敬君子而不恤小人"，其为人的致命缺点是敬上欺下。张飞对士大夫非常尊重，对部下却非常凶狠，曾小十几、百十几有时都被其打死，属下都非常惧怕他。对于张飞性急易怒、动辄杀人的行为，刘备非常担心，曾多次劝他："卿刑杀既过差，又日鞭挞健儿，而令在左右，此取祸之道也。"但张飞表面上非常诚恳地听从刘备的建议，实际上却缺乏自我反省，事后依旧我行我素。正是这种暴躁脾气，才导致他在东征东吴出发时，因复仇心切，动辄鞭笞部下，被麾下将领张达、范强刺杀，更带其首级奔降孙权。可悲的是，张飞被刺下是利氏集团利诱所为，而是个人且格缺陷所招。若张飞平日能善待同僚和部下，绝不会有此下场。

资料来源：佚名，翰笛. 以现代眼光看三国英雄[J]. 劳动者，2004（3）：50-51.

③ 恰当运用赞美。管理者在批评下属时，应对下属适当进行肯定和赞美，让下属在意识到自己价值的同时能够虚心接受领导的批评。

（3）赞扬下属。

① 以诚相见，由衷赞美。赞美是一种艺术，且只有当赞美建立在诚挚的基础上时，才会让下属真正受到鼓舞和激励。

② 及时肯定，具体赞扬。在工作中创造了价值的下属，都渴望获得管理者的肯定和承认，管理者应当创造机会对下属的工作及时给予肯定。

③ 见微知著，给予肯定。管理者要善于发现下属所做的有意义的事情，且不论事情大小都能给予真诚的赞扬。

④ 适当运用间接赞美。从第三者角度赞美或通过第三人传达赞美以表达真诚。

案例链接：四段论赞美法——这样赞美人，想被忘记都难

借助"总体—现象或细节—品质或能力—认可与自我感受"的四段论赞美法则。让赞美显得是真情流露，真诚而不浮夸。具体运用方法如下。

首先，总体表扬客体。

其次，描述一个现象与细节。

再次，点出这个现象与细节背后所需的品质或能力。

最后，再次认可其深层价值（值得学习/自我感受）。

例如，客体对王老师发表了一番言论：

王老师，近来看起来状态真好！（总体）

感觉您瘦了好多，皮肤更加有光泽了，整个人年轻了许多。（现象+细节）

您肯定特别自律，对自己要求特别严格，我太佩服您了，您激励到我了。（点出优秀品质）

不行，我也要自律起来。您快跟我说说您是怎么做到的。（自我感受）

4.2.2 上行沟通——"超常胆识"原则

上行沟通是指信息从组织的低层结构向高层结构自下而上传递的过程,即由下级到上级的沟通。依靠上行沟通,组织和管理层可以了解下级和整个组织的工作及运营状况,了解员工对工作和组织的态度,以及时发现问题、解决问题。上行沟通状况是评价一个组织气氛的关键内容,在有效的上行沟通中,组织可以建立一种和谐而富有建设性的氛围。

在上行沟通过程中,发信者和受信者的关系与下行沟通正相反。上行沟通有两种表现形式:一是层层传递,即根据一定的组织原则和程序逐级向上反映;二是越级传递,即减少中间层次,不在直接相邻的组织层级之间沟通。

1. 上行沟通的目的

上行沟通的目的就是开辟一条让管理者听取员工意见、想法和建议的道路。同时,上行沟通可以达到有效管理的目的。上层管理部门特别需要了解生产的业绩、市场营销信息、财务数据,以及基层员工在做什么、想什么。因此,客观地传递信息至关重要。

2. 上行沟通的障碍

在一个对美国和加拿大75家公司的研究中发现,上行沟通令人失望,越是大型的组织,上行沟通的阻碍越大。导致上行沟通障碍的原因是多方面的,主要表现在以下几个方面。

(1) 封闭式企业文化。一般员工没有多少机会发表观点。

(2) 高层管理者不鼓励上行沟通,他们认为自己了解下级员工的需要,也坚信自己的决策正确。因此,他们既不设置上行沟通的渠道,又不重视上行沟通的信息。

(3) 内部沟通机制不健全,存在沟通瓶颈。组织内部没有建立上行沟通的机制和渠道,下级员工发出的信息一般得不到正面回应。

(4) 信息失真,各级管理者过滤上行沟通信息。企业内上行沟通的每一个环节几乎都会有信息过滤和扭曲的情况发生,尤其当信息对自己不利时,信息过滤就更严重。主要原因有两个:一是不愿上交问题。上行沟通中的一部分信息是反映问题的,各级管理者都希望在自己这一层面解决问题,认为如果解决不了会被看作无能,因此有意无意延迟了信息流动。二是报喜不报忧。即各级管理者都快速回应高层主管感兴趣的事,尽量使某些不好的信息不向上流动。

(5) 上下级关系不良,下层员工缺乏上行沟通动机。上下级缺乏信任,双方不愿花时间相互了解和真诚沟通,导致下属不愿意与上级沟通。上行沟通中存在的种种障碍也会使下层员工认为上行沟通无意义,结果严重缺乏上行沟通动机。

除此之外,下行沟通经常出现的障碍也会出现在上行沟通中。

3. 上行沟通的策略

成功的组织沟通来自下行沟通和上行沟通的平衡。良好的下行沟通也有利于促进上行沟通的顺畅,提高下行沟通的策略也适用于上行沟通。除此之外,还需做到以下几点。

(1) 建立信任。从组织的角度看,连接员工和管理者的是权利和责任;而从沟通的角度看,维系两者的是信任。信任是主体对客体未来采取行动的能力的正面预期。上级对下属充满信任,表现为他对下属将采取的行动很有把握。信任是双向的,管理者必须投入时间、资源建立信任。

（2）建立适当的上行沟通渠道和制度。组织可以设立正式的上行沟通途径，如：建立意见反馈系统、员工座谈会和巡视员制度；定期实施员工调查，了解员工对组织和工作的感觉；设立员工意见箱，允许员工提出问题和看法，高层管理者进行解答；在公司内部刊物设立有关栏目解答员工疑问；开发申诉程序，使员工的不满得到及时处理。在指挥链系统外，设置专门的上行沟通通道，让高层能够听到来自底层的声音。

（3）培育组织沟通文化。有效的上行沟通与组织环境、氛围直接相关。良好的组织沟通氛围有利于员工打开心扉，促进上下级之间的信任关系，提高上行沟通的效率。

（4）采用走动管理，鼓励非正式的上行沟通。不直接接触下层员工，仅仅依赖正式沟通渠道得到的信息可能是失真的，因此，管理者需要用非正式沟通方式弥补正式沟通的不足。走动管理相比其他正式沟通渠道更加有利于企业文化的建设，有利于传递企业的价值观。各层级的管理者都积极行动，经常出现在员工的办公场所，自然会建立比较融洽的氛围，提高员工对管理者的信任度，最终帮助员工更好地完成工作。走动管理鼓励根据企业经营管理的特点采用任何时间、任何形式的非正式沟通途径。

经常采用的开放式上行沟通的有效途径包括共同进餐、四下走动、深入工作现场、参加员工的娱乐活动。

4. 上行沟通的个人技巧

每个下属都明白，若没有上司帮助支持，自己根本无法完成工作任务，更不能处理好各种工作关系。因此在组织创建积极氛围的同时，下属要掌握良好的沟通技巧，使上行沟通高效。

（1）如何正确处理与上级的关系。

① 了解并在适度范围内尊重上司的习惯。了解上司的目标、承受的压力、长处和弱点、处事作风，工作中尽量不违背上司。即使上司有一些你无法忍受的习惯，你也不宜表现出反感，至少要做到不随便攻击上司。

② 了解自己的长处和不足。利用对上司和自己的了解，与上司建立一种以双向期待为特点，符合双方需要，与双方风格相吻合的关系。

③ 设法保持良好关系。可采用的方式有经常向上司汇报工作情况、处事诚实可靠、有选择地占用上司的时间和使用其提供的其他资源等。争取成为上司信赖的下属，不要让上司认为你的存在是对他的威胁。应对上司说些对工作有建设性的话，向上司提出你的新看法及乐于接受的新任务、新挑战。在工作中出现了失误，应勇于承担责任。

案例链接：邹忌讽齐王纳谏

④ 处理好与上司的私人感情和工作关系。如果和上司进行太多私生活话题的交流，会影响你在上司心目中的形象，他们会对你颇有微词，这不利于你事业的长远发展。

⑤ 多说多做，争取得到上司认可。多说与工作有关的事，多做与工作有关的事；在力所能及的范围内向上司要求更多的工作任务；永远提前完成上司交给你的工作；以合理的方式让上级注意到你的成绩；在公司活动中表现得热情大方，加深上级对你的印象。

⑥ 正确对待上级批评。与上司发生矛盾或冲突时，千万不能意气用事、针锋相对或漠然置之，最好的态度是积极、心平气和地与上司沟通。沟通时机、场合以及谈话气氛都很重要。首先要感谢上司的帮助和栽培；其次请上司指出不足，希望上司能继续严格要求，帮你改正缺点。

(2) 与上级有效沟通的九个原则。

① 适当时机原则。与上级沟通最好选择在上级刚刚处理完工作时，下属适时提出问题和建议，容易引起领导的关注。另外，无论什么时候，如果上司心情不好，最好不要打扰他。

② 适合地点原则。上级的办公室是最好的谈工作地点。但与领导沟通不一定非要在他的房间，领导经过你的座位，要就某个问题与你探讨，或者你们刚好同乘电梯，而他又表现出对你的工作感兴趣时，不失为沟通的好场所。

③ 48小时原则。信息只有得到及时反馈才有价值。消息无论大小好坏，都要让上级随时掌握，上级最厌恶从别人口中得到下属犯错的消息，这会让他面子挂不住，事后你需要花双倍力气向上沟通。因此，向上沟通应遵循"及时"原则，一般来说应该在48小时内与直接上级领导进行一次沟通，一方面反馈自己得到的信息和工作进展，另一方面从上级那里获得新信息，遵循这一原则可以使自己得到上级理解和支持，同时迅速了解新信息。

④ 选择题法则。尽量不要给上级做问答题或者是非题，要给上级做选择题。上级一般都很忙，没有充分的时间考虑你的问题。作为下属，应该自己找出问题解决方案，在汇报的时候一定要提出几个方案建议，并把优劣比较告知上级，给出你倾向的方案，然后等待上级选择。

⑤ 事实数据原则。提出建议一定要有足够的说服力，切忌夸夸其谈，言之无物。用事实和数据说话，说服力强，易被领导接受和认可。

⑥ 充分准备原则。对于下属的建议和设想，上司可能会质疑，你最好事前对上司可能提出的疑虑进行充分的思考和准备。

⑦ 留有余地原则。古人云："扬善于公庭，规过于私室。"与上级沟通时，也须注意场合，应在私下劝谏，以免上级觉得颜面有失；在言辞上，应该至诚恳切，不可犀利，不要不留余地。这样，当上级感受到你的真诚时，能够更好地接受你的意见，加以改正。

> **案例链接：扬善于公庭，规过于私室**
>
> 曾国藩和下属谈论用人时提到过一句话："扬善于公庭，规过于私室。"这实际是评价下级的一种策略。当众批评一个人，那个人会觉得你不给他面子。轻者，他会当场表示不满，使你难以下台；重者，他会从内心痛恨你，产生破罐子破摔的心理。而当众表扬一个人，那个人会觉得你给他的面子添了光彩，对你不但心存感激，以后还会继续发扬受到表扬的某种美德。

⑧ 简明扼要原则。先弄清楚上司最关心的问题，再想清楚自己最想解决的问题，在与上级交谈时，一定要先说重点，做到简明扼要。

> **案例链接：巧劝老师用祢衡**
>
> 在中国近代史上，章太炎先生是数得上的心高气傲之士，学问也很大。1914年，章太炎被袁世凯幽禁在北京龙泉寺，愤而宣布绝食。此事当时震动了四方。第二天，他的几个弟子钱玄同、朱逷光、马夷初、吴承仕去看他。从早劝到晚，章太炎躺在床上，两眼翻白，一味摇头，就是不肯进食。
>
> 吴承仕灵机一动，想起了三国故事，便说："先生比祢衡如何？"祢衡是三国时清白之名士，击鼓骂曹，轰动一时。章太炎瞪了一眼，说："祢衡怎么能比我？"吴承仕连忙说："刘表要杀祢衡，自己不愿承担杀士之罪，而指使黄祖下手。现在，袁世凯比

刘表高明多了，不用假黄祖这样的角色，叫先生自己杀自己。""什么话！"章太炎一听，翻身下床，恢复进食。

资料来源：王少毅. 心灵鸡汤（学生版）[M]. 北京：中央编译出版社，2009.

⑨ 尊重领导决策原则。阐述完你的建议后应该给领导留一段思考时间，即使他否定了你的建议，也应该感谢领导的倾听。

（3）向上沟通时的四种态度。

① 尊重而不吹捧。在日常生活和工作中，所有领导者的内心都有被下属尊重和恭维的愿望，虽然他自己不说出口。在一定的场合给予领导适度的恭维，不仅是必要的，有时候也是十分重要的。但是，恭维领导要适度，并且要建立在确切了解对方内心世界的基础上。

案例链接：对上司曾国藩的评价

曾国藩是清朝末期著名的智者和儒将。有一天曾国藩与幕僚们谈论天下英雄豪杰，他说："彭玉麟与李鸿章均为大才之人，我曾某人有所不及，虽然我可以夸奖自己，但我生平不喜欢这一套。"一位幕僚逢迎说："你们三位各有特长。彭公威猛，人不敢欺；李公精敏，人不能欺。"说到这里，说不下去了，不知道该如何赞美他的顶头上司。但曾国藩并不放过他，继续追问自己如何。大家都找不到恰当的词语来赞美，只好哑然无语。正在沉默之时，一位年轻下属突然站出来说道："曾帅仁德，人不忍欺！"众人拍手称快。曾国藩十分得意，心中暗想："此人大才，不可埋没。"不久，曾国藩升任两江总督，提拔那位机敏的年轻下属担任了盐运使这一要职。

资料来源：吴正清. 一张嘴巴闯天下[M]. 北京：中国商业出版社，2006.

② 请示而不依赖。在自己职权范围内主动开展工作，勇于创新。不可事事请示，没有主见。但也要注意及时向领导汇报事情的进展。

③ 主动而不越权。工作要积极主动，敢于直言，不能唯唯诺诺，自己不承担责任，更不能对领导的工作思路不研究、不落实，甚至阳奉阴违。当然，积极主动工作应以有利于维护领导的权威、维护团队内部团结为前提，并在某些工作上不能越权或越级上报。

④ 自信而不自负。在与人交谈时，语言和肢体语言所传达的信息各占约50%。作为下属，应学会用自信去感染、征服领导，若对自己的计划和建议充满信心，应该表情自然，大方自信。

资料链接：升职沟通技巧

（1）自动报告工作情况——让上司知道；
（2）对上司询问有问必答——让上司放心；
（3）充分学习，更好地理解上司语言——让上司轻松；
（4）接受批评，同样的错误不要犯第三次——让上司省事；
（5）不忙的时候，主动帮助他人——让上司效率高；
（6）毫无怨言接受任务——让上司圆满；
（7）对自己的业务，主动提出改善计划——让上司进步。

4.2.3 横向沟通——"宰相肺腑"原则

横向沟通是指沿着组织结构的横线进行的信息传递，即发生在同一工作群体的成员之间、同一等级的工作群体之间，以及任何不存在直线权力关系的人员之间的沟通。横向沟通分为两种：一种是同一层次中成员的横向沟通，包括各部门管理者之间和成员之间的互相沟通；另一种是指处于不同层次但没有隶属关系的人员之间的交叉沟通。横向沟通代表沟通者之间的共事关系，除了上行和下行的纵向沟通之外的所有组织沟通都可以视为横向沟通。

不同类型的横向沟通采用的沟通形式不同。部门的横向沟通通常采用会议、备忘录、报告等形式。部门内员工的横向沟通更多使用口头交谈、备忘录、工作日志等形式。部门员工和其他部门管理者的沟通使用面谈、信函和备忘录比较合适。

1. 横向沟通的目的

横向沟通是为了增强部门间的合作，减少部门间的摩擦，并最终实现组织的总体目标，这对组织的整体利益有重要作用。横向沟通担当起组织内部同一层面成员沟通的重任，对加强个体与个体间、群体与群体间的理解，促进其合作和深化感情十分重要。随着组织结构趋于扁平化，这种跨职能、跨部门的沟通正受到绝大多数组织的关注，已经成为组织成功的关键。

（1）保证公司总目标的实现。基于劳动分工原理诞生的部门化便于组织提高劳动生产率，但势必使员工在追求工作效率的同时，忽略组织整体利益。横向沟通有利于增强对其他部门的了解，便于从宏观层面认识工作，并自觉协同协助其他部门，最终实现组织总体目标。

（2）弥补纵向沟通造成的不足。不管组织如何努力建立和完善上、下行沟通渠道，误解、信息遗漏、信息扭曲等情况仍不可避免。横向沟通正是为了简化上、下行沟通这类烦琐的垂直交流，使信息更有效和准确地传递而进行的沟通。横向沟通能创造比较轻松的沟通氛围，不仅有利于部门之间、员工之间更好地达成共识，而且能够有效地弥补纵向沟通造成的不足。

（3）实现各部门信息共享。企业是一个有机的整体，通过横向沟通，信息在部门的不同员工之间、不同部门之间流动，实现信息共享。

2. 横向沟通的障碍

从理论上讲，横向沟通由于不存在等级差异，沟通主体是平等自主的，这样的沟通应该更有效。但事实上，横向沟通的现状同样令人担忧，它的主要障碍有以下几点。

（1）部门本位主义。很多情况下，一些部门为了达到自己的目标或维持自己的利益，无视其他部门乃至整个组织的利益而擅自行事，许多人也认为没有必要了解其他部门正在发生的事情。为了维护本部门利益，每个部门都强调本部门的业绩，没有从公司、本部门、其他部门三个角度立体地看待本部门在整个公司的地位，以及相应的利益。

（2）部门自我标榜。有些部门只站在本部门的角度认识问题，只强调本部门价值，而忽视其他部门对公司的贡献。这种认为部门有贵贱等级之分的成见，必然影响横向沟通的正常进行。

（3）组织结构产生的部门之间职责交叉。分工是管理的基础。但如果未能科学分工、分工不够明确，或者一些任务难以清楚分工，导致部门之间职责交叉、权限不明、责任不清，结果是各部门都会把利益归于自己，把责任推给别人，出了问题后互相推诿，甚至责怪别人，取得成绩后则相互争夺，这样很难使企业内部各个部门形成有机整体。

（4）空间距离造成沟通上的物理障碍。许多企业内部各部门分处不同的办公地点，甚至跨越国界，部门之间面对面交流相对较少，横向沟通不够及时和深入，沟通效果难以控制。

（5）对有限资源的争夺。员工之间、部门之间为工作资源、职位和认可而竞争和发生冲突，也会造成横向沟通不畅。员工或部门拥有的资源越是稀缺和不可替代，在组织中的影响力就越大。为了保持这种影响力，人们可能会采取不合逻辑的行为，如不愿透露工作技巧和经验，编撰专门术语以防别人了解他们的工作，或故意神秘行事，使工作看起来比实际更复杂、困难。

3．横向沟通的策略

对横向沟通中出现的问题、存在的障碍，可以采取以下方法处理。

（1）树立"内部顾客"理念。"内部顾客"理念认为工作服务的下一个环节就是本职工作的顾客，要用对待外部顾客、最终顾客的态度、思想和热情为内部顾客服务。

（2）调整组织结构，完善部门职责、岗位职责。组织不断发展，部门职责容易交叉，必要时可调整组织结构，改善平行部门沟通。建构真实组织结构，表明职权关系；准确制定个人工作说明，使员工知道工作内容、方法和工作关系，列出垂直和平行沟通关系，创造条件促进沟通。

（3）多倾听。横向交流最常见的是描述本部门困难和麻烦，同时指责其他部门如何不合拍、不配合，很少花时间倾听。多倾听才能理解他人难处，并获得其他部门对本部门的好感。

（4）换位思考。试着站在他人的立场和角度，设身处地替他人着想，并体会他人的看法。跳出自我的模式，考虑别人的观点，未必是同意他人，但能了解他人看待事实和认识事物的方式，才能找到合适的沟通方式并行之有效。

（5）建立横向协调部门。针对经常出现的互相推诿、沟通裹足不前的现象，可考虑设立横向协调部门，承担召集和协调功能。协调部门负责定期召开会议促进部门沟通，或要求各部门定期提交报告，从而让不同部门成员了解他人正在进行的活动，并鼓励他们提出建设性意见和建议。

> **资料链接：日本企业的横向沟通**
> 日本企业的管理工作比较注重不同部门人员的接触和沟通，每个工人定期参加某个小组，讨论与工作有关的事宜。这种小组是跨部门的，小组会议召开的目的是增强员工之间的沟通，而非解决问题或制订计划。在会议上，一位员工可能会谈及他所在部门正在研制的新产品，另一位员工可能会谈及他本职工作，而其他员工可能会讲述他们部门正在采用的新的计划表。这种性质的会议无疑可以帮助员工拓展其对工作的认知，给他们带来更多本职工作以外的与工作相关的知识，其结果是将组织有机地结合成一个整体。

4．横向沟通的个人技巧

横向沟通原则下，可以采取以下一些技巧。

（1）要注意主动、体谅、谦让。要主动开展横向沟通，不要消极被动地等到必须沟通的那一刻。在沟通过程中，保持谦让的态度，对待其他部门人员的升迁、功绩，保持平常心，不嫉妒。多换位思考，多体谅其他部门或同事工作的辛苦，站在对方的角度考虑解决问题的方法。

（2）要自己先提供帮助，再要求对方配合。对于其他部门的困难，经常运用自我的资源对他们进行帮助，这样以后就可以要求他们配合，得到他们的帮助。

（3）运用双赢的沟通理念。在和别人进行水平沟通时要分析利弊，要把好话说在前面，做出对双方都有利的双赢分析，使其他部门对自己的提议感兴趣。

（4）注意沟通的方式。进行横向沟通时要顾及同事的面子，沟通前要认真思考对方能接受的语言和方式。多用赞美的语言改善同事关系；有不同意见时应采取委婉的方式，用建议代替直言，用提问题代替批评，以达到沟通的目的。

> **案例链接：用赞美改善同事关系**
>
> 在同一家公司任职的李小姐和苏小姐素来不和。
>
> 有一天，李小姐忍无可忍地对另一个同事万先生说："你去告诉苏小姐，我真受不了她了，请她改一改她的坏脾气，否则没有人愿意搭理她。"万先生说："好！我去跟她说。"
>
> 后来李小姐遇到苏小姐，苏小姐主动向李小姐示好，与之前判若两人。李小姐向万先生表示感谢，并好奇地问："你是怎么说的？竟有如此的神奇效果。"万先生笑着说："我向苏小姐说：'有好多人称赞你，尤其是李小姐，说你既温柔，又善良，而且脾气好，人缘更佳！'如此而已。"

（5）让水平层次人员保持对你的好感。这里有四个原则：

① 总是面带笑容。

② 保持尊重对方的态度，认真对待并重视对方的态度与言辞，考虑对方的立场，理解他所说的话。

③ 不做出无视对方存在的言行举止。

④ 经常思考自己在对方心中的地位。

（6）求大同存小异。对于同一个问题因看法不同而引起争论，容易伤和气。横向沟通有分歧时，要努力寻找共同点，争取求大同存小异。实在不能取得一致意见时，不妨冷处理。

4.3 组织中的沟通网络

组织中的沟通网络是组织内成员之间交流信息的真实模式，可以分为正式沟通网络和非正式沟通网络。正式沟通网络通过组织正式结构或层次系统运行，涵盖于纵向沟通与横向沟通之中；非正式沟通网络则通过正式系统以外的途径来运行。组织沟通网络直接影响沟通的效果，如果组织结构不利于成员沟通，组织内较低等级的成员就可能不愿与上级交流。

4.3.1 正式沟通网络及其特点

正式沟通指在组织系统内，依据组织明文规定的原则进行的信息传递与交流，如组织之间公函来往、组织内部文件传达、召开会议等。正式沟通效果好，比较严肃，约束力强，易于保密，可以使信息沟通保持权威性。重要的信息传达、组织的决策等，一般都采取这种方式。其缺点在于：层层传递的沟通渠道过于刻板，存在信息失真或扭曲的可能。正式沟通主要有以下五种网络形态：链式沟通、环式沟通、Y式沟通、轮式沟通和全通道式沟通，如图4-3所示。

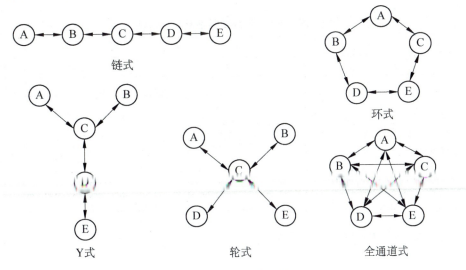

图4-3 五种沟通网络形态

1．链式沟通网络

链式沟通网络相当于一个纵向沟通网络，五个层次逐级传递，可以自上而下或自下而上。这个网络中信息容易失真，各个信息传递者所接收的信息差异很大，平均满意程度有较大差距。如果某一组织系统过于庞大，须实行分权授权管理，链式沟通网络是一种有效方法。

2．环式沟通网络

环式沟通网络中，组织的集中化程度和领导人的预测程度都较低，组织成员具有比较一致的满意度，组织士气高昂。如果在组织中创造出一种高昂的士气来实现组织目标，环式沟通网络是一种行之有效的方法。

3．Y式沟通网络

Y式沟通网络集中化程度很高，解决问题速度快，领导预测程度较高。除处于中心点上的人员外，成员平均满意程度较低。此网络适用于主管人员工作任务十分繁重，须有人帮助选择信息、提供决策依据，节省时间，而又要对组织实行有效控制时的情况。但此网络容易导致信息曲解或失真，影响组织成员士气，阻碍提高工作效率。

4．轮式沟通网络

轮式沟通网络集中程度高，解决问题速度快。中心环节人员预测程度很高，沟通渠道很少，成员满意程度低，士气低落。轮式网络是加强控制、争时间、抢速度的一个有效方法。若组织接受紧急攻关任务，要进行严密控制，可采取此沟通网络。

5．全通道式沟通网络

全通道式沟通网络中组织的集中化程度及主管人员的预测程度均很低，组织成员的平均满意程度高且差异小，士气高昂，合作气氛浓厚。这对于解决复杂问题、增强组织合作精神、提高士气均有很大作用。但是，由于这种网络沟通渠道太多，易造成混乱且费时，影响工作效率。

上述沟通网络各有优缺点，要进行有效人际沟通就须发挥优点，避免缺点，如表4-1

所示。

表 4-1　五种沟通网络形态的比较

评价标准	沟通形态				
	链式	轮式	Y式	环式	全通道式
集中性	适中	高	较高	低	很低
速度	适中	快（简单任务）慢（复杂任务）	快	慢	快
正确性	高	高（简单任务）低（复杂任务）	较高	低	适中
领导能力	适中	很高	高	低	很低
全体成员满意度	适中	低	较低	高	很高

4.3.2　非正式沟通网络及其特点

非正式沟通网络起着不容忽视的作用，一般因组织成员的情感和动机需要而形成，与正式沟通的不同在于其沟通目的、对象、形式、时间及内容等都是未经计划或难以预料的，而且途径非常多且无定型。非正式沟通通过组织内的各种社会关系实现，它超越了部门、单位以及层次。非正式途径具有更大弹性，一般以口头方式为主，不留证据、不负责任，也比较迅速。

非正式沟通不拘泥于形式，直接明了，速度很快，容易及时了解到正式沟通难以提供的"内幕新闻"。非正式沟通能够发挥作用的基础是组织中良好的人际关系。其缺点在于：沟通信息难以控制，信息不确切，容易失真，而且可能导致小集团和小圈子，影响组织凝聚力和人心稳定。

非正式沟通形式因其无规律而被形象地喻为"葡萄藤"，其形态主要有四种，根据最常见至较少见的顺序分别为群体链式、密语链式、随机链式和单线链式，如图 4-4 所示。

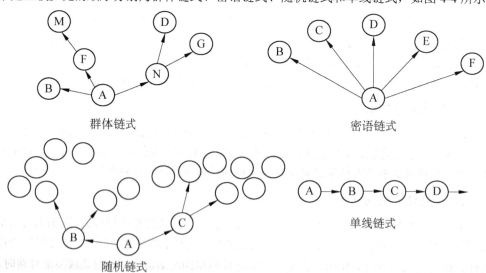

图 4-4　非正式沟通形态

小道消息或办公室传闻是非正式沟通网络的重要组成部分。当组织成员无法从正式渠道获得他们渴望的信息时，或者由于对与自己切身利益相关的组织重大事件，如结构重组、高层领导人事变动、人员工资福利调整等不知情而感到茫然时，就会求助于非正式渠道。小道消息可以暂时缓解他们的焦虑情绪，满足其愿望和期待。但是如果组织成员的期望得不到及时满足，小道消息便会失控，谣言四起，从而导致组织人心涣散，缺乏凝聚力，成员士气低落。

因此，在非正式网络客观存在的情况下，应该使小道消息的范围和影响限定在一定区域内，并使其消极影响降到最低。以下是管理者可采取的几项措施：公布重大决策的时间安排；公开解释那些看起来不一致或隐秘的决策行为；对目前的决策和未来的计划，在强调其积极一面的同时，也指出其不利的一面；公开讨论事情可能的最差结局，减少由猜测引起的焦虑。

4.4　团队概论

"团队"一词，英文名为"team"，直译的最常用词是"小组"，但一般也称"工作团队"，即"work team"。

提及团队，人们常会联想到体育竞赛，如篮球队、足球队等。20世纪90年代以后，团队的概念越来越多地出现在商业领域中。团队是一个特殊群体，团队凝聚力强、合作程度高、成员贡献意识强，工作效率比一般群体高，在其中工作的人们心情比较愉快。彼得·德鲁克把团队比喻为交响乐团，一个乐团能够奏出美妙的交响音乐，是任何单个天才演奏家都无法比拟的。

4.4.1　团队的定义

团队是一个特定的正式群体。团队能通过成员共同的协作努力产生积极的协同作用。团队为组织创造了一种潜力，能够使组织在不增加投入的情况下，提高产出水平。因此，可以给团队下一个简明的定义：团队，是在可操作的范围内，为实现共同目标而自觉合作、积极努力的凝聚力很强并且技能互补的若干成员组成的共同体。

4.4.2　团队的特征

相对于群体，团队拥有明显的特征，这些特征正是团队优于群体的所在，如图4-5所示。

1. **恰当领导**

领导既可以由组织任命，也可以由团队成员选举产生。团队领导更多地起到沟通协调作用，促进团队中各种技能组合并提高技术水平，协调团队与外部的关系以清除团队发展障碍。团队中的成员具有高度的自主管理权和决策权，更倾向于集体决策。

2. **清晰的共同目标**

清晰的共同目标能为团队成员指引方向和提供动力，会使个体提高绩效水平。团队成员高度认同共同目标，团队目标的意义高于个人目标。而一般群体认同共同目标的程度较低，或者只有个人目标。美国著名心理学家马斯洛说："杰出团队的显著特征，是具有共同的愿景和目标。"可以说，拥有共同的愿景和目标是团队、企业获得成功非常重要的因素之一。

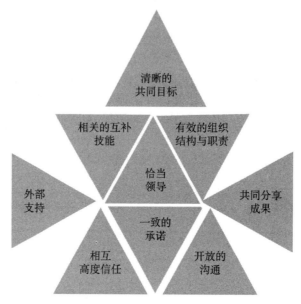

图 4-5　团队的九大特征

3．相关的互补技能

互补的技能是高效团队的基础。团队成员除了具有普遍的基本技能，还通过日常自我学习各自拥有擅长的技能，这些技能相互补充，能够在团队协作、完成任务的过程中相互补缺，从而达到良好的团队合作效果。

4．有效的组织结构与职责

资料链接："八只眼"演唱组

团队根据不同成员技能的角色定位，对每个成员的工作职责范围划分很明确，并且规定了信息出口和入口，有严格的工作流程。而且团队注重培养成员的责任感和自信心，倡导个人与团队的责任并重，个人的职责和组织的职责紧密相连。

5．相互高度信任

团队成员的信任合作意识大大强过内部竞争意识。成员高度信任，表明个人既为自己也为别人的利益工作，用语言和行动支持团队。即使在内部竞争的工作方式下，竞争程度也会控制在一定范围内，采取"温情竞争"的方式，以引导团队内成员信任、合作的工作心态。

6．一致的承诺

团队成员对目标高度认同，这种共识催生了一致的个人行为。团队成员对人际关系的满意度很高，具有强烈的群体归属感，因此，团队成员之间凝聚力很强。一般群体存在较多的人际关系紧张情况，成员的群体归属感相对而言比较弱，凝聚力也比较弱，甚至有些人想离开群体。

7．共同分享成果

团队有明确的工作成果，以集体为基础，根据个人的贡献进行评估和激励。由于成员个人的目标与团队的目标紧密关联，非常有利于团队高效地取得很好的集体性结果，团队成员分享团队努力的成果。

8. 开放的沟通

团队领导致力于创造一个便于沟通的环境。由于合作意识强过竞争意识，团队内部沟通质量很高，信息高度分享，相互之间高度信任，不同意见可以得到很好的交流。与非团队相比，团队内的成员相互沟通更加坦诚。真诚坦率的沟通强化了相互信任和合作意识。

9. 外部支持

团队会不断地寻求外部支持，与外部分享团队目标，争取外部认同。与团队外部进行有效的沟通，也有利于团队不断地吸收新想法。

4.4.3 团队的类型

团队可以按其目标不同进行分类。组织中四种最常见的团队类型是问题解决型团队、自我管理型团队、多功能型团队和虚拟团队。

1. 问题解决型团队

大约在20年前，团队刚刚开始盛行时，大多数团队属于问题解决型团队。同一个部门的若干名员工每个星期花几小时聚在一起讨论如何提高产品质量、增加生产效率、改进工作程序和方法、改善工作环境等问题，但是没有对形成的意见和建议单方面采取行动的决策权。

问题解决型团队应用最广泛的类型，是"质量圈"（QC）或"全面质量管理小组"（TQC）。它是一个由8～10人组成的工作团队，雇员与主管共同参与并承担相应职责。他们定期见面讨论质量问题，调查问题产生的原因，提出解决问题的建议，并采取相应行动。他们对质量问题的解决负有责任，并且要求及时评价和反馈工作成果。但是，这些团队很少被授权单方面实施自己的建议，而是向管理层提出建议，管理层通常会就所推荐的执行方案做出决策。

> **案例链接：本田平民车质量小组**
>
> 本田汽车公司发现生产本田平民车（Honda Civic）的成本正在上升，于是，公司建立了一个质量小组去调查成本上升的原因，并要求小组成员就怎样才能生产出更加便宜的汽车提出建议。经过18个月的工作，团队提出了建议。在建议被采纳之后，本田平民车的价格减少了3%以上。
> 资料来源：陈明武. 丰田与本田全球两大汽车巨头的生产模式与创新攻略[M]. 北京：中国财富出版社，2007.

2. 自我管理型团队

问题解决型团队在员工参与决策方面权利缺乏、功能不足。为了弥补这种缺陷，就需要建立独立自主地解决问题并对工作的结果承担全部责任的团队，即自我管理型团队。

自我管理型团队是一种非正式的团体，虽然没有一个管理者，员工却要对整个工作过程负责并且要为国内外的消费者提供产品和服务。值得一提的是，这种类型的工作团队还控制他们自己的工作节奏，自主决定如何分配工作，工作什么时候开始、什么时候结束，什么时候检查他

资料链接：女子十二乐坊

们自己的工作，等等。纯粹的自我管理团队甚至能够自主挑选团队成员并且让团队成员互相评价对方的绩效。因此，这样的团队在某种程度上会导致缺勤率和流动率偏高。

3．多功能型团队

多功能型团队通常由来自同一等级、不同工作领域、跨越横向部门界限的员工组成，他们聚集在一起的目的就是完成一项特定任务。盛行于今的项目管理与多功能团队有着内在的联系。

组织内各个不同业务领域的员工可以通过多功能型团队有效地交流信息，激发新想法，协调复杂的项目，解决疑难问题。但是，多功能型团队在形成的早期阶段，往往要消耗大量时间来使团队学习如何适应变化的工作环境和复杂的工作任务。当然，决策过程中的一个信条就是团体能够提供比个体更加完备的信息并且更具创造力。由于多样性的存在，会导致观点难以统一，这样团队成员通常会利用更多的时间来讨论相关问题，从而减少了选择较差方案的可能性。

案例链接：代建项目的多功能团队

4．虚拟团队

虚拟团队是一种以虚拟组织形式出现的新型工作组织模式，是一些人由于具有共同理想、共同目标或共同利益结合在一起所组成的团队。虚拟团队可以使成员之间的会面不受时间和空间限制，并能使组织以过去所不可能的方式将成员组织起来。团队成员可以运用先进技术解决问题，如通过电话、网络、传真或可视图文来沟通、协调等，完全不受地理位置或者时区限制，便可分工完成一份事先拟定好的工作。

虚拟团队是在虚拟工作环境下，由进行实际工作的真实团队人员组成，并能够在虚拟组织的各成员相互协作下提供更好的产品和服务。虚拟团队能够最优化地整合组织资源，最大限度地降低文化冲突影响，同时还可以达到降低成本、提高效率的目的。

资料链接：软件开发中的虚拟团队

4.4.4 团队的意义

团队精神就是企业上下精诚团结、目标一致、协同共进。团队精神对任何一个企业都是必不可少的。

团队建设对于组织和成员个人都具有重大的积极意义。团队价值体现在如下三个方面。

（1）对组织工作的价值：团队精神和团队的协调工作方式能够提高工作效能。

（2）对群体人际关系的价值：团队的氛围使成员之间的人际关系更加融洽。

（3）对个人心理健康的价值：团队工作氛围给成员较高的心理满意度，有利于人的心理健康。高凝聚力使得成员对团队和团队人际关系感到满意、心情愉快、心理健康度高。

有调查显示，80%的世界500强企业中有一半或者一半以上的员工在团队中工作，68%的美国小型制造企业在其生产管理中采用团队方式。今天，团队的运作方式已经蔓延到几乎所有的组织中，一大批觉醒的企业正在不遗余力地致力于高绩效团队建设。

案例链接：中国传统文化的团队思想

4.5 团队建设与团队领导

团队建设能聚集集体力量，充分发挥所有组织成员的才能，以"1+1＞2"的效果完成组织目标。比尔·盖茨曾说："团队合作是一家企业成功的保证。不重视团队合作的企业无法取得成功。"本节将从团队形成的五个阶段、团队的角色管理与团队领导三个方面阐述高效团队的建设过程。

4.5.1 团队形成的五个阶段

从团队的创建和发展角度看，团队一般可以分为形成、震荡、稳定（规范化）、高效和调整（解体）五个阶段，如图 4-6 所示。从"群体"向团队过渡的角度，可以将团队的演化过程分为群体、伪团队、潜在团队、真正团队和高效团队五个阶段，这种过渡伴随着绩效的跌落、恢复和提升。

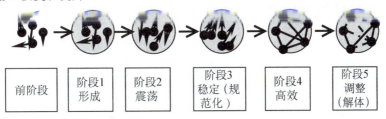

图 4-6 团队形成的五阶段模型

如图 4-7 所示，在不同项目的生命周期里，团队经历形成、磨合（震荡）、规范、高效与转变（调整）阶段。

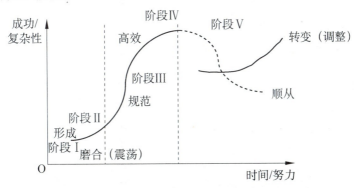

图 4-7 五阶段团队发展过程

在不同发展阶段，团队内部需要运用不同的沟通技巧，在 4.6 节中将进行详细描述。

4.5.2 团队的角色管理

1. 团队的角色

团队成员人格特质各有不同，如果每位团队成员的工作性质与人格特点相匹配，绩效水平很容易提高。每个团队由若干名成员组成,他们在团队成立到团队解散之前都扮演着不同角色。

> **案例链接:西游记团队(一)**
> 西游记团队是一个绝好的团队,这个团队中的四个人具有四种性格特征。
> 唐僧——完美型性格。追求至善至美,着眼于长远的目标,能从更高层面看问题。
> 孙悟空——力量型性格。永远充满活力,永远在超越自己的极限,眼里盯着"目标和成功"。
> 猪八戒——活泼型性格。充满乐趣,懂得如何从工作中寻找乐趣。但是他缺乏责任心,团队意识弱,动不动就要散伙回高老庄。
> 沙和尚——和平型性格。情绪内敛、处世低调、充满耐心、做事任劳任怨。
> 资料来源:郭城. 水煮西游记[M]. 北京:中国传媒大学出版社,2004.

剑桥产业培训研究部前主任贝尔宾博士和他的同事们经过多年在澳大利亚和英国的研究与实践,提出了著名的贝尔宾团队角色理论。一个结构合理的团队应该由九种人组成[①]。

(1) 实干者(company worker,CW)。

典型特征:保守、顺从、务实可靠、有效率、守纪律。

优点:有组织能力、实践经验;工作勤奋;有自我约束力。

弱点:缺乏灵活性;对没有把握的主意不感兴趣;阻碍变革。

在团队中的作用:

① 把谈话与建议转换为实际步骤;

② 考虑什么是行得通的,什么是行不通的;

③ 整理建议,使之与已经取得一致意见的计划和已有的系统相配合。

(2) 协调者(coordinator,CO)。

典型特征:沉着、自信、有控制局面的能力。

优点:目标性强,待人公平。

缺点:智力和创造力中等,将团队努力成果归于个人。

在团队中的作用:

① 明确团队目标和方向;

② 选择需要决策的问题,并明确先后顺序;

③ 帮助确定团队角色分工、责任和工作界限;

④ 总结团队的感受和成就,综合团队的建议。

(3) 推进者(shaper,SH)。

典型特征:思维敏捷、开朗、好交际、富有激情。

优点:有干劲,随时准备挑战传统,厌恶低效率,反对自满和欺骗行为。

缺点:喜欢挑衅,易怒,做事没有耐心;不会用幽默或道歉的方式缓和局面。

在团队中的作用:

① 寻找和发现团队讨论中可能的方案;

② 使团队内的任务和目标成形;

③ 推动团队达成一致意见,并向决策方向行动。

[①] 根据贝尔宾教授的理论整理,有所改动。

（4）创新者（planter，PL）。

典型特征：有创造力、个人主义、不拘一格、非正统。

优点：才华横溢、富有想象力、智慧、博学。

缺点：好高骛远，无视工作细节和计划；与别人合作本可以得到更好的结果，却过分强调自己的观点。

在团队中的作用：

① 提供建议；

② 提出批评并有助于引出相反意见；

③ 对已经形成的行动方案提出新的看法。

（5）信息提供者（resource investigator，RI）。

典型特征：性格外向、热情、好奇、联系广泛、消息灵通。

优点：有与人交往和发现新事物的能力；勇于迎接新的挑战。

缺点：当最初的兴奋消逝后，容易对工作失去兴趣。

在团队中的作用：

① 提出建议，并引入外部信息；

② 接触持有其他观点的个体或群体；

③ 参加有磋商性质的活动。

（6）监督者（monitor evaluator，ME）。

典型特征：清醒、理智、谨慎、精确判断。

优点：冷静，判断力、分辨力强；讲求实际。

缺点：缺乏鼓动和激发他人的能力和热情；毫无逻辑地挖苦、讽刺别人。

在团队中的作用：

① 分析问题和情景；

② 对繁杂的材料予以简化，并澄清模糊不清的问题；

③ 对他人的判断和作用做出评价。

（7）凝聚者（team worker，TW）。

典型特征：温和、敏感、合作性强。

优点：随机应变，善于化解各种矛盾，提升团队凝聚力。

缺点：在危急时刻往往优柔寡断，不愿承担压力。

在团队中的作用：

① 给予他人支持，并帮助别人；

② 打破讨论中的沉默；

③ 采取行动扭转或克服团队中的分歧。

（8）完美主义者（finisher，FI）。

典型特征：埋头苦干，守秩序，尽职尽责，易焦虑。

优点：坚持不懈，精益求精。

缺点：常常拘泥于细节，甚至吹毛求疵。

在团队中的作用：

① 强调任务的目标要求和活动日程表；

② 在方案中寻找并指出错误、遗漏和被忽视的内容；

③ 刺激其他人参加活动，并促使团队成员产生时间紧迫感。

（9）技术专家（technical expert，TE）。

典型特征：诚心诚意，主动性强，甘于奉献。

优点：具有奉献精神，拥有丰富的专业技能，致力于维护专业标准。

缺点：只局限于狭窄的领域，专注于技术而忽略大局；忽视能力之外的因素。

在团队中的作用：

① 为团队工作任务提供强有力的技术支持；

② 引导团队成员注重工作的技术标准；

③ 以奉献精神引领团队成员。

2. 团队角色的管理

团队中缺少了任何一种角色，都会带来不良的后果，如表 4-2 所示。

表 4-2　团队角色缺失的后果

缺 少 角 色	后　　果
实干者	团队陷入混乱
协调者	领导力弱
推进者	效率不高
创新者	思维受局限
信息提供者	信息闭塞
监督者	大起大落
凝聚者	人际关系紧张
完美主义者	完成任务不够细致
技术专家	方案不够规范、完善

> **案例链接：西游记团队（二）**
>
> 如果西游记团队四人中少一个人去西天取经，那么这个团队最终的结果会是什么样子呢？
>
> 首先，如果这个团队中没有唐僧，那么成员会谁也不服从谁，最后结果可能是，孙悟空仍回花果山做猴王，猪八戒到高老庄做女婿，沙和尚呢，一看大师兄、二师兄都不去了，他肯定也就趁机回去算了，反正这事也不能怪他。
>
> 如果没有孙悟空呢？这个很容易猜测，肯定是有事没人做，有难没人挡，到最后只能在困难面前低头，无可奈何地放弃取经的计划。
>
> 如果没有猪八戒呢？作用好像不是太明显，因为猪八戒一直以拖后腿的形象出现，但如果没有他一路说笑，漫长的取经之路会多么枯燥。可能经会取到，但绝对称不上完美。
>
> 没有沙和尚呢？就没有了一个踏实的助手，这样的话，骨干力量孙悟空拼命地在外面打打杀杀，到头来，师父被妖精夺走了，也不得而知……
>
> 资料来源：郭城. 水煮西游记[M]. 北京：中国传媒大学出版社，2004.

以上九种角色在一个团队内可能全都存在，也可能存在部分。大部分角色能够相容，即团队中一个成员可以担任两个甚至多个角色，例如在团队中，协调者与凝聚者往往角色归一，但完美主义者与创新者及推进者之间就不大兼容，创新者与监督者基本相斥。

团队中一个成员可能同时扮演着几个角色，也有可能几个成员扮演着一个角色。同时，各成员所扮演的角色并非一成不变的。就团队成员在工作团队内的角色和任务分配而言，团队有不同的人员要求，因此在挑选团队成员时应以员工的人格特点、个人偏好及其能力特长为基础。

团队应能给其成员适当分配不同角色。例如，长期保持优势的球队教练知道如何挑选有前途的队员，识别他们的优势与劣势并安排到最适合的位置上，让他们能为球队做出最大贡献。

（1）角色互补，综合平衡。人人都能不断进步，但无人完美，团队可以通过角色组合达到完美。角色齐全才能实现功能齐全。正如贝尔宾博士所言，"用我的理论不能断言某个群体一定会成功，但可以预测某个群体一定会失败"。所以，一个成功的团队首先应该是实干者、信息提供者、协调者、监督者、推进者、凝聚者、创新者、完美主义者和技术专家这九种角色的综合平衡。

（2）容人短处，用人所长。知人善任是每一个管理者都应具备的基本素质。管理者在组建团队时，应该充分认识到各个角色的基本特征，容人短处，用人所长。在实践中，真正成功的管理者对下属的秉性特征的了解都是很透彻的。

（3）尊重差异，实现互补。对于一份给定的工作，完全合乎标准的理想人选几乎不存在，但是一个由个人组成的团队却可以做到完美无缺——因为在团队角色上也就是团队的气质结构上可以实现互补。也正是这种在系统上的异质性、多样性，才使整个团队生机勃勃、充满活力。

（4）增强弹性，主动补位。成功的团队必须在团队成员中形成集体决策、相互负责、民主管理、自我督导的氛围，这是团队区别于传统组织及一般群体的关键所在。从团队角色理论的角度出发，还应特别注重培养团队成员的主动补位意识——当一个团队在某种团队角色出现欠缺时，其成员主动实现角色转换，处理好角色相容与相斥的问题，使团队的气质结构从整体上趋于合理，以便更好地达成团队共同的绩效目标。事实上，由于多数人在个性、禀赋上存在着双重甚至多重性，因此，团队角色转换成为可能。

4.5.3 团队的领导

在一个出色的团队中，领导者的领导作用非常重要。团队领导与传统领导存在一定程度的差异，如表4-3所示。

表4-3 传统领导与团队领导的区别

传 统 领 导	团 队 领 导
指示部属达成工作的成果	让团队成员参与，并乐于承担责任
欣赏能依指示完成工作的员工	鼓励自己承担工作责任
向员工说明好的办法，提高效率	创造环境，让团队成员提出好的办法，提高效率
只要求员工做好分内工作，提高效率	开发成员的潜能，以使他们承担更多责任

1. 团队领导的选择原则

在一个团队内，到底应该选择什么成员作为团队的领导，是团队建立开始阶段必须面临的问题。根据多年来对实证的研究，一般分为以下两种情况。

（1）团队领袖选择。最好的领导是团队成员最乐于接受、个人举止形象与人们期望相符的人，还是在任职期最有可能带领团队成员完成既定目标的人？答案当然是后者。

（2）高绩效团队领袖的能力取向。根据贝尔宾教授实证的统计数据：亨利管理学院的学员管理能力平均分为 74 分，最成功的团队领袖的管理能力评分处于 75～80 分；业绩稍差一些的团队领袖的管理能力评分在 80 分以上，但未超过 85 分；最不成功的团队领袖属于两组极端的人员。结论是：成功的团队领袖至少要和他们队员的智力水平相当，但绝不能高于或低于他们太多。

案例链接：中国共产党——中国最牛创业团队

不同能力与智商的团队领袖有不同的特点。

① 不聪明的团队领袖。在整个团队内，领导的相对能力比较差，导致其领导风格或者优柔寡断、缺乏监督和控制，或者大权独揽，鲁莽决策。

案例链接：《三国演义》中的袁绍

在《三国演义》中，本来袁绍、袁术家族是世袭贵族，待人以礼，但是作为反抗董卓的十七路诸侯的盟主，在董卓被吕布杀死后没有听取谋士"挟天子以令诸侯"的建议，被曹操捷足先登。在曹操实际控制黄河以南与淮河以北广大地区的便利情况下，放弃了"先发展生产，安定百姓，以逸待劳"的谨慎方案，而独断决定"立即进攻，集中兵力，直捣许昌"，本来在曹操分身攻击徐州刘备的情况下，田丰建议乘隙攻击曹操后方，但袁绍都没有采纳，最后在官渡一战大败而归。曹操以 7 万军队打败了袁绍的 73 万大军，原因是：不仅袁绍本人能力有限，而且在唯一一个有才能且对他忠心的谋士田丰不断提出良策时，他要么犹豫不决，要么独断专行。

资料来源：曾仕强. 曾仕强剖析《三国演义》[M]. 厦门：鹭江出版社，2007.

② 太聪明的团队领袖。在整个团队内，领导的能力最强，会特别关注难题，使他不能更好地发挥领导作用，同时他也因有管理任务而不能很好地解决难题；团队成员可能跟不上他的思路；统揽决策权，听不进意见，别人也不再建议，最后变成孤家寡人，即使失败也没有人同情。

案例链接：《三国演义》中的曹操

官渡之战前，刘备纠集了刘辟，但郭嘉认为袁绍不会出兵，不必担心许都。曹操以为可行，极力攻打刘备，结果袁绍果然没有出兵。官渡之战中，曹操兵绝粮少，心中有了退兵之意，写信给荀彧，荀彧说眼下敌强我弱，退兵则受制于人，不可退兵，唯有出奇制胜。曹操也听从了，并坚持了下来，许攸献计火烧乌巢，曹操也采纳了，并因此取得了决定性的胜利。

到了赤壁之战时，曹操却犯了袁绍的错误。谋士在赤壁之战时其实都献计了，包括贾诩和程昱，只是曹操不听罢了。在这个团队内，谋士基本都是参谋，决策者只有曹操。曹操一旦刚愎自用，下面谁也不敢反对。刘备和孙权因业务不熟故而重用诸葛亮和周瑜，曹操本身是军事大家，发生"聪明反被聪明误"的事情有其必然性，赤壁遭受火烧连营之败就在所难免了。

资料来源：曾仕强. 曾仕强剖析《三国演义》[M]. 厦门：鹭江出版社，2007.

③ 中等聪明的团队领袖。在整个团队中，领导的能力处于中等水平，如果别人不能理解某件事，他也不能；相反也成立，因此双向交流很顺畅。当一名队员有能力提出更好的建议时，他通常能把这种员工视为团队必须利用的一笔财富。他的果断就体现在知道应

该支持谁上。

> **案例链接：《三国演义》中的刘备**
> 在《三国演义》中，刘备资源是最差的，除了所谓的皇叔血统的招牌外，别无一物，但最后却能三分天下而有其一。最关键的就是在团队领导过程中，充分调动了团队成员最大的潜力，在三顾茅庐请到孔明后，把孔明捧到最高的地位，不仅要求所有下属都听从孔明的安排，自己也对孔明言听计从，这是对干部的绝对信任。他觉得既然辛辛苦苦把孔明请出来，并且对自我能力有一个充分认识，所以对这种团队中的精英采取充分信任的态度，大事小情都听他的。
> 资料来源：曾仕强. 曾仕强剖析《三国演义》[M]. 厦门：鹭江出版社，2007.

因此，领导者最重要的秉性是：关注变化的眼光，设定团队或组织长远的目标和保证实现目标的能力；激励他人和创造条件使他人充分发挥才干。

2. 团队领导管理对策

（1）如何处理团队的统一意志与成员个性的关系。团队的统一意志集中体现在统一目标和统一纪律两个方面。目标是方向，有了统一的目标，大家的劲儿才能往一处使，纪律就像火车轨道，成员犹如一节节车厢，火车离不开轨道，而团队活动离不开纪律。团队目标和纪律是统一的，成员之间的特长是不同的、相互补充的。系统功能依赖组成部分功能的充分发挥，团队应当鼓励个人发挥特长。每个人的特长发挥出来、集中起来，就成为一股超过个人能力简单相加的力量。因此领导者既要鼓励团队成员的个性发展，区别对待成员的不同个性，尊重个人合理意愿，又要用必要的团队纪律约束个人行为。

（2）如何处理团队共同绩效与个人冒尖的关系。团队强调共同的绩效、成果，而共同的绩效是由每个人的表现点点滴滴汇合而成的。成员在工作过程中，可以看到自己对团队共同绩效的贡献，从中体会个人工作的价值。但是，个人表现的差异是正常的，其中少数拔尖人才对团队的绩效会起到关键作用。团队应当鼓励冒尖人才和英雄为团队目标做贡献，但绝不应该鼓励只有利于个人的"英雄"行为；应该树立"团队第一，个人第二"的理念。

> **资料链接：80/20法则**
> 比尔·盖茨曾多次说过，如果把微软公司顶尖的20个人挖走，微软就会变得无足轻重。团队需要在某方面表现突出的人才，因此团队应鼓励成员为了团队的发展而个人冒尖。
> 意大利著名经济学家维尔弗雷多·帕累托发现，几乎所有的经济活动都受80/20法则的支配。根据这一法则，公司20%的员工产生了80%的绩效，我们应该时刻关注这20%的员工发展。但是，我们也要重视另外80%的员工，因为失去他们，公司也无法运转。

（3）如何处理团队内部合作与竞争的关系。合作能够"放大"个人功能，竞争能够激发个人潜能。因此，在团队进程中，合作和竞争都是必不可少的。如果能够"放大"个人功能，同时又激发个人潜能，则团队将获益良多。

团队强调成员相互协同合作，但是，我们不希望出现"搭便车"的现象。引入竞争就是最好的办法，团队内部需要适当的竞争。内部竞争可以是团队内小组之间的竞争，也可以是个人的竞争，但要注意处理好竞争与合作的关系。评价标准和程序必须公平，报酬和奖励也应尽可能公平，这样才会引入有序竞争。对于落后者，要进行善意警告，激励与警告并存才能获得良好效果。竞争的根本目的使整个团队前进。因此，要鼓励先进单位和个人帮助后进单位和个人，对帮扶的先进单位、个人进行奖励，以达到共同进步、持续激励的效果。

（4）如何处理附和与反对的关系。反对、附和都是正常的组织行为过程所需要的。如果任何意见提出后一贯只有附和，而没有任何反对的声音，就不是正常的组织行为方式，这是"礼貌附和"。反之，任何意见一提出就有人反对，恐怕也不正常，因为这可能是组织内部存在小团体冲突的迹象。我们既要反对无原则的"礼貌附和"，也要反对出于小团体利益而产生的冲突。反对意见是需要的、有价值的，但这种反对必须是出于对组织利益、团队利益的忠诚的反对，而非出于一己之私的冲突。愿意说话，表明成员对领导者宽容态度的信任；不愿说话，表明成员对领导者还不够信任。

为鼓励"忠诚的反对"，首先，要求领导者大力提倡并身体力行，以宽容心态欢迎不同意见；其次，团队要制定一套规则，从制度上保证人们愿意说心里话；最后，需要建立团队的民主文化，当人们普遍觉得不同意见很自然的时候，"忠诚的反对"才可能成为组织内部很平常的事。

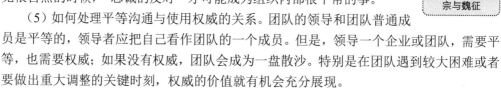

案例链接：唐太宗与魏征

（5）如何处理平等沟通与使用权威的关系。团队的领导和团队普通成员是平等的，领导者应把自己看作团队的一个成员。但是，领导一个企业或团队，需要平等，也需要权威；如果没有权威，团队会成为一盘散沙。特别是在团队遇到较大困难或者要做出重大调整的关键时刻，权威的价值就有机会充分展现。

企业、团队需要权威，但又不能盲从权威。普通员工中隐藏着巨大的创新活力，许多创新意见来自基层员工，员工要尊重权威，而权威也需要尊重普通员工。权威与普通员工应平等沟通。

领导与下级发生争议时，不应轻易否定下级意见；只要风险不是特别大，应允许下级实践他们的创新意见，且在执行过程中要监视进展情况，事后进行评估和总结。领导者在虚心听取各种不同意见后，如果仍然坚持自己的意见，就贯彻自己的意见，但也要监视进展情况和事后总结评估。一句话，领导者应该鼓励员工尊重权威但不盲从权威。

> **资料链接：日本企业的禀议决策**
>
> 在日本，强调企业是一个大家庭，雇员、管理人员之间有一种亲属式的团结感。在企业决策方面采取集体决策的禀议制，征求各级管理人员的意见，以保持群体的亲和感。
>
> 禀议决策制度的具体形式是：经办人将提案汇总后，以公文的形式依次取得股长、课长、经理的认可，在征得与提案有关者的同意后，由决策者裁决，这一系列的手续叫作禀议决策制度。在层级管理的状态下，禀议决策制度尽量让全员参与决策过程，通过多听取意见，让多人过目，可以从各个视角得到更周全的解决意见。

3. 高效团队领导的管理原则

团队领导是一门科学，也是一门艺术。在进行团队领导和管理时，激励是一种极其重要的手段和方法，高明的领导者要能够有效地激励下属。激励团队成员时应该遵循以下六条基本原则。

（1）利益整合原则。个人需要、团队需要和工作需要缺一不可，当三者利益达到一致时能保证最佳的绩效。整合原则就是要求把个人利益、团队利益和工作目标很好地结合在一起，使得个人在努力达到工作目标、实现团队利益的基础上，个人利益也得到保障。在整合原则下，个人利益、团队利益和工作目标互为基础，个人利益和团队利益可以达到动态的平衡。团队领导者应该看到，工作保障、薪酬、发挥专业能力的机会、升迁空间、良好的组织文化氛围等是团队成员的需求。

（2）工作内在激励原则。许多工作本身的内在激励因素有限，因此必须靠保健因素进行激励。但是，相关研究也发现，人在工作过程中除了金钱等保健因素的需求，还有更多更高的追求目标。工作内在激励原则要求团队领导必须挖掘工作内在的核心激励因素。工作的自主性、任务完整性、创造性、挑战性、技能多样性、工作意义等对于员工来说都具有非常重要的内在激励作用。

（3）公平原则。公平理论又称社会比较理论，由美国行为科学家亚当斯（J.S.Adams）提出。该理论侧重于研究报酬分配的合理性、公平性及其对职工生产积极性的影响。公平理论的基本观点是：当一个人做出了成绩并取得报酬以后，他不仅关心自己所得报酬的绝对量，而且关心所得报酬的相对量。他要进行种种比较以确定所获报酬是否合理，比较结果直接影响工作积极性。

公平原则有两个方面：一方面，体现在实体的公平，即内容公平，在奖惩两方面都要坚持同一个标准；另一方面，体现在程序公平，即处理事情的方式、步骤要公平，在处理事情的程序上也坚持一个标准。要避免不公平心理发生，首先要制定尽可能公平的评价和报酬机制，其次对工作业绩评价要尽可能符合实际情况。公平有助于激励人们更努力地为团队和组织做贡献。

（4）物质奖励与精神奖励相结合的原则。团队的激励应以物质奖励和精神奖励相结合的方式进行。精神奖励是以物质奖励为基础的，如果一贯没有物质奖励，精神奖励就会被认为是画饼充饥。

案例链接：小卡片激励法

物质奖励能给团队成员带来物质生活上的满足，但物质需要得到基本满足以后，人们更在意自己的贡献是否得到了大家认可。因此，对于好的表现不必每次都给予物质奖励，有时，口头表扬等精神鼓励就足以鼓舞人。

（5）鼓励创新的容错原则。团队是解决高难度或高度不确定性问题的组织形式，因此创新行为、创新思维对于团队而言就有特殊价值。团队管理要保护成员的创新行为。因此，团队需要一种限制在合理成本之内的容错原则。

创新在一定程度上是与风险并存的，出现错误，团队要为此付出代价。太高的容错代价是组织所不能承担的，因此要限制在合理的成本内。但是，团队或组织必须付出一定的成本来鼓励创新。不付出一定的容错代价，组织成员就不愿意冒风险，团队就会失去创新和发展的潜在机会。容错的代价有大有小，可容许的代价要考虑两点：团队或组织的支撑能力、代价相对于创新成果的得失衡量。如果创新的风险相对较小，而创新的可能收益相对较大，团队能够支撑犯错所带来的代价，就应该鼓励有风险的创新，为达到团队目标提供更积极的解决办法。

案例链接：内部创业基金鼓励创新

（6）积极激励为主的原则。激励的目的是激发人采取某些行为或不采取某些行为。激励人的目的是期望个人或团队表现出期望的某些行为方式或态度。

为了激励一个人表现出某种行为方式，可以通过提供其所希望的奖赏，或者通过惩罚和消除惩罚的方式。从激励方式对人的心理满意的影响来看，积极激励的结果使被激励者获得更大的心理满意,而消极激励一般不会使被激励者感到很大的满意,只会减少人的不满意。惩罚则会使人感到不满意,以致产生一种消极的心理体验。奖励的作用以个人或团队对有利后果的追求动机为基础,而惩罚的作用建立在个人或团队对不利后果的逃避动机基础上。依靠人的恐惧和担心来驱动人工作只能维持最低限度的遵从。积极激励和消极惩罚应该互相结合,以积极激励为主,消极惩罚为辅,在适当保留消极激励方式的前提下,更多地使用积极激励方式。

4.6 团队沟通技巧

一个现代大中型企业规模庞大、要素众多、结构复杂、分工精细、信息量大、联系广泛、动态多变、功能综合,管理者只有做好沟通协调工作,各部门、各要素才能充分发挥作用,组织才能正常运转,才能顺利实现既定目标和任务。

团队没有交流和沟通,就难以达成共识,达不成共识,就难以步调一致,也就无法有效发挥团队绩效。团队没有交流沟通,就失去了建设团队的基础。有效沟通是建设高效团队的前提。

4.6.1 团队总体沟通技巧

对于团队而言沟通至关重要。在团队建设、运作过程中,该如何进行有效的沟通呢?

1. 营造良好的沟通氛围

成功谈话的氛围是宽松的、相互信任的,如在家里与父母的亲切谈话。在宽松氛围中,人会感到自在愉快、充满信任,有话敢说也愿意说,因此能坦率交流和分享内心感受、情感和思想。

善意、宽容、信任、平等、坦率、公开和分享这七个组织文化因素构成了团队沟通的氛围。最基础的要素是善意和宽容。在善意和宽容的团队环境下,人们才会相互信任,才有平等的人格,每个成员才有充分的发言权。因此,相互信任和平等是坦率沟通的基础,只有坦率沟通才能做到信息公开和信息共享。这七个因素体现了团队沟通氛围的特征。

2. 积极倾听

中国是典型的高语境文化国度。积极倾听是指在思维上参与会话,给予非语言反馈;同时,在大脑中对信息进行分析,提出疑问。俗话说"听话听音,锣鼓听声""话里有话,话外有音",特别是在中国高语境文化背景下,话中有话更是常见的事情。因此,在沟通过程中,如果不积极倾听,就不可能真正理解说话者的意图。

一般人的正常说话速度是每分钟125~200字。但是,听的人平均每分钟可以接收400字以上的信息,这就留给大脑很多空闲时间,使其有机会"神游四方"。而对于大多数人来说,也就意味着他们养成了一些坏习惯来利用"这段空闲时光"。在团队中,言谈是最直接、最重要和最常见的一种沟通途径,有效的言谈沟通很大程度上取决于倾听。具有良好倾听技能的人往往可以在工作中自如地与他人沟通。有关倾听的内容将会在第8章中进行详细阐述。

3. 有效诉说

沟通是双向的，除了积极倾听，有效诉说也是必不可少的。诉说即陈述和说服，陈述事实和观点，影响听者，是诉说的主要目的。有效诉说应该满足以下要求。

（1）适应倾听者的特点。说话要看对象，说什么和说话的方式都要考虑对象是否能够理解。沟通对象的接受能力、需要、情感和已有的相关经验都在考虑范围之内。

（2）适应沟通情境。在诉说之前应该分析听者和说话的情景因素，使得诉说的内容和说话方式能够适应听者和沟通环境。

（3）明确沟通目的。明确自己诉说的目的和听者的目的，寻找自己的目的与听者目的的一致性和差别，在一致性和差别中寻求平衡点和共赢。

（4）明确提出最核心的观点。使用简短的语句突出最核心的观点，加深听众的印象，最核心的观点就是诉说的主题。

（5）开场白要设法激起听者足够的兴趣。以介绍一件好奇的事实或提出一个引起思考的问题开场，直接提出最主要的观点或要求，直接告诉听者自己要谈什么问题。

（6）用充实的论据支持观点。根据具体需要，可以采用下面的方式支持自己的观点，引用权威部门探讨数据，引用专家观点，使用典型的案例，使用自己亲身经历的事实。

案例链接：团队成员的自省对话

（7）简短清晰地总结主要观点和事实。比较长的谈话，最后需要对主要观点和结论进行总结，以加深听者的印象。

4.6.2 团队建设不同阶段的沟通策略

在团队建设的不同阶段，需要运用不同的沟通策略，表4-4给出了团队建设过程中不同阶段容易出现的团队问题、解决的推荐对策以及相应的领导风格建议。

表4-4 团队建设不同阶段的领导沟通对策

阶　　段	团　队　问　题	对　　策	领导风格
成立阶段	1. 被选入团队的人既兴奋又紧张 2. 自我定位，试探环境和核心人物 3. 有许多纷乱的不安全感、焦虑和困惑 4. 依赖职权 5. 高期望	1. 与候选人详细沟通团队的岗位要求、工作职责和业绩标准 2. 宣布你对团队的期望 3. 与成员分享成功的愿景 4. 提供团队明确的方向和目标（展现信心） 5. 提供团队所需的资讯 6. 帮助团队成员彼此认识	命令型领导 1. 行为：多指挥，少支持 2. 决定：领导决定 3. 沟通：自上而下 4. 监督：频繁
震荡阶段	1. 期望与现实脱节，隐藏的问题逐渐暴露 2. 有挫折和焦虑感，怀疑目标能否完成 3. 人际关系紧张（冲突加剧） 4. 对领导权不满（尤其是出问题时） 5. 生产力遭受持续打击	最重要的是安抚人心 1. 认识并处理冲突 2. 化解权威与权力，不容许一人以权力打压他人贡献 3. 鼓励团队成员就有争议的问题发表自己的看法 4. 准备建立工作规范（以身作则） 5. 调整领导角色，鼓励团队成员参与决策	教练型领导 1. 行为：多指挥，多支持 2. 决定：征求意见后决定 3. 沟通：双向交流并反馈 4. 监督：频繁

续表

阶　段	团队问题	对　策	领导风格
稳定阶段	人际关系由敌对走向合作 1. 憎恶开始解除 2. 沟通之门打开，相互信任加强 3. 团队形成了一些合作规则 4. 注意力转移，工作技能提升，建立工作规范和流程，特色逐渐形成	1. 形成团队文化 2. 形成团队规范 3. 鼓励团队成员提出建议	支持型领导 1. 行为：少指挥，多支持 2. 决定：共同做决定 3. 沟通：多问少说并反馈 4. 监督：减少
高产阶段	1. 团队信心大增，具备多种技巧，协力解决各种问题 2. 用标准流程和方式进行沟通，化解冲突，分配资源 3. 团队成员自由而有建设性地分享观点与信息 4. 团队成员分享领导权 5. 巅峰的表现：有一种完成任务的使命感和荣誉感	1. 变革：随时更新工作方法与流程 2. 团队领导形如团队成员而非领袖 3. 通过承诺而非管制追求更佳结果 4. 给团队成员具有挑战性的目标 5. 监控工作的进展，承认个人的贡献，庆祝成就	授权型领导 1. 行为：少指挥，少支持 2. 决定：被授权人决定 3. 沟通：双向交流并反馈 4. 监督：更少
调整阶段	1. 团队直接解散 2. 团队经重大调整后继续工作	深化管理： 1. 思考和推动团队变革，更新业务流程和工作方法 2. 鼓励员工对团队潜在的问题提出个人的意见和建议 3. 承认个人对团队的贡献并进行奖励 4. 经过充分的民主讨论，制订系统的改革方案，实施改革措施	综合型领导 综合运用各种领导方式处理团队问题

4.7 团队沟通决策

团队在完成任务的过程中，常常需要利用团队资源，群策群力，产生创造性的构想或有效的决策方案。决策是任何组织经常的任务。团队决策是一个团队的成员沟通并做出决定的过程。团队决策的优势是可以充分利用团队成员的智慧。团队决策通常包括以下六个步骤。

（1）找出共同的希望目标。通过询问"你们的希望是什么"和"它们为什么对你们很重要"，团队可以清楚地知道什么对他们真正重要。在这一步骤中，必须要求所有参与者在纸上写下他们的希望。将两个最不熟识的人分在一组，让他们相互询问"为什么你的希望对你这么重要"，并记录答案，然后将各自的希望与整个小组分享，找出共同主题。

（2）发现真正问题。在解决棘手议题时，常出现的一个最大缺陷是未能发现真正的问题。印证式倾听（reflective listening）有助于解决问题，当人们有机会说出心中所想，并且听见自己所说的话时，他们能够自己解决问题。在此，应当专注于发现问题，要求所有的参与者依次表达自己的想法和感觉，不要担心受到他人的嘲笑。不要对他人进行评判，应静静倾听，不要辩论和提出解决方案。把大家的陈述摆在一边，请参与者将他们听到的话题全部表达出来，这样真正的问题将浮出水面。

（3）收集正确信息。无效的信息收集使得团队在应对棘手问题时难上加难。虽然拥有共同目标，但是往往易于出现派系斗争，"部门分割"思维进一步增强了对抗行为。为避免出现派系之争、特殊成员等现象，应当使成员多元化，不应当将所有财务人员分在一个小组，而将所有营销人员分在另一小组。在沟通过程中尽可能准确传递信息，不要进行概括，不要提供建议。如果对事实进行解释或对结论进行鼓吹，那么其他人会认为某人有偏见，这会使信息的可信度大打折扣。

（4）把所有问题摆上桌面。全力收集信息，不要辩论。当不同团队之间出现问题时，不要指指点点，数落他人，应当采用一种更好的流程解决棘手了问题。将共同的希望作为评估的基石。首先对选择方案的现状做到了然于胸，随后进行筛选。先对每一选择方案的消极面进行讨论，告知所有成员静静聆听，不要对他人的言论质疑和辩论；随后陈述每一选择方案的积极面。

（5）列出选择方案。多方案的讨论、选择能使团队成员全身心投入，坦诚建议，合力找到最佳方案。允许每位成员对选择方案进行评估，而不应实行集体商议或者高压政策。要想使这一步骤付诸实施，必须对新创意进行激励。应当邀请每一位成员依次阐述一个选择方案，尽量避免辩论和评论，坚持开放式头脑风暴的方式。最后，列出所有可行的选择方案，然后进行选择。在做出选择之前，应当对共同希望进行回顾，要求每个人选择最有助于实现团队共同目标的方案。然后，列出所有有助于实现目标的其他方案，即使它们也许没有第一选择那么有效。

（6）找出解决方案。一旦实施完无记名投票，就得花费一点时间进行计票。一定要以无记名投票的结果说话。投票结果能够真真切切地降低利己主义的障碍。这一步骤既可展示清晰的结果，也可避免其他决策方法可能产生的争论。这种方法能海纳百川，吸收其他选择方案的特色。团队可以决定把方案 B 作为第一选择，但是也同意把方案 C 的某些要素吸纳进来。

团队决策要鼓励团队成员高度参与决策过程。为了避免决策过程中的思维狭窄化，团队要承认团队内部不同意见的价值，鼓励不同意见。对不涉及隐私的团队争议性问题，团队要进行充分的公开讨论。不轻易否定似乎不合理的建议和见解，对明显荒谬的意见不是嘲笑了之，而是认真寻找发生的根源。看似荒谬的意见也可能包含合理性，可能突破陈旧的思维模式。只有不嘲笑提出荒谬意见的成员，才能鼓励团队成员继续提出不同见解。

下面介绍两种经常使用的团队沟通决策的方法。

1．头脑风暴法

头脑风暴法的发明者是现代创造学的创始人、美国学者阿历克斯·奥斯本（Alex Osborn）。头脑风暴原指精神病患者头脑中短时间出现的思维紊乱现象，病人会产生大量的胡思乱想。奥斯本借用这个概念比喻高度活跃、打破常规的思维方式产生大量创造性设想的状况。头脑风暴的特点是让与会者敞开思想，使各种设想在相互碰撞中激起脑海的创造性风暴。

头脑风暴法能够克服互动群体中产生的妨碍创造性方法形成的从众压力。头脑风暴的决策方法是：利用产生观点的过程创造一种决策程序，在此程序中，团队成员只管畅所欲言，不许别人对这些观点加以评论。这是目前在工作团队中广泛用于创造新观点、新方法和新方案的重要方法。其目的不在于评价，也不在于争论，而是一种最大限度地发掘和创造新思想的程序。

头脑风暴法应遵循如下原则。

（1）最大限度地追求新观点的数量而非质量，团队成员的所有建议都应被如实记录下来。

（2）避免语言或非语言的消极反馈，成员间的反馈应是赞扬性、鼓励性或澄清疑点的信息。团队内一旦出现消极反馈，创造性的火花就很容易熄灭。

（3）追求独创的、新颖的思想。某些观点看似荒诞，却能起到抛砖引玉的作用，有助于激发他人的思想。

头脑风暴法对沟通的影响有积极和消极两个方面。

（1）积极影响：头脑风暴法是团队成员观点的建构和整合过程，是集体智慧在支持性沟通气氛中的高效发挥。

（2）消极影响：这种方法不易在同质团体中发挥作用，如果成员年龄、经验、专业及价值观等方面都相似，则可能气氛单一，思维方式古板，所以头脑风暴法更适合在角色、能力多样化的工作团队中实施。

案例链接：盖莫里公司的头脑风暴法

2. 德尔菲技术

德尔菲（Delphi）技术是由兰德公司于20世纪50年代发明的。该技术作为一种集合群众智慧、伸缩聚焦的方法，适用于解决更复杂的问题。

德尔菲技术的步骤如下：

（1）根据问题性质，设计一份调查问卷，在一个稍大的团体中进行测试。

（2）静心整理调查结果，据此再修订一份新的调查问卷，将新问卷在一个更大的团体中进行测试，同时把上次的调查结果反馈给目前测查的成员。

（3）按照上述方法再整理结果、修订问卷、实际测查。

（4）反复测查后，问题性质越来越明确，答案越来越集中，最终达成一致意见并做出决策。

德尔菲技术的优点是：能够保证团队成员免受他人的不利影响；由于并不一定需要团队成员相互见面，它可以使地理位置分散的团队成员参与同一个决策。

德尔菲技术的缺点是：要占用大量的时间，不适用于需要快速做出决策的情境；由于团队成员之间不存在强烈的相互作用，因此，运用这种决策技术时不能得到丰富的解决问题的方案。

案例链接：书刊发行量预测

某书刊经销商采用德尔菲法对某一专著销售量进行预测。该经销商首先选择若干书店经理、书评家、读者、编审、销售代表和海外公司经理组成专家小组。将该专著和一些相应的背景材料发给各位专家，要求大家给出该专著最低销售量、最可能销售量和最高销售量三个数字，同时说明自己做出判断的主要理由。将专家们的意见收集起来，归纳整理后返回给各位专家，然后要求专家们参考他人的意见对自己的预测重新考虑。专家们完成第一次预测并得到第一次预测的汇总结果以后，除书店经理B外，其他专家在第二次预测中都做了不同程度的修正。重复进行，在第三次预测中，大多数专家又一次修改了自己的看法。第四次预测时，所有专家都不再修改自己的意见。因此，专家意见收集过程在第四次以后停止。最终预测结果为最低销售量26万册，最高销售量60万册，最可能销售量46万册。

资料来源：http://baike.baidu.com/view/985680.htm。

本章小结

相关测试：团队角色自测问卷

 本章团队游戏：寒带生存大挑战

 本章典型案例：空降高管的团队变革旅程

逸仙集团广东分公司主要负责逸仙集团广东、广西两地产品销售。自原分公司总经理于泽升任集团副总经理后，新任分公司总经理与副总经理王继不和，高管之间难以达成一致，指令经常发生冲突，下属疲于奔命，导致近两年分公司销量增长缓慢，销售状况与广东经济发展水平严重不符，且市场份额不断受到竞争对手的蚕食，份额已从40%下降到25%。面对这种情况，逸仙集团总经理杨明开始思考广东分公司的人事问题，并做了一番调整。

主人公

杨明：逸仙集团总经理

张杰：逸仙集团广东分公司新任总经理，曾任逸仙集团办公室主任

王继：逸仙集团广东分公司副总经理，分管销售，是广东分公司创业功臣

于泽：逸仙集团副总经理，曾任广东分公司总经理，王继的老上级

新的开始

2017年，逸仙集团任命张杰为广东分公司新一任总经理，张杰曾长期担任逸仙集团办公室主任，跟随杨明多年，深受杨明信任。在杨明看来，广东分公司的主要问题是管理团队内讧严重，长期分管销售的副总经理王继在销售方面很有经验，年轻有主见，在集团内部也有一些高管支持，但因为上一次未能转正，因此对上一任总经理一直抱不合作的态度，各项措施都很难较好地贯彻施行。为此，杨明希望张杰到任后能处理好与王继的关系，重振团队士气，进而成功扭转份额下降的局面。

张杰入职后，也感受到了王继不合作的态度，且由于再次未能转正，王继的态度更为消极抵抗。在几次中层以上干部会议上，表面上王继对张杰的一些决策表示了同意，然而在涉及销售和人事方面的一些议题上，王继总是公开表达不同见解，并有意无意提及自己有更为丰富的销售经验，对区域市场更为了解。这一切都令张杰的领导权威受到了一定的挑战。而更为严重的是，张杰也遇到了和上一任总经理一样的局面，部分中层管理人员选择了站队，更多人无所适从，一些决策很难不打折扣地完全执行下去。

初次沟通

在迫切需要业绩的动力支持下，张杰对王继表现的不合作态度并没有表现出太多的反感，在会议上也没有对王继提出的观点做更多反驳。他认为，现阶段他应该先解决与王继的分歧，以形成相对团结的高管团队，进而凝聚中层和员工，提高团队战斗力。

为此，张杰在每次中层管理会议前，都会将议题和初定方案与其他副总商量，争取支持。在征询意见时，张杰都会对王继表达两项意思：一是自己在销售管理方面经验确实不足，希望王继能充分发挥专业优势，提出更好的意见；二是希望冲突能提前在小范

围内得到解决，尽量表态支持，不要在会上造成太多的分歧和争议，向中层展现高管团队的团结。虽然每次征询意见时，王继都不会表达出明显的反对，但在正式会议上，张杰依然会碰到一些软钉子，且很多销售方面的决策在执行时，总会遇到销售部门的软抵抗。为此，王继也会为一些事项再与张杰私下沟通，表示歉意，但沟通效果依然不理想。为避免上一次高管不和造成的不良影响，他俩没有发生太激烈的冲突，表面一团和气，但事项执行时仍不顺畅，产生了负面的作用，销售业务不见改善。公司中下层员工也隐约感受到了高管之间微妙的气氛，团队的凝聚力越来越低。

随着形势的发展，张杰也一直未能找到合适的好方法解决与王继之间的问题，会上表面同意的初定方案根本得不到执行，完全无法落地。为此，张杰请求杨明帮助。

集团的协调

鉴于广东分公司的情况以及来自张杰的请求，杨明联合于副总对广东分公司开展了一次调研，并与张杰、王继分别谈话。其间，杨明明确表示了对张杰的支持，否则将会调离王继，而于副总并未做更多的表态。在与王继的谈话中，于副总也要求其多多配合张杰工作。

经过杨明和于副总的协调，王继隐约感到了问题的严重性，情况开始发生了一些微妙的变化，王继逐渐开始配合张杰的工作，有时还会汇报一下工作进度。

张杰有时也会思考这一变化的过程，其实王继作为广东分公司创业元老，在销售方面有着丰富的实践经验，对市场的发展变化有着敏锐的直觉。而张杰长期担任办公室主任，在集团公司层面有着较好的人脉，且与政府部门有良好关系。理论上他俩在工作中应该能形成很好的互补，双方的优势若充分发挥，会对广东分公司工作起到非常好的促进作用。对王继发生的变化，张杰也有了触动，于是他向集团公司总经理杨明申请暂时不调整领导班子，再做努力沟通。

分析与反思

经过集团协调并察觉到王继的态度细微转变后，张杰反思了自己在前一次沟通中的问题。张杰意识到，初进入广东分公司，他并没有对现高管团队做更多的了解，对两位副总特别是王继的能力也知之不多，仅知道他是销售方面的专家。他在刚开展工作时，更多地延续了在集团公司时的习惯做法。在集团公司这种大型国企，一把手的意见是绝对占主导地位的，企业的风气是权威的、集中的，较少出现指令受阻的情况。而且张杰一直从事党政工作，作为办公室主任对处理这些高层管理冲突尽管有一些知识和了解，但毕竟实践经验不足，在遇到这些问题后并没有反思问题，也没有太多关注王继的感受，特别是王继两次都未能转正的感受，因此没有去积极主动交流思想上的问题，而只是局限于工作交流，采用了相对回避的态度，沟通效果极低，形成了相互抵制的恶性循环。

因此，张杰对王继的性格和能力特征做了分析。张杰认为：王继能在销售方面独当一面，对市场有很好的判断力，有相当强的主观责任意识和决策能力，工作业绩突出，领导能力较强，得到了较多中层干部的拥护和支持，但两次没能转正的经历，使他产生了一定的心理落差。

再次深入沟通

在了解上述信息后，张杰与王继再次进行了交流，主要谈了三点：一是表达了改进双方关系的愿望；二是确定双方现阶段的目标是一致的，都希望能将广东分公司的业绩改善，恢复市场份额，毕竟王继也不希望广东分公司在集团公司落后；三是阐述自己并不会对广东分公司长期恋栈，自己与王继都应该有更好的前途。除了解决思想问题，在实际工作中，张杰也改进了一些策略，比如会前不再像以往一样将议题和拟采取的方案都交给王继，而是仅提供议题，使王继认为自己真真切切参与了提前的决策，恢复了他参与决策的感觉。同时，多与王继进行双向交流，对王继充分授权，探讨集团现状和发展，激发王继继续创业的热情。交流中，张杰还发现，两人都有共同的打网球的爱好，因此也经常相约一起锻炼。对分歧较大的问题，通常先不上会，经私下交流达成一定共识后，才对中层及员工公布。此外，对王继工作中做得好的方面，经常在适当的公共场合予以真心的赞赏，肯定其工作能力。

尾声

经过一系列的沟通和实践，张杰与王继开始密切配合，双方都更专心地开展工作，且更放心对方工作，实现了有效的互补，稳定了广东分公司的中高层管理团队，提高了整体团队的凝聚力，各级员工的精神面貌也焕然一新，他们也都积极参与分公司的建设。经过努力，广东分公司政商关系更为稳定，与经销商也结成了共同体，销售额连年大幅增长，市场份额逐年提升，占有率重回40%以上，重新成为集团公司排名靠前的分公司。最令集团公司放心的是，广东分公司内部关系和谐，沟通环境融洽，各级干部干劲十足。3年期满，张杰作为一个空降兵，圆满地完成了任务，并调回集团公司升任副总经理。张杰也向集团公司力荐王继接任自己，王继成为广东分公司新一任的总经理，王继也为自己立下了目标，希望广东分公司能在3年内全面超越上海分公司。

资料来源：冯肇琛. 中山大学管理沟通课程作业[Z]. 2019.

 本章思考与讨论

一、仔细阅读开篇导引案例"鸿程药业的内部沟通障碍"，就以下问题进行分析讨论：

1. 李博士和王博士为何会发生沟通冲突，各自存在什么问题？
2. 蒋经理和李博士的冲突是否能通过有效的沟通解决？
3. 在下属之间产生矛盾时，郑总应负什么责任？如何改进其做法？
4. 解除龙主管劳动合同是唯一的解决办法吗？是否还有更有效的解决办法？

二、仔细阅读本章典型案例"空降高管的团队变革旅程"，思考并讨论以下问题：

1. 王继先后与两任总经理在向上沟通中存在哪些不足？请结合本章向上沟通的"非常胆识"原则，分析如何进行有效的上行沟通。
2. 根据费德勒权变模型，分别分析张杰与王继的关系如何，本案例中的任务结构是否明确，张杰的职位权利强弱，以及采用了哪种策略来适用管理情景。
3. 针对本案例情境分析在沟通中人情与面子法则该如何运用。

延伸阅读提示

1. 吕国荣. 团队里的49个细节[M]. 北京：企业管理出版社，2005.
2. 罗宾斯，贾奇. 组织行为学：第18版[M]. 孙健敏，朱曦济，李原. 北京：中国人民大学出版社，2021.

3. 贝尔宾. 团队角色在工作中的应用：原书（第二版）[M]. 李和庆, 蔺红云, 译. 北京：机械工业出版社, 2017.

4. 姚裕群. 团队建设与管理[M]. 5版. 北京：首都经济贸易大学出版社, 2020.

5. 魏江, 严进. 管理沟通成功管理的基石[M]. 4版. 北京：机械工业出版社, 2019.

6. 岳阳. 解码沟通（升级版）[M]. 北京：清华大学出版社, 2017.

7. 李欣. 高效团队管理实战[M]. 北京：机械工业出版社, 2012.

第5章 组织外部沟通
——公共关系与危机管理

> 凡事预则立，不预则废。
> ——《礼记·中庸》

 **本章目标**

- ❖ 分析企业对外沟通的对象及策略。
- ❖ 认识企业危机的定义、类型和特征。
- ❖ 了解西方危机管理理论与中国"顺道"文化思想。
- ❖ 认识危机管理的价值前提。
- ❖ 学习如何识别和预控企业危机。
- ❖ 认识危机的形成与发展过程。
- ❖ 学习如何处理和化解企业危机。
- ❖ 了解危机管理的三个知道和八项注意。

 关键概念

企业对外沟通；公共关系；危机识别；危机管理；价值前提。

导引案例：瑞幸咖啡财务造假危机

2020年1月31日，知名做空机构浑水声称，收到了一份匿名做空报告，直指瑞幸数据造假。2月3日，瑞幸否认浑水所有指控。

4月2日，美国多家律师事务所发布声明，提醒投资者，有关瑞幸咖啡的集体诉讼即将到最后提交期限。同日晚上，瑞幸向美国证券交易委员会（SEC）提交公告，公开承认财务造假，称通过自查发现公司首席运营官（COO）刘剑等存在财务造假行为，牵涉约22亿元的交易额，这导致瑞幸咖啡盘前暴跌75.56%。

4月3日下午，中国证监会针对瑞幸造假事件发布"坚决打击证券欺诈行为，切实保护投资者权益"的公告。这一事件引发了媒体舆论报道热议。4月4日凌晨，瑞幸咖啡自曝造假22亿元事件持续发酵，至周五收盘，瑞幸股价再次大跌15.94%。

4月5日，在自曝财务造假事件后的第三天，瑞幸咖啡才发布道歉声明，表示涉事高管及员工现已被停职调查，瑞幸咖啡董事会已委托由独立董事组成的特别委员会及其委任的第三方独立机构进行全面彻查，且公司将会第一时间向公众披露调查结果，并采取一切必要的补救措施，不会回避此事带来的一切问题。与此同时，公司会保持正常经营，稳定员工和门店业务。同日，瑞幸董事长陆正耀在微信朋友圈发表长文道歉，"我个人非常自责，无论独立委员会的最终调查结果怎样，我都会承担应有的责任"，但他仍说明"全国有数千家门店，数万名员工还在正常工作"，强调"这个时期，我们更要稳住经营，持续服务客户"。

4月7日，瑞幸咖啡宣布停牌，在完全满足纳斯达克要求的补充信息之前，交易将继续暂停。

11月29日，瑞幸咖啡正式停止交易，从纳斯达克退市并进行退市备案。

12月16日，瑞幸股东在纽约获法院批准，就会计造假问题与该公司达成1.75亿美元的现金和解。

瑞幸咖啡危机过后

危机过后，瑞幸咖啡清理董事会，重组债务，让公司开始回归商业的本质——销售产品和服务赚钱。2021年上半年其门店端业务已经扭亏为盈。门店端业务中，自营门店的运营利润为4.2亿元，运营利润率达到了16.3%，联营门店的总收入4.4亿元，同比增长357.8%。这说明，线下门店的生意几乎没有受到财务造假案的影响。

瑞幸咖啡董事长、CEO郭谨一曾公开表示，他对瑞幸咖啡在2021年上半年取得的总体业绩感到满意，他认为这份财报具有里程碑式的意义，标志着瑞幸咖啡已走上了正轨。

资源来源：http://finance.sina.com.cn/jjxw/2021-11-02/doc-iktzscyy3119259.shtml。

进入21世纪以来，各种类型的企业危机事件层出不穷，几乎所有主流产业都不同程度地饱受危机困扰。"谣言止于智者"，危机不是简简单单通过问题处理就可以解决的，危机的公众性使得危机处理需要与公众进行全方位沟通。随着信息技术不断发展，互联网与手机等媒介加入媒体传播，给危机管理沟通提出了更高的要求。

5.1节介绍企业公共关系与对外沟通的对象分类；5.2节重点介绍企业危机的定义、类型与特征；5.3节简要介绍西方危机管理理论与中国古代"顺道"文化危机管理思想以及中华成语中蕴藏的危机处理原则，最后给出危机管理不可忽视的价值前提；5.4节探讨企业危机的识别与预控；5.5节探讨危机的形成与发展、处理与化解；5.6节简要介绍危机后的常态恢复；5.7节重点从实务处理的角度，给出危机管理沟通的三个知道与八项注意等通俗原则；5.8节简要介绍自媒体时代的危机管理沟通。

5.1 企业对外沟通的对象及策略

危机的重要性决定了企业对外沟通的重要性。处于转型时期的中国市场存在诸多不确定性，企业发展面临许多有形无形的障碍与潜在风险。因此，除了自身努力外，政府的支持、社会的肯定、客户的认可等都是企业快速发展的巨大动力。企业对外沟通就是要创造良好的发展环境。"凡事预则立，不预则废"，具有沟通意识的企业，在危机来临时能更好地随机应变，转危为机。

5.1.1 企业公共关系概述

企业对外沟通即所谓的公共关系（public relations），是指企业用传播手段使自己与利益相关者形成双向交流，使双方达到相互了解和相互适应的管理活动。目的是改善与利益相关者的关系，促进公众对组织的认识、理解及支持，树立良好形象，促进商品销售。

公共关系是一种状态，任何企业或个人都处于某种公共关系状态中。它又是一种活动，当企业或个人有意识地、自觉地采取措施去改善和维持公共关系状态时，即从事公共关系活动。

公共关系是社会关系的一种表现形态，科学形态的公共关系有其独特的性质。

（1）情感性。公共关系是一种创造美好形象的艺术。我国古代办事讲究"天时、地利、人和"，把"人和"作为事业成功的重要条件。公共关系就是要追求"人和"，为组织的生存、发展或个人的活动创造最佳的软环境。

（2）双向性。公共关系是以真实为基础的双向沟通，而不是单向的公众传达或对公众舆论进行调查、监控，它是主体与公众之间的双向信息系统。企业一方面要吸取民意以调整决策，改善自身竞争力；另一方面又要对外传播，使公众认识和了解自己，达成有效的双向意见沟通。

（3）广泛性。公共关系的广泛性包含两层意思：一层意思是公共关系无处不在，无时不在，贯穿于主体的整个生存和发展过程；另一层意思是其应对对象的广泛性，可以是任何个人、群体和组织，既可以是已经与主体发生关系的对象，也可以是将要或有可能发生关系的对象。

（4）整体性。公共关系的宗旨是使公众全面了解自己，从而建立声誉和知名度。它侧重于一个组织机构或个人在社会中的竞争地位和整体形象，以使人们对自己产生整体性的认识。它并不是单纯地传递信息，宣传自己的地位和社会威望，而是要使人们对自己各方面都有所了解。

（5）长期性。不能把公共关系人员当作"救火队"，而应把他们当作"常备军"。公共关系不是水龙头，想开就开，想关就关，其管理职能应该是经常性与计划性的。

5.1.2 企业对外沟通的对象

第 1 章的开篇案例就描述了一个企业领导对外与对内沟通的典型一天。企业作为在社会中生存的组织个体，面对的环境中存在各种各样的利益相关者。如第1章的图1-1所示，企业的利益相关者包括政府及主管部门、新闻媒体、金融机构、客户、社区、协作者、竞争者、员工和股东等。在与不同的利益相关者进行沟通时，企业应该选择适应沟通对象的策略。

1．政府及主管部门

与政府沟通的过程中，企业应该在坚持原则中求得生存。企业应注意和政府的密切合作关系，注意各种政府资源的长期积累和应用。企业在做好市场运营的同时，必须经营好与政府的关系，这对于中国企业来说尤为重要。当前，中国正处于从计划经济向市场经济过渡的转型后期，这决定了企业家需要注意以下两个方面：一是各级政府对企业经营环境的影响大大高于西方国家,例如,中国经济与社会的快速且较平稳的发展就得益于中国政府对经济的强大规划与影响能力;二是中国企业通过处理与政府的关系谋求自身利益的行为比西方社会更普遍。

企业在与政府打交道的过程中可以谋求两个方面的利益:通过与政府增进相互了解,使影响企业生存空间的法规与政策维度对企业更加有利;充分利用政府的服务功能与资源,帮助企业提高其市场竞争力与非市场竞争力。

2. 新闻媒体

作为企业,正确处理危机的关键在于,能否在企业利益和社会责任之间找到平衡;如果无法找到,那么企业利益和社会责任哪个更应该优先?媒体代表的是公众利益,媒体有责任把危机的真相挖掘出来告诉公众。这样,企业与新闻媒体的冲突就不可避免。

媒体公关要注意其长期性和必要性。从日常运作来看,新闻媒体与企业不存在必然的关联。当企业危机真正来临时,新闻媒体则成为企业危机公关处理至关重要的一环。企业高层或公关部门主动拜访媒体有关人士,接受专访,建立与主流媒体的长期联系,保证主流媒体在危机发生时不火上浇油,保证其公正性。在危机处理过程中,企业通过向媒体发布新闻稿、新闻发言人回答媒体提问、召开新闻发布会等形式应对来自媒体和公众的质询。积极、主动地消除公众的疑虑和不安情绪,是企业处理危机制胜的法宝。

3. 客户

客户是企业经营发展的根基,而客户关系沟通管理就是为企业提供全方位的管理视角,它赋予企业更完善的客户交流能力,为企业利益和客户收益取得最优平衡。"客户永远是对的",销售、合同签订、售后服务、尾款追收等都需要企业与客户进行长期有效的沟通,在这个过程中也就更需要提供更为人性化的服务,建立长期的企业品牌。在为客户提供优质服务的基础上应加强风险意识,在任何合同谈判过程中都应该始终引入专业法律顾问,以防止不必要的损失。

> **案例链接:特斯拉女车主维权危机**
>
> 2021年4月19日,上海车展首日,一位特斯拉女车主在车展上进行维权却被保安人员拖离现场,引起了舆论的关注与热议。
>
> 事情源于2月21日,张女士与父亲一同驾车,因刹车失灵造成了一系列交通事故,张女士父母也身受伤害。张女士在去上海车展前已经维权了两个月,但特斯拉一直给不出一个满意的答复。
>
> 首先,特斯拉声称其当时车速处于超速状态,但却不公开行车数据;其次,特斯拉在没进行现场调查的情况下直接宣布调查结果,并且不配合第三方鉴定。在张女士要求退车后,特斯拉给出的方案是同意保险公司修车,并愿意帮助其卖个好价格,在某种程度上表示不愿退车。
>
> 该事件发生之后,特斯拉也面临着公关危机。首先,特斯拉没处理好售后问题,这也许会给消费者留下质量不佳的印象。其次,特斯拉对待维权的客户比较粗暴,这会让其他消费者感觉,客户对于特斯拉来说也许并不是上帝。
>
> 特斯拉在此事过后仍声称不可能妥协,并宣称特斯拉产品是一个新产品必经的过程,90%的客户都愿意再次选择特斯拉。这份声明也说明了特斯拉认为自身产品是没有问题的,还拥有更多愿意重复购买的消费者,并暗示其不在乎张女士这一位消费者。

> 随着双方各执一词的争论愈演愈烈，更多的政府部门开始介入和发声，包括中纪委、中央政法委等政府机构在内都对特斯拉车主维权一事表达了关注。在众多媒体和政府机构的关注下，特斯拉无法再保持傲慢的态度，发布了一则致歉声明，表示已经成立专门处理小组，专事专办，努力在合规合法的情况下，尽全力满足车主诉求，争取让车主满意。
>
> 资料来源：https://baijiahao.baidu.com/s?id=1697463743342624520&wfr=spider&for=pc.

4. 社区

社区是企业生存发展的外部环境，企业正确处理与社区的关系是双方和谐发展的核心。企业采取适当有效的策略，得到公众支持，与社区建立长期互惠互利的伙伴关系，是企业实现可持续发展的基础。开放某些设施为社区公众提供便利、赞助社区活动和项目、参与不同的社区组织等，都可以让企业更好地融入社区，为社区和企业的共同发展与不断进步打下坚实的基础。

5. 协作者和竞争者

企业在运营的过程中，由于专业化分工不断细化，各种不同的协作者会为企业提供各种类型的服务。如中介代理、广告策划、媒体沟通渠道等，可以为企业带来极大的绩效改善——术业有专攻，专业服务机构有专业的知识和能力，外包服务可以为企业解决人力资源冗余问题。但是在选择专业服务机构之前，需要进行完整的时间规划与空间预留，为企业项目的完成提供保证。与协作方沟通过程中，在保证双方利益的前提下，最重要的是明确彼此的权利和义务。

企业与竞争者处于博弈竞争的常态中。技术进步的速度越来越快，产品生命周期越来越短，单个企业已不太可能具备所有的优势资源，企业竞争优势能够保持的时间越来越短。企业在各领域居于领先地位，通过合作获取外部资源已成为竞争优势的重要来源。与竞争者保持合作可以最大限度地减少企业运作中的不确定性，对企业来说具有巨大的战略意义。越来越多的企业与竞争者共生双赢，结成战略联盟，与竞争者的关系由对抗转向合作。

6. 员工、股东

员工与股东作为企业最直接的利益相关者，是企业的内部客户。企业在与员工、股东沟通的过程中，应该保持一定的沟通频度，信息也一定要保持对称。

> **案例链接："宝万之争"，王石退出万科管理层**
>
> 2015年12月4日，钜盛华通过资管计划对万科股票进行增持，增持后其与一致行动人合计持有的万科A股股票占其总股本的20.008%，成为万科第一大股东。
>
> 2015年12月17日，万科董事长王石首次在北京万科针对钜盛华所属的宝能系举牌发声，称"不欢迎宝能系成为万科第一大股东，不会受到资本的胁迫，将为万科的信用和品牌而战"。
>
> 2016年7月19日，万科向中国证监会、证券投资基金业协会、深交所、证监会深圳监管局提交了一份《关于提请查处钜盛华及其控制的相关资管计划违法违规行为的报告》，"宝万之争"进入白热化。
>
> 2016年8月4日—11月23日，恒大进场救援，通过其附属公司在市场上陆续收购万科A股股份，成为万科第三大股东。
>
> 2017年1月12日，"宝万之争"影响恶劣，深圳市介入协调，国资委也开始对华润施压。华润股份、中润贸易将其所持有的168 959.981 7万股万科A股股份以协议转让

的方式转让给深圳地铁,约占公司总股本的15.31%。

2017年6月9日,中国恒大将其所持万科合计155 321.097 4万股股份(占上市公司总股本的14.07%)协议转让给深圳地铁;深圳地铁成为万科第一大股东,"宝万之争"告一段落。

2017年6月21日,王石退位,把接力棒交给郁亮。

宝能、万科管理层、华润、恒大、深铁、安邦,这些这场大戏的主角们都从二级市场的股权入手,希望获得万科董事会席位,"野蛮人""内部人控制""事业合伙人计划""董事会改选规则"……被不断普及。

至此,华润与恒大早已淡出,宝能无缘董事会,王石宣布退休……也许最大股东深铁与留守的郁亮仍须磨合。新的万科管理层经此一战,也必将改变曾经被指责的"不重视股东""压低股价"的形象,推进"万亿万科计划",让投资者获得回报。管理层的背后,最大股东深铁,其耗资逾663.7亿元、股票均价20.46元接盘后,亦有国有资产保值增值的需要。

资料来源:http://www.ocn.com.cn/touzi/chanye/201707/caewc19210236.shtml。

7 金融机构

目前,经济发展形势错综复杂,全球金融危机给企业发展带来了极大冲击。在重重压力下,很多企业首先面临的就是资金问题。而企业在向银行等金融机构申请贷款时,门槛较高、审批麻烦是常见问题,各个银行对企业贷款的调查、审查都有一套严格的管理规定。

案例链接:恒大金融危机导火线

困扰中小企业和金融机构的问题是信息是否对称。企业是否了解银行,银行是否了解企业,这是企业贷款难的核心问题。企业应该与金融机构建立一个相互信任、双方沟通的机制。

5.2 企业危机的定义、类型和特征

"危机就像死亡和纳税一样,是管理工作中不可避免的,所以必须随时为危机做好准备。"美国《危机管理》一书作者史蒂文·芬克说。在他对全球500强公司高层人士进行的调查中,高达80%的被访者认为现代企业不可避免地要面临危机,有55%的被访者认为危机影响了公司的正常运转。有危机管理计划公司的平均危机周期为3周半,没有危机管理计划公司的平均危机周期为8周半。

5.2.1 企业危机的定义

站在不同角度、不同领域,采用不同思维方式,对危机的认识、理解便会不同。在危机研究过程中,专家、学者们给危机赋予各种各样的定义。巴顿(Barton,1993)把危机定义为:"惊奇、对重要价值的高度威胁、需要在短时间内做出决定的特定状态。"斯格(Seeger,1998)等人把危机定义为:"能够带来高度不确定性和高度威胁的、特殊的、不可预测的、非常规的一系列事件。"世界旅游组织把危机定义为:"影响旅行者对一个目的地的信心和扰乱继续正常经营的非预期性事件。"民航从广义和狭义两方面也给危机赋予了定义:"能够带来高度不确定性和高度威胁的、特殊的、非常规的,以无限多样的形式

在许多年中不断发生的非预期性事件(广义危机);干扰民航业务自然流程的任何事件(狭义危机)。"

综合以上的各种定义,企业危机是指使企业遭受严重损失或面临威胁的突发事件。这种突发事件在很短时间内波及很广的社会层面,对企业或其品牌会产生恶劣的影响。

5.2.2 企业危机的类型

企业危机来自方方面面,企业运作的任何一个环节都可能给企业带来始料不及的危机。企业危机的常见类型包括以下几种。

1. 产品危机

当产品或服务有质量、性能上的问题与缺陷时,会导致企业市场、客户和品牌的危机发生。

> **案例链接:三星手机的中国败局**
>
> 自从进入智能手机时代,截至2021年的最近12年时间里,三星始终保有全球手机出货量第一的宝座,从未旁落他人。但是,在全球手机市场呼风唤雨般存在的三星,在中国手机市场的销量却十分惨淡。在2014年之前,三星连续登顶中国市场,到2015年第一季度,三星还以27.8%的市场占有率位居中国智能手机市场榜首。然而,2016年"Note7爆炸门"事件发生后,三星宣布开放全球召回,召回全球十多个国家和地区的共250万台Note7,唯独没有召回在中国售卖的Note7。三星对中国消费者的差别对待,严重伤了中国消费者的心。从2017年开始,三星就跌出了中国市场前五强,就此归入各家调研机构相关数据报告的"others"。2019年三星更是关掉了在中国的最后一家手机工厂,三星在中国的手机生产彻底画上了句号。到2021年,三星手机在中国的市场份额更是跌破1%。
>
> 资料来源:https://baijiahao.baidu.com/s?id=1724458863559569895&wfr=spider&for=pc.

2. 市场危机

市场环境发生变化、竞争对手营销能力加强或自身营销能力下降,也可能使企业面临危机。

> **案例链接:芯片危机导致华为手机出货量巨跌**
>
> 据全球行业著名分析公司Counterpoint Research 4月发布的2021年度第一季度全球智能手机品牌的销量数据,华为的全球市场占有率暴跌至4%。手机销量也从2020年全球第一跌至第六。华为手机市场份额下滑之快,超出很多人的预测。甚至有分析认为,华为手机落幕将成定局。
>
> 2019年5月17日、2020年5月15日以及8月17日,美国以所谓国家安全为由,先后三次宣布对华为实施所谓的制裁。其滥用国家力量对华为进行极限打击,试图将华为排除在全球产业链供应链之外,并且以芯片等关键元器件断供为手段,欲置华为于死地。
>
> 从企业个体看,华为有独立自主的核心技术体系,也有比较超前的战略思维和战略准备。而且,华为已经形成了一个产业生态系统,实现了"榕树式"生长,具有极强的生命力。从市场规律和全球大势看,经济全球化的趋势不可阻挡,全球产业链供应链已经深度融合。
>
> 资料来源:https://baijiahao.baidu.com/s?id=1698336768138183933&wfr=spider&for=pc.

3. 战略危机

资金、投资、购并、体制、债务、供应、股市或多元化等重要决策失误可能导致企业危机。

> **案例链接：格力的多元化战略前景仍不明朗**
>
> 自 2016 年 7 月董明珠在第二届中国制造高峰论坛上宣布进军多元化以来，格力先后涉足消费电子、智能工业装备、新能源等多个行业，空调在其主营业务构成中的占比已降低至 70%左右，但对上市公司的利润贡献率不降反升，一度超过 90%，这表明多元化业务并未给公司经营状况带来改善，反而进一步推高了格力对于空调业务的依赖度。2021 年 10 月，格力发布了 Q3 财报，数据显示，格力 Q3 营业收入为 470.8 亿元，同比下滑 16.5%，扣非净利润为 59.7 亿元，同比下降 9.34%，在三季度空调销售的旺季，利润甚至低于 2017 年同期水平。与此同时，在该季度，格力仍是白电三巨头中表现最不乐观的那一个，美的 Q3 利润同比增长 4.4%，海尔智家单季度利润增长率更是达到了 14.6%。
>
> 此外，摩根士丹利以及、淡马锡港中央结算、中央汇金、高盛等持有机构陆续减持/清仓，2020 年 12 月，格力以 65.25 元/股的价格创历史新高，此后便连续一年震荡下跌，至今股价回调幅度超过 40%，市值减少近 2000 亿元。
>
> 资料来源：https://baijiahao.baidu.com/s?id=1716330513032012380&wfr=spider&for=pc。

4. 媒体危机

因媒体曝光或媒体报道失实，使企业声望、名誉、品牌遭受严重考验，从而发生危机。

> **案例链接：女网红进入机长驾驶舱危机**
>
> 2019 年 11 月 3 日晚，据网上爆料，一女网红进入飞机驾驶舱并发图朋友圈。该事件立刻引发网友热议，一时间桂林航空深陷舆论危机。11 月 4 日，桂林航空在网络上发布官方通知，对相关机组成员做出严厉处分，并表示会按照航空条例做内部自审。通告发出后，网友对桂林航空的正面评价明显上升，并且纷纷为桂林航空的零容忍态度点赞。
>
> 资料来源：https://baijiahao.baidu.com/s?id=1654062054458936903&wfr=spider&for=pc。

5. 法律或政策危机

企业运营遇到政策调整或者法律上的障碍时，有可能给企业带来危机。

> **案例链接：B 站协助"敬汉卿"商标维权化解危机**
>
> 2019 年 8 月 3 日，哔哩哔哩弹幕视频网视频博主"敬汉卿"（博主本名）在该网站个人认证账号发布一份有关其账号 ID 被"镜湖区知桥电子产品销售部"注册为商标的声明，并要求其改名的动态，该事件引发了众多网友的关注。随后网友爆出，知名 UP 主"翔翔大作战"以及"歪果仁研究协会"等 B 站官方账号也相继发现有被举报侵权的现象，甚至新浪微博 CEO 的微博账号"@来去之间"也被抢注为情趣用品商标。同时，网友挖出知桥电子从 2017 年起，在短时间内囤积了 109 个注册商标，不少自媒体博主的名称被恶意抢注。
>
> 8 月 6 日，B 站回应称，不会因为 UP 主昵称被其他机构恶意抢注，而要求其修改

昵称，并将为 UP 主提供相应的法律帮助，未来还将上线"UP 主创作权益保护计划"，为其提供更专业立体的法律支持。对于 B 站的"助攻"和对 UP 主的"维护"，网友们纷纷表示认可，强力支持维权。

资料来源：https://baijiahao.baidu.com/s?id=1654062054458936903&wfr=spider&for=pc。

6. 不可抗力危机

自然灾害或战争、恐怖活动、金融风暴、政权更迭等突发事件也可能让企业遭遇危机。

7. 其他类型的危机

除了以上六类危机，企业还存在着许多可能的危机，主要包括：

（1）企业高层或董事会不测事件、突然死亡、大换血；

（2）核心员工突然辞职、集体辞职、不辞而别，竞争对手恶意挖人；

（3）刑事、民事案件：刑事犯罪、刑事诉讼、吸毒酗酒、被拘留、偷盗、车辆违章、绑架、勒索、自杀事件；

（4）劳动争议、上访、信访、举报、检举揭发内幕；

（5）客户投诉、媒体曝光、政府机构检查发现严重的产品质量问题等；

（6）治安、动乱事件：员工矛盾、个人冲突、纠纷事故、打架斗殴；

（7）谣言、小道消息、传单、匿名信、诋毁他人的邮件、打油诗；

（8）怠工、罢工、毁坏机器设备、偷盗公司财产或个人财物；

（9）企业财产安全事故、被盗、设备被故意毁坏；

（10）精神疾病或重大疾病发作、传染病暴发、流行病、食物中毒、各类中毒事件；

（11）政府部门突查、抽查（卫生、质量、消防等）；

（12）公司机密泄露、丢失重要文件、源代码丢失；

（13）工业安全事故（停电、停水、停气）、安全事故（伤残、死亡、车祸）；

（14）各类社会团体或机构强行摊派、索要财物、化斋、刁难、罚款；

（15）其他突发事件导致或演变的危机。

5.2.3 企业危机的特征

由上述有关企业危机定义和类型的描述，可以总结出企业危机的几个特征。

不可预见性：危机发生的具体时间、实际规模、具体态势和影响深度是难以预测的。

欲望性：在处理危机的过程中，企业需要带有明确的目的性和欲望性。

聚焦性：企业发生各种类型的危机时，会受到舆论和公众的高度关注。

破坏性：不论什么性质和规模的危机，都会不同程度地给企业造成破坏与损失。

模糊性、复杂性：企业危机的来源、处理方法和过程都具有不同程度的模糊性和复杂性，需要危机处理团队进行认真分析。

紧迫性、挑战性：如果不能及时控制，危机会急剧恶化，给企业带来难以挽回的后果，因此可供做出正确决策的时间有限，给危机处理团队带来极大的挑战。

两面性：任何事物都是一分为二的。危机中既有危险也有机会，企业应该善于在危机中把握机会，变危险为企业发展、超越和提升的机会。

5.3 西方危机管理理论和中国古代"顺道"文化危机管理思想

危机管理是企业为应对各种危机情境所进行的规划决策、动态调整、化解处理及员工培训等活动过程,其目的在于消除或降低危机所带来的威胁和损失。

危机管理发展至今,学者从各个角度出发对危机进行讨论,例如教育、政治、经济、社会、交通等诸多方面。西方的危机管理理论发展较为成熟,形成了一套危机管理系统体制,而中国古代的"顺道"文化对于危机管理也具有极为重要的指导意义,下面将分别进行简单介绍。

5.3.1 西方危机管理理论

1. 危机管理机制

美国著名危机管理专家 Coombs W. Timothy 指出,"没有任何组织可以将危机置于组织之外"。[①] 一个规范的组织或团体再好,也可能遭遇危机,一个没有事前准备的组织,就很可能因为危机事件的产生而蒙受重大损失。在全球化的效应下,危机波及企业的各个层面和不同范围。企业需要有组织、有系统的管理机制来协调运作,才能达到彻底应对危机的效果,更能将危机转变为企业进步的机会。

组织在危机中面对更为严苛的竞争,在混乱的环境中必须有一套有效的危机管理机制,扭转负面形象和结果,从中获得组织进步的空间与契机。Hill & Associates 执行总裁 Greg Hicks 提出,要使组织从危机形成的混乱中安全过关,并创造出属于自己的领导风格,危机管理机制有系统地运作可被列为重要的原因之一。

2. 危机沟通

在复杂环境下,危机公关可视为危机沟通中的必要元素,面对媒体等庞大的传播体时,需要一致、双向的沟通渠道,避免危机的扩散和加剧。危机管理学者 Marra 认为,"危机中的沟通如果从双向、平行的角度出发,可以降低危机管理中危机因素的增加,避免危机的再次发生"。[②]

1963 年,美国气象学家 Edward Norton 提出了著名的混沌理论,这个理论在危机管理学中被广泛使用。混沌理论认为,一个企业不可能对自身的发展和面对的环境拥有绝对的可预见性,但任何企业本身具有使内部有序、稳定和平衡协调的功能,当面临危机时,内部这种自我协调作用是帮助企业度过危机的一个重要因素。危机往往会促进融合组织和利益相关者的沟通气氛,通常在危机发生后,危机涉及人员往往会表现出高度合作态度,参与解决问题和决策。

Don Stacks 提出多方位公共关系的危机管理模式。他认为,一个有效的危机管理计划

---

① TIMOTHY C W. 危机管理与传播[M]. 林文益,郑安凤,译. 台北:风云论坛出版社,2002.
② MARRA F J. Crisis Communication Plans: Poor Predictors of Excellent Crisis Public Relations[J]. Public Review, 1998, 24(4): 461-474.

应该把重点放在三个沟通渠道上：由谁进行沟通，谁是沟通的对象，以及在危机中运用哪种沟通途径。这个模式包括四个方面：首先是公共关系，包括媒体和公众、公众信息、说服和人际关系四个层面；其次是公众，他把公众分为四个类型——自我公众、内部公众、外部公众和管理公众；再次是组织结构与基本设施；最后是沟通技巧。

在预防危机阶段，Terasa Holder 提出运用组织沟通学理论，以及运用预料模式来应对危机。在危机处理阶段，Miller 和 Beck 提出用隐喻的方式来管理危机。在危机的善后阶段，即后期弥补阶段，Celino 提出运用模糊概念，Bonort 提出重建组织形象等模式。

5.3.2　中国古代"顺道"文化管理思想

> 道高于德，德高于仁，仁高于义，义高于礼。
> 道基于真，德基于诚，仁基于爱，义基于理，礼基于范。
> 上德不德，是以有德；下德不失德，是以无德。上德无为而无以为，下德为之而有以为。上仁为之而无以为，上义为之而有以为。上礼为之而莫之应，则攘臂而扔之。故失道而后德，失德而后仁，失仁而后义，失义而后礼。夫礼者，忠信之薄，而乱之首。前识者，道之华，而愚之始。是以大丈夫处其厚而不居其薄；处其实而不居其华。故去彼取此。
>
> ——老子

老子的意思是说：人类在不断失去与自然之间的默契。正因为失去了这种默契，才会不断用人为的手段来弥补。"天之道"而及"人之道"的系统转换，人为的手段往往加剧了人的"异化"以及"物件化"，成为掩盖病症根源的遮羞布。最终，往往只能获得扬汤止沸的效果，而且后续人为弥补的弊端却日益突出。回归原点、顺道而行，才能从根本上解决问题。

我国古代文化中蕴含着许多深邃的管理思想，其中包括一些危机管理方法，直到今天仍然不失其借鉴意义。下面将从孔子的"人本主义"、孟子的"权变"危机观以及中国文化独特的成语故事三个方面介绍中华文化朴素的危机沟通原则。

1. 孔子的"人本主义"

《论语·乡党》载："厩焚。子退朝，曰：'伤人乎？'不问马。"这段逸事，充分反映了孔子面临危机时重人轻财的人本思想。如果我们把"人"比作顾客或社会公众，把"马"比作企业利益，就不难得出这样的启示：企业在面临危机时，不能仅以企业一时的经济利益来衡量，而必须以"人"为导向，真正从顾客利益和社会公共利益出发，担负起应负的社会责任，才能创造妥善处理危机的良好氛围，建立起关心和维护消费者权益的积极形象。

2. 孟子的"权变"危机观

《孟子·离娄》载："男女授受不亲，礼也；嫂溺，援之以手者，权也。""男女授受不亲"是儒家思想中"守礼"的重要观点，抛开其历史局限性不谈，孟子在面对"嫂溺"危机时打破"守礼"的常规，体现了适应不同形势的权变思想，并进一步指出"嫂溺不援，是豺狼也"，深刻地批判了墨守成规、不知变通的迂腐思想和行为。

危机的可怕，在于其突发性和迅速扩散性。制度刻板、体制僵化造成的反应迟缓是应付危机的最大挑战。因为面对政府、媒体、公众、顾客等方方面面的咨询与质疑,哪怕是一刻的延误,都有可能导致事态进一步扩大或恶化。权变原则要求企业在面对危机时必须根据现实情势采取不同于常规的措施来迅速应对,以消除不利影响、摆脱困境。

资料链接:中华成语蕴藏的危机处理原则

5.3.3 危机管理的价值前提

西方危机管理思想和中国古代"顺道"文化都对企业的危机管理具有重要的指导作用。但是,作为企业,在对危机的管理公关中究竟该如何进行主导定位呢?

在《公共关系的"元理由"与对话范式》中,胡百精从历史维度切入,考证了20世纪公共行业和公关学科产生之初的社会语境,提出"公关为对话而生"①。公关意义上的对话,不同于日常生活中的交谈、会晤,它整合了宣传、说服、开放、均衡、关系等社会化、公共性的表达方式和行为方式。社会对话作为公关的内在规定性,预设了公关的价值前提。危机管理作为企业公关极为重要的组成部分,继承了公关的三大价值前提。

1. 共同体精神

社会对话的目的在于将多样的个体、群体造就为一个想象的共同体。谓之想象,是因为维系共同体的最高力量来自公共精神和普遍信念,即各方协调之后共同尊奉的社会准则。

企业作为社会的一个层次,其利益必定要受到社会利益的约束,企业利益的目标要服从社会利益的目标。企业危机管理也是如此,它推动着企业自身的价值信念与社会公共精神相遇,从而引导企业安全度过危机,提升品牌美誉度和忠诚度。在共同体精神的约定下,任何一个企业的发展机会归根结底产生于自己为共同体创造的机会。

2. 互惠共赢

如果说共同体精神强调的是企业危机管理在信念层面的协调机制,那么互惠共赢解决的则是在面对具体利害抉择时,危机公关能提供给企业的价值尺度。在这个尺度上,互惠原则被纳入企业决策的优先序列:自利利人。同时也提供了另一个现实的、公正的视角:当某一企业或组织陷入困境时,社会各方亦应给予其表达自身利益主张的机会。

3. 合作非对抗

在危机管理中,对话是比对抗更好的问题解决方式。之所以把合作视为危机管理的价值前提,因为它首先是一种态度、意志和信条,它兼顾企业和利益相关者之间意义的世界和利益的世界。更重要的是,合作的着眼点是人。对抗的重点在于物质和利益,对物质利益看得越重,就越可能被其所迷惑以致失去方向,而做出许多损人利己的事情——封杀、欺骗、贿赂、凌弱皆不在话下。

价值前提、危机管理策略、危机管理效果的关系如图 5-1 所示。

危机管理的三个价值前提是一个内在的逻辑体系:共同体精神指向信念协商,互惠共赢指向利益契约,而合作既是危机管理的价值思维,亦是实现策略。三者共同构成了危机管理活动的价值基础,无视或毁弃这个基础,要么是阴谋诡计,要么是"明知故犯"的滥用。只有遵守、维持这三个价值前提,才能给出经得起推敲的危机管理策略,也才能产生

---

① 胡百精. 公共关系的"元理由"与对话范式[J]. 国际新闻界,2007(12):11-16.

预期的效果。

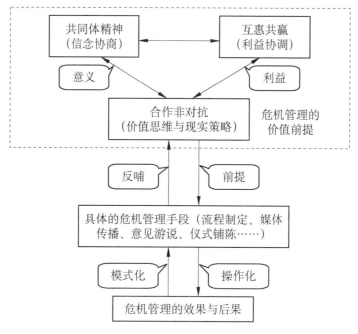

图 5-1　危机管理的价值体系

5.4　危机管理的识别与预控

"不受欢迎"的危机总是不期而至，让企业陷入尴尬的境地。频繁出现在媒体和大众视野的著名跨国企业，总是轮番遭遇不同性质、内容及不同程度的麻烦，但是，它们被媒体了解到的"危机"尚算有限，许许多多的"小危机"早在被媒体和公众嗅到之前就被企业"扼杀"在萌芽状态了。企业该如何识别和预控危机呢？

5.4.1　识别企业内部的危机预警信号

危机发生前，大都会暴露出一些征兆。下面列出了可能存在危机的一些预警信号。

1. 竞争对手日益强大

市场是激烈竞争的，竞争对手之间共同争夺市场占有率。如果某个竞争对手的产品或服务越来越受消费者欢迎，其市场占有率会逐渐升高，那么该竞争对手对本企业就存在着潜在威胁。

2. 库存增加，产品积压

仓库中存货的增加一方面反映了产品销售的不力；另一方面也反映了销售预测不准确，生产了过量的产品。库存过多将导致企业资金断流，因而有可能带来资金周转上的困难。

3. 客户投诉索赔增加

企业受到客户投诉索赔的次数多少从一个侧面反映了产品和服务质量。客户对产品性能、使用寿命以及售后服务等方面提出投诉并要求索赔，是产品和服务质量下降的直接标志。频繁的投诉将给企业带来危机。

4. 财务指标恶化

一些重要的财务指标反映了企业经营的效率与效益，如流动比率、速动比率、资产负债率、存货周转率、应收账款周转率、销售净利率、净资产收益率等。一般来说，这些财务指标一旦接近预警临界点，就需要特别关注，并采取措施，以避免财务危机发生。

5. 发展速度过快

企业领导在企业具有良好发展势头时，容易头脑发热，为企业的发展埋下危机的种子。例如，企业进行盲目扩张，轻率的多元化政策。企业多元化首先是相关多元化，只有在相关多元化已经完全确立了企业不可动摇的市场地位以后，才能进行非相关多元化。

案例链接：海航集团是如何一步步滑向破产深渊的

2010年前后，海航提出"吃住行游购娱"，成立了八大业务板块：航空、旅业、商业、物流、实业、机场、置业、酒店。由此开始了不断加速的活色生香的并购，以及堪称艺术的财团资本腾挪。

2011年，海航以11.5亿美元收购世界第四大集装箱租赁公司新加坡GE SeaCo的100%股权、收购香港康泰旅行社。

2016年，海航以440亿元收购黑石集团持有的希尔顿25%的股份，390亿元收购IMI英迈100%股权，131亿元收购GECAS及其相关方下属45架附带租约的飞机租赁资产，667亿元收购CIT下属飞机租赁业务，4.5亿美元投资Azul航空，收购瑞士航空配餐公司Gategroup，收购英国外币兑换运营商ICE，收购卡尔森酒店集团及其持有的瑞德酒店集团约51.3%股权，入股TAP葡萄牙航空公司，收购瑞士飞机维护服务提供商SR Technics部分权益，购买维珍澳洲股权，购买曼哈顿写字楼和伦敦金丝雀码头商厦等。

通过在国内外控股、参股、并购，海航从单一的地方航空公司逐步壮大为覆盖航空、酒店、旅游、地产、零售、金融、物流等多业态的巨无霸，总资产过万亿元，2016年实现收入超过6000亿元。2017年，海航总资产迅速飙升至1.2万亿元，稳稳跨进世界500强公司，成为一家全新的世界级企业。

20年时间，海航资产完成从千万到破万亿的增长，增长了10万倍！惠普公司的第四任CEO Lewis Platt在总结美国300个倒闭的企业后得出一个结论：这些企业都不是饿死的，而是撑死的。海航的多元化，比乐视贾跃亭还要恐怖，但隔行如隔山，行业间核心能力迥异，一家企业怎么可能同时搞定这么大的摊子？更何况，公司在跑马奔腾的同时，负债也持续累积。据媒体报道，2015年到2017年，海航集团每年都在新增大量负债，三年时间累计新增带息债务约3668亿元。到了2018年，海航的负债率达到70.55%，总负债规模为7500亿元。

2019年陈峰终于醒悟，说出了这样一番话："认为自己什么都能干、什么都可以干时，祸就埋下了。"只可惜，他明白得还是太晚了。2021年2月，海航集团开始正式破产重组。

资料来源：https://view.inews.qq.com/a/20220509A0CPLS00?startextras=0_ac1befd59b3ea&from=ampzkqw.

6. 人力资源费用负担过重

对于机构冗杂的企业来说，人力资本占据了成本费用的很大一部分，如果企业发展速度变慢，员工又呈现老龄化，需要承受大量的退休职工的工资福利费，会直接影响企业的效率。另外，很多国有企业机构重叠，一个人的工作偏偏安排两三个人甚至更多人去完成，无疑增加了人力资本。

从以上这些危机预警信号中，可以预见危机的到来，以便及时采取有效措施，防止这些预警信号蜕变为真正的危机。

5.4.2 危机影响评估

危机影响评估有一个原则，即要朝着中高度危机方向考虑，绝不能轻视和忽略危机发生和发作的可能。要做最坏的打算，从方方面面预估危机可能对企业造成的潜在影响。例如，产品销售是否会受到较大影响？客户和消费者会产生什么情绪？竞争对手是否会落井下石或乘机抢占市场？对环境是否构成威胁？政府和行业协会在政策上会做出什么反应？媒体会充当什么角色？只有这样企业才能够给予足够重视，在资源供给、人员配备上给予倾斜，为危机管理工作小组提供相对自由的权利和空间。依据资源配给，工作小组可以准备几套预案以备不时之需。

5.4.3 危机管理模拟训练

除了预见危机和评估危机影响，企业还应该对员工进行危机管理模拟训练，尤其是企业公关部门和未来可能进入危机处理小组的员工。

危机管理模拟训练是构造或设想出危机发生的情境，通过讲授或实际操作，模拟危机处理策略，增强企业抵抗危机的能力。危机模拟训练是企业对内传播危机应对方法重要而有力的途径，危机管理模拟训练主要通过心理训练、知识训练、基本功训练和应对媒体训练等方面展开。

心理训练通过让员工了解危机特性，加强危机意识，具有防范危机和承受危机的心理准备，遇到危机时保持镇静。知识训练是关于危机识别、防范、处理、恢复等方面的训练，主要通过讲座、研讨会等多种形式有针对性地对员工进行思想态度和专业知识的培训。基本功训练则是对危机处理方法的技能培训，包括演习紧急情况下通信小组的组建、通信设备的使用、调查问卷的编制、收集和分析信息的能力、内外沟通的方法。应对媒体训练是指设计好回答媒体提问的策略，以及将企业的信息准确传递给媒体的策略，以便在关键时刻能够实现有效的媒体管理。不说"无可奉告"、不做失实报告、不要指责媒体等都是平时媒体训练应该重点关注的内容。

案例链接：一位校长创造抗震奇迹

5.5 危机的形成与发展、处理与化解

对于企业而言，危机是不可避免的。企业管理者要认识危机的形成与发展过程，把握危机中的契机，对危机进行有效的处理和化解，为企业生存和发展排解困难。

5.5.1 危机的形成与发展

一切事物都处于运动、变化之中，都有其产生、发展、灭亡的过程。企业危机也有其自身运动变化的规律。一般来说，危机管理学家将危机分为以下四个阶段。

1. 危机孕育期——星星之火

在这个阶段，各种对企业不利的信息源正在形成，犹如星星之火，有各种征兆和苗头，一旦发现很容易被扑灭，但遗憾的是，这种征兆和苗头往往很容易被忽略。

2. 危机爆发期——大火猛烈

在这个阶段，危机信息开始传播，危机已经暴露，但是只要及时反应，是可以控制住的。

3. 危机扩散期——火势蔓延

火势顺风以燎原之势蔓延。由于媒介和公众的关注，危机成为社会舆论关注的"热点"和"焦点"，公众和媒体出现信息"真空"，谣言四起，危机爆炸式扩散，呈现失控状态。

4. 危机消失期——大火熄灭

通过利用各种手段对事件进行处理，此时信息得到最大限度的披露，企业逐渐走出了公众及媒介的视线。危机处理得当的企业从此走上复兴之路，而处理不力的，或者危机死灰复燃，或者企业从此无力回天，走上衰亡之路。

案例链接：海底捞"老鼠门"事件

2017年8月25日上午，《法制晚报》下属的"看法新闻"发表了一篇标题为"记者历时4个月暗访海底捞：老鼠爬进食品柜 火锅漏勺掏下水道"的文章。该文中，记者卧底北京海底捞劲松店和太阳宫店，发现两家店的厨房都出现了不良现象。其中在劲松店后厨发现有老鼠爬进装食品的柜子，工作人员将扫帚、簸箕、抹布与餐具一同清洗。而在太阳宫店，记者发现火锅漏勺被用作掏下水道垃圾的工具。

对于"老鼠门"危机，海底捞这次的危机公关被业内人士称为"教科书般的操作"，在既有负面事件不变的情况下，将舆论导向迅速反转。在事件爆发后三个小时左右，海底捞迅速对此做出了回应。

8月25日14点46分，海底捞在其官方微博和官网发布致歉信。其内容包含：承认曝光内容属实，提供过往处理类似事件的查询通道，感谢媒体和群众的监督，表示愿意承担相关的经济和法律责任，并且承诺已经布置在所有门店进行整改，后续将公开发出整改方案。17点16分，海底捞在其官方微博和官方发布处理通报。内容包括：对事件门店的停业整改处理，所有门店开启卫生排查，接受公众、媒体的监督，安抚涉事事件的员工，董事会主动揽责。8月27日下午，海底捞在其官方微博和官网发布《关于积极落实整改，主动接受社会监督的声明》。内容上，海底捞除了表明加强员工培训、落实整改措施，还承诺将在全国门店实现后厨操作可视化。

事实上，海底捞发布了致歉信和处理通报之后，就因为反应迅速、道歉态度诚恳而平息了不少消费者的怒火。致歉信发布之后，大众的关注点集中在海底捞这次"危机公关的成功"，不少公众号开始一条条分析"海底捞"危机公关的成功之处，整个事件的焦点被成功转移。

根据之后的报道，海底捞在全国门店完成了整改内容，其中全国60多家老店是改造重点，单店平均花5万元升级监控。此外，海底捞还增加了后厨展示区域，北京所有门店后厨实时直播，并且海底捞在门店设置参观卡，消费者可申请参观后厨。

在此次海底捞危机公关中，最值得学习的是海底捞在此事件中达到的透明度。危机公关整体的透明度为海底捞挽回了客户的信心。尤其是海底捞在公布的整改措施中，给出了每个整改措施的具体负责人，让公众对海底捞的整改产生了信任感，似乎能看到海底捞的负责人是如何推动整改的。这些都是海底捞能在"老鼠门"事件中公关成功的重要因素。

资料来源：https://www.meihua.info/article/3421597798384640。

5.5.2 危机的处理与化解

图5-2是著名跨国企业的危机管理步骤，为我们的危机处理与化解方案提供了一定的参考。在面对企业危机的过程中，企业需要一套完整的危机处理和化解方法。

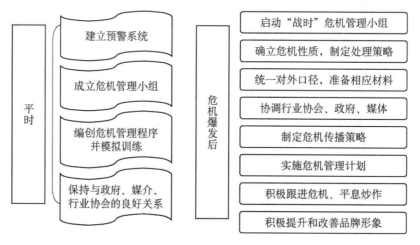

图5-2 危机管理步骤

1. 制订危机处理计划

危机属于非常态事件，企业组织不能只依靠现有的常规与制度来应付，必须事先拟订危机事件的处理程序与应对计划。企业应该明确制定危机处理计划的步骤：确认危机—编制危机处理计划—修改危机处理计划—针对计划做好资源配置。

危机管理计划有以下五个制订原则。

（1）计划必须是具体的、可以操作的，不应该有任何含糊之词。

（2）计划必须具有灵活性、通用性和前瞻性。由于企业所处的环境瞬息万变，加之危机发生时的情形充满未知，因此危机管理计划不能过于僵化和教条。要确保企业在遭遇没有预知的紧急状况时，能够遵循总体原则，采取针对性的策略和方法。

（3）计划制订应建立在对信息的系统收集和系统传播与共享的基础上。负责制订和实施危机管理计划的人员应充分了解企业内部及外部的信息，并及时充分地沟通。同时，应和相关利害关系（如政府部门、行业协会以及紧急服务部门等）各方加强联系。企业如果没有系统地收集制订计划的信息，就会在制订危机管理计划时顾此失彼，漏洞百出。

（4）必须有危机管理的预算。危机管理预算和营销预算同等重要，制订危机管理计划必须以自身的人力、物力、财力资源为基础，而不能以危机事件的种类为依据，否则计划只会成为水中月、镜中花，没有任何现实意义。

（5）为保证计划的有效性，应定期对计划进行检查及更新。最好的危机管理计划是能够解决问题的计划。制订好计划后，并不是万事大吉、束之高阁，而是应定期组织外部专家及内部责任人员进行核查和更新，否则就可能发生用过时的军用地图去制订作战方案的悲剧。

2．建立危机处理系统结构

制订好危机处理计划之后，必须有一个协调的系统实施危机管理计划。危机处理的系统结构包括以下四个子系统。

（1）咨询系统：企业应尽快建立形象管理部与外部咨询团队。

（2）信息系统：组建信息整理部与挑选信息侦察兵，信息侦察兵应该具有敏锐的眼光与分析能力。

（3）决策系统：确定危机管理者，他们应该临危不乱、善于沟通，具有权威性和极强的办事能力；确定管理联系人员，他们善于协调，熟悉企业现有资源。

（4）操作系统：建立标准运作联络部与战术反应部，其成员果断利落，具有一定经验。

3．制定危机处理流程

危机处理流程一般包括隔离危机、分散与化解危机、消除危机后果与危机总结。

隔离危机有两方面的内容：人员隔离，将处理危机的人员和正常经营人员隔离，保证企业正常的运作秩序；事故隔离，对危机造成损失的范围进行隔离，避免危机范围进一步扩大。

分散与化解危机是合理地转嫁和分散风险。具体的措施有：注销亏损严重的分支机构，停止某种滞销产品生产，推出新产品分散危机，投资新的行业和领域，转移目标受众，向职工集资与扩股以扩大承受危机的能力，减薪与裁员减少资金负担，通过债务重组缓解资金困难，等等。

企业可以通过上述转嫁和分散风险的措施逐渐消除危机带来的积极后果，同时还要通过教育疏导消除危机给顾客带来的心理后果。

危机结束后，企业危机处理小组要着手回顾危机的全过程，总结经验教训，评价危机管理效果，针对在危机应对过程中发现的诸多问题进行整改。

4．后期企业形象维护

企业在危机处理的过程中应该坚持一个重要的原则——时刻维护公众利益，给公众一个负责任、讲信誉的企业形象。同时，企业要善待受害者，大度、忍让，避免与受害者及其家属对立。另外，企业还要充分发挥与随时调动媒体的权威传播功能，全面、真实地报道最终结果。

> **案例链接："逗鹅冤"——腾讯和老干妈教科书反转式公关**
>
> 2020年真是魔幻的一年，卖辣椒酱的老干妈，居然能和搞互联网的腾讯，对簿公堂！中国裁判文书网一则裁定书曝光，腾讯把老干妈给告了，理由是：老干妈拖欠了1000多万元的广告费未支付，腾讯被迫依法起诉，申请冻结老干妈相应资产。
>
> 腾讯表示，前一年与老干妈签署了推广合作协议，腾讯已依约履行相关义务，但面对多次催收，老干妈分文不付。从腾讯方面的说法来看，双方的矛盾点其实很简单：老

干妈想在腾讯投放广告做推广，但合作完了以后老干妈却迟迟不按合同约定付款，催办多次无果的腾讯只能与之对簿公堂。可诡异的是，老干妈负责人刚刚回应：并没有与腾讯有任何的合作，关于此事老干妈公司认为，腾讯公司被骗了！而事情的真相是3人伪造老干妈印章与腾讯签订推广合同！互联网巨头腾讯与"国民第一辣酱"老干妈之间的纠纷几经反转，最终演变成"众人围观腾讯被骗"的局面。

这下，腾讯公司可糗大了！面对舆论的"嘲讽"，腾讯在其官微发文称："其实，但是，一言难尽……为了防止类似事件再次发生，欢迎广大网友踊跃提供类似线索，通过评论或私信留言。我们自掏腰包，准备好一千瓶老干妈作为奖励。"腾讯公关总监张军随即转发这条微博，并戏称："你这个憨憨。"其间，群众与各大友商等官方号发来善意的提醒（嘲笑），"逗鹅冤"就此产生。

腾讯用调侃和可怜的语气表示"今天中午的辣椒酱突然不香了"的自黑方式，成功以"卖惨式营销"的方式扭转了形象。不少其他品牌的官方账号也在下面"借势卖萌"，甚至连一些竞品公司也不忘在下面调侃，最后直接演变成了一场全民的狂欢。

2020年7月1日晚，腾讯将《遇见/再见火箭少女101告别典礼》中杨超越的哭泣告别片段重新配音，放在了B站。腾讯早前的B站视频点击量大多在5万上下浮动，很少有超过10万的；而这条视频仅仅发布15个小时，点击量就超过了300万。与此同时，腾讯市值也悄无声息地涨了超过1500亿元港币，折算成人民币大约1370亿元。

无论从效果、口碑还是后续影响来看，腾讯这次危机公关后的品牌修复处理都堪称教科书级别的。

资料来源：https://www.sohu.com/a/405419617_262742.

5.6 危机管理的企业常态恢复

常态恢复是企业重新步入正轨、谋求发展的前提，因此它也是危机管理工作的重要环节。

1. 恢复计划的制订

在危机结束之后，企业应尽快制订恢复计划。恢复计划包括此次危机的背景情况、计划的执行者、恢复的目标、恢复计划的对象、恢复过程中的沟通策略、受害员工的补偿、企业下一步生产和销售进程、企业形象的恢复策略以及本计划的物资准备、使用条件与有效期等。

常态恢复计划可以尝试聘请外部专业机构为企业提供咨询服务，例如，恢复过程中的沟通策略、企业形象的恢复策略，专业外部机构能够提供专业建议和解决办法，带来较佳的恢复效果。

2. 消除危机对企业员工的影响

在企业的常态恢复过程中，尤其要注意消除危机对企业员工的不良心理影响。只有让员工恢复正常的工作状态，才能让企业重新运转。

组织员工参与专业的讲座或培训，有必要的话为员工提供心理咨询服务，消除员工的恐慌、后怕、怨天尤人、内疚等情绪；企业也要为员工提供进一步的组织激励，安排休假与家庭关心，让员工充分感受组织的温暖，维持或提升员工对企业的信心。

案例链接：美国西南航空公司面临危机不裁员

5.7 危机管理沟通的三个知道与八项注意

危机发生后,媒体和社会公众都极其关注,企业有责任向媒体和社会公众提供必要的信息。媒体作为社会的监督部门,是社会非正式派任的危机观察员,他们对特定事件的判断,足以左右大众对该企业的看法。危机管理沟通中,企业与媒体、公众打交道需要一定的技巧。

5.7.1 危机管理沟通的三个知道

在任何一场危机中,沟通者需要尽快知道三件事:
一是我们知道了什么(What did we know);
二是我们是什么时候知道的(When did we know about it);
三是我们对此做了什么(What did we do about it)。

3W就是危机管理沟通的三个知道。媒体提问和企业反应之间间隔时间的长短,将决定这个反应是成功还是失败。如果一个企业对于它面临的危机认识太晚,或是反应太慢,那它就会处在一个滑坡上,掌控全局会变得非常困难;如果不能迅速地完成3W,企业将会无力回天。

5.7.2 危机管理沟通的八项注意

1. 尊重事实,坦诚面对

在危机管理过程中,任何一个危机管理者都必须采取尊重事实、坦诚面对的态度,这是妥善解决危机事件的根本原则。从危机公关的角度来看,只有坚持实事求是、不回避问题,勇于承担责任,向公众表现出充分的坦诚,才能最终获得公众的同情、理解、信任和支持。

企业在危机事件爆发后,可能会"四面楚歌",政府批评、媒体曝光、公众质疑等纷至沓来。大多数企业担心危机事件曝光后会毁掉自己苦心经营的品牌形象,于是采取隐瞒、掩盖、敷衍、"无可奉告"等愚蠢做法,其结果往往适得其反、雪上加霜。最明智的做法是正视问题,以诚相待,采取积极主动的姿态,"闻过即改",及时做出相应改进措施,争取赢得公众谅解和同情。

> **案例链接:无印良品危机公关**
> 2017年3月15日的国际消费者权益日,无印良品和部分跨境电商被曝光,理由是违规出售日本福岛核电站泄漏事件中禁售产地的商品。
> 3月16日中午,无印良品终于针对被央视"3·15"点名一事发布了声明。声明中无印良品还是延续了一贯的冷淡风。通篇理性,毫无感性的成分。无印良品指出,此次引起误解的原因是所销售的进口食品日文标志上所标示的"贩卖者 株式会社良品计画RD01 东京都丰岛区东池袋4-26-3",而该信息为本公司母公司名称及其法定注册地址,并非本司所售进口食品的产地。也就是说,央视记者把公司注册地和食品产地搞混了。无印良品还在声明最后附上了每批次食品报关报验单等一系列证明复印件。
> 无印良品如此冷淡的危机公关,却让舆论迅速反转,网友的情感值也迅速回升,危

机公关成功帮助无印良品转危为安。

资料来源：https://www.digitaling.com/articles/38287.html。

2. 快速反应，及早处理

孙子曰："兵贵胜，不贵久。"人们也常说，好事不出门，坏事传千里。在危机事件出现的最初 12～24 小时，消息就如同病毒一样，以裂变的方式高速传播。而这个时候可靠的消息通常很少，到处充斥着谣言和猜测。企业的一举一动，将是外界评判企业如何处理这次危机事件的主要依据。媒体、公众及政府都密切关注企业发出的第一份声明。

通常情况下，危机事件处理的难度与速度成反比，即速度越快，损失就越小。时间失控也会导致各种不测因素增加，往往是"屋漏偏逢连阴雨"。危机事件爆发的突然性和极强的扩散性决定了危机管理团队应对危机事件必须迅速、果断。

世界 500 强企业遵循以下原则：如果发现问题，就毫不犹豫地正视它；如果感到情况不妙，就立即进行彻底大检查，在检查过程中发现危机爆发的原因；如果发现危机来临，就立刻通过传播媒体及时向社会各界通报危机事件的真实情况；如果危机事件已经降临，就集中力量去对待它，在企业生死存亡的形势下，没有比求生更重要的了。

> **案例链接：呷哺呷哺火锅"鸭血门"事件**
>
> 2015 年 3 月 15 日，CCTV 新闻频道《共同关注》栏目重磅报道"北京鸭血九成是假的"。据央视报道，有观众举报，北京市场九成的鸭血都是假鸭血，甚至是含有甲醛的有毒鸭血。记者到呷哺呷哺和小肥羊分别打包了一份鸭血，随后，到附近的一个连锁餐馆打包了一份风味鸭血。检测报告显现，三份鸭血样品均检出猪源性成分。
>
> 事件发生后，呷哺呷哺在很短的时间内就给出回应并表明态度。3 月 15 日 20 点 40 分，呷哺呷哺微博发布第一篇回应，内容大致是表明呷哺呷哺对该事件的态度，告知消费者、媒体和有关部门公司呷哺呷哺会保持开放、积极的态度，并会及时公开信息。25 分钟后，呷哺呷哺微博发布第二篇回应，表示已经全部停售所有门店的鸭血产品，留待检验和确认，并且为公众提供了联系方式，方便公众了解事件动态。
>
> 3 月 16 日凌晨 4 点 34 分，呷哺呷哺微博发布第三篇回应称：3 月 15 日晚，公司已经积极配合政府相关部门的检查和取样，提供产品供应商的资质证明和检测报告，并按照要求把已经下架停售的所有鸭血及时运回总部封存，且为本次事件给消费者带来的不便进行道歉。呷哺呷哺通过三条微博形成了一份完整的回应，顺利地夺回了"鸭血事件"的舆论主导权，避免其他媒体散布谣言。此后，呷哺呷哺更是保持沉默，等待监测结果的公布，避免节外生枝。
>
> 3 月 26 日，官方检测结果为呷哺呷哺带来了好消息。当日，呷哺呷哺在官方微博发布消息："今天下午 2 点 19 分，北京市大兴区食药监局前往呷哺呷哺总部，解封了 3 月 15 日当晚封存的鸭血产品。呷哺呷哺已接到政府部门通知，其取样送检的鸭血制品经权威机构检测均未检出猪源性成分。即日起，呷哺呷哺将恢复鸭血产品售卖。正式书面检测报告政府部门将于后续发布。"由此，一场声势浩大的公关危机也得到圆满解决。
>
> 资料来源：https://www.meihua.info/article/3421597798384640。

3. 内部协调，共同应对

对于在多个国家和地区运营的企业而言，内部协调显得尤为重要。当企业危机发生后，不可避免会对企业正常运作带来巨大影响，媒体和公众的质疑会让企业和员工备感压力。此时，非常需要员工彼此的鼓励和安慰、组织内部的协调安排，企业只有内部和谐一致，才能共同有力应对危机挑战。

内部不协调、缺乏危机事件的处理能力，最直接的后果便是企业管理成本增加，销售额下降，最终使企业声誉受到严重创伤。现代企业中很多职位需要员工独立承担职责，在关键时刻协调一致。没有独当一面和彼此协调的能力，就没有在突发事件中化险为夷的能力，就不可能胜任职位所需。只有每一位员工都有较强的危机事件处理能力，面对危机时企业才能紧密协调成为一个整体，化危机为转机，减少企业损失，促进企业发展。

4. 积极负责，勇于承担

在危机事件发生后，企业应当首先坚持承担责任的原则，不能为了保全声誉而推卸责任。此时公众会关心两个方面的问题：第一，利益问题。利益是公众关注的焦点，所以不论谁是谁非，企业都应该承担责任。即使受害者有一定责任，企业也不应该首先追究其责任，否则只会加深矛盾，引起反感，不利于问题的解决。第二，感情问题。在很多时候，公众非常在意企业是否关注自己的感受，所以，企业应该站在受害者的立场上思考问题，并表示同情和安慰，通过新闻媒介向公众致歉，解决深层次的心理、情感关系问题，从而赢得更多理解和信任。企业暂时蒙受损失，甚至付出一定代价，从长远来看，不但有利于企业解决危机事件，还有助于树立良好的口碑和形象，为今后的发展奠定良好的基础。

> **资料链接：海底捞涨价后的危机处理**
>
> 2020年4月初，据部分网友反映，去吃海底捞火锅结账后发现，海底捞竟然悄悄涨价了。一位来自北京的食客更是在微博发言称海底捞的定价就是在宰客。于是此事迅速引发网友关注，并对海底捞进行谴责。还有人表示，要是涨价，我就不去吃了！
>
> 对此，海底捞官方微博火速回应，并发布道歉声明。声明指出此次海底捞涨价，是公司管理层错误的决定，伤害了海底捞顾客的利益，对此表示抱歉，并决定所有门店的菜品价格即日起恢复到之前的标准。网友们在看到海底捞的致歉声明后，又迅速转变了风向，纷纷投去一波好评。
>
> 资料来源：https://baijiahao.baidu.com/s?id=1663822626175132694&wfr=spider&for=pc。

5. 借助外力，权威认同

许多企业在深陷危机后，第一反应是尽快澄清事实还己清白。但是其忽略了非常关键的一点，就是很多时候自我辩解不仅难以证明清白，有时反而越描越黑，甚至引起公众的强烈反感。

众多危机公关案例证明，真正能够澄清事实的不是当事企业的百般辩护，也不是企业和媒体之间的口水战，而是来自权威机构的声音。权威机构以其自身的威信以及第三方的身份足以消除公众的所有疑惑，权威机构的一句话胜过企业的所有辩解。那么，有谁能够代表权威机构呢？质量检测部门、主管机构、监管机构能够代表权威机构，在新闻发布会上，有权威机构的参与才是最有说服力的。企业在危机事件发生后不要孤军奋战，要寻求"曲线救国"，请重量级的第三方在前台说话，使消费者解除戒备心理，只有这样才能重获信任。

> **案例链接：麻辣王子借势辣条危机**
>
> 2019年3月15日的国际消费者权益日，"危险的辣条"视频曝光了多家辣条制造商。视频中可见生产线上被膨化后的面球四处飞溅，生产车间地面上，满地粉尘与机器渗出

的油污交织在一起。"3·15"名单曝光后，一家没有被提及的品牌却顺势"蹭"上了热度，这个品牌就是麻辣王子。

在"3·15"晚会曝光辣条行业乱象不久，麻辣王子官方微博就发布了一则置顶视频。视频公开了麻辣王子的车间，品牌创始人亲自讲述品牌理念。除此之外，麻辣王子还发布了邀请大学生以及网民到实地参观的视频，甚至在3月18日还邀请平江县委书记到车间考察并品尝辣条。

"3·15"辣条风波之后，麻辣王子主动站出来展示自己生产间卫生环境的举动，还有县委书记为其做保证，无疑稳住了消费者的情绪，还由此扩大了品牌知名度且吸引了消费者一大波好感。

资料来源：https://www.163.com/dy/article/EK6K4CFP053871FL.html.

6. 坚持立场，统一口径

危机事件发生后，企业内部应确定一个发言人，让企业统一口径、统一行动，以一个声音对外说话。如果企业通过多个声音、多种口径对外，往往会失控、失序，甚至自相矛盾，加重公众疑惑，使问题复杂化。不同说辞会让公众产生企业"欲盖弥彰"的印象。正确地统一对外口径等于统一企业的舆论出口，确保发布的信息客观、严谨、统一，才能使事件有统一的舆论导向。

在危机处理过程中，为了避免信息混乱，应注意以下几个方面。

（1）应该由新闻发言人或企业指定的高层统一对外表态，形成有效的对外沟通渠道。

（2）表态前后要一致，不能够前后反复，否则很难自圆其说。

（3）拟定统一的表态口径，保证企业在事件处理过程中的态度一致。

7. 感同身受，同舟共济

事实上，公众和媒体往往在其心目中已经有了一个天平，对企业有了心理预期，即企业在危机事件中该如何处理他们才会感到满意。要使公众和媒体的天平至少保持平衡，企业就必须切实关注消费者利益。危机发生后，企业应时刻把消费者利益放在首位，并确定采取合适行为切实维护消费者利益，这是赢得公众认可的关键点，同时也可以及时赢得新闻媒体的认可。

顾客是上帝，企业如果失去了消费群体，也就失去了存活的机会。很多时候，消费者希望看到的仅仅是企业屈尊认错与积极改正的态度和行为，而不是真正要把企业置于死地。这时候，企业应该更多地从消费者的角度思考问题，只有这样才能使企业和消费者同舟共济，一起渡过难关。

事实充分证明，公众希望看到的是企业在危机处理过程中与消费者站在同一条战线上的态度和积极行动。"感同身受，同舟共济"就是危机处理过程中企业和消费者两者关系的最佳总结。

8. 灵活处理，见机行事

危机事件本身具有高度不确定性、非常规性、趋势不明、连锁反应等特点，同时在企业危机处理的过程中，随着危机事件的发展，各种情况都可能发生变化，因此企业对外沟通的内容不是一成不变的，应时刻关注事态的变化，灵活处理，见机行事。

企业需要在危机处理过程中不断观察事态变化，改变企业的处理方式和策略，应对不同的变化趋势，解决不断出现的新问题。因此，灵活处理、见机行事是企业重新崛起的关键。

5.8 自媒体时代的危机管理沟通

当前，微博、微信、抖音与快手等自媒体日趋流行，危机管理沟通面临更大挑战。

> **案例链接：星巴克咖啡"致癌"事件**
>
> 在 2018 年 3 月 29 日，洛杉矶高等法院的一条"加州 65 号"让星巴克的股票突然开始大跳水，市值在短短一个小时内缩水。3 月 30 日，有一个叫作"澳洲 Mirror"的自媒体首发"星巴克咖啡致癌"的消息，到当天晚上其点击量就已达到 10 万+。3 月 31 日晚，很多自媒体也开始跟进此事，有部分微博网友也开始讨论起"咖啡是否致癌"的话题。4 月 1 日传统媒体开始介入，不少专家针对咖啡致癌的科学性进行了讨论，仅仅三天，此消息就已广泛传播。与此同时，星巴克也受到了负面影响——其品牌声誉受到损害，消费者也纷纷对其产品的安全性表示质疑。
>
> 虽然此事件已经被广泛传播，将星巴克推向风口浪尖，但星巴克并没有因此慌了阵脚，而是迅速进行危机公关。首先，星巴克经讨专家们的科学讨论，以及通过权威机构丁香医生的辟谣，就已经平复了一部分消费者的不安情绪。在 4 月 1 日，星巴克更是向媒体发布了声明，还附上了一份全美咖啡行业协会相关公告的图，至此星巴克致癌事件才得到强有力的平息。
>
> 在该事件中，星巴克的做法就是前期不发表自己的态度，而借助行业协会的声明来客观证明自己的清白，然后再及时加以把握和处置，抓住了危机趋势是可变的特性，将公关危机的危害降到最小，最后成功化解了危机。
>
> 资料来源：https://zhuanlan.zhihu.com/p/277366719.

5.8.1 自媒体时代危机管理五大挑战

关键点传播集团董事长游昌乔认为，微博等自媒体时代对危机管理带来了以下五大挑战。

一是危机的源头无处不在。在自媒体时代，人人都是媒体，人人都是观众，人人都是演员。由于发布者的不可知性，任何一个人都可以是危机发生的触发器，任何一个细节都可能是危机的诱发因素，我们也许能控制某一个媒体，但我们无法控制每一个人。

二是信息没有价值，注意力才有价值。伴随着自媒体时代的来临，企业面临一个很大挑战，那就是信息没有价值，注意力才有价值。而这个挑战的残酷性在于：好消息通常不能吸引注意力，能够吸引注意力的往往是坏消息。

三是"扩音器"作用明显。"微博或论坛曝光—网民关注—传统媒体报道—网络转载—网民议论放大—更多媒体关注—更多社会关注—事件升级，掀起高潮"，这种令人恐怖的裂变效应，往往使企业措手不及。

四是垃圾累积效应。负面信息一经发布，就会被不断谈论、转载，甚至被丑化，就像没有回收的垃圾一样，散发着臭味。当累计达到一定量之后，则覆水难收了。

五是"100-1=0"。当你被无数人围观时，即使做了一百件好事，也抵不过做一件错事带来的伤害。任何一个微小疏忽或者细节失败，都可能导致"100-1=0"的效果，前功尽弃，甚至万劫不复。有人说：爬到山顶需要花10年的时间，而掉到山谷只需要10秒。自媒体时代尤其如此。

5.8.2 自媒体时代危机管理策略

自媒体时代的危机管理除了建立危机公关体系，遵守危机预防、识别、处理和恢复四个环节的一般原则，还要重点从以下几个方面着手。

1．树立全员危机意识

在自媒体时代，企业危机可能因为某些员工在新媒体工具上的不慎言论而出现，加强员工对企业危机意识的培养尤为重要。

2．做好舆情监测工作

自媒体时代，信息高速流动，舆情变幻莫测，使危机的出现往往具有突发性，并且扩散迅速。企业要建立信息监控和危机预警系统，确保在第一时间发现危机源头，了解危机动向，对热点进行识别，通过分类、聚类分析，判断其倾向和趋势。例如，利用网络舆情监控分析系统，对与企业相关的信息进行自动抓取、分析，及时发现负面信息并跟进处理；设立官方微博（微信）账户，有效地疏导和化解客户不满情绪，防止事态的扩大，把潜在危机消灭在萌芽状态。

3．及时引导正面舆论

在自媒体时代，负面和正面信息都可以呈几何级速度蔓延，传统危机管理的"黄金48小时"原则在这里显然已不适用。这就要求企业在平时注重通过自媒体，树立正面形象，引导舆论的积极评价。同时，在负面信息爆发后的最短时间内快速响应，及时把握舆论导向，掌握主动权，占领舆论制高点；哪怕短期不能查明原因，也要先做正面回答，表明处理问题的态度和决心，挽回正面形象。

4．端正态度，积极改正

在自媒体时代，事实是难以掩盖的，掩盖错误事实的成本远高于承认后面临的损失。面对现实的错误，企业要主动检讨，同时表达积极的改正态度，重塑市场形象，重新赢得客户信任。人们会原谅一个犯错误的企业，但不会原谅一个犯错误后还欺骗客户的企业。企业和个人在面对媒体时，始终要记住一件事情：第一是态度，第二是态度，第三还是态度。

> **资料链接：特里法则**
>
> 美国田纳西银行前总经理L.特里提出，承认错误是一个人最大的力量源泉。正视错误，你会得到错误以外的东西。
>
> 吃五谷生百病，人不是神，总有自己的缺点，谁都难免会犯一些错误。当我们犯错误的时候，脑子里往往会出现想隐瞒自己错误的想法，害怕承认之后会很没面子。其实，承认错误并不是什么丢脸的事。反之，在某种意义上，它还是一种具有英雄主义色彩的行为。因为错误承认得越及时，就越容易得到改正和补救。而且，由自己主动认错也比别人提出批评后自己再认错更能得到别人的谅解。更何况，一次错误并不会毁掉你，真正会阻碍你的，是那不愿承担责任、不愿改正错误的态度。
>
> 资料来源：https://zhuanlan.zhihu.com/p/267658136。

本章小结

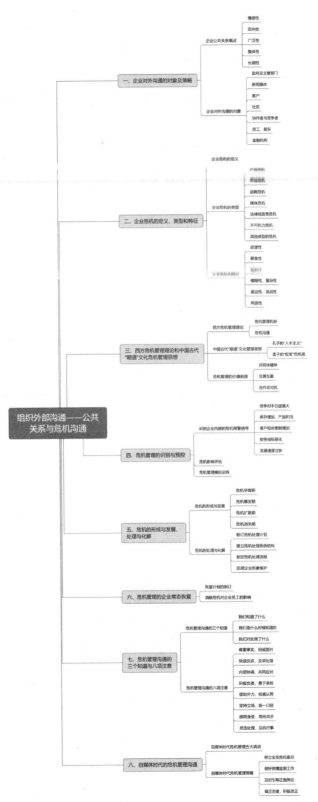

本章典型案例："魏则西"之死与百度公司之失

一、魏则西求生之路

2014年4月，西安电子科技大学大二学生魏则西被查出患滑膜肉瘤。这是一种恶性软组织肿瘤，生存率极低，五年生存率仅为20%~50%。得知病情后，魏则西父母带其前往北京、上海、天津和广州多地求诊，虽经多次努力，但均被告知生存希望渺茫。

同年9月，魏则西父母通过百度推广搜索得知武警北京总队第二医院（下文简称"武警二院"）的"生物免疫疗法"，于是，魏则西开始在武警二院先后接受四次治疗。与此同时，魏则西开始在知乎网站分享自己的看病过程和遭遇。

2015年8月，魏则西在知乎网站上发帖提问："二十一岁癌症晚期，自杀是不是更好的选择？"那时候，他已在武警二院做完四次生物免疫疗法，没有达到预期效果。

2016年2月26日，生物免疫疗法最终未见疗效，魏则西也从国外网友处了解到，生物免疫疗法是已被国外临床淘汰的技术。他在知乎网站一则名为"你认为人性最大的'恶'是什么？"的问题下，描述了自己上当受骗的经历，同时希望受骗的人少一些。

二、魏则西之死舆论发酵

2016年4月12日，魏则西在咸阳家中去世。当天，在一则"魏则西怎么样了？"的知乎问题帖下，魏则西的父亲用他的知乎账号回复称："我是魏则西的父亲魏海全，则西今天早上八点十四分去世，我和他妈妈谢谢广大知友对则西的关爱，希望大家关爱生命，热爱生活。"魏则西之死牵连出百度竞价排名、涉事医院外包给民营机构等问题，开始引发网友关注和讨论。

4月27日，报社记者孔璞（@孔狐狸）将知乎上魏则西事件引导至微博，转发量达到上万条。

4月28日，百度回应称，魏则西去世之后，百度立即联系魏则西的爸爸进行慰问和哀悼。同时百度表示对魏则西生前通过电视媒体报道和百度搜索选择的武警二院，第一时间进行了搜索结果审查。从提交的资料来看，该医院是一家资质齐全的公立三甲医院，不存在违规推广和虚假搜索的情况。即日起，魏则西事件在微博和微信上开始被大量转发和关注。

5月1日，百度再次回应，针对网友对魏则西所选择的武警二院的治疗效果及其内部管理问题的质疑，百度正积极向发证单位及武警总部主管该院的相关部门递交审查申请函，希望相关部门能高度重视，立即展开调查。

5月1日，《人民日报》发表的评论《魏则西之死，拷问企业责任伦理》为实际的导火索，各路媒体开始进行深度的调查和报道。根据百度指数，魏则西事件真正开始酝酿网络影响是从4月30日澎湃网、财新网开始。5月1日《人民日报》社论将该事件推上风口浪尖。

5月2日，魏则西父母通过财新网表示不想被卷入商业纠纷中，同时表示百度声明中称"在得知此事后，我们立即与则西爸爸取得了联系"的说法是谎言，事实上，百度从未与他们联系过。同日，媒体报道武警二院生物诊疗中心已经停诊，另外更多的媒体爆出莆田系承包科室和民营医院虚假宣传各种乱象。

三、监管的调查与百度的整改

2016年5月3日，国家网信办会同国家工商总局、国家卫生计生委成立联合调查组进驻百度公司，对此事件及互联网企业经营事项进行调查并依法处理。

百度对此回应称，欢迎调查组进驻并将全力配合。同时，百度公司通过内网发表名为"砥砺风雨　坚守使命"的文章，向内部员工解释"魏则西事件"前后经过及影响。文章称"（百度）作为一家优秀的企业，需要背负国家、行业本应该履行的监管责任"，并号召员工"继续用心上班"，"把产品打磨得更好，让我们的用户满意，就是对外部最好的回应"。

5月4日，武警二院贴出停诊通知，宣布暂时停止一切对外服务。武警部队表示，对"魏则西事件"高度重视，已组成工作组进驻武警二院。有关领导表示，将全力配合国家卫生计生委和中央军委后勤保障部卫生局的调查，对于发现的问题将依法严肃查处，绝不姑息迁就。

5月9日，卫计委联合调查组公布对武警二院调查结果，国家网信办联合调查组公布进驻百度调查结果。调查组对百度公司提出了以下整改要求：一是立即全面清理整顿医疗类等事关人民群众生命健康安全的商业推广服务，即日起，对医疗、药品、保健品等相关商业推广活动进行全面清理整顿，对违规信息一经发现立即下线，对未获得主管部门批准资质的医疗机构不得进行商业推广。二是改变竞价排名机制，不能仅以给钱多少作为排位标准。立即调整相关技术系统，5月31日前，提出信誉度为主要权重的排名算法并落实到位；对商业推广信息逐条加注醒目标志，并予以风险提示；严格限制商业推广信息比例，每页面不得超过30%。三是建立完善先行赔付等网民权益保障机制。疏通网民监督举报渠道，提高对网民举报的受理、处置效率；对违法违规信息及侵害网民权益的行为，一经发现立即终止服务；建立完善相关机制，对网民因受商业推广信息误导而造成的损失予以先行赔付。

百度表示一定配合整改，按照整改要求执行。

5月10日，百度董事长兼CEO李彦宏发内部信，称魏则西事件带来的影响超过了百度之前的任何危机，且整改措施或对公司的收入有负面影响。李彦宏还表示，如果百度失去了用户的支持和对价值观的坚守，那么百度离破产就只剩下30天。

5月17日，百度推广标志全面更换，将原来的"推广"标志全部替换为"商业推广"字样，并更换字体颜色、增加下画线，加入明显区别于其他区域的底纹颜色，不仅文字表述更为清晰，全新设置的浮标也明确提示风险和用户权益保障，突出了推广内容的商业属性。

5月24日，百度发表声明表示，全面实现每页面商业推广信息条数所占比例低于30%。调整之后，每个页面上、下和右侧的推广信息合计起来不会超过4条。一系列调整举措将主导权更多赋予用户，有助于用户在获得丰富优质信息的同时，更便捷地区分商业推广与自然搜索结果，从而合理筛选信息，理性决策。

5月25日，百度宣布已全面落实整改措施，对搜索页面调整完毕。新上线页面在推广信息数量、商业推广标志等方面均做出重大调整。百度方面表示，用户体验至上是此次调整依照的唯一准则，将切实做到对用户负责，让用户满意。严格限制商业推广数量，所有页面均低于30%。下线2518家医疗机构，撤除疾病搜索置顶推广。出台最严苛资质审核标准，从源头保障信息真实有效。

四、百度公司的损失

受到魏则西事件的影响，百度股价遭遇大跌：2016年5月2日收盘，股价跌至

178.91美元，较前一日下降15.39美元，降幅高达7.92%。

截至2016年6月，百度股价在163.55美元左右，相比魏则西事件之前百度股价（2016年4月29日）194.3美元，下跌15.83%。百度市值也从680亿美元跌至约567亿美元，相对缩水约113亿美元，约合740亿元人民币。

6月13日，百度公司在SEC公告下调当前季度营收预估，称监管部门对于医疗保健行业及相关广告的审查影响到公司广告业务营收。

由此可见，该事件给百度带来了巨大的经济损失。不仅如此，由于该事件迅速成为各大媒体争相报道的新闻头条，百度的各种负面消息通过微博、微信、BBS、自媒体等新媒体平台转发，使得百度一度成为舆论旋涡的中心，陷入四面楚歌的状态，给百度企业品牌形象带来前所未有的严重损失，这也是管理层始料未及的。

资料来源：http://www.gzkyz.com.cn/article/33618.html.

 本章思考与讨论

一、仔细阅读开篇导引案例"瑞幸咖啡财务造假危机"，对以下问题进行讨论：

1. 你认为瑞幸咖啡财务造假危机处理能够化解的关键是什么？
2. 瑞幸危机处理遵循了哪些基本原则？还有哪些改进的空间？
3. 试列举国内两个类似上市公司造假危机的案例，并评价企业危机处理对策。

二、仔细阅读篇中案例"特斯拉女车主维权危机"，思考并讨论以下问题：

1. 你认为特斯拉在危机处理过程中有哪些机会没有把握好？
2. 如果你是一个危机公关经理，试着给出应对特斯拉的危机的具体危机公关对策。

三、仔细阅读篇后典型案例"'魏则西'之死与百度公司之失"，对以下问题进行讨论：

1. 针对该案例，分析自媒体时代下企业面对的危机挑战有哪些。
2. 请列出百度公司在危机处理过程中的失误之处，并提出你的建议。
3. 针对百度公司的危机处理过程，如何看待危机管理的价值前提和道德底线？

 延伸阅读提示

1. 张岩松. 危机管理案例精选精析[M]. 北京：中国社会科学出版社，2008.
2. 郑启明. 赢道：世界500强企业危机处理中化险为夷之道[M]. 北京：中国经济出版社，2009.
3. 胡百精. 中国危机管理报告（2012—2013）[M]. 北京：中国人民大学出版社，2014.
4. 张晓慧，石坚. 企业危机公关[M]. 南京：南京大学出版社，2018.
5. 林景新. 管理者必读的十堂危机公关课[M]. 2版. 广州：暨南大学出版社，2013.
6. 杜慕群. 管理沟通案例[M]. 北京：清华大学出版社，2013.

第6章 跨文化沟通

> 海内存知己，天涯若比邻。
> ——《送杜少府之任蜀州》

本章目标

- ◇ 了解跨文化沟通的概念。
- ◇ 了解地域文化的概念和分类。
- ◇ 掌握跨文化沟通的主要理论。
- ◇ 认识跨文化沟通障碍的主要原因。
- ◇ 掌握跨文化沟通的原则和策略。

 关键概念

跨文化沟通；地域文化；霍夫斯泰德的文化五维度理论；文化迁移；文化定式；逆文化迁移；高情境文化；低情境文化。

导引案例：在多元共存中寻找沟通途径

背景介绍

我工作的公司是一家为银行全球系统提供 7×24 的信息技术和数据支持服务的团队，我们团队的人员跨越了五大洲、四大洋。一个虚拟化的团队每天会通过各种不同的方式进行沟通，由于语言、文化等的地域差异，导致了不同的沟通障碍。下面是我在实践中总结的与不同国家和地区的人进行跨文化沟通的一些看法和经历。

中国香港

刚开始跟香港人沟通，我觉得他们很健谈，很乐意帮助别人。不过，还是会有一些不太适应的地方，例如，香港人讲话喜欢中文里面夹杂着一些英语，半中文半英语的形式，刚开始听不太习惯。另外，香港人很关心政治，尤其喜欢谈论他们的特首，讲起政治来滔滔不绝，这种情况大家在香港打的士时就有所体会了。香港人没有睡午觉的习惯，有时我们在午休，他们也会电话响个不停地找我们。

> **英国伦敦**
>
> 英国人忌讳数字13和Friday。英国人很绅士,固守传统,他们对个人隐私非常重视,因为他们都很守法,所以法律之外的空间就是自己的。如果在伦敦看电影,即便人多他们也会尽量在座位上和你隔开一个,所以大多时候你身边的位置总是空着的。英国人不喜欢表露自己的感情,如果你坐飞机,旁边是一个美国人,他在几小时里面可能会把祖宗十八代的事情都告诉你。而如果是一个英国人,你听到的大多是彬彬有礼的客套话,最多问你天气如何,喜怒哀乐不是他们要表达的内容。
>
> **印度**
>
> 在沟通方面,印度人的英语发音对西方人而言几乎没有问题,但中国人很难听得懂。记得我刚刚加入这个团队时,跟印度同事进行电话沟通就很不适应。后来,我从英国同事那里获知,其实我们的中国式英语口音也不比印度好,至少在他们看来,印度人的英语发音比我们的更容易接受。自此以后,我就不去埋怨印度同事的英语口音了,而是努力去观察、适应。与此同时,我也努力提高自己的口语水平,矫正不正确的发音。
>
> 虽然我们有时会因为文化上的差异产生一些矛盾或误解,但只要大家互相尊重对方的文化,跨文化的沟通没有跨越不了的鸿沟。
>
> 资料来源:莫观华. 管理沟通案例[M]. 北京:清华大学出版社,2013.

随着经济全球化的趋势不断加强,组织的范围已经跨越国界,一方面组织与外部的跨国、跨文化的交往活动日益频繁,与不同国家、不同文化背景的人员交往与日俱增;另一方面组织自身范围跨国、跨文化的趋势也日益明显,跨文化沟通成为组织内部沟通的有效组成部分。对跨文化的研究不仅要考虑一般意义上管理沟通的特点,还需要考虑跨文化的背景,研究不同文化特点对于沟通的影响。

本章将从跨文化的角度阐述国内外相关学者的经典理论,并结合国内不同地域文化之间的差异,描述跨文化沟通的策略与技巧。本章6.1节概括介绍跨文化沟通的相关概念和分类;6.2节归纳主要的跨文化沟通相关理论;6.3节详细介绍跨文化沟通障碍的主要原因;6.4节阐述跨文化沟通的原则;6.5节阐述跨文化沟通的策略。

6.1 跨文化沟通概述

6.1.1 文化与跨文化沟通的概念

从广义上说,文化是人类所创造的一切物质财富和精神财富的总和。

英国人类学家E.B.Tylor(1871)提出,文化是一个社会的成员所获得的知识、信仰、艺术、法律、道德、风俗及其他能力的综合体。从心理学角度看,文化是影响某一群体总体行为的态度、类型、价值和准则,在一定环境里根据人们的集体精神的程序编制。

跨文化沟通,通常是指国际上不同文化背景的人之间发生的沟通行为。具体表现为不同文化之间的人通过一定的途径和方式,如通过经商、婚姻、遣使、求学、传教等方式,在一定的时间和空间发生互相碰撞、相互接触,从中互相学习,彼此融合,从而不断发展的一种文化现象。

跨文化沟通能力就是能够与来自不同文化背景的人进行有效交流的能力,是在不同文化背景中工作就像在自己的国家工作一样,超越本民族文化的能力。沟通能力包括了解自己和理解对方的能力、激励他人的能力、说服能力、号召力和团队精神。在国际商务交流中,仅仅懂得外语是不够的,还要了解不同文化之间的背景,接受与自己不同的价值观和行为规范。

6.1.2 主要国家典型文化的特点

不同的国家有不同的民俗习惯,不同的文化有不同的想法,与他人沟通时,既要多注意地域文化的不同,也要多注意国家、民族习惯的不同。作为管理者要养成一个习惯,遇到不同民族和国家的人,研究一下他们的文化特色是什么,这样可以使我们不犯忌讳,如此与他们处理事情的时候,就会非常愉快,比较容易达到我们的目标。

中国文化:中国文化可以比喻成饺子。"饺子"正是中国传统文化兼容并包的象征。无论什么馅料都能包,无论什么奇思妙想,只要用手指轻轻一捏,都会成为一种"角儿"。不同的风味,不同的形状,形似而神不似,可单盘品味,可聚众摆宴,凡人间有的美味皆可在饺子中尝到。

美国文化:美国文化可以被比喻成水蜜桃,皮薄、汁多、核硬。"皮薄"代表美国文化中人际关系很容易建立,走在美国街头的外国人常常有美国人向他们问候致意;"汁多"代表美国文化的多样性,每个人都可以表现自己独特的一面;"核硬"就是强调隐私,虽然人际关系容易切入,但到一定程度时,个人隐私空间是无法进入的。

英国文化:英国文化常可比喻成教科书,教条而正统。英国人特别重视繁文缛节,世界上的大多数行政体系是由他们设计的。英国人自以为非常完整的行政体系是一种规矩,所以与英国人打交道不要抄捷径,不要绕弯子,也不要和英国人打擦边球,他们喜欢一板一眼,这是英国人的习惯。

日本文化:日本文化可以比喻成夫妻,团队精神很强。和日本人在一起的时候,千万不要称赞其中一个人,日本人的习惯是要称赞就得称赞整个部门,要么就统统不要称赞。在日本公司做事,千万不要做得与别人不一样。日本人上班没有什么隔阂,大家统统坐在一起。日本公司很少发个人奖金,他们一发就统统都有,要么就统统没有,这是日本人的习惯。

法国文化:法国文化可比喻为玫瑰花,浪漫但傲慢刺人。法国人喜欢社交,社交是生活中的一部分。法国人诙谐幽默、天性浪漫,看到愁眉苦脸的人会觉得胃疼。他们的纪律性差,当他们约会迟到时,不要感到惊讶。法国人比较傲慢,自尊心很强,认为法国的东西最好。

德国文化:德国文化可比喻为记事本。每个德国人都有一个记事本,上面记满了和谁的约定、要做的事。笔记本代表德国人时间观念很强,必须提前预约,遵守约定,迟到或过早到都被视为缺乏礼貌。记事本代表德国的秩序观,解决问题强调先来后到。在商务谈判中对方会很固执,但只要认同条款,他们就会严格执行。

6.1.3 地域文化的概念与分类

1. 地域文化的概念

根据《国际社会科学百科全书》的定义,地域文化是人类文化学学科体系范畴内的重要分支，它指在一个大致区域范围内持续存在的文化特征。

2. 中国地域文化的分类

对中国的地域文化而言，李慕寒在《试论中国地域文化的地理特征》（1996）一书中，将我国地域文化划分为十六个：燕赵文化、秦晋文化、中原文化、齐鲁文化、湘楚文化、巴蜀文化、两淮文化、吴越文化、江西文化、闽台文化、岭南文化、云贵文化、关东文化、内蒙古文化、新疆文化、青藏文化。

3. 中国地域文化繁衍图

韩国学者权锡焕综合了多种文献后，在《中国地域文化》一书中将中国重新划分为七个体现中国文化核心特点的区域，用代表这七个区域文化特点的核心词汇来表示就是：千年之都（中原文化）、丝绸之路（秦陇文化）、孔孟之道（齐鲁文化）、天府之国（巴蜀文化）、江南水乡（吴越文化）、桃源之梦（荆楚文化）、中外之交（岭南文化）。各区域文化也在不断繁衍，如图6-1所示。

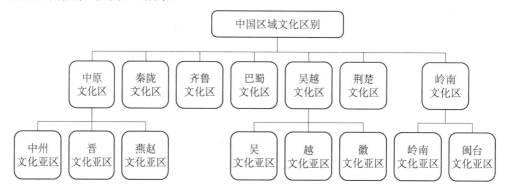

图6-1 中国地域文化繁衍

4. 地域文化的要素

地域文化是在一定地域范围内形成的有别于其他地域的文化，由诸多要素构成，如图6-2所示。

图6-2 地域文化要素构成

方言是指语言的变体。根据性质，方言可分为地域方言和社会方言。地域方言是语言因地域方面的差别而形成的变体，是全民语言在不同地域上的分支，是语言发展不平衡性在地域上的反映。

价值观是指社会成员用来评价行为、事物以及从各种可能的目标中选择自己合意目标的准则。价值观通过人们的行为取向及对事物的评价、态度反映出来，是世界观的核心，是驱使人们行为的内在动力。

劳动方式作为社会生产力和生产关系之间相互作用的传导机制,是反映社会生产方式物质内容和社会形式辩证关系的重要经济范畴。

宗教就是一种群体社会行为,神秘化的信仰。它包括指导思想(宗教信仰)、组织结构(宗教组织,如教会)、行为规范(宗教组织内的活动,如祭祀、礼仪)、文化内容(如宗教建筑、宗教绘画、宗教音乐)等方面的内容。

风俗是特定社会文化区域内历代人们共同遵守的行为模式或规范。习惯上,人们往往将由自然条件的不同而造成的行为规范差异称为"风",而将由社会文化的差异所造成的行为规则之不同称为"俗"。

生活方式是一个内容相当广泛的概念,它包括人们的衣、食、住、行、劳动工作、休息娱乐、社会交往、待人接物等物质生活和精神生活的所有形式、组织形式、甚至爱好。这些方式可以理解为在一定的历史时期与社会条件下,各个民族、阶级和社会群体的生活模式。

心理是指人脑对客观物质世界的主观反映。心理现象包括心理过程和人格。

6.2 跨文化沟通的相关理论

6.2.1 跨文化沟通能力的研究模型

对跨文化沟通能力的研究模型有很多,例如,Spitzberg 和 Cupach (1984) 提出的七维度模型、Belay (1993) 提出的综合性三维度模型。下面将着重介绍后者 (Belay 的情感—认知—行为理论模型)。

Belay 根据学者们的观点从三个方面对跨文化沟通能力进行了综合,提出了以下描述性理论模型:从情感角度出发的跨文化沟通能力,即跨文化敏感性;从认知角度出发的跨文化沟通能力,即跨文化沟通意识;从行为角度出发的跨文化沟通能力,即跨文化机敏性。

1. 情感角度

情感角度的跨文化沟通能力主要关注由于环境、人和情境的个体情感或感受方面的变化。具有这方面能力的人在跨文化互动的过程中,会更多地体验到敏感的情感。

> **案例链接:伊拉克人对美国人的误读**
>
> 1991年1月9日,在美国决定开战前,伊拉克外长阿齐兹和美国国务卿贝克率团在日内瓦进行最后一次谈判。美国代表团的决策者就在谈判现场,而伊拉克的决策者不在。坐在阿齐兹身旁的是萨达姆的姻亲,只见他不停地给萨达姆打电话,报告谈判进展情况,他报告说:"美国人说得很清楚,如果伊拉克不从科威特撤军,美国肯定向伊拉克宣战。"萨达姆问他美国人会不会真的开战,他评估说:"虽然美国人给出了最后期限,措辞严厉,但语气非常平静,声调也不高,表情也不愤怒,看样子不像动真格的。"伊拉克属于高情境文化,人们会根据语气、声调、表情来判断对方的真实意图,语言本身并不是最重要的;而美国文化属于低情境文化,说话的清晰性已代表真实意图,所以,美国代表团认为已将强硬姿态摆出时,伊拉克代表团还以为有余地。后来伊拉克代表团没有妥协,最后的结果是美国进军伊拉克。
>
> 资料来源:严文华. 跨文化沟通心理学[M]. 上海:上海社会科学院出版社,2008.

2. 认知角度

认知角度的跨文化沟通能力主要通过理解母文化与其他文化的异同来改变个体对环境的认知。Kluckhohn（1948）曾比喻说："如果地图是正确的，而且你会读它，你就不会迷路；如果你了解一种文化，你就会了解其社会中的生活方式。"

> **案例链接：聪明的船长**
>
> 有一艘在大海中航行的船遇到事故，快要沉了，很多人上了救生船，但船上还有五名不同国籍的人拒绝上救生船离开。船长对美国人说："你的船票中包含了保险费，因为目前出现危险，你将得到巨额保险理赔。"对中国人说："你年迈的父母还在家乡等你，你快上救生船吧！"对德国人说："我以船长的身份命令你，马上撤到救生船上！"对法国人说："难道你不想去品尝当地的美食吗？"对伊拉克人说："到救生船上去，是真主安拉的旨意。"然后这五名乘客都上了救生船。
>
> 这位船长的高明之处是他具有很高的跨文化认知度，抓住对方文化中最主要的价值观，他了解美国人看重个人利益，中国人看重孝道，德国人看重执行命令，法国人看重生活享受，伊拉克人看重宗教信仰。
>
> 资料来源：彭凯平，王伊兰. 跨文化沟通心理学[M]. 北京：北京师范大学出版社，2009.

3. 行为角度

行为角度的跨文化沟通能力，主要在跨文化互动中让人们完成工作目标，达到沟通目的。它包括五种行为：传递信息的技巧、适宜的自我提示、行为的灵活性、互动管理和社交技巧。

（1）传递信息的技巧，指运用东道国语言的能力，并能理解对方非语言信号所携带的含义。

（2）适宜的自我提示，指愿意开放而适宜地提示和自我有关的信息。有些文化中，自我提示是建立信任关系的重要手段，关系从表层进到深层；而在一些文化中，长时间的关系比沟通方式更重要。

（3）行为的灵活性，指根据不同情况选择得体的沟通方式。

（4）互动管理，指在沟通中轮流说话，得体地提出和终止话题。大多数文化中，同一时间只有一人说话，但非洲则允许两个人同时说话。

（5）社交技巧，指文化共感和保持身份感。

> **案例链接：吉利收购沃尔沃的跨文化管理挑战**
>
> 2010年3月28日，中国自主汽车生产商、民营汽车企业吉利集团以18亿美元的价格收购福特旗下的沃尔沃轿车公司100%股权以及相关资产。吉利一跃成为中国第一家跨国汽车公司，开始进军欧美和北美市场。中国终于拥有了自己的豪华汽车企业，令人欢欣鼓舞。随着收购的完成，吉利也面临一系列跨文化管理的挑战。
>
> 首先，跨文化沟通需要更高的传递信息技巧。沃尔沃的工作语言是英语，所在国家的官方语言是瑞典语，雇员和客户之间交流信息时常出现语言上的障碍，而吉利以汉语作为工作语言，两者协作的语言障碍进一步加大了。中国属于高语境文化，重"意会"、慎言，人们往往会避免可能引起冲突的话语而维持和谐的人际关系；瑞典属于低语境文化国家，重视细节，倾向于逻辑和直线思维。此外，中国人的非言语行为（如表情、动

作等）传递大量的信息，却常被低语境文化忽视，因此，在交际过程中冲突不可避免。

其次，跨文化沟通需要适宜的自我提示。吉利汽车在东方文化的影响下，强调员工奉献，对企业员工严格要求，力求保证生产，重视企业利润。沃尔沃汽车原属福特汽车，受西方文化影响大，员工工作和生活有明确的界限，关注生活质量，追求个人价值。

最后，跨文化沟通需要注意行为的灵活性。例如，在对员工的管理上，吉利集团完全按照军事化管理高效执行、严格要求，加强培训和考核力度。反之，沃尔沃集团则对员工进行专门的评估管理，每个人的工作都与公司的发展、变化及未来息息相关。因此，在沟通中要根据不同情况调整沟通方式，只有合作营造"公平、公正、公开"的企业环境，才能形成上下齐心、步调一致的局面。

资料来源：刘超，孔新颖，王泳雁. 从企业文化整合的角度分析吉利集团并购沃尔沃[J]. 商场现代化，2020（15）：25-27.

6.2.2 霍夫斯泰德的文化五维度理论

荷兰学者霍夫斯泰德（Hofstede）在研究 IBM 全球雇员的文化基础上提出"文化五维度理论"，这是跨文化理论中至今最具影响力的一个理论。霍夫斯泰德认为对管理活动和管理模式有影响的文化层面有五个维度：个体主义与集体主义、权力距离、不确定性避免、男性度、长期和短期导向。可通过这五个维度分析不同的国家和文化。霍夫斯泰德文化五维度模型如图 6-3 所示。

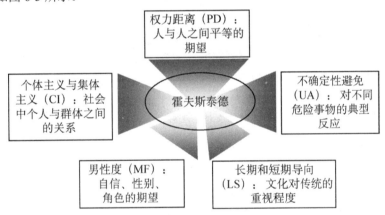

图 6-3　霍夫斯泰德文化五维度模型

1. 个体主义与集体主义（强/弱）

霍夫斯泰德将个体主义与集体主义定义为，"人们关心群体成员和群体目标（集体主义）或者自己和个人目标的程度（个体主义）"。

在个人导向性价值观占主导地位的社会里，个体主义关注自己，每个人都有强烈的自我意识，一切以自我为中心，组织结构是松散的；在集体导向性价值观占主导地位的社会里，组织结构是严密的。个人往往从道德、思想的角度处理其与组织的关系，个人对集体有强烈的感情依附，人们极信任组织，愿意为组织的成长与发展出力。

2. 权力距离（大/小）

权力距离指的是一个社会中的人群对权力分配不平等这一事实的接受程度。接受程度低的国家和民族，人和人之间比较平等，权力距离小；接受程度高的国家和民族，社会层级分明，权力距离大。

权力距离大的文化中的组织一般层级鲜明，金字塔比较陡峭，如日本、韩国和中国的企业；而权力距离小的文化中的组织结构一般就比较扁平，如美国、北欧的公司。另外，决策方式也不同，权力距离大的国家倾向于采用自上而下的决策方式，有时即使高喊民主，也是形式居多；权力距离小的国家则倾向于采用自下而上的决策方式，善于吸纳底层的意见，而作为底层的人也敢于说出自己的所思所想。

3. 不确定性避免（强/弱）

不确定性避免是指一个民族对所生存的社会感到无把握的、不确定的或模糊的情境威胁时，试图以技术的、法律的、宗教的方式来避免不确定局面的发生。每个民族的不确定性避免都有显著的强弱差异。

强不确定性避免意识表现为：不确定性被认为是一种持续的威胁，人们对此非常焦虑和不安，害怕事物的发展与变化；认为时间就是金钱，内心有努力、拼命工作的欲望。

弱不确定性避免意识则表现为：不确定性是可以被接受的，人们不会对此感到有任何压力，对事物的发展与变化持积极的态度；不认为时间就是金钱，也不认为拼命工作是一种美德。

> **资料链接：借钱消费与银行存钱**
>
> 从冒险的角度看，美国文化当然得分高。美国可能是世界上最盛产创业者（entrepreneur）的国家，而创业者无疑是敢冒风险的人。从对未来充满信心的程度看，美国也应该名列前茅，因为美国人大都很少存钱（总的平均存款率可能是全世界倒数第一），许多人不仅没有存款，而且借钱消费，贷款买房买车，度假逍遥。相反，中国文化和其他亚洲文化中的人在这两点上得分较低，创业者人数远远低于美国，存款率则高得惊人。
>
> 资料来源：陈晓萍. 跨文化管理[M]. 2版. 北京：清华大学出版社，2009.

4. 男性度（阳刚性/阴柔性）

男性度维度指的是人们强调自信、竞争、物质主义（事业成功导向）还是强调人际关系和他人利益（生活质量导向）的程度。阳刚性表明了一个民族在自信、工作、绩效、成就、竞争、金钱、物质等方面占优势的价值观。阴柔性则是指在生活质量、保持良好的人际关系、服务、施善和团结等方面占优势的价值观。

> **资料链接：努力拼搏与享受生活**
>
> 日常的观察有时会给我们这样的印象，即中国人和其他亚洲国家的人为了事业成功甚至愿意付出更多，而且家人朋友都接受。例如，中国社会一直歌颂为了工作不顾家庭的英雄人物，从古代"三顾家门而不入"的大禹到现代为了事业呕心沥血、鞠躬尽瘁的干部或企业家，如焦裕禄，反映的就是这种价值观。在今天的中国，有多少人是一周七天都工作的？或者一周有三个以上的晚饭是不和家人一起吃的？恐怕不计其数。此外，为了挣钱，有多少人背井离乡，留妻儿老小在乡下，而自己单独去城市打工？
>
> 像美国这个强调事业成功的国家，近些年来已开始在这一导向上发生变化。人们越来越重视家庭和个人生活质量，一个典型的表现就是下班时间到了一般都会回家，而不

留下来加班，或与同事外出社交。周末的时候大家都不工作，起码公司的同事不会在周末打电话跟你讨论工作上的事，已成为不成文的规矩，否则会被认为扰乱别人的私人生活，极不礼貌。此外，越来越多的公司开始给员工提供各种对家庭和个人生活质量有帮助的服务，如健身房、幼儿园甚至小睡室，让哈欠连连的员工可以休息一下恢复精神。提供免费饮料和办公文具的公司更是不计其数。

资料来源：陈晓萍. 跨文化管理[M]. 2版. 北京：清华大学出版社，2009.

5．长期和短期导向

长期和短期导向维度是指一个民族持有的对等待长期利益或近期利益的价值观。

具有长期导向的文化和社会主要面向未来，较注重对未来的考虑，对待事物以动态的观点去考察；注重节约、节俭和储备，做任何事情均留有余地。这种社会常想到目前的行为将对下几代人的影响。典型的例子是位于东方的日本，其企业对投资持长远打算，不太重视年度的盈亏，而认为重要的是向远程目标的进展。

短期导向性的文化与社会则面向过去与现在，看重眼前的利益，并注重对传统的尊重，以及履行社会责任。美国文化是从中的典型，其企业关注的是每一季度和年度的利润，上级对下级的考评最多每年一次，甚至周期更短；要求立见功效，急功近利，不容拖延。

资料链接：中国人谈生意

中国人的思维和行动的长期导向是我们大家都不知不觉的，因为太习惯了。例如，第一次与对方公司的代表见面，商谈一桩短时的生意，我们也会花很多时间介绍公司的历史、发展方向、各类产品线以及人事组织结构等；然后让对方公司介绍自己的情况，全部完毕之后，才进入具体的项目谈判。如果是外商来中国谈判，一般都不会在第一次会议上就详谈生意细节，总是先要带对方参观一下工厂或公司，宴请对方，或请对方游山玩水，参与休闲社交活动，到最后一两天才正式比较严肃地进入正题谈生意。为什么这么做呢？因为我们想了解对方派来的那个人的底细和那个公司的底细，那个人的人品是否可靠，是否值得信任。为什么要了解这些呢？因为我们下意识地想与该公司在未来长期合作，而不是做完这桩眼前的生意就完事了。美国商人常常对此不解。因为他们是短期导向的文化，有把所有生意都看成一锤子买卖的倾向，所以，觉得介入那些与生意没有直接关系的活动纯粹是浪费时间，有时甚至认为是中国人玩的花样，让他上当，使他们在所剩无几的时间里必须被迫做出决策，从而做出让步。

资料来源：陈晓萍. 跨文化管理[M]. 2版. 北京：清华大学出版社，2009.

6．霍氏文化五维度理论的研究结果

根据对40个西方富有国家、较大与较繁荣的第三世界国家或地区的研究结果显示，按照各个国家或地区文化四维度的得分高低，可将世界上大部分国家或地区的文化分成以下几类。

（1）40个国家或地区在权力距离和不确定性避免维度上的分类，如图6-4（a）所示。

（2）40个国家或地区在不确定性避免和男性度维度上的分类，如图6-4（b）所示。

（3）40个国家或地区在权力距离和个体主义与集体主义维度上的分类，如图6-4（c）所示。

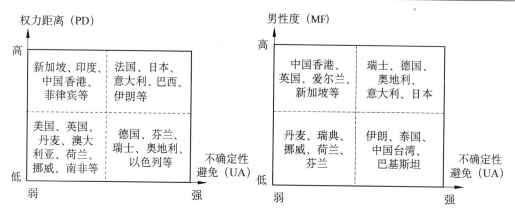

(a) 权力距离和不确定性避免维度上的分类　　(b) 不确定性避免和男性度维度上的分类

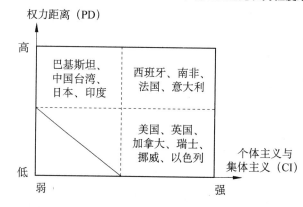

(c) 权力距离和个体主义与集体主义维度上的分类

图 6-4　40 个国家或地区在四个文化维度上的分类

根据霍夫斯泰德《管理理论的文化约束》(1993) 的研究，10 个国家或地区的文化五维度量化数据高低如表 6-1 所示。

表 6-1　10 个国家或地区的文化五维度得分

国家或地区	权力距离	个体主义与集体主义	男 性 度	不确定性避免	长期和短期导向
美国	40（下）	91（上）	62（上）	46（下）	29（下）
德国	35（下）	67（上）	66（上）	65（中）	31（中）
日本	54（中）	46（中）	95（上）	92（上）	80（上）
法国	68（上）	71（上）	43（中）	86（上）	30（中）
荷兰	38（下）	80（上）	14（下）	53（中）	44（中）
中国香港	68（上）	25（下）	57（上）	29（下）	96（上）
印尼	78（上）	14（下）	46（中）	48（下）	25（下）
西非	77（上）	20（下）	46（中）	54（中）	16（下）
中国内地	80（上）	20（下）	50（中）	60（中）	118（上）
俄罗斯	95（上）	50（中）	40（下）	90（上）	10（下）

注：① 括号中的上、中、下，对前四个维度来说，是指位于 53 个国家或地区的数据中的前、中、后 1/3 段内，对第五维度则仅指从 23 个国家或地区所得分数中的前、中、后 1/3 段内。

② 中、俄两国的评分是估测值，非实测结果。

6.3 跨文化沟通障碍的主要原因

上面阐述了国别与地域之间文化差异的相关理论，那么造成跨文化沟通障碍的主要原因包括哪些方面呢？下面将从文化差异对参与沟通结构的影响、文化差异对沟通的影响方式以及影响跨文化沟通的要素三个方面进行阐述。

6.3.1 文化差异对参与沟通结构的影响

在第1章中我们提到沟通的八要素模型，它主要针对沟通过程中信息传递的各个阶段进行描述，而文化差异对沟通的影响的进一步具体化，是通过沟通过程的具体要素发生作用的。在这里，我们借助于D.Hymes（1974）提出的沟通事件（communicative event）的分析框架来进行分析。

总的来说，文化差异对参与沟通的结构的每一个方面都产生影响。沟通参与结构总体归纳为八大项，由"SPEAKING"一词的八个字母分别代表，其中具体表示如下。

S："setting"和"scene"，即背景和场合。

P："participant"，即参与者。参与者的年龄、性别、种族、职业、社会地位、出身背景特征和因素，在具体的交际活动中对沟通的影响。

E："ends"，即参与者个人的交际目的，包括按惯例（社会文化约定）所期待的结果和各参与者的个人目的。

A："act sequence"，即交际行为顺序，包括信息的内容（话题）与内容的表述方式和形式。

K："keys"，指基调，包括说话的语气、表情、姿态等；认真的、嬉戏的、夸张的或嘲讽的，不动声色的或带有某些感情色彩，等等。

I："instrumentalities"，即媒介和渠道，主要指信息传递使用的是哪种语言或语言变体（如方言、语域等），是口说还是书写。

N："norms"，主要指人们交际时言语行为所必须遵循的各种规约。具体来说，就是交际参与者"什么时候该说话，什么时候不说，说的时候说什么，对谁说，什么时候、什么场合、以什么方式说"等。

G："genres"，即体裁，指交际活动中话语的类型，如诗歌、寓言、神话、祈祷、笑话、谜语、诅咒、演讲、书信、评论、公告等。

沟通的双方不一定都了解对方文化的参与结构，即使对自己文化中参与结构的具体状况也可能并不清楚。这就需要交际双方对交际中的不确定性有更强的心理承受能力，对"异常"情况持更为宽容、开放、灵活的态度，同时要善于运用各种沟通技巧应付和解决问题。这些技巧包括预设差异、避免文化中心主义、忍受模糊、处事灵活、具有幽默感和冒险精神等。

6.3.2 文化差异对沟通的影响方式

从沟通的角度来讲，文化差异就是对符号编码或解码规则的不一致。进行跨文化沟通时，根据对对方文化的了解程度，可能出现三种情况：完全陌生；有一定了解，但过于简化或不准确；比较全面的理解。在这三种情况下，文化差异影响沟通的方式是不同的，分别表现为文化迁移、文化定式和逆文化迁移。

只有在了解文化差异三种作用机制的前提下，一方面，在实际过程中不断加深对文化差异的了解，另一方面，在沟通过程中保持问题意识，综合运用各种沟通技巧，不断地化解差异，才会不断推动跨文化沟通的顺利进行。

1. 文化迁移

文化迁移指在跨文化沟通过程中，人们下意识地用本民族的文化标准和价值观念来指导自己的言行和思想，并以此为标准评判他人的言行和思想。

> **案例链接：失效的美国式民主**
>
> 一位美国人在秘鲁子公司担任生产经理，他坚信美国式的民主管理方法能够提高秘鲁工人的生产积极性。他从公司总部请来专家对子公司各车间的负责人进行培训，教他们如何征求工人的意见，并对合理的部分加以采用。可是这种民主管理方法推行不久，秘鲁工人就纷纷要求辞职。原因是，在秘鲁以及整个拉美文化中，人们敬重权威，下属不仅服从上司，还把上司看作自己的主人，并希望上司对自己的生活负责。工人认为，征求工人的意见是因为上司自己不知道该做什么，反过来问他们。既然上司无能，公司就没有希望，不如提前离职，以便及时找到新的工作。但是生产经理对此不甚了解（或出于文化中心主义），以美国人崇尚个体主义、参与意识较强的观念去揣度秘鲁的员工，导致双方沟通的失败。
>
> 资料来源：戴兆芳．文化差异在跨文化沟通中的影响机制[EB/OL]．（2017-04-13）．https://www.doc88com/p-7922822863997.html．

人们（有意或无意地）用自身的价值尺度去衡量他人的心理倾向是比较普遍的。一个人从孩提时起，就开始学习本文化群体的行为和思维方式，直到内在化和习惯化。因此，对各民族来讲，常会把自己的文化置于被尊重的地位，用自己的标准去解释和判断其他文化的一切。极端之时还会表现出"己优他劣"的倾向，僵硬地接受文化上的同类，排斥文化上的异己。

发生文化迁移的主要原因在于对文化差异的不了解，在这种情况下，文化迁移是一种无意识的行为；文化迁移也可能是有意识的，这主要是由于文化中心主义。了解不同文化、价值观念取向的差异是消除文化迁移的必要前提。只有了解不同民族的文化风俗、信仰、价值观及它们的内涵，才能真正完成思想感情的交流。

2. 文化定式

定式也称作定型（stereotype），指的是人们对另一群体成员所持有的简单化看法。文化定式可能是由于过度泛化而导致的，即断言群体中的每一个成员都具有整个群体的文化特征，也可能是由于忽视文化具有动态性和变迁性而引起的。

> **资料链接：中国人的称赞应对**
>
> 中国人崇尚谦虚，喜欢否定别人对自己的称赞以显示自己谦逊的一面。许多人在提到汉语中的称赞应对时，总是习惯性地将"哪里，哪里""过奖了"作为典型的应对方

式。但如果将这种认识作为对每一个中国人的看法,可能会引起两方面的误解:首先,并不是所有的中国人都采取这种应对方式,因此碰到"不谦虚"的应对可能就会不理解;其次,尽管以前的研究结果表明中国人比较倾向于拒绝别人的称赞,但是最近的研究结果却表明中国人在这方面已经发生了很大的变化,尽管在接受的同时还是会尽量避免显示出自我称赞。

资料来源:彭凯平,王伊兰. 跨文化沟通心理学[M]. 北京:北京师范大学出版社,2009.

由于人处理信息的能力有限,为了帮助不同文化的人相互了解,就必须概括文化差异,建立某种文化定型,从这个意义上说,一定程度的文化定式也是不可避免的;然而,这些定型对于差异的"过分概括"或"标签化"又可能人为地制造屏障,妨碍文化间的交流和理解。文化定式中通常蕴含着许多准确的文化观察,但是文化定式很容易以期待文化的形式影响我们对文化现象的理解。"人们看到他们所希望看到的。"人们不但更容易被符合自己期望的东西所吸引,并且往往会对事物做出符合自己期望的解释。

3. 逆文化迁移

逆文化迁移不在于沟通双方对文化差异的无知或忽视,而是指沟通双方同时放弃了自己的立场,而采取了对方的立场,使编码与解码方式出现了新的不一致。这与文化迁移很相似,却以反向的形式出现,因此称为逆文化迁移。

案例链接:中国教授在外教家做客

一位中国教授到外教家里做客,进门以后,外教问教授是否要喝点什么,教授并不渴,回答说不用了。外教又一次问教授喝点什么,教授又一次谢绝了。外教说:"我知道你们中国人的习惯,你们说'不'的时候是希望对方能够再一次提出来。没关系,喝吧!"教授回答说:"我也知道你们美国人的习惯,当你们说'不'的时候,就代表直接拒绝了。我是按照你们的方式回答的。"

资料来源:彭凯平,王伊兰. 跨文化沟通心理学[M]. 北京:北京师范大学出版社,2009.

6.3.3 影响跨文化沟通的要素

影响跨文化沟通的要素主要包括语言差异、非语言差异、民族差异、情境文化差异、思维方式的差异等,每个因素又包括若干的子因素。下面分别进行介绍。

1. 语言差异

(1)国家间的语言差异。人们对遇到的现象、事物和行为的评价和解释是建立在本身文化的基础之上的,在跨文化沟通中也同样如此,因此往往会造成沟通上的障碍,其根源就在于忽略了语言的迁移。文化不同,语言的使用规则就会不同,一种文化的标准规范只能在自身按其特定条件加以解释,而不能以此为规范描述另一种文化,否则必然会导致跨文化沟通的失败,其深层原因就在于人们缺乏对语言差异的敏感性,会无意识地进行语言迁移。而这种后果有时会很严重,甚至会招致巨大损失。

案例链接:语言差异的沟通

(2)颜色和数字的差异。由于受文化传统和宗教信仰等影响,东西方的颜色和数字表示的色彩非常丰富,很容易引起含义上的误解。

在西方，red 是 "火""血"的代表，blue 表示 "没有用的"，white 表示 "累赘的东西"；而 three 在贝宁、博茨瓦纳被视为不吉利，six 在英文中象征魔鬼；比利时人最忌讳蓝色；土耳其人禁止用花色物品布置房间；日本人忌讳绿色；印度人喜欢绿色。

2．非语言差异

在跨文化沟通中，非语言交际最容易产生误解，因为非语言交际的编码和解码充满了不确定性和情境性。非语言交际是指语言以外的所有交际行为，例如，体态语、副语言、客体语和环境语等都是非语言交际的有效方式，是历史和文化长期积淀而成的共同习惯。以下讨论三方面的差异。

（1）非语言沟通。非语言沟通（nonverbal communication）是指语言以外的其他所有线索，包括身体动作、目光接触、空间位置、声音、身体接触等。

Mehrabian（1981）提出，在面对面沟通的感受中，只有 7% 来自语言，38% 来自声音，而 55% 来自面部表情等身体语言。人们的经验常识会增加对跨文化非语言信号的误解，因为人们更相信非语言信号所提示的信息，非语言信号更多与我们内隐的情绪、内在的感受、潜意识相联系。

（2）信仰和风俗的差异。在跨文化非语言交际中，风俗和信仰的差异是多方面的，只有通过同中有异、异中有同的对比，才能克服自身文化的干扰。如信奉伊斯兰教的国家忌用猪、狗做商标；日本人忌讳荷花、狐狸和獾，而喜欢樱花、鸭子；英国人不喜欢大象，喜欢猫和狗；意大利人和西班牙人喜欢玫瑰花，不喜欢菊花；俄罗斯人认为黄色的蔷薇花意味着绝交和不吉利；法国和比利时人认为核桃、孔雀是不祥之物。

（3）身体语言的差异。身体语言的差异，东西方有很大的不同。

礼仪方面，中国人常用握手和微笑表示友好和礼貌；欧美人习惯拥抱和接吻的礼仪形式；印度、泰国则用双手合十表示问候；阿拉伯人见到别人朝自己微笑时，会感到莫名其妙。

与人交谈时，中国人习惯跷起二郎腿，而在东南亚国家，这一姿态被视为极不友好。美国的白人和别人说话时一般不会始终看着对方，而听人讲话时往往一直注视对方；黑人的风俗正好相反，说话时盯着对方，听话时东张西望。拉美人和阿拉伯人习惯和对方靠近交谈，频繁地触碰对方身体。搀扶老人，中国人视为美德，欧美的老人则忌讳别人搀扶，认为有失体面。见到长辈和上级来时，中国人起立表示尊敬，而太平洋的汤加人却会坐下表示尊重。

表示同意时，中国人和英美人习惯点头；在印度、希腊等国，点头的意思刚好相反。填写表格和选票时，中国人以打钩表示肯定，打叉表示否定，而英语国家以打叉表示肯定。跷起大拇指，中国人表示"不错"，英美人表示"没问题"，日本人用它指代父亲、丈夫、老板等男性为尊的角色，而有些中东国家就像美国人伸出中指一样，表示不友好的意思。中国人用鼓掌表示欢迎或赞赏，俄罗斯人用指头敲桌子、德国人用脚踏地板表示欢迎或赞赏。

3．民族差异

组织的成员来自不同的国家、不同的民族，具有不同的文化背景，必然具有不同的价值观念、态度和行为，从而导致文化差异。这种情况下，需要不同的管理理念和管理方法。

（1）民族之间的差异。世界上不同的民族存在不同的心理模式，不同的心理模式会带来语言运用的差异。通过对民族感知差异、归因差异及社会规范差异对跨文化沟通心理影响的研究发现，在跨文化交际中需要了解交际对方的民族心理特点，考虑到交际双方的心理差异，才能促进跨文化交际的理解与沟通。

（2）种族中心主义。种族中心主义是人们作为某一特定文化中的成员所表现出来的优越感，它以自身的文化价值观和标准作为至高无上的衡量尺度去解释和评判其他文化环境中的群体。由于价值观的不同，种族之间常发生冲突，甚至战争。

案例链接：曹德旺美国工厂里工会文化的冲突

世界上有各种各样的民族，多以国家区分，典型的有中国的"中华民族"、德国的"日耳曼民族"、以色列的"犹太族"、日本的"大和民族"等。"日耳曼民族"以专业、做事刻板、做气态人为特点，"犹太族"以勤劳、诚信为特点，犹太人之间做生意以信用为首要条件，排斥欺诈的经商行为，故商业上的沟通成本相对较低；中国人做生意首先讲人情，再做生意，即"先做人后做事"。

（3）地域间的文化冲突。以华人社会和美国社会两种典型文化进行比较：美国社会有着浓厚的"个人主义"文化色彩，"个人"是独立于其他"个人"的，人与人之间的沟通是一种定的互动，人与人之间的关系是直接的，华人社会却有"集体主义"的文化色彩，个人是存在于社会中的，在华人社会里强调修身养性，也强调说话技巧，人与人之间的沟通依靠行动，而不是靠一张嘴巴说说而已，人与人之间不是纯粹的商业关系，而是千丝万缕的人情关系。

4．情境文化差异

学者 Hall（1976）提出了文化与社会情境有关，并将各国文化分为高情境文化与低情境文化。Okabe（1987）提到日本人和美国人的沟通方式时举了个例子：对于想让别人关门这件事，美国人直接地说"门开着呢！请关上"；而日本人会间接地说"外面有点冷"，暗示离开的人顺手关上门。

O'Hara-Deveraux 和 Johansen（1994）根据他们的研究，对民族文化就情境不同进行了总结。他们对主要国家的人按情境文化从高到低排序如下：日本人、中国人、阿拉伯人、希腊人、墨西哥人、西班牙人、意大利人、法国人、法裔加拿大人、英国人、美国人、北欧人、德国人、德裔瑞士人。

高情境文化的大部分信息由环境语言、非言语信号传递，集体主义文化倾向于高情境文化沟通风格，委婉而间接。

低情境文化恰恰相反，大部分信息是由明确的语言传递的，个人主义倾向于低情境文化沟通风格，明确而直接。

高情境和低情境只是沟通风格的倾向不同，并不存在哪一种效果好、哪一种效果差，因为沟通效果是根据有效性和适宜性两个指标来衡量的。表 6-2 对高情境文化和低情境文化之间的主要差异进行了总结。

表 6-2 高、低情境文化的差异

高情境文化	低情境文化
依赖含蓄的沟通	依赖直接、明确的沟通
强调非语言沟通	强调明确的语言
任务从属于人情关系	把人情和工作分割开来

续表

高情境文化	低情境文化
强调集体主义和集体决策	强调个人的主动性和个人决策
以人情关系看待雇主和员工关系	以合约看待雇主和员工关系
依赖于直觉，而不是事实和统计数据	依赖于事实和统计数据
在书写和言谈中，倾向于间接的风格	在书写和言谈中，采取直接的风格
喜欢迂回或间接的推理方法	喜欢直线式的推理方法

> **案例链接：过于直接的总经理**
>
> 在澳门威尼斯酒店的项目上，2008年4月5日，中山倍立达在等候与帕玛斯开会时，就出现了这样一件事。由于地盘现场都是隔音不好的房间，我们在外面听到帕玛斯的总经理Willian在大骂设计师Ben（中国香港人），说Ben不按自己的要求设计水泥构件GRC的安装，Ben在争辩地说出自己的理由……里面争吵得很凶，到最后Ben说辞职不干了。
>
> Willian是美国人，属低情境文化，故在表达自己想法时，用直接的方式进行；而Ben是中国香港人，属于高情境文化，不容易接受直接责骂的方式，而更乐于接受婉转的表达方式。
>
> 资料来源：郭淞才. 沟通管理在建筑行业中的应用：以澳门威尼斯酒店项目为例[D]. 广州：中山大学，2009.

5. 思维方式的差异

查理德·D. 刘易斯（2002）在《文化的冲突与共融》一书里，按思维方式的差异将世界文化大致分为单线活动型文化、多线活动型文化和反应型文化。

单线活动型是指那些用直线方式制订计划、安排日程、组织工作，在一段时间只做一件事情的人，德国人和瑞士人属于这种人。

多线活动型是指那些往往根据自己的情绪和事情的重要性来安排时间的人，意大利人和拉美人属于这种人。

反应型是指那些优先考虑礼貌和礼节，静静地倾听对方的发言，并对不同的建议审慎地做出反应的人，中国人和日本人属于这种人。

案例链接：跨文化交流中遇到的一些趣事

6.4 跨文化沟通的原则

成功的跨文化沟通要求我们培养移情的能力：在传递信息前，先把自己置于接受者的立场上；接收信息时，先体认发送者的价值观、态度和经历、参照点、成长和背景，设身处地体会别人的处境和遭遇，从而产生感情上共鸣的能力。

1. 尊重原则

尊重是实现有效跨文化沟通的基础。不同文化背景的人有各自不同的风俗习惯、思维方式和宗教信仰。作为领导者，如果想与不同文化背景的人进行有效沟通，就必须树立尊重对方文化的意识，即尊重对方的人格和尊严，尊重对方的思想感情和言语形式，尊重对方的风俗习惯，等等。只有尊重别人，才会被别人尊重。

2. 平等原则

跨文化沟通应当在平等的基础上进行。所谓平等原则，就是在跨文化沟通的过程中，要克服文化优越感或自卑感。领导者应当树立这样的信念：文化是没有优劣之分的，不要因为对方来自发达地区就产生文化自卑感，或对方来自不发达地区就产生文化优越感。不能将与自己不同的文化视为异端去征服、同化甚至灭绝。

3. 属地原则

属地原则就是"入乡随俗"，即迎合沟通所在地的文化习惯。在进行跨文化沟通时，从有利于沟通的角度出发，可以有选择地在饮食、着装、礼仪等方面考虑迎合属地文化。属地文化的选择可以使对方产生亲切感与其建立友谊与合作关系。

各国领导人在外交中，都比较重属地文化的原则，如邓小平同志和胡锦涛同志的"帽子外交"、普京访华时参观少林寺等。

案例链接：文化冲突引发的罢工风波

W集团是美国一家制造企业，于2005年在中国广东收购了一家民营企业，开始进入中国市场。由于2006年的中国业务增长不是很理想，土耳其裔的总经理决定取消作为公司额外福利的"开门利是"。"开门利是"是中国广东的一种风俗，每年公司于春节休假后第一天上班都会给员工发"开门利是"，以祝福接下来的一年里顺利和平安。

2007年2月26日，春节休假后第一天上班，早上8点前工人们陆陆续续来到工厂。一开始工人都开开心心地工作，但后来迟迟不见发放"开门利是"，相互之间便开始议论纷纷，觉得公司不重视员工的利益，各班长似乎也无视这种行为，不加以干涉。10点30分，全体工人放下手头的工作，开始聚集在一起，宣称"不管利是金额是多少，不发利是就不开工"。工人们由等待变成了胁迫，罢工事件发生。

资料来源：肖树明. 管理沟通案例[M]. 北京：清华大学出版社，2013.

4. 适度原则

适度原则是跨文化沟通中一项极其重要的原则，是指在跨文化沟通的过程中要做到既不完全固守，又不完全放弃本土文化，力求在本土文化和对方文化之间找到平衡点，要掌握"度"，"过"和"不及"都会给跨文化沟通造成障碍。

6.5 跨文化沟通的策略

跨文化沟通中的文化感知、文化认同和文化融合是一个系统工程。了解文化差异、认同文化差异和融合文化差异是进行有效跨文化沟通的根本所在。要达到融合文化差异的目的，取决于跨文化沟通的策略应用。

1. 识别文化差异，合理预期

人们习惯于从自己的立场出发判断他人的行为，在对他人的行为进行推测时一般都依据自己所熟悉的标准，而不是设身处地考虑。虽然有些行为有普遍性，但忽视文化的特殊性，无疑会导致误解的产生。跨文化沟通的难度就在于文化差异性，识别文化差异性成了有效沟通的前提，而理解文化差异性的关键在于培训学习。

领导者加强对本方文化和对方文化的认知，对跨文化沟通过程中可能出现的差异有充分的心理准备，建立合理的心理预期，知己知彼，就会减少冲突。

> **案例链接：从东京迪士尼和巴黎迪士尼看文化差异**
>
> 迪士尼文化是土生土长的美国文化，它开创了以迪士尼卡通为核心的一种童话世界的文化方式，这种文化的目的在于给大众以梦想，引导人们去造梦、去追梦、去圆梦。在美国市场大获成功后，迪士尼将战略拓展到全球市场。
>
> 日本东京是迪士尼跨出国门的第一站，也是所有境外迪士尼乐园中唯一持续盈利的乐园。日本民族对本国文化有着很强的自豪感，但也比较善于接受外来文化。在战争中，日本被美国彻底打败，日本人心里觉得美国才是强者，对美国文化也积极接受，很多日本人心里都有美国梦。同时迪士尼为了适应当地环境，也做了许多改变，如在很多设施上增加了长廊以适应日本多雨的天气，特设日式餐饮，允许游客在园内野餐，等等，这些都非常符合日本国民的习惯。东京迪士尼乐园的游客中95%以上是日本人。在日本人的心中，迪士尼就是一个欢乐的地方、神奇的地方。
>
> 在日本迪士尼大获成功的同时，巴黎迪士尼却持续亏损。日本人去迪士尼是因为大家心中都有美国梦，可是法国人并没有这种愿望。法国人生性浪漫自由、自尊心强，对法国文化有着高度的自豪感，非常抵触美国迪士尼的这种文化入侵。迪士尼公司一开始没有意识到法国文化与美国文化有很大的差异，认为都是西方文化，所以并没有像东京迪士尼一样做出适应性改变。巴黎迪士尼制定了"不准在乐园内饮酒，也不出售酒类"的规定，可是欧洲人除早餐外每餐饮酒是一种习惯；同时为适应欧洲游客来访，迪士尼的工作语言是英语，而法国游客以说法语为荣，很少说英语。因此，法国游客更倾向于去法国本土的主题乐园，而不是迪士尼。
>
> 资料来源：樊彦泓. 从跨文化传播的角度看待迪士尼乐园[J]. 新闻传播，2016（9）：30-32.

2. 理解对方文化，发展共感

在了解文化差异的基础上，如果能够合理地把握、顺应、利用这种差异，就可能在文化沟通中起到事半功倍的效果。也就是说，要站在对方的立场和视角，揣摩对方的思维方式和话语习惯，想人所想，发展共感。这是引起对方共鸣，让对方接受自己观点的重要法宝。这要求我们经常把"如果我是他，我会……"这个问题放在脑子里，采取如"如果我是他，我会对什么感兴趣呢"，又如"如果我是他，我会感到不愉快吗"等换位思考方式。

> **案例链接：互学语言强化合作**
>
> 某公司本是一国内大型的国有企业，后来与德方合资，成为一家大型中德合资企业。但合资后问题也接踵而至：原国有企业的员工习惯了上班后看报纸喝茶的悠闲生活，习惯了上级下命令后再去完成任务的被动工作状态；而德国人办事严谨，遇到问题时习惯主动解决。德国员工看到这种现象时往往对中国员工明确指正，由于语言不通，中国员工常常不能明白其意思，结果普通的交谈往往造成最后双方不欢而散。为了解决这个问题，领导决定以德文和英文作为内部沟通语言。如此规定后，德国员工学习英语或中文，中方员工学习德语或英语，以往因交谈而起的冲突次数明显减少，收到了中德员工之间达成和谐共处的效果。
>
> 资料来源：彭凯平，王伊兰. 跨文化沟通心理学[M]. 北京：北京师范大学出版社，2009.

3. 弱化文化冲突，求同存异

"友谊的窍门就是共同点与不同点的高度结合。你们获得了足够的共同之处，你们就可以相互理解。如果获得了足够的相反之处，那么矛盾就会相互转换。"在跨文化沟通过程中，由于不同文化背景的沟通主体按各自的文化习惯处事，从而发生文化冲突是在所难免的，但是冲突的代价却可能是巨大的。所以，如果沟通各方能够相互尊重、心平气和地进行协商调解，保留相同的思想和不同的意见，做出适当让步，就能很快平息文化冲突，找到解决方案。图6-5显示了跨文化冲突的处理模式及其特点和结果。

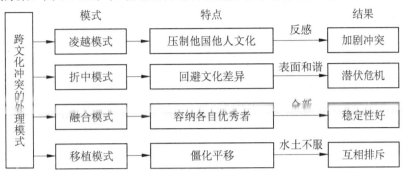

图6-5 跨文化冲突的处理模式

4. 借助合适的外力，化解纷争

在进行跨文化交流时，如果自己的文化和对方的文化确实存在着巨大的差异和不可调和的矛盾，导致无法在短时间内完全适应由这种巨大的"文化差异"带来的冲击，可以考虑借助比较中性的、与自己的文化已达成一定程度共识的第三方作为中间方进行沟通、协调。用这种策略可以避免直接冲突，使矛盾得到缓和，冲突得以解决。例如，国家之间产生纷争时，可以借助联合国委员会出面协调。

5. 坚持开放心态，取长补短

在跨文化沟通中，领导者有一个开放的、积极采纳的心态是非常重要的。诚然，由于各种文化群体的背景不同，价值观念和思维方式有别，会给跨文化沟通带来障碍，但同时也可以为大家提供互相学习、取长补短、共同进步的机会。因此，沟通双方如果能相互尊重，抱着开放的心态消除偏见，增进理解，互相学习，就能达到最终的共同发展。例如，在一些涉外企业中，既要反对"西方中心主义"，反对一切照搬西方，不顾及中国的国情特点、文化特点的做法；同时，也要反对盲目地坚持"纯粹中国化"，而不顾及别国的文化特点。要在文化平等的前提下，互相尊重，互相学习，取长补短，真诚合作。

> **案例链接：陈香梅的成功之道**
>
> 1972年，陈香梅被评为全美70位最有影响力的人物之一。
>
> 陈香梅说："我是中国人，也是美国人。"她凭借自身优异的文化适应性，获得包容性和超越性的跨文化品格，成为卓越的跨文化交流和传播的典范。
>
> 陈香梅对美国文化表现出浓厚的兴趣，她读美国的历史，研究美国社会。同时，她对中国文化进行了反思，谦和、忍让、智慧、吃苦耐劳的中国传统文化面对异国的主流文化，并非十全十美，对身处美国的人来说，要以人之长，补己之短。
>
> 经过不懈努力，陈香梅终于得到了美国上层社会的认可，肯尼迪、约翰逊、尼克松、福特、卡特，每位总统都给她分派工作，她先后担任华裔委员会主席、白宫出口委员会副主任、白宫学者委员会委员，她说这是中国人在美国的荣誉。
>
> 资料来源：檀力. 穿旗袍的国际社会活动家：陈香梅[J]. 华人时刊，1996（4）：30-31.

本章小结

相关测试：超市里的文化密码

 本章典型案例：李先生的中国履职之旅

超市里的文化密码

博登是一个美国体育装备制造品牌，公司主营冬季运动装备和专业运动服饰。公司在深圳设有代表处，统管整个亚洲区的人事及财务工作，并负责协助供应链及相关品质的管理。博登深圳代表处承袭了部分博登美国的公司文化，办公氛围自由宽松，同事间关系融洽，没有明显的上下级关系区分，充满了活力。李先生3年前加入博登美国总部工作，主要负责服装领域的开发和管理工作。李先生是位持绿卡的华人，在美国取得MBA学位后在国外打拼了十几年。

新官上任三把火

2009年5月，美国总部的李先生被调来深圳工作，以亚洲运营高级经理的身份全面负责深圳代表处的日常工作。在李先生之前，深圳代表处的运营由一位在中国工作了十几年并精通中文的美国人欧先生负责。2009年，整个公司的组织架构发生了调整，因为管理理念的差异欧先生被迫离开公司。

李先生对新的工作充满热情，期待在新的岗位上大展拳脚。他将深圳代表处的运营定位为"亚洲共享服务中心（Asia Shared Service Center）"，强调各个部门之间的相互沟通和信息共享，以及在全球运营中的"服务性"和"支持性"的角色。

俗话说"新官上任三把火"，李先生执行了一些构想，并采取了一些措施来强化其心中的深圳代表处的定位：

首先，改进每月的例会制度。每月按时举行亚洲区例会，邀请美国主管亚洲运营的副总裁远程参加电话会议。要求各职能部门负责人依照统一的报告模板提前三天提交月度报告。来自品质、开发、生产、供应链、人事、财务的负责人共同参加会议，各部门逐条汇报事项，并建立事项跟踪，未尽事项下次会议跟进。

其次，了解和参与各个职能部门的工作。李先生开始频繁地与各职能部门负责人会谈，了解具体运作，并尽量参与问题解决，并希望借此拉近与亚洲区员工的距离。

最后，在当时的全球金融危机的背景下，严格控制财务支出。

冗长会议降效率

几个月后，李先生未曾预料到的一些问题开始浮现。月度例会每次都需要4～5个小时的时间，各个部门流水式的报告方式让会议冗长乏味。博登公司基本是以产品类别分类的纵向组织管理方式，各职能部门实际上直接向美国直属部门报告。不同产品类别的运作模式有很大的差别，互相独立运作。对硬件设备的部门报告，服装部门不感兴趣也听不懂；反之亦然。大家却必须列席。几次会议后，大家的积极性急剧下降，月度会议成了很多人的负担。一些部门开始以紧急事项为由缺席会议，参会的部门也草草报告敷衍了事。美国副总裁因为时差也只是偶尔参会。

李先生此前一直负责服装开发领域的工作，对设备、品质和供应链管理等部门不太熟悉。李先生到来后，急于了解这些部门的运作情况，频繁地与各个部门接触。了解是好的，但是李先生表现出强烈地参与部门运作及问题解决的意愿，让很多部门左右为难。他喜欢发表自己的看法和意见，并希望部门负责人去执行。但因为缺乏全面的了解，效果往往事与愿违。一批设备在 OEM 工厂制造过程中出现了质量问题，需要返工，出现了不能按时出货的风险。以往出现类似的问题，品质和生产经理会直接与工厂沟通，快速查找和解决问题。而李先生主张先开会汇报问题，要求其他部门，如供应链参与。这种横向的解决方式让习惯了纵向管理的部门经理们很不适应。以往可以立即投入解决的问题，现在却需要内部预先开会商讨，花额外的时间解释和报告，他们认为工作效率受到了影响。

费用控制引争议

李先生控制财务支出的公司政策带来了更多的问题。

深圳代表处有在工作日中午大家一起聚餐的传统，公司负责支付午餐费用。一般选择中档的专业餐饮场所。每天中午大家都要为去哪里吃饭讨论一番，个别同事提出取消午饭聚餐制，将这部分费用定额分给办公室员工。在没经过全体员工充分讨论的情况下，李先生就和人事经理商讨决定取消午饭聚餐，以每人每工作日 30 元为基准，月度定额 600 元转为员工薪资，以后的午餐员工个人解决。给员工的解释是：为顾及部分员工的意见并便于公司的财务管理。办公室位于深圳最繁华的商业区之一，一顿稍微正规丰富的套餐基本上会超过 30 元。很多同事只好自带，或者选择麦当劳、肯德基等西式快餐解决。办公室的同事也因此失去了每天一起坐下来聊聊天的机会。

更令员工出乎意料的事情随后发生。取消午餐制正赶上年度的绩效测评，在没有预先通知员工的情况下，公司将取消午餐返给员工的每人月度 600 元作为绩效奖励。很多员工的薪资名义上提高了 8%~10%，扣除 600 元后基本等同于没有任何加薪。大部分员工认为公司的这种做法很不恰当，有被欺骗的感觉，积极性受到了比较大的伤害。

公司平时经常组织的周末活动，如 KTV、周末聚餐等，也基本上被取消。一年一度的公司旅游，以往都是去省外 4~5 天的形式，如今却被在深圳周边的集体出游取代，时间控制在 3 天以内。

人员离职成困境

诸多事项给办公室氛围带来了巨大变化，以往大家彼此信任，没有太多顾忌地在办公室讨论问题。如今办公室变得静悄悄的，一些或好或坏的、难辨真假的消息在 Skype 群聊里小范围流传，往日的活泼气氛不见了。

部分员工不能习惯办公室日益压抑的气氛而决定离职。CAD 部门的陈诚是在博登工作了 5 年的老员工，性格直率，也是以往办公室热烈气氛的制造者之一。日渐沉闷的工作氛围让他失去了工作的兴趣和动力，于是提出了辞职。在跟李先生和人事经理谈话的过程中，陈诚直率地表达了对现在工作氛围不满，希望管理层反思和改进。事情的结果让大家难以理解，陈诚的辞职申请立即被批准了，并被要求第二天离开办公室。如此快速地将员工扫地出门有些太不近人情。

供应链经理丘辉工作能力出色，人际关系也非常棒，是办公室的精神领袖之一。以往她总是集体活动的主要发起者之一，工作氛围的巨大反差，加之李先生对其工作的诸多干预，最终让其下定决心也离开了公司。

这两次离职事件，没有合理的工作交接，没有以往送别老员工的感谢聚餐（这是以前员工离职的惯例），冷冰冰的处理方式加重了办公室的沉闷氛围，怨言和不满私下里在各个部门流传。

黯然离去无人怜

在员工们私下组织的聚会上，大家提出了对李先生的诸多意见。首先，公司按产品类别的运作模式决定了纵向管理方式更有效。在没有科学的流程和明确的权责划分的情况下，强推部门间横向合作和管理反而会降低效率，制造混乱。其次，缺乏耐心，急于向美国总部表明成绩，盲目地实施自己的想法，忽略一线员工的经验和意见，甚至将本地员工的利益放在次要地位。最后，急于树立自己的权威，打破办公室原有的良好氛围，人为地建立起等级隔阂和沟通障碍。

员工的不满情绪不断蔓延，影响了工作效率。负责多个职能部门的美国总部直属领导也逐渐获悉了深圳代表处的现状。2010年6月，美国负责亚洲运营的副总裁来华。在没有任何通知或者预告的情况下，李先生被迫离开了公司。一年的亚洲履职之旅，既可以说是挑战之旅，没有给李先生带来成功。几位骨干的离职和工作氛围的变化也让博登深圳代表处伤了元气，当初活泼、自信、上进的团队氛围至今还未恢复。

资料来源：范业超. 中山大学管理学院管理沟通课程作业[Z]. 2013.

本章思考与讨论

一、仔细阅读本章开篇导引案例"在多元共存中寻找沟通途径"，回答下列问题：

1. 哪些因素通过何种途径影响着不同国家的文化？
2. 在多元共存中如何寻找沟通途径？

二、仔细阅读本章典型案例"李先生的中国履职之旅"，回答下列问题：

1. 你认为李先生在深圳博登公司的履职过程出现了哪些沟通问题？
2. 如果你是李先生，该如何有效解决本案例中的跨文化沟通问题？
3. "人情与面子"的互动模型是否适合分析本案例李先生的领导行为？

三、试举例分析身边案例中所涉及的跨文化沟通策略和技巧。

延伸阅读提示

1. 严文华. 跨文化沟通心理学[M]. 上海：上海社会科学院出版社，2008.
2. 甘农. 异域文化之旅：体悟23个国家的文化象征[M]. 黄华光，徐力源，译. 北京：当代世界出版社，2004.
3. 郑金洲，任真，何小蕾. 领导沟通技巧：核心人物的制胜锦囊[M]. 北京：中国时代经济出版社，2008.
4. 陈国海，安凡所. 跨文化沟通[M]. 2版. 北京：清华大学出版社，2021.
5. 权锡焕. 中国地域文化研究[M]. 长沙：岳麓书社，2007.
6. 彭凯平. 吾心可鉴：跨文化沟通[M]. 北京：清华大学出版社，2020.
7. 陈晓萍. 跨文化管理[M]. 3版. 北京：清华大学出版社，2016.
8. 潘一禾. 超越文化差异：跨文化交流的案例与探讨[M]. 2版. 杭州：浙江大学出版社，2020.
9. 杜慕群. 管理沟通案例[M]. 北京：清华大学出版社，2013.

第7章 会议与面谈

> 孔子曰："侍于君子有三愆：
> 言未及之而言谓之躁，言及之而不言谓之隐，未见颜色而言谓之瞽。"
> ——《论语·季氏》

本章目标

- ◆ 理解会议和面谈的概念、原则和特征。
- ◆ 了解会议和面谈的一般过程。
- ◆ 掌握会议和面谈的原则和技巧。
- ◆ 了解常见的面谈类型及其特点。

关键概念

会议；罗伯特议事规则；面谈；招聘面试；绩效面谈；信息收集与发布；咨询申诉。

导引案例：智游移动的办公例会

每周一上午10—12点是智游移动例会时间，届时，公司总裁、副总裁、研发中心、营销中心、制造中心、质量中心、客服中心以及财务部、产品管理部、人力资源部、总裁办负责人以及主管均出席会议。今天是周一，接到通知，例会将正常开始。

周一上午10点15分，因为副总裁临时有事找总裁商议，还未到会议现场。大家没有接到会议推迟的通知，会议桌边零零星星地坐着相关领导，大家过了一个周末互相调侃着与工作无关的事宜，有些领导干脆直接将笔记本电脑放在会议桌上开始边打游戏边等总裁、副总裁的到来，有些领导直接回办公室继续办公。总裁办主任交代秘书尽快催总裁到席，三分钟后，秘书回来说："总裁、副总裁马上就来，大家再稍等一会儿……"

10点半左右，总裁、副总裁陆续来到会议室，会议在10点33分正式开始，首先由各部门汇报上周工作状况。

研发中心总经理介绍上周研发项目进展状况："根据项目管理数据，主要问题有两个：① 研发项目继续延迟，主要问题集中在关键物料未到位，到现在为止两款机型各延误试产30天、25天之久；② 由产品规划委员会确定的项目规划中，有近三分之二的项目都是在进展到一大半的时候被营销中心以不符合市场卖点为理由申请砍掉，现在研发中心在研项目数量有限，主要机型都是合作项目机型，研发工程师们积极性受挫。"

"都缺哪些物料？"坐在一边的总裁问道。

"主要还是屏。"研发中心总经理回答。

"李云涛（采购部经理），你是干什么吃的，怎么连这点问题都解决不了呢？赶快催，把问题解决了！"总裁生气地骂道。

坐在一旁的采购部经理无奈地点着头。

营销中心总经理接着介绍："原本计划在4月中旬有新品上市，赶上五一销售旺季，拉动销量，却又因为研发项目、终端产品均为上市近一年的产品，和其他竞争对手比根本没有竞争力，所以本月销量依然没有达到目标。同时我们也发现，终端营业能力偏弱，而且渠道成本过大。为了提高销量，经过与副总裁沟通，决定在本月底前将一线销售人员编制从现有的150人增加到305人，因为招聘任务大，请人力资源部必保证人员招聘的质量和速度。"

主管营销的副总裁补充道："我们分析了现有的销售队伍，基本上是每个省派三四 个人，而且派去训练时间也不够，终端渠道也越做越难题，其中如果有人离职，也没有人候补，所以，我们认为增加销售人员数量是必要的，这也符合我们接下来推行直供的销售模式。"

"但是杨总（副总裁），增加这些人员您有没有考虑到人工成本、管理成本，以及这些人能够带来的效益？增加人员能改变公司现有的这种销售困境吗？对于一线销售人员，我们还是希望贵精而不贵多。"人力资源部经理质疑这种做法。

"老罗（人力资源部经理），这个也不能这么说，任何事情都是要付出一定代价的，现在我也说不准能有多大的效果，但如果不做，肯定是不知道结果的。"杨总不高兴地说。

气氛有点紧张，总裁发话："下一个是哪个部门？继续。"

制造中心副总经理谈道："现在关键物料全球缺货，我们的订单量少，而且订单要求经常变更，很多供应商已经不愿配合，而且我们付款很不及时，现在各手机公司都是现款现货，还是需要营销中心科学确定销售计划，当务之急是以公司现有库存情况安排销售任务。另外，请财务部尽快协调资金，对于关键物料，我们需要调整付款周期。"

质量中心副总监讲道："通过对公司进行内审，公司各个部门流程管理一片混乱，尤其是公司新员工居多，部门业务培训不到位，导致部门里面大多数员工对流程根本没有概念，管理人员对相关流程也了解不够。其中，营销中心的需要重点加强流程管理工作。产品检验方面，检验人员离职，现有检验工作压力加大，我们将继续保证我们的工作质量，但也需要公司根据情况尽快补充人员。"

客服中心副总监此时心情不佳："合作机型软件问题很大，各方面的质量问题合作方根本不配合解决，客户投诉率越来越高，退机越来越多。就在今天一大早，客户又投诉到我这里来了。"

产品管理部总监讲道："营销中心的销售计划朝令夕改，导致整个供应链基本无法正常运作，呆滞物料越来越多，再不从根本上解决计划准确性问题，将会非常危险。"

财务管理部助理总监谈道："公司目前资金紧张，需要营销中心尽快回款，保证资金流顺畅。"

人力资源部经理面无表情地说道："公司人数较上周增加23人，基本都是一线销售人员，但是我们在管理过程中发现销售人员的管控基本处于失控状态，上周就出现员工伪造病假条申请休假一个月的现象，而且在营销中心环节居然已经获得了领导的批准！所以，销售队伍扩大需要请营销中心先巩固好内部管理问题，待管理有效再说。我们人力资源部通过对行业薪酬的对比分析，对公司各岗位进行访谈，已经初步拟订今年的薪酬方案，届时需要与总裁、各部门进行更深入的讨论。"

总裁办主任："请各部门依然注重办公成本的控制，另外，有部分员工近期在上班时间嬉戏、炒股，希望大家注意，这些行为都是严重违反公司办公室管理规定的。"

"都讲完了，那我来总结一下，"总裁开始发言，"我们每次开会各个部门基本上都是在重复问题，而问题却从来都没有被解决，这到底是怎么回事呢？我希望各个部门负责人都回去认真想想，要真正把工作落到实处，这样公司才能发展。今天的会就开到这里，希望下次开会问题不再重复。"总裁起身离开了座位，随后大家收拾好自己的笔记本等面无表情地陆续晃出了会议室。

这个时候已经是中午 12 点半，相对正常下班时间已过了半小时。

资料来源：李玲．中山大学管理学院 MBA 案例作业[Z]．2007．

在组织中，沟通无处不在，会议与面谈则是沟通比较常用的模式。通常，非正式沟通多即兴、随意和无明确的目的和目标，但会议和面谈是一种正式的沟通，它不同于简短的面对面、打招呼般的随意沟通，或通过电子媒介等进行的刚性的沟通。

7.1 节概述会议的含义、目的；7.2 节介绍影响会议成效的因素，有效会议的特征和策略以及《罗伯特议事规则》；7.3 节概述面谈的含义、分类、目的、特征及原则；7.4 节介绍面谈的一般过程及提问技巧；7.5 节介绍几种重要的面谈。

7.1 会议沟通概述

会议在管理工作中起着十分重要的作用，它是决策的重要方式，也是沟通信息的主要手段。一些管理者用于参加各种会议的时间比总工作时间的三分之一还多。由此可见，会议开得好坏、效率高低，直接关系到管理效能的高低。

7.1.1 会议的含义

会议沟通是群体或组织中相互交流意见的一种形式，它是一种常见的群体活动。

根据不同的目的和要求，既可以将会议看作一个集思广益的过程，也可以将其看作一种信息传递的方式。会议是向上沟通的途径之一，管理者也可以借开会的机会听取下属或员工的意见。通过会议，组织成员还可以聚集在一起，相互交换思想，进行横向沟通。

7.1.2 会议的目的

一个成功的会议正是完成管理沟通目的的最佳工具，其目的大致包括以下几点。

（1）开展有效的沟通，交流信息。通过会议，管理者可以将有关政策和指示传达给下属。同时，管理者也可以从下属那里及时得到反馈及获得其他方面的有关信息。部门和部门之间、部门员工之间也可以进行横向沟通，实现信息和资源共享。

（2）给予指导，监督员工。企业通过组织员工培训提高他们的技能，使他们更好地适应工作。上级可以通过会议了解下级的工作进展、存在的问题，掌握下级的工作心态，对工作提出具体的指导意见，督促员工做好工作。

（3）解决问题，协调矛盾。会议可以帮助澄清误会，处理各种冲突并利用他人的知识和技巧解决问题。

（4）开发创意，完善决策。会议可以集思广益，集合群体智慧，从多方面衡量解决方案，评估潜在的问题和风险，从而做出正确的决策。

（5）激励士气，提高员工满意度。会议可以帮助营造民主的气氛，给组织成员提供共同参与和共同讨论的机会。成功举行、卓有成效的会议，将极大地激励员工们士气，提高员工满意度。

7.2 有效的会议

为了有效地组织和安排会议，必须对影响会议成效的因素、有效会议的特征和策略等有清楚的认识。

7.2.1 影响会议成效的因素

影响会议成效的因素是多方面的。会议成效如何，从沟通的目的看，不外乎两个方面：一是问题得到解决，即沟通的效率；二是组织成员之间的关系得到良性强化，也就是成员满意度提高。

会议沟通是群体沟通的一种主要方式，影响群体沟通绩效的因素也决定着会议的成效，在安排会议之前应充分考虑会议的具体特点。就会议本身而言，影响会议的因素归纳起来有以下几点。

（1）会议目的不明确。与会者不清楚会议的议题，导致讨论漫无边际。

（2）会议持续太久。会议时间拖得太长，致使与会者过于疲倦，参与会议的积极性减弱。

（3）简单问题复杂化。本来简单的问题，与会者却反复讨论，不仅浪费大量的时间，往往还可能使问题复杂化，引发许多不必要的矛盾。

（4）发言者过于健谈。一些发言者讲话滔滔不绝，会影响其他参会者的情绪和积极性。

7.2.2 有效会议的特征

一般来说，有效会议呈现如下特征。

（1）必要时才召集。高效的会议在召开前会明确会议的目的，有的放矢，不开多余的会议。因为多余的会议既是对员工时间的浪费，也是对其精力的耗费，容易令人疲倦。

（2）充分的事先筹划。成功的会议都是经过精心安排和筹划的，会议的议题、参与人员、会议地点的选择，会议时间安排都会经过反复考虑。

（3）拟定和分发议程表。会议的议题和时间安排均事先通知与会人员，让与会人员能够有针对性地事先准备。

（4）遵守时间。与会人员都按时参加会议，会议进程也严格遵守设定的议程。

（5）请最合适的人员出席。对于会议讨论的议题，邀请到最有资格、最适合的人员参加，保证会议能够充分吸纳和听取有影响力的意见。

（6）做出评论和归纳。会议最忌讳议而不定，议而不明。高效的会议能在当场得出明确的结论并进行总结和重申，消除理解上的歧义，达成共识。

（7）记录所有决定和建议。会议的过程、与会人员的发言、会议达成的共识都被记录下来，并经过会议负责人的确认，作为会后督办和检查的依据。

7.2.3　有效会议的策略

会议开得成功与否取决于会议的组织，因此为确保会议有效，就必须做好会前准备、会议期间的控制以及会后工作三个阶段的工作。

1．会前准备

（1）明确会议的必要性。如果经多方讨论协商仍不足以解决问题，那么就有必要开会；如果通过其他方式能使问题得到更有效的解决，就尽量不要开会。

（2）确定会议的目标。一般来说，企业常见的会议主题有两类：一是解决工作中出现的问题，二是分析将来工作中可能会遇到的问题。一旦明确了会议的主题和必要性，就应当设置一个具体的目标。

（3）拟定会议议程。通常会议议程包括会议日期、时间、地点、议题及参加人员等。一次会议讨论的问题不宜太多，讨论的时间也不宜太长。

（4）准备会议文件，分发预览资料。会前应就会议议题收集和整理相关资料，并在会前分发给与会者，使大家事先有所准备。

（5）确定会议主持人。会议的成败在很大程度上取决于会议主持人。一般情况下，主持人常由群体中职位最高的管理者担任，有时也可以尝试选择群体中具有相当知识经验的人来担任，或者由与会者轮流来担任。

（6）确定与会人员。根据会议议题，通常选择那些对会议内容比较了解并与其工作相关的人员参加会议。另外还要限定与会者的人数，保证会议质量。

（7）会务组织工作。根据会议的议程、参加人员的层次和人数等，做好会议的后勤保障工作，如确定会议场所、会议现场的布置、材料准备等。

（8）补充最新信息。在开会之际，查看一下是否有新的信息。如果有，可以在会上简要地通报一下。

2．会议期间控制

会议是一项耗时耗力的活动。如果会议达不到预定的效果，就会浪费组织成员的工作时间，更严重的还可能引起员工的不满，引发组织内部的冲突和矛盾。因此，加强会议期间的控制十分重要。总的来说，会议过程应遵守一定的规范。

（1）会议要准时开始、准时结束。

（2）负责人对决议能否达成负主要责任。

（3）在会上要维护别人的尊严。

（4）要有人提出不同的意见。

（5）会后要拿到书面的记录。

除此之外，有效会议在很大程度上取决于主持人对会议节奏和方向的把握。主持人对会议过程的控制详见"会议的技巧"二维码资料链接。

3. 会议纪要与监督反馈工作

（1）为了贯彻会议精神、执行会议决定，应尽快形成会议记录，并将会议记录下发至与会人员及其他有关人员。会议记录应该准确无误，会议形成的决议要突出承担任务的责任人姓名、时间和验收标准，并明确下次会议的时间。

（2）对执行工作进行监督和检查，并建立检查结果的反馈机制。

7.2.4 《罗伯特议事规则》

美国人崇尚自由，但美国人对待开会却是严肃认真的，美国人会少规矩多。他们有一本厚厚的开会规则——《罗伯特议事规则》，这部由亨利·马丁·罗伯特撰写的《议事规则袖珍手册》（Pocket Manual of Rules of Order）于1876年出版，几经修改后于2011年出了第11版。《罗伯特议事规则》的内容非常详细，包罗万象，有专门讲主持会议的主席规则，有针对会议秘书的规则，当然大量是有关普通与会者的规则，有针对不同意见的提出和表达的规则，有关于辩论的规则，还有非常重要的、不同情况下的表决规则。

《罗伯特议事规则》基于民主的理念进行实践操作，它适用于如下类型的群体讨论：

（1）所有成员具有同样的权利与义务；

（2）对于要讨论的议题，大家有不尽相同的意见，而且都希望能够表达自己的观点；

（3）大家都希望尽快做出一个决定，这个决定要最大限度地反映大家整体的意愿。

1. 根本原则

（1）平衡法则：保护各种人和人群的权利，包括意见占多数的人，也包括意见占少数的人，甚至是每一个人，即使那些没有出席会议的人，从而最终做到保护所有这些人组成的整体的权利。几百年来，正是人们对这种平衡的不懈追求，才换来了议事规则今天的发展。

（2）对领袖权力的制约：集体的全体成员按照自己的意愿选出领袖，并将一部分权力交给领袖，但是同时，集体必须保留一部分权力，使自己仍旧能够直接控制自己的事务，避免领袖的权力过大，避免领袖将自己的意志强加在集体的头上。

（3）多数原则：多数人的意志将成为总体的意志。

（4）辩论原则：所有决定必须经过充分而且自由的辩论协商之后才能做出。每个人都有权利通过辩论说服其他人接受自己的意志，甚至一直到这个意志变成总体的意志。

（5）集体的意志自由：在最大限度上保护集体自身，在最大限度上保护和平衡集体成员的权利，然后依照自己的意愿自由行事。

（6）同时只能有一个议题：一旦一个提议被提出，它就是当前唯一可以讨论的议题，必须先把它解决了，或者经表决同意把它先搁置了，然后才能提下一个提议。

（7）意见相左的双方应轮流得到发言权：辩论时有人请求发言，主席应该先问他持的是哪一方的观点，如果其观点与上一位发言人相反，那么他有优先权（在若干人同时要求发言的情况下)。

(8) 主席必须请反方表决：必须进行正、反两方分别的表决，缺一不可。不可以正方表决后，发现已经达到表决额度的要求，就认为没有必要再请反对方表决。

(9) 反对人身攻击：必须制止脱离议题本身的人身攻击。禁止辱骂或讥讽的语言。

(10) 辩论必须围绕当前待决议题：如果发言人的言论明显与议题无关，而且其他与会成员已表现出了对此的反感（如嘘声），发言人的发言应该得到制止。

(11) 拆分议题：如果一个待决议题可以被分成若干小的议题，而且与会成员倾向于就其中小的问题分别讨论，就可以提议将议题拆分。例如，将一个选举两个骑士的议题拆分成两个议题分别表决。

(12) 既成决议稳定：改变一个既成决议比通过一个新决议需要更大的努力，这是为了避免类似出席人数的变化这样的因素所可能导致的组织决策的不稳定。

(13) 同一议题不再议：在一届会议期间，一旦会议对某一议题做出了决定，同一个议题，或者本质上的同一个议题，不能再次讨论，除非发生了特殊情况。

资料链接：议事规则的12条基本原则（极简版）

2. 议事六部曲

要按《罗伯特议事规则》开会，至少需要一个主持人（叫"主席"）和一个记录人（叫"秘书"）。主席是所有成员选出来的，主席必须中立和公正，只能维护程序，不能提议，也不能对任何议题发表评论，在多数情况下也不参加表决。秘书也是所有成员选出来的，不过因为秘书基本只是在记录，而且会议纪要也受到大家监督，所以并不限制秘书提议或发言。秘书只要为人公正可信，概括能力较强就可以了。

一般而言，一次议事过程主要包括以下六个步骤。

(1) 动议。"动议"在《罗伯特议事规则》里面是一个有明确意义的词，是指"正式的行动建议"，即与会者在会议上提出，需要会议给予处理的正式建议。除了主席不能提议，其他任何一个人都可以提出自己所期望的行动建议，具体而言，就是在适当的机会把自己的腹稿说出来，或者把书面稿念出来。所谓适当的时机，需要遵守如下规则：发言必须申请；只能在没有人正在发言的时候，才能申请发言；申请发言必须举手并明确喊出"主席"，必须在主席请其发言之后才可以开始发言。主席通常必须按照下面规则分配发言权：谁先举手并喊"主席"谁先发言。

一旦抢到发言权，就马上说出提议的内容，最好是准确的措辞。提议措辞越准确，讨论越有的放矢，会议效率越高。提议的时候不能评论，必须等到辩论的时候。

(2) 附议。"附议"是用来对主动议进行处理的动议，附属动议就是帮助主席决定"这个议题值得现在讨论"。为了保护少数人的意见，《罗伯特议事规则》规定，不确定一个人，而是只要有任何一个人（除了提议人和主席）说"值得讨论"，也即附议，那么会议就必须讨论，主席就必须受理这个提议。如果没有人附议，那么提议被忽略，等待下一个提议。

(3) 陈述议题。只要有人附议，主席就没得选择，必须受理。受理的标志，即主席要完整、明确地陈述刚刚提议的措辞，这叫作"陈述议题"。它的重要意义还在于明确地告诉每个人，从现在这个时刻起，我们讨论的议题就是这个，所有的辩论都必须跟这个议题有关，这就是《罗伯特议事规则》的重要原则之一——"在任何一个时刻，只能有一个议题"，不能偏题、跑题。

（4）辩论。没有比"辩论"更重要的了。一个会议符不符合《罗伯特议事规则》的理念和原则，能不能最大限度地"挖掘"出最符合整体意愿的决定，能不能最大限度地满足每个成员的诉求，就要看有没有一个"自由而充分"的辩论过程。

提议人在辩论的一开始有发言优先权。可如果提议人在辩论的一开始没有选择发言，让别人先发言，那就不再有发言优先权了，以后要跟大家一样平等竞争发言权。对于几乎同时举手喊"主席"的情况，没有发过言的优先于已经发过言的。应该让意见相反的两方轮流发言。每个人每次发言的时间长度有限制，超时则由主席打断。每个人对每个议题发言的次数也有限制，到了限制次数，主席就不能再准许其发言。

辩论四条铁规：① 文明表达，禁止人身攻击；② 一时一件，不跑题；③ 限时限次，不超时，禁止一言堂；④ 发言完整，不打断别人的正常发言。

（5）表决。当所有人都用尽了发言权，或者虽然没用尽，但也没有人再想发言了，主席就该提请表决 。表决分为口头表决、投票表决和举手表决。

表决之前主席一定要再重复提议内容，让大家清楚表决的对象到底是什么。这时主席说："现在表决。表决的议题是……所有赞成的请举手……所有反对的请举手……"通常主席不需要严格计数，除非主席在请赞成方举手的时候预感到可能票数会比较接近。做表决时，如果议题针对人，建议投票使用无记名方式；如果针对事，建议举手表决。

（6）宣布结果。通常的表决额度是"过半数表决"，就是赞成方超过反对方至少1票，提议就通过，否则就被否决。最后由主席宣布："赞成方获胜（或者反对方获胜），提议通过（或者未获通过）。"

表决结果统计确保以下原则：

① 弃权方不算。例如10个人开会，3个弃权，4个赞成，3个反对。忽略弃权，赞成大于反对，所以通过。（虽然4没有超过10的半数。）

② 法定人数仅指出席人数，跟每次参加表决的人数没关系。例如上面的例子，如果10个人满足法定人数，而7个人不满足法定人数，没关系，上面的表决仍然有效。

③ 只有过半数才通过，平局等于没通过。既然规则是"少数服从多数"，那么没有"多数"自然就没有什么可服从的，不作为即可。

资料链接：议事规则之轮流发言，防止插话

资料链接：会议的技巧

总之，《罗伯特议事规则》的宗旨是在不同利益方之间寻求持续合作，参会者立场越多元，诉求差异性越大，所涉及的利益分配就越复杂，议事规则的执行就必须倾向于更严格；反之，议事规则的约定就可以比较有弹性。

7.3 面谈概述

面谈之所以发生，是因为其中某一参与者或所有参与者相信，通过面谈可能满足或可以导致满足他们的个体需要。各种面谈的共同点都显示了其与广泛的沟通技巧有关，参与者必须使用和理解。

面谈发生的媒介主要是以语言为基础的口头沟通，也包括非语言沟通的使用，如体态、姿势、面部表情、倾听、距离与界限的使用等。

7.3.1 面谈的含义

中国古代帝王对群臣的召见、国家领导人与外宾的约见、上司就某一任务与下属的见面以及恋人的约会等，都可以说是面谈。简单地说，面谈就是面对面近距离地即时会面交谈。

7.3.2 面谈的分类

面谈主要分为以下几类。

1. 结构面谈与非结构面谈

结构面谈又称标准化面谈，指按照统一的设计要求、按照一定结果的问题形式进行的面谈。非结构性面谈又称非标准化面谈，指按照一个粗线条式的提纲而进行的面谈。在非结构面谈中，面谈者可以根据面谈的实际情况做出灵活而必要的调整。结构面谈的特点是便于信息的收集和统计、分析，但缺乏灵活性。

2. 直接面谈与间接面谈

直接面谈即面对面交谈，面谈双方进行面对面的交谈。间接面谈就是面谈双方通过媒介进行非面对面的交谈。常见的间接面谈有视讯电话、电视会议等。与间接面谈相比，直接面谈不仅能收集到语言信息，而且能了解到许多非语言信息，从而有利于对面谈结果的分析与解释。与直接面谈相比，间接面谈，特别是在突发事件中，可以屏蔽掉一些不利的信息或场景。

3. 一般面谈与特殊面谈

根据面谈的性质属于一般目的（如常规的信息收集）还是特殊目的（如人才选拔），面谈可分为一般面谈和特殊面谈。进行特殊面谈时，应充分考虑面谈对象、情境和问题的特殊性。

7.3.3 面谈的目的

面谈不是一般的见面。它是管理活动中进行管理沟通的重要方式，是获取信息最常用、最直接、最有效的工具之一。在日常的管理工作中，面谈的目的主要体现在以下几个方面。

（1）关注工作的进展情况，对在进行中的工作或工作成果进行确认、辅导、评价、纠正和调整等。如人力资源管理中的绩效考核，目的就是对上一阶段的工作成果进行总结评价，对工作过程中出现的不足进行纠正。

（2）为完成任务提供、获取或交流信息是面谈的主要目的之一。如公司管理中，销售部门召开的区域销售完成情况会议，人力资源部门举行的岗位调查会议等，基本上是以了解和收集信息为主。

（3）通过咨询、解惑和商讨来解决问题是面谈的最普遍目的。之所以要进行面谈，就是因为在实际管理中如质量、员工关系、工作绩效等存在问题，通过面谈，互相交流看法和意见，可以找出事情的原因和解决的对策，最终达到解决企业管理问题的目的。

（4）选拔适当的人员。在某一任务或岗位出现人员需求时，需求方通过面谈，考察和判断被面谈者是否适合于该任务或岗位；同时，被面谈者也通过面谈掌握的信息来考虑该任务或岗位是否合适，这是一个双向的过程。

7.3.4 面谈的特征

从本质上说，面谈是一个信息交流的活动。除了有两个或两个以上个体参加的共同特点，作为最常用的管理工具，面谈还具有下面一些明显特点。

1．计划性

面谈不是简单的见面打招呼，它是为达到预定目的而有组织、有计划地进行信息交换的正式管理活动。根据面谈的特点，在面谈前，需要制订面谈实施方案，解决如何进行面谈和要得到什么效果等重要问题，即什么地点集中，要确定目的、人员、环境、时间、过程、道具、问题等。另外，在实施、总结过程中，也需要严密组织和周密计划。只有这样，才能有效降低面谈成本，提高效率，达到预期目的。

2．直接性

面谈者与被面谈者通过语言和行为发出或接收信息，中间没有任何中介。双方可以通过观察和交谈来判断对方的意图、态度、喜恶等，也可以通过语言暗示等手段影响对方的判断、态度。成功的面谈，面谈的双方需要建立起基本的信任关系，以取得对方的积极配合。在整个面谈的过程中，面谈者与被面谈者是互相影响、互相作用的。

3．不对等性

一般情况下，面谈通常由参加面谈的某个人组织、控制并实施，他在整个过程中处于主动地位，称为面谈者；面谈的另一方通常处于被动地位，称为被面谈者。在这个互动的关系中，他们的信息交互处于不对称状态，一般来说，被面谈者通常拥有更多信息，面谈者需要通过适当的方法和手段引导和激发被面谈者提供符合面谈者要求的信息。

4．不确定性

面谈虽然是经严密组织和计划的，但是在实施过程中，受心理和环境等因素的影响，面谈具有不确定性。所以，面谈者为减少不确定性，除了按照计划提问外，也要随机应变，例如，被面谈者的回答离题时，可以巧妙地以插话的形式把他拉回正题；如果被面谈者的回答是有用的，则可以顺势追问。

7.3.5 面谈的原则

作为有目的、有计划、有组织的一项正式的管理活动，面谈应遵循以下原则。

1．道德原则

面谈双方通过交谈来达到信息的交流，因此必须有基本的道德规范。在面谈中，双方要诚实互信，尊敬他人。面谈者不轻易做出承诺，不做错误的引导；被面谈者不要提供虚假的信息。

2. 保密原则

面谈的信息，除了一般性信息或经面谈双方同意，应当保密。特别是面谈中涉及隐私或机密的信息，一旦泄露，将会损害面谈各方利益，甚至造成损失。

3. 准备原则

一般来讲，面谈有时间限制，而且有高度的目的性，这些决定了面谈需要从内容和形式等方面都做好充分的准备，才能保证面谈的高效进行。

4. 时间原则

既然对内容和时间做了准备，面谈双方遵守面谈的时间不仅能给对方留下好的印象，也使面谈者可控制时间的进度，使面谈能够按计划时间完成。同时，因为人的注意力和精力等会随着时间的延长而下降，所以控制面谈时间也是保证面谈效果的重要条件。

5. 灵活原则

面谈过程中，不确定性是难以避免的，当问题不适合当时情境中的人或事时，需要及时做出调整，既要保证达到面谈的目的，也要使被面谈者"言之有物"。

7.4 面谈的一般过程

从沟通的一般过程来看，面谈是一个互动的过程。根据 PDCA 原则，这个过程包括四个阶段，即计划阶段（plan，P）、实施阶段（do，D）、检查阶段（check，C）和分析阶段（analyze，A）。这四个阶段都有不同的内容，只有按照这一流程切实执行，才能保证面谈有效实施。一般的面谈沟通过程如图 7-1 所示。

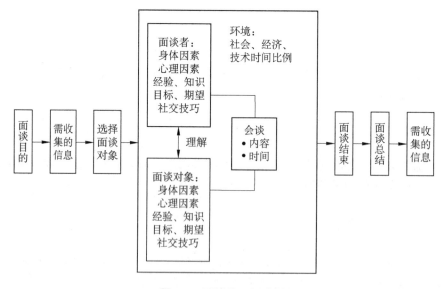

图 7-1 面谈的一般过程

7.4.1 面谈的计划阶段

面谈具有很强的目的性，无计划的面谈只是闲聊。下面围绕 5W1H 的框架来探讨应如何制订面谈计划。

1．确定参加面谈的对象（who）

（1）谁会接收到这样的信息？
（2）对方是怎样的一个人？
（3）接收信息的人可能会有什么态度？

在面谈的计划中，研究面谈对象是很重要的。在沟通过程中，面谈双方承担着编码和译码的工作。预先收集和研究面谈对象的身份、知识素养、文化背景、经验、性格特点、习惯、思维方式等信息，设计合适的问题类型和情境以及提问方式，将会减少面谈的不确定性，保证计划的有效执行。

2．确定面谈的目的（why）

（1）为什么要举行这次面谈？
（2）这次面谈要解决什么问题？
（3）这次面谈的目标是什么？

面谈的目的是面谈的出发点和核心。

3．确定面谈的环境（where）

（1）有关这次面谈的大环境是怎样的？
（2）面谈应该选择在什么地方进行？公司内或公司外？
（3）面谈地点的家具摆设应该怎样？
（4）是否应该准备用具或茶水等？
（5）面谈地点的明暗度是否合适？

面谈的环境因素包括面谈所发生的客观小环境以及外部大环境。

外部大环境主要指影响面谈环境的社会因素、技术因素、经济因素和政治因素等。如失业率，它将在很大程度上影响求职面试，在高就业率与高增长率的情况下对被面试者有利，而在高失业率与低增长率的情况下对面试者有利。

客观小环境即面谈的物理环境和面谈对象的距离位置，环境中的噪声、光线、温度和方位等干扰因素会严重影响双方面谈的气氛。位置空间也会对面谈的效果产生影响。研究表明，大部分的办公区域可以分为压力区域和半社会化区域。压力区域是指办公桌周围的区域，半社会化区域指稍远离办公桌的区域。在半社会化区域内的面谈，表示双方是在平等的基础上进行的，使被面谈者情绪比较放松。同时，面谈双方的位置也会影响面谈的效果。心理学家指出，交谈时，双方座位摆成直角时要比面对面交谈自然六倍，比肩并肩交谈自然两倍；相反，如果需要给被面谈者增加压力，最好采取面对面交谈。

4．确定面谈的时间（when）

（1）什么是面谈的最好时机？
（2）这样的面谈时间会否受到工作的干扰？

(3) 面谈的时间控制在多久比较合适？

面谈的时间是指何时开始、持续多长时间和何时结束。这里，关键是究竟多久的时间是合适的。一般在人的疲劳转折点出现后，面谈的时间与效果是成反比的。经验证明，一些面谈存在最佳面谈时长，如选拔面谈最好控制在 30 分钟之内。为了使面谈达到最佳效果，在面谈的开始前将面谈的时间计划告知对方，使双方共同控制面谈的时间，是很有必要的。

5. 确定面谈的内容（what）

（1）面谈的主题是什么？
（2）关于面谈，需要收集什么资料？
（3）在面谈中需要提出什么问题？
（4）面谈中会发生什么突发事件？

面谈主题不能偏离面谈目的，此外，还需要根据面谈的事件和被面谈者能理解的语言特点进行设计。面谈者准确传达信息，让被面谈者准确理解主题的意思是主题设计的关键。

6. 确定面谈如何进行（how）

（1）问题应该如何组织？是开放式的，还是封闭式的？
（2）问题的顺序如何？是漏斗形顺序，还是倒漏斗形顺序？
（3）面谈应该采取结构式还是非结构式？
（4）遇突发事件应如何应对？

7.4.2　面谈的实施阶段

有了周详的计划，面谈只是成功了一半，还要遵循下面的步骤实施。

1. 进行印象管理，建立良好的第一印象

根据心理学的研究理论，所谓印象管理，是指一个人以一定的方式去影响别人对自己印象的过程。第一印象对总体印象的形成影响很大。因此，在实施阶段，良好的开篇应该有恰当的问候和介绍，这样有助于建立互信、和睦和轻松的环境和气氛，有利于面谈的顺利展开。

有人曾经在招聘面试过程中进行过试验。对两个学历、经验和能力相当的人，在与第一位应聘者面试时，进行简短的介绍和寒暄，以营造轻松的气氛，而对第二位应聘者则开门见山地直接提出问题。结果第一位应聘者的回答较为得体且基本上回答在问题的点子上，第二位应聘者则明显紧张，回答问题有时候甚至跑题，表现大打折扣。其实，这两位应聘者并没有那么大的区别，说明面谈的良好气氛对面谈确实有意想不到的效果。

资料链接：7 秒钟第一印象

2. 告知面谈日程

面谈日程包括面谈原因、预计开始和结束时间、主要内容、参加人员和其他需要注意的问题。一般来说，面谈者在开始正式谈话前，把面谈日程告知被面谈者，不但能让被面谈者对面谈有总体的了解，帮助被面谈者消除紧张和不安情绪，同时也有利于面谈者掌握和控制面谈进程。

3．提问和回答

提问和回答是面谈的核心内容，是衡量经过精心准备的面谈计划能否实施，以及面谈目的能否达到的关键。提问是直接获取信息的最主要手段，提问的质量不仅直接决定着面谈的成败，而且最能体现面谈者面谈技巧运用得熟练程度，提问的技巧将在7.4.4小节进行详细介绍。在计划的提问完成后，最好进行确认，目的是检查问题和信息是否有遗漏，以便及时补充。

计划外的突发事件也会在这一过程中产生。如果面谈者的某些问题触及被面谈者的"禁区"，导致被面谈者不配合，甚至有终止面谈的危险时，面谈者必须冷静，首先判断面谈能否继续进行下去，如果可以继续进行下去，则应该采取暂停或转移话题等方式，以缓和气氛，再伺机回到正题。

除此之外，因为面谈的目的是信息的取得，所以对面谈中信息的收集也是很重要的。根据人的记忆的特点，现场记录的方式是必要的，但无论面谈者本人，在场的第三者进行记录或进行录音，都要事先告知被面谈者，以消除被面谈者的紧张和不安，防止影响面谈效果。

4．结束面谈

结束面谈是面谈实施的最后环节。面谈者在达到面谈目的，取得所需要的信息后，就要结束面谈了。结束面谈宜采取简单、明了和坦率的方式感谢对方的配合，同时根据面谈的需要，告知面谈者信息的用途和后续的工作。

7.4.3　面谈的检查和分析阶段

这是面谈的总结阶段。面谈结束，面谈者就要马上对所收集的信息进行归纳和总结。这样就要把收集的资料进行检查和分析，看收集到的信息是否达到面谈目的和有没有遗漏。面谈达到预期目的的，可以进行方案的撰写。如果发现遗漏，且该遗漏对面谈目标来说是重要的，为避免失败，必须尽快进行第二次面谈，以补充不足的材料。

7.4.4　提问的技巧

提问有引导的作用，根据不同的面谈进程、事件性质甚至被面谈者特点，采取不同的问题形式。

1．中立式

面谈者以没有倾向性的第三者身份向被面谈者提出问题。被面谈者会比较容易接受从第三者角度提问的方式，而且比较能将真实的信息讲出来。如，"你如何看待员工对公司的忠诚度？"

2．引导式

引导，顾名思义就是使被面谈者的思路朝着面谈者期望的方向进行，以获取面谈者希望的信息。由于引导式带有明显的心理暗示，所以往往会带来被面谈者的"迎合心理"，使信息失真。但另一方面它能缓和气氛，使问题不会太尖锐，有委婉的意味。如在纠正工作表现的面谈中，与其直截了当地指出不足，不如委婉提出，从提事实而非直接下判断的角度进行提问。

3. 追问式

当被面谈者的回答不完整、不明确、不准确或答非所问时，面谈者应当进行适当的追问。根据目的的不同，追问可分为详尽式追问、说明性追问、系统追问、假设追问、情感反应性追问和正面追问六种。同时，追问的方式是多种多样的，需要灵活掌握。当对方不理解时，可采用重复的方式；当回答不全时，可采取沉默不语的方式。

案例链接：地产监理面试

4. 陷阱式

当被面谈者提供虚假的信息或隐瞒相关信息时，面谈者需要采用陷阱式的提问。追问式和陷阱式往往交替出现。因为，对于一些虚假的信息，在追问式和陷阱式的提问下，被面谈者在逻辑上往往很难"自圆其说"。

> **案例链接：小王的公务员面试**
>
> 小王在公务员考试的笔试中取得了优异成绩，顺利进入面试阶段。面试过程进行得非常顺利，小王对职位和工作也表现出了足够的胜任力和极大的兴趣。此时，面试官突然说："本单位是不错，但你的那个职位相当于是给其他人打杂，而且升职空间不确定，你怎么看待这个问题？"
>
> 你认为小王该如何回答？
>
> 资料来源：李永新. 公务员面试高分突破系列教材：面试经典真题详解专家点睛1500题[M]. 北京：人民日报出版社，2008.

5. 插话式

在被面谈者的说明中，有偏题情况出现时，为了使被面谈者的谈话回到正题，更重要的是控制面谈的时间，就需要面谈者进行插话打断被面谈者，以提醒该信息已不属于本次面谈的内容，应该回到正题。需要进行插话时，注意不能直截了当说对方的谈话跑题，因为这样会挫伤被面谈者的积极性，而是应该在对方说话停顿的间歇快速提出另一问题，使被面谈者马上回到正题。

7.5 几种重要的面谈

7.5.1 招聘面试

招聘面试是为了选拔人才所进行的特殊面谈。面试的设计和技巧的掌握，对招聘方和应聘方来说都是很重要的，唯有如此，才会避免招聘出现偏差。下面对组织的招聘面试进行介绍。

工作有关问题的讨论，讨论过程中不指定谁是领导，也不指定受测者应坐的位置，让受测者自行安排组织，评价者来观测考生的组织协调能力、口头表达能力、说服能力，以判断其素质是否达到拟任岗位的要求，以及自信程度、进取心、情绪稳定性、反应灵活性等个性特点是否符合拟任岗位的团体气氛，由此综合评价考生之间的差别。

资料来源：https://zhuanlan.zhihu.com/p/451638767.

（6）阶梯式面试。阶梯式面试是指应聘者要接受招聘方不同部门和层次人员的面试，层进式地全面考查应聘者的综合素质。如人力资源部门按照岗位素质模型考核应聘者的核心能力，直线经理考查应聘者的专业技能。又如，人力资源部门会问应聘者在过去取得什么成就，直线经理会关心应聘者的专业技能帮助他取得了怎样的工作成就，等等。

以上招聘面试方式需要结合具体的岗位和施测条件，或单独或混合使用。

4．招聘面试技巧

招聘面试是企业的一项重要工作内容，作为招聘方参与面试的人员都必须具备一定的面试技巧，才能准确识别"千里马"，创造高效的招聘。一般遵循 STAR 原则，现介绍如下。

所谓 STAR 原则，即 situation（背景）、task（任务）、action（行动）和 result（结果）四个英文单词的首字母组合。STAR 原则是面试过程中涉及实质性内容的谈话程序，任何有效的面试都必须遵循这个程序。在与应聘者交谈时，招聘者首先要了解应聘者以前的工作背景，即所谓的背景调查（situation），然后着重了解该员工具体的工作任务（task）都是哪些，每一项工作任务都是怎么做的，都采取了哪些行动（action），所采取行动的结果如何（result）。

相关链接：业务代表招聘

通过以上四个步骤，招聘面试者基本可以控制整个面试的过程，招聘到合适的人才。STAR 原则是招聘面试的一个好工具。

7.5.2　信息收集面谈与信息发布面谈

信息收集面谈与信息发布面谈都是与信息有关的面谈。信息收集是面谈双方双向互动的，而信息发布则是以面谈者向被面谈者发送信息为主。

1．信息收集面谈

信息收集面谈是管理者以收集信息为目的，以数据、客观事实、主观感受和评价等为主要内容的面谈，区别于有淘汰性质的招聘面谈。根据不同的信息类型可以分为：员工离职前面谈、事故调查面谈、制度实施状况调查面谈、市场调查面谈等。大部分的信息收集面谈有以下几个阶段。

（1）收集背景信息。为了把握面谈的时间和保证经过面谈能收集到所需要的信息，背景资料收集是很重要的，因为它可以使面谈者对面谈有整体的概念。

（2）准备阶段。在这个阶段，需要围绕谁拥有信息和如何获得信息这个中心来准备问题的清单。如果说收集背景资料是建立概念框架，那么准备阶段就是如何增加内容。

（3）面谈过程。为了向被面谈者收集所需要的信息，面谈者需要营造和谐气氛以及注意和被面谈者建立信任的关系，以便引导被面谈者提供信息。除了合适的情境布置，正确运用各种谈话的技巧也是必要的。如注意倾听，不要对被面谈者提供的信息进行评论，等等。

（4）分析。对于在面谈中现场记录和记忆记录的信息，为了避免遗漏，在面谈结束后要马上进行整理。为了保证信息的准确性和完整性，同时也为了给被面谈者"面子"，要把经整理的面谈记录交予被面谈者进行确认。面谈信息经确认后，管理者需要根据面谈的目的，进行分析和总结，并形成方案，以便在实践中运用。另外，分析面谈过程可以帮助管理者提高面谈的技巧和效率。

案例链接：解除员工试用期合同的思考

2. 信息发布面谈

与信息收集面谈相反，信息发布面谈是以面谈者向被面谈者发送信息为主要内容的面谈形式。这种面谈由面谈者把掌握的信息向被面谈者发布，因此在技巧等的要求上比信息收集面谈低。信息发布，主要是进行信息共享，通过向被面谈者传递信息，以达到传播事实，激励、增强组织凝聚力，增强责任感的目的。常见的信息发布面谈有企业新闻发布会等。

企业建立新闻发言人制度，重点要规范以下内容。

（1）建立健全的日常工作机制。主要内容包括：成立固定的新闻发言工作小组，对有关新闻发布工作进行明确的分工，如要确定由谁担任新闻发言人、谁接听记者日常来电、谁组织策划新闻发布会、谁起草新闻发布稿和准备应答口径等。

从事新闻发布的工作人员，尤其是新闻发言人，应该具备较高的职业素质。因为他们直接与记者打交道，任何一点失误都有可能对企业造成极大的影响。新闻发言人一职最好由企业内部熟悉公关传播工作的高层领导兼任，退而求其次，也要由负责公关传播的部长级干部担任，绝不能交给企业其他人员或外部人士。担任新闻发言人的人员，如果本身在企业的职位不高，就接触不到企业经营的实质层面，对记者提出的诸如企业发展战略、营销策略等问题，不会有准确且较深刻的认识，自然也就做不出有利于企业的回答。

（2）建立规范的媒介记者档案。"知彼知己，百战不殆"，企业要在新闻发布活动中把握主动权，就应该事先对出席发布会的各个记者的特点做到心中有数。这就要求企业平时建立规范的记者档案，例如，要对各主流媒体记者的生日、籍贯、兴趣、爱好、特长等进行详细记录，包括哪些记者侧重行业发展的问题，哪些记者侧重经营管理模式问题，哪些记者关注企业文化建设问题，哪些记者提问的角度较偏、刁钻等。企业只有事先建立详细的记者档案，才能预测与会记者可能提出的问题，才能做到有的放矢、有备无患。

（3）建立舆情跟踪分析机制。主要内容包括：平时指定专人收集报纸、电视、网络上媒体和记者对企业报道的信息，对报道内容加以研判分析，为新闻发布和回答记者提问提供参考。例如，记者所报道的内容对企业经营工作有哪些看法？正面的有哪些？负面的有哪些？哪些对企业不利，需要澄清？哪些虽然对企业有利，但不宜炒热？哪些对企业有利的信息被忽视掉了？这些都需要经常性地跟踪和分析。否则，企业新闻发言人就难以掌握记者会问什么，也不知道怎么回答效果更好。

（4）建立新闻发布后的评估机制。在新闻发布会后，要跟踪媒体对新闻发布会是如何报道的，反响如何，是否达到预期目的。通过跟踪研究分析，总结经验教训，可从中找出不足和问题，从而采取相应的补救措施。

> **相关链接：万科决定设新闻发言人制度**
>
> "我虽然60多岁了，但对于大事情的处理还是显得很青涩。"表情严肃的王石在2008年6月5日的股东大会上一开场就做了深刻反思，"我的不适当评论，对万科的品牌形象造成了很大伤害，我向各位股东无条件道歉，不做任何辩解。"
>
> 从王石发表有关"200万元合适论"的当天开始，万科股价连续狂泻，在6个交易日内总市值蒸发了204亿元。舆论顿起、民愤、利剑、鞭鞑指向王石并进了了万科。万科，陷入"捐款门"的王石感受到了比以往任何时候都要大的压力。王石表示，舆论对万科的批评是鞭策、警示和激励，督促万科反省。
>
> 为了避免再次卷入类似"捐款门"的风波，万科决定，将设新闻发言人制度，并对王石的博客设置"看门狗"过滤系统，以避免不慎言论影响万科形象。
>
> 资料来源：http://finance.sina.com.cn/chine/hgjj/20080606/13304898217.shtml

7.5.3　绩效面谈

要介绍绩效面谈，首先要了解什么是绩效管理。绩效管理是指管理者与员工之间在目标与如何实现目标上达成共识以及促进员工取得优异绩效的管理过程。绩效管理的目的在于提高员工的能力和素质，改进与提高公司绩效水平。绩效管理是一个循环过程，有五个阶段，如图7-3所示。

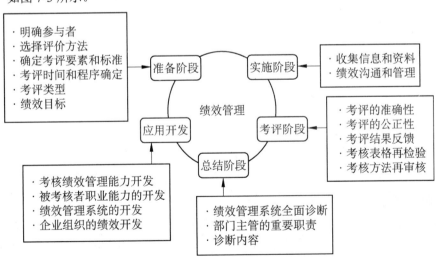

图7-3　绩效管理的各个阶段

在以上五个绩效管理阶段中，准备阶段、实施阶段与考评阶段中的绩效目标明确、绩效辅导沟通与绩效评估反馈三个环节涉及面谈的实施，分别介绍如下。

1. 确立绩效目标的面谈

（1）确立绩效目标的种类。

结果目标：指做什么，要达到什么结果。

行为目标：指怎样做，要实现组织的目标需要有哪些行为。

（2）确立目标的 SMART 原则。

S：具体的（specific）——目标是详细的，不是抽象的；

M：可衡量的（measurable）——目标是可以量化的；

A：可达到的（attainable）——目标是通过努力可以实现的；

R：相关的（relevant）——个人目标与公司、部门目标是一致的；

T：以时间为基础的（time-based）——实现目标是有时间限制的。

（3）确定绩效目标面谈的步骤。确立绩效目标是进行绩效管理的关键。确定绩效目标面谈前应该收集组织和部门的目标，然后根据员工的岗位和能力以及 SMART 原则制订该员工的绩效目标方案。方案制订后，要充分与员工进行沟通，使员工认可签字并依此开展绩效达成活动。为避免员工出现不接受的情况，主管在进行面谈沟通时，要充分向员工解释目标的确立依据和原则，并结合员工的合理意见进行调整，使目标建立在公正、客观、相互理解的基础上；要给予支持，使员工不会感到"孤立无援"；组织目标有调整而导致个人任务目标出现增减时，要及时进行沟通和调整。

2. 绩效辅导面谈

在绩效目标确立后，主管需要对员工的绩效达成过程进行辅导，使其最终达成绩效目标。绩效辅导贯穿整个绩效目标达成过程，主要有两种方式：正式的和非正式的。正式的是指通过正式面谈实施辅导；非正式的是指通过各种非正式途径，如电话、日程工作的示范等进行辅导。在正式的辅导面谈中既要对员工的成绩认可，又要对员工实现的目标进行帮助和支持。主管帮助、引导员工达到目标，同时根据现实情况双方及时修正目标，朝着目标发展，这也是对怎样实现目标（行为目标）过程进行了解和监控。

3. 绩效评估面谈

进行绩效评估是为了全面检讨绩效目标的完成情况和完成效果，要解决有哪些是达到或者超过预期绩效目标的，有哪些是不足的，它们的理由分别是什么，下一期的目标是什么，等等。关于绩效评估的作用，一是纠正员工工作表现不足的部分，提高工作能力和效率；二是评估工作成果，并把该评价结果运用于奖金评定、晋升以及培训等方面。

> **案例链接：主管与办公室主任的辩论**
>
> 吴局长与办公室田主任进行绩效面谈，吴局长对田主任的工作不太满意，田主任觉得自己功劳、苦劳都有，却得不到领导的理解和支持，很委屈。双方在绩效面谈过程中不知不觉地辩论起来，最后不欢而散。
>
> 点评：管理者切记，不能将绩效面谈当作一种辩论的过程，辩论对于双方来说都是有害无利的。面谈的主导权在管理者手中，管理者要有意识地把握面谈的氛围和过程。
>
> 资料来源：郑瀛川. 有效的选才与面谈技巧[M]. 厦门：厦门大学出版社，2007.

本章小结

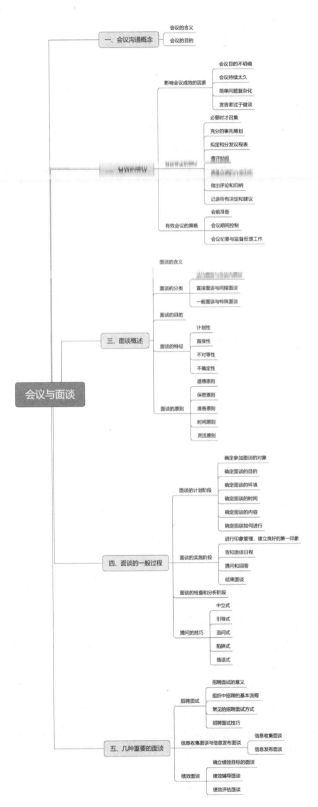

本章典型案例：空降兵的人情困局

为了配合公司战略转型，大型国企三华集团人力资源部总经理王总将肖莉调动至人才发展业务部任部长。人才发展业务部除肖莉外目前还有3人，其中资深员工刘志，参加工作7年，在此业务部4年，姑姑、姑父都是公司中层干部，他人品不错，但经常迟到早退，工作经常出错，年度考核连续4年排人力资源部最后一名，是肖莉新上任后需要重点关注的对象。

上任第一天，肖莉请三个同事一起吃午饭，气氛非常融洽，大家都表示好不容易迎来了公司对于人才发展板块的重视，要乘着东风成就一番事业。下午的部门会议上，肖莉总结时说："现在公司对我们的要求、业务部门对我们的需求、员工对我们的期待都更高了，而我们就像一个创业团队，要开疆拓土、站稳脚跟，既要加快熟悉和拓展业务，也要注意工作纪律。"

第一周，相安无事。第二周，肖莉和刘志6点赶早班机出发，刘志还提前为两人买好了早餐。肖莉暗喜，认为刘志的工作有所改观。没想到出差回来后，刘志就开始迟到了，有时候是三五分钟，有时候是30多分钟。于是肖莉约刘志去了会议室。

肖莉："阿志，前两周你考勤准时，但最近一周，你迟到了3次，是遇到什么困难了吗？"

刘志："小孩太小晚上总哭，所以睡不好觉，就起晚了，我已经努力在改了，以后我也会注意的。"

又过了两天，肖莉发现刘志虽然不迟到了，但经常一两个小时不见人，打电话问他在做什么，他总说，有点事在外面。

工作满1个月后，肖莉再次约刘志去了会议室。

肖莉："刘志，这是你的考勤记录。本月你有6天迟到，这违反了我们工作的基本规则，而这一点我在上班第一天就和你们达成过共识。之前我找你谈话，你也说会改正，现在呢？"

没想到平时温和、话不多的刘志居然说："肖总，我身体不好，孩子也小，如果你觉得我耽误工作了，那你把我换掉吧！"这次谈话不欢而散。

在接下来的一次部门会议上，肖莉问："刘志，总裁资质取证的工作进展如何，你也知道，办不好会影响公司投标。"

刘志："电话联系不上经办人。"

肖莉："那你有什么解决办法吗？"

刘志面无表情地说："没有。"

肖莉建议："你可以出差当面去找，或者问他旁边办公室的人，再不然请我们当地的同事跑一趟吧？"

刘志口中嘀咕："就是联系不上。"

最后，肖莉声音不大，但很坚定地说："既然这样，刘志，这个工作交给我，而且之后我不再过问你的工作了，你想怎么样都可以。"此后肖莉再也没有给刘志安排过工作。

终于王总也不再沉默了，他分别找肖莉和刘志了解情况。肖莉之前在员工管理业务部，对各子分公司的机构、定员、人员在岗情况非常熟悉。这一次，她下了决心。她对王总说:"刘志本性善良,这一点同事们都看在眼里,但他确实达不到总部的工作要求,建议他去我们基地的分公司吧,他老家就在那里,家人帮着带带孩子也方便,基层收入还略高于总部,对我们都是好事情。"就这样,刘志终于离开总部,回到了基地的分公司。

资料来源:肖莉. 中山大学管理学院MBA案例作业[Z]. 2022.

本章思考与讨论

一、仔细阅读开篇导引案例"智游移动的办公例会",就以下问题进行讨论:

1. 评价智游移动的办公例会。
2. 评价智游总裁的主持人角色。
3. 如何改进智游移动办公例会的效率?
4. 能否在该案例情境中使用《罗伯特议事规则》?

二、仔细阅读本章典型案例"空降兵的人情困局",讨论以下问题:

1. 肖莉组织的这几次面谈体现了哪些原则?
2. 你认为在肖莉和刘志的面谈中,刘志存在哪些问题,你会给他提哪些建议?

延伸阅读提示

1. 陈洪浪,谢安. 如何鉴别管理真才[M]. 北京:机械工业出版社,2007.
2. 吉伦. 评估谈话[M]. 吉艳,译. 上海:上海人民出版社,2006.
3. 罗伯特三世,霍尼曼,鲍尔奇,等. 罗伯特议事规则简明版(第三版)[M]. 孙涤,袁天鹏,张翼,等译. 上海:格致出版社,上海人民出版社,2021.
4. 俞文钊. 人力资源管理心理学[M]. 上海:上海教育出版社,2005.
5. 刘慧霞. 会议组织与服务[M]. 2版. 北京:北京大学出版社,2019.
6. 罗伯特. 罗伯特议事规则(第11版)[M]. 袁天鹏,孙涤,译. 上海:格致出版社,2015.

第3篇

沟通技能的提升与锻造

- ◆ 第8章 非语言沟通与倾听
- ◆ 第9章 演讲
- ◆ 第10章 谈判

第8章 非语言沟通与倾听

> 察颜观色,以求无拂于人。
> ——《潜书·食难》

 **本章目标**

- 了解非语言沟通的特点及分类。
- 理解非语言沟通与语言沟通的关系。
- 掌握常见身体语言沟通及其应用。
- 掌握常见环境语言沟通及其应用。
- 理解中西方非语言沟通差异。
- 了解倾听的含义和意义。
- 掌握倾听的过程和策略。

 关键概念

非语言沟通;副语言沟通;身体语言沟通;环境语言沟通;倾听过程;倾听的"珠穆朗玛峰"七层次;有效倾听。

导引案例:藏不住心事的齐桓公

> 春秋时期,齐桓公与管仲密谋伐卫,议罢回宫,来到其所宠爱的卫姬宫室。卫姬见之,立即下跪,请求齐桓公放过卫国,齐桓公大惊,说:"我没有对卫国怎么样啊!"卫姬答道:"大王平日下朝,见到我总是和颜悦色,今天见到我就低下头并且避开我的目光,可见今天朝中所议之事一定与我有关。我一个妇道人家,没什么值得大王和大臣们商议的,所以应该是和我的国家有关吧?"齐桓公听了,沉吟不语,心里决定放弃进攻卫国。
>
> 第二天,齐桓公与管仲见面后,管仲第一句话就问:"大王为何将我们的密议泄露出去?"齐桓公又被吓了一大跳,问道:"你怎么知道?"管仲说:"您进门时,头是抬起的,走路步子很大,但一见我侍驾,走路的步子立即变小了,头也低下了。您一定是因为宠爱卫姬,与她谈了伐卫之事,莫非您现在改变主意了?"
>
> 资料来源:田雨. 史记故事[M]. 郑州:大象出版社,2006.

非语言沟通有着非常悠久的历史。在原始社会，生存是人的最基本需要，作为个体，除了要吃、穿、住，还要抵御自然灾害和猛兽的侵袭，而在这些侵害面前，个人显得势单力薄，需要和其他人协作，这个时候，人们就会通过表情、呼叫、手势或者全身的动作进行交流。因此，在语言未正式诞生前，非语言沟通成为维系人们之间基本交流的主要手段，很多得到广泛认可的身体语言甚至延续至今，并得到了进一步的丰富和推广。在本书第1章中曾论述过在现代沟通中，语言本身的效果只占7%，声音占38%，而其他非语言沟通所起的效果最为显著，占到了 55%。可见，非语言沟通在实际沟通活动中起着非常重要的作用。

人们在沟通过程中，尤其是在面对面的沟通场合，会伴随大量的非语言信息。人们可以通过解析对方的仪表、眼神、表情、姿态、动作等非语言信号获得许多语言之外的有价值信息。可以说，单凭语言获得的信息是残缺的、片面的、抽象的，只有结合丰富多彩的表情、姿态、动作，才能够获得充分的、全面的、形象的感受。卓有成效的管理者除了需要熟练掌握语言沟通技巧，还需要正确运用非语言工具来增强自己语言的表达能力和感染能力，敏锐捕捉、准确识别对方在沟通中通过各类非语言因素流露出来的信息，顺利达成沟通目的。

8.1 节讲解非语言沟通的特点；8.2 节阐述非语言沟通与语言沟通的关系，包括非语言沟通对语言沟通的加强作用、辅助作用、替代作用及否定作用；8.3 节介绍非语言沟通的分类，包括副语言沟通、身体语言沟通、环境语言沟通；8.4 节介绍身体语言的沟通方式及典型应用，包括形象语言、肢体语言、面部表情语言；8.5 节给出环境语言的概念及应用；8.6 节简要比较中西方非语言沟通的差异；8.7 节介绍倾听的含义和意义；8.8 节阐述倾听的过程与策略，包括倾听过程的六个环节、倾听效果的"珠穆朗玛峰"七层次以及如何达成有效倾听的策略等。

8.1 非语言沟通的特点

非语言沟通，顾名思义，就是指利用语言以外的其他沟通元素传递信息的过程，包括沟通主体的副语言沟通、身体语言沟通以及环境语言沟通等。

非语言沟通包含着非常丰富的内容，一次眼神的交互、一个会心的微笑、一个不经意的手势、一秒钟语言的停顿，都可能蕴含着十分重要的含义，对于双方的沟通有非常关键的作用。由此可见，非语言沟通有着不同于语言沟通的突出特点，表现为如下几个方面。

1. 独立性与伴随性

所谓独立性，是指非语言沟通能够脱离语言沟通，以独立的沟通形式表现出来。虽然人类自语言产生后不再单纯依赖非语言沟通方式，但非语言沟通依旧能够单独表示一些简单的意思，如喜怒哀乐、问候与敌对等。这也是手语能够以一种丰富和完整的语言形式，在聋哑人群体中成为主要沟通方式的原因。

所谓伴随性，是指非语言沟通往往与语言沟通配合使用、相辅相成。很多时候仅仅通过语言沟通不能表达出完整的信息，或者无法让沟通对象全面接收并直观理解该信息，而配合非语言使用则能更为准确地反映语言沟通所要表达的真正思想和情感，并易于被沟通对象准确接收和解析，从而达到更为显著的沟通效果。

2. 普遍性与特殊性

普遍性是指非语言沟通作为社会历史文化积累的产物，具有普遍的适用性，许多身体语言、姿态语言为全世界大多数人所识别、接受，并被理解为基本一致的含义。例如，握手和微笑就是跨国界通行的语言，有赖于此，人类的跨文化沟通才能实现。

特殊性是指不同的民族有不同的文化背景和生活习惯，由此产生不同的非语言沟通符号和含义。例如，俄罗斯人表露自己感情的方式比较矜持，认为指手画脚是缺乏修养的表现，然而在西班牙和拉美，人们习惯于在说话时频繁加上手、头的动作及面部表情。同时，在日常沟通中，每个人都有自己的非语言沟通方式。性格外向的人，非语言沟通会更丰富，使用也更频繁，而性格内向的人则较为含蓄内敛，没有太多明显的身体动作。非语言沟通的特殊性要求在运用非语言沟通时综合考虑对方的民族及文化背景、风俗及惯例、个性及环境，避免生搬硬套导致误解。

3. 多样性与唯一性

多样性是指在沟通主体、沟通对象、信息通道和沟通环境等因素的影响下，同一非语言信号具有多种含义。如将大拇指竖起来，在美国代表赞扬的意思，但在拉美国家则意味着"一堆狗屎"。所以，非语言信号的使用，要结合时间、地点、人物和环境综合考虑。正是由于非语言沟通具有多样性，才使得非语言沟通显得更加丰富多彩并具备独特魅力。

唯一性是指非语言信号在特定的时间、地点、文化背景等环境条件下，所表示的意思是明确的、唯一的。不考虑非语言信号的环境因素，沟通就可能出现曲解、误会。如拥抱这一身体动作，在政治家会面的时候，表示友好和坦诚；在朋友相聚时，表示亲密和想念；而在恋人之间，则蕴含着无限的柔情蜜意。因此，在特定的环境中，非语言信息代表唯一的意义，必须准确识别、正确理解。

4. 外在性与内在性

外在性是指人们进行非语言沟通时，以个人或群体的形体动作、表情、空间距离等可视的、直观的外在形式，把所要表达的意思表现出来。例如，当你看到某个商场的售货员精神饱满、态度热情时，你会觉得这个商场的管理非常科学规范；当你看到希望达成合作的沟通对象笑容爽朗、动作语言开放坦诚时，你会觉得合作成功在望。

内在性是指非语言沟通会受到人的个性、气质等内在心理因素的支配和影响。从心理学的角度看，非语言信号大都发自内心深处，难以抑制和掩盖，并且具有强烈的心理刺激效应，比有声语言更能得到深刻明确的理解。例如，一对长期合作、颇为默契的职场搭档，对一些问题的观点很容易形成一致意见，并能够通过心领神会的眼神、笑容、手势等，在会议交流、商务谈判等场合相互配合、相互呼应，最终掌控主动权。

8.2 非语言沟通与语言沟通的关系

英国学者阿盖尔提出，非语言沟通有三个基本用途：一是处理、操纵直接的社会情境，二是辅助语言沟通，三是代替语言沟通。语言沟通与非语言沟通既是相互独立的沟通方式，可以在相应场合单独使用，也可以配合使用，相辅相成、相得益彰。事实证明，语言沟通与非语言沟通配合使用，可以更加清晰、更加高效、更加真实地传递沟通信息。概括而言，非语言沟通与语言沟通的关系体现在以下几个方面。

1. 非语言沟通对语言沟通具有加强作用

语言是抽象的，不容易最直接地为人所接受和理解，而非语言信号具备形象、直观的优点，在很多场合能够对语言沟通起到加强作用。人们可以通过手势、头部动作等的应用强化自己的口头表达效果。例如，愤怒的顾客在服务台投诉时，可能会挥舞双臂表示自己的不满；焦急的失主寻找丢失的箱子时，会用双手比画箱子的形状；这种现象在朗诵、演讲中体现较多，当人们抒情的时候，习惯于首先把自己的右手放在左胸，然后缓缓向前挥出。

2. 非语言沟通对语言沟通具有辅助作用

在信息传播中，语言信息的传递只经过一个通道，而非语言信息的传播则是多通道的。读文章或与人交谈，都只能单纯地作用于人的视觉或听觉。而非语言沟通则不然，它可以在同一时间内充分调动传播双方的视觉、听觉、触觉和味觉，对语言信息进行全方位的补充。如年轻的妈妈抱着刚刚出生的婴儿，脸上露出温柔的微笑，对孩子说"宝宝真乖"，并用手轻轻地抚摸着孩子的脸，又俯下身去，亲亲孩子的额头，这一连串动作一气呵成，通过几个通道把母亲深深的爱意传递给了孩子。

3. 非语言沟通对语言沟通具有替代作用

在沟通中，许多无法通过语言进行传递的信息却可以通过身体语言传达。所谓"只可意会，不可言传"。如人们通常用点头表示同意，用摇头表示反对，等等。在许多特定的场合，语言传播难以起到沟通信息的作用，这时非语言信息就成了唯一可行的传播方式。非语言沟通代替语言沟通，在舞蹈等表演中的作用尤为突出：演员在舞台上，完全凭借身体的姿态和手势、面部的表情和目光，向观众传达特定的剧情信息和人物感情。

> **案例链接：**
> 据《国语·召公谏厉王弭谤》中记载，由于暴虐的周厉王压制舆论，迫害国人，致使"国人莫敢言，道路以目"。可见言路可以堵塞，但人们通过眼睛进行心灵沟通和交流是无法阻拦的。
> 《史记》中有一则"鸿门宴"的故事。项羽要杀刘邦，范增与项羽商议行动暗号，饮酒间，"范增数目项王，举所佩玉玦以示之者三"。范增按照暗号示意项羽行动，但项羽未有响应。

4. 非语言沟通对语言沟通具有否定作用

非语言沟通信号在很多时候还会泄露和说话者所说话语完全不同的信息，称为对语言沟通的否定。这种否定作用分为两种：一种是有意识否定，另一种是无意识否定。

有意识否定是指说话者基于某种原因不愿或者不能用语言表达自己的真实意图，而故意通过表情、动作表达自己的想法，从而出现有意识的"口是心非"。如吵架后和解的恋人，女孩子嘴上说着"不理你"，却默许男孩托住自己的手，表示自己早已原谅了男友。

无意识否定则是指非说话者本意，下意识通过非语言行为表示出来的、与其语言所传达的信息相反的意思。话语一般是经过思考和选择才表达出来的，可能是戴上某种面具后言不由衷的结果，但非语言信号大都是无意识的、自然而然的内心活动的流露，因而更能真实表明人的情感和态度。最典型的例子如下：一个人在面对危险时，可能嘴上说不害怕，但其"两股战战，几欲先走"之状却已经表露了其内心的恐惧；在索然无味的会议中，与会者虽然做出认真倾听的样子，但其游离的眼神透露出他的注意力已经分散。由此可见，非语言信号在沟通中所表现的真实性和可靠性要比语言高得多，特别是在情感的表达、态度的显示、个性的表现等方面。

8.3 非语言沟通的分类

按照非语言沟通信息传递的介质的不同，非语言沟通可以分为副语言沟通、身体语言沟通和环境语言沟通。

1．副语言沟通

副语言沟通是指有声音但没有具体意义的辅助语言，因为本身没有具体的语义，所以不能称为语言，包括说话者的音质、音调、语速以及停顿和叹词的应用，如说话的快慢和节奏、声音的高低、音量的大小、声音的变化、发音的准确程度、停顿的使用等；此外，还有些特殊的音节，如"哦""噢""哎哟""嚄"等，在语言沟通中配合使用，具有补充作用。副语言沟通能传递非常丰富的信息，在某些场合甚至胜似语言。本书第9章中将详细论述沟通的副语言技巧。

2．身体语言沟通

身体语言沟通是指人们在沟通过程中，有意识或者无意识地通过身体的外观、姿势、动作传递信息的过程，它既包括人们的身体特征及身体装饰，如体形、体格、身高、发型、服饰等，也包括手势、脚势、头部动作、四肢动作等，8.4节将予以详细介绍。

3．环境语言沟通

环境语言沟通是指人们自身因素之外的环境因素传递沟通信息的过程。环境语言包括：沟通的物理环境，如沟通场所的设计、布局、布置、光线等；沟通的空间环境，如座位安排、空间距离等；沟通的时间环境，如沟通时间的安排、长短、是否守时等，8.5节将予以详细介绍。

8.4 身体语言沟通

身体语言是人们在日常沟通中最常采用的非语言沟通工具，因此，正确识别和利用身体语言，是实现有效沟通的前提。总体来说，身体语言主要分为形象语言、肢体语言和面部表情语言三种。

8.4.1 形象语言沟通

一个人的形象对其信息的传递起着非常大的作用。管理学中有"致命的7秒钟"这个说法，即对一个人的第一印象通常在7秒钟之内就已决定。研究表明，看上去有魅力的人往往更容易被人接受，其说出来的话也更容易被人相信，而外表出众的男性往往比外表一般的男性获得的起薪更高。管理者必须清醒认识并且接受一个事实，自己不仅是作为管理者的角色出现,还是他人的审美对象。

这并不意味着长相一般的人就没有希望,因为好的外表形象取决于很多方面,其中有天生的、很难改变的因素,如五官、身高、肤色;也有后天可以通过自己的审美能力和努力程度得到提升的因素,如发型、体形、服饰、整体的整洁与协调程度。女性则可以通过精致的妆容来"改变"自己的五官,如让眉毛看起来更加弯一些、睫毛看起来更长一些、眼睛看起来更大一些、皮肤看起来更白一些……更极端的就是整容了。

呈现良好的仪表、选择得体的服饰,除了更容易获得他人的好感、增加自己的说服力,还能传递无声的信息,表示尊重对方和尊重自己:我重视跟您的见面,我希望给您留下好的印象,同时,我也相信现在的自己具有魅力。

1. 发型

在汉语中有"改头换面"的成语,旧式的理发店通常贴有"进店来乌髯太岁,出门去白面书生"的对联,可见古人对发型的重要性已有了相当深刻的认识。现代形象设计专家也说:"形象设计从'头'开始,发型变了,你的形象标志也就改变了。"

人们对头发的第一印象,首先是头发本身的品质,即是否干净、健康和美观,是否修剪得整齐,只有品质较好的头发才能够配合发型,营造良好的形象。如果一个人的头发脏乱粗疏,给人的印象则会大打折扣;如果头发枯黄,则再漂亮的发型都无法得到体现。

而在选择发型时,首先考虑的因素不是美观与否,而是与你的形象或者说你期望让别人认可的形象是否一致。一般而言,对女性来说,长发显露出女人的妩媚和闲雅;短发让女性多了些干练、精神的感觉。对于男性来说,平头显得清爽,留长发则可能被称为艺术家。

发型固然重要,但很多时候,发型的变换这一事件会比发型本身更有意义。因为变换发型是人们改变自身形象、精神面貌的最直接方式,也是塑造自身新形象的一个最有效捷径,所以才有"蓄发明志""改头换面"之类的说法。因此,一些人会通过换发型改变自己的心情,激励自己从头开始。

案例链接:发型改变与德国总理默克尔的成功当选

2. 化妆

化妆可以改变人们五官的形状,突出想让他人注意的优点,遮蔽自己的缺点。随着社会的发展,化妆已经成了大部分女性和一些男性生活中不可或缺的内容,以至于有些人不化妆就不能面对自己和他人。

现代社会,男女皆用的化妆品应该是香水。香水与体味相融合,形成独有的味道,营造出优雅、时尚的个人形象,让人觉得整洁和职业。一般来说,清淡的香水比较高雅,浓烈的香水充满诱惑。其他化妆品,如眼影、眉笔、假睫毛、胭脂、粉、唇膏、指甲油等,更多为女性使用,现代职业女性上班期间宜化淡妆,以体现出女性的健康、自信,而出席晚宴或舞会时则可以适当化浓妆。

3. 服饰

郭沫若先生曾说:"衣裳是文化的表征,衣裳是思想的形象。"服饰的选择反映了一个人的文化素养和审美水平,直接影响别人对你的看法与接受程度。服饰的选择应遵循以下几个原则。

(1)服饰要符合着装者的年龄、职业和身份。不同年龄、职业、身份的人有不同的着装要求。年轻人的服饰应时尚、活泼,中老年人的服饰应该雅致端庄,创意工作者的服饰应个性十足,而空姐、医生、警察等在工作期间则必须穿制服;普通员工的服饰可以比较随意,但管理者的服饰要表现出自己的职业、身份,并且力求其外表能给人留下正面的印象。

(2) 服饰要符合个人特点。一般说来,身材过高的人,上衣应适当加长,配以低领或宽大而蓬松的袖子;而个子矮小的人,不宜穿大花图案或宽条纹的服装,最好选择浅色的套装,上衣稍短,使下身尽可能显得修长;体形稍胖的人应该选择小花纹、直条纹的衣料,最好是冷色调的,以达到显瘦的目的。在款式上,稍胖的人力求简洁,以 V 字领为最佳选择;体形较瘦的人应选择色彩鲜明、大花图案以及方格、横纹的衣料,给人以宽阔、健壮的视觉效果。另外,肤色较深的人穿浅颜色衣服,会获得健美的效果,但衣服的颜色不宜太过抢眼,以免让肤色显得更加暗淡;而肤色较白皙的人穿深色服装,更能显出皮肤的柔嫩。

(3) 服饰要符合环境要求。环境主要包括时间(time)、场合(occasion)和地点(place),着装应该与当时的时间、所处的场合和地点相协调,具体阐述如下。

① 衣着要与时间协调。不同时段的着装规则对女士尤其重要。男士有一套质地上乘的深色西装和白色衬衣足以应付任何场合,而女士的着装则要随时间而变化。白天工作时,女士应穿正式套装,以体现职业性;晚上出席酒会就须多加一些修饰,如换一双高跟鞋,戴上有光泽的佩饰,围一条漂亮的丝巾。同时,服装的选择还要适合季节气候特点,保持与潮流大势同步。

② 衣着要与场合协调。与顾客会谈、参加正式会议等,衣着应庄重考究;听音乐会或看芭蕾舞,应着正装;出席正式宴会时,则应穿中国的传统旗袍或西方的长裙晚礼服;而在与朋友聚会、郊游等场合,着装应轻便舒适。

③ 衣着要与地点协调。在自己家里接待客人,可以穿舒适而整洁的休闲服;如果是去公司或单位拜访客户,穿职业套装会显得专业;外出旅游时着装要顾及当地的传统和风俗习惯。

8.4.2 肢体语言沟通

身体的姿势与动作称为肢体语言,是非语言沟通的重要组成部分,它包括人的身体姿势、身体动作等,而身体动作中常见的有手势、头部动作、肩膀动作、脚势和身体接触。总的来说,舒展的、开放的、上扬的姿势或动作表示积极或正面的信号;而收缩的、封闭的(交叉的)、下垂的姿势或动作,则传递消极或负面的信息。

1. 身体姿势

身体姿势可以反映出一个人的精神面貌和身体状况,是另一种无声的语言。中国俗语就有"站如松,行如风,坐如钟,卧如弓"的说法,管理沟通研究范畴的身体姿势包括走路的姿势、站立的姿势、就座的姿势。

站立的姿势体现了一个人的道德修养和文化水平以及对他人的态度。一般认为,男士站姿应体现出阳刚之美,抬头挺胸,双脚大约与肩膀同宽站立,重心自然落于脚中间,肩膀放松;女士则宜以丁字步站立,体现出柔和、轻盈。如果站立时摆弄手中的笔、打火机,玩弄衣带、头发等,则显得拘谨、缺乏自信、有失端庄。

在坐姿方面,以大方、舒服为原则。坐得太直,会让人感觉僵硬;坐得太松弛,会让人觉得失礼。最好的方式是将身体的某一部位靠在靠背上,使身体略为倾斜,摆出轻松、自然的姿态。在别人讲话时,为了清晰听到对方的发言、表明自己的关注或认同,身体可以适当前倾或者轻轻移动位置。如果将身体后仰,甚至扭来扭去,则是一种轻慢、失礼行为。此外,如果双臂交叉抱于胸前,双拳紧握藏于腋下,表示其具有相当强烈的防御意识和十分明显的敌意,如图8-1所示。

图8-1　防御和敌意性坐姿

2. 手部动作

手是人类运用最广泛的器官,在非语言沟通中的作用非常大,是身体动作中最重要、最容易被关注的部分。它以不同的动作配合讲话者的语言,传递讲话者的心声。在聋哑人群体中,手势被上升为手语,是他们最主要的交流方式。在商务交流中,自然而得体的手势可以帮助讲话者准确表达自己的思想感情,还能够调动、激发听众的情绪。

手势可以分功能性手势和辅助性手势两大类。功能性手势主要用来指示事物的方位或描述事物的形状。比如手指向前方,向问路的人说"就在前面",或者用手比画某人的大体身高和身形。辅助性手势主要是自觉或不自觉配合自己的语言表达说话者喜怒哀乐所使用的手势。如诗歌朗诵者在朗诵"啊"的时候,通常为了抒情缓缓将手从胸前挥到侧前方。

手势没有固定的模式,因个人习惯不同、讲话的语境不同,手势动作都可能不同。具备管理沟通意义的典型手势如下。

(1)手掌。一般认为,摊开手掌象征着坦率、真诚、开放。判断一个人口头传达的信息是否真实,可以观察其手掌的活动。人们在撒谎时都有种隐藏自己的倾向,小孩子会把手掌藏在背后,成人则把双手放进兜里,或者双臂交叉、不露手掌。此外,当一个人手心向上时,表明真诚、坦率、不带威胁性、没有控制欲、乞怜,如图8-2所示;而手心向下则带有强制性和支配性意味,如图8-3所示。

图8-2　无恶意　　　　　　图8-3　权威性

(2)手指。手指如果指向他人,通常给人的印象是带有攻击性。将双手插在上衣或裤子口袋里,伸出两个拇指,是显示高傲;双臂交叉于胸前,双拇指上翘,则显示防卫心理和敌对情绪,较难接近,如图8-4所示;用食指指向他人,带有教训意味,如图8-5所示;将双手手指架成耸立的塔形,表示有发号施令或者发表意见的欲望,而手指弯曲成水平的塔形,则表示愿意听从他人意见。

图 8-4　防卫及敌对

图 8-5　食指指向他人，容易引起反感

十指交叉动作，常与笑脸连用，似乎是自信的表示，其实这是一种表示焦虑的动作语言，甚至暗示一个人的敌对情绪。十指交叉通常有三个位置：放在脸前，平放桌上、坐着放在胸前和站立时垂放腹部，如图 8-6 所示。

图 8-6　三种手势代表焦虑甚至敌对

（3）背手。背手代表优越感和自信心，有地位的人通常倾向使用。同时，背手还有镇定作用，可以缓解紧张情绪。但如果双手背在后面，但一只手握住另一只手的手腕、手肘、手臂，则表示沮丧不安、正在努力控制情绪，而且握的部位越高，沮丧的程度也越高，如图 8-7 所示。

（4）双手垫头。双手交叉垫在脑后，是有权威、占优势或有信心的表现，这也是一种暗示权力的表现，表明当事人对某物拥有所有权，如图 8-8 所示。

图 8-7　沮丧不安的背手　　　　　图 8-8　权威性垫头

3. 头部动作

头部动作也是人类经常用来表达信息的身体语言，其内容非常丰富。结合不同的语境，常见的头部动作及其含义如下。

（1）点头。在对方说话时轻轻点头，一般表示理解、认可、赞同、肯定；在和人相遇时轻轻点头，则代表"打招呼"和问候。

（2）摇头。摇头一般代表不同意、不认可、拒绝，有时候轻轻摇头还代表对思考中的问题的否决。

（3）低头。一般表示谦恭、臣服、认错、顺从、害羞。徐志摩有诗云"最是那一低头的温柔，像一朵水莲花不胜凉风的娇羞"，此时的低头被诗人解读为女孩的温柔，也无外乎是因为其代表一种温婉顺从。

（4）仰头。仰头一般代表比较激昂的情绪，如自信、激越、悲愤、不服气等。"我自横刀向天笑"是一种慷慨悲愤的情怀，"仰天大笑出门去，我辈岂是蓬蒿人"展现了一种高远的志向。

（5）侧头。在印度的一些邦（如西孟加拉邦）里，人们表示赞同或应允时，不是点头，而是将头向右边侧一侧。

4．肩膀动作

耸肩在西方人的沟通中运用较多，一般是耸耸肩膀，摊开双手，表示一种无奈或不理解。受到惊吓时，也会紧张得耸肩。

5．脚势

由于不便于观察，脚的动作在沟通过程中比较少被留意，但正因为如此，其代表的意义也通常是不加掩饰的。通常，抖脚表明轻松或无聊，跺脚表明兴奋或愤怒，而脚尖的方向，会泄露一个人的倾向。图8-9中，虽然一个女子站在两个男子中间，但她的脚尖向着右侧男子，说明她对右侧男子更感兴趣。

图8-9　脚势的指向含义

6．身体接触

身体接触是沟通双方通过身体某一部位的接触，传递某种沟通信息，最典型的应用是握手、拍肩膀、拥抱等。

握手是目前商务交往中最常见的礼仪，握手时的手部力量、姿势和时间长短均能传递不同的信息。常见的握手动作分为如下几种。

（1）平等性握手。平等性握手动作是双方手掌都垂直于地面，掌心接触，力度适中，如图 8-10 所示。

（2）支配性与谦恭性握手。掌心向下即为支配性握手，掌心向上即为谦恭性握手，如图 8-11 所示。如果在握手时对方手掌向下而自己不愿居于下风，可以左脚向前跨出一小步，使双方的身体位置发生变化，从而扭转对方的手腕。

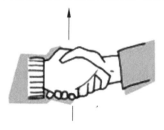

图 8-10　达成平等

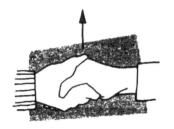

图 8-11　谦恭性的握手

（3）双握式握手。先用右手握住对方右手，然后用左手握住对方右手手背，双手握住上下摇动。西方称之为"政客式握手"，在传递真挚友好的情感时使用。有时候变形为右手抓住对方右手不放，左手同时做出亲密动作，如抓住别人手腕、手臂、肩膀等，通常左手触及别人身体的部位越高，就表示越热情和亲热，同时对对方越有控制力。图 8-12 为几种双握式握手的情形。

图 8-12　双握式握手

拍肩膀常见于长辈对小辈、领导对下属表示关爱、信任、鼓励、交代任务的场合，是上下齐心、关系融洽的表现。

拥抱在中国常见于亲人、恋人之间，而在西方国家，这是一种非常常见的社交礼仪，以至于各国政要在正式场合见面时，即便持不同政见，都会拥抱乃至亲吻，以此表明坦诚和亲密。

亲吻作为社交礼仪，起源于基督教。在基督教中，用和平之吻或神圣之吻相互问候。目前在西方国家作为常用问候礼仪出现。

8.4.3 面部表情语言沟通

面部表情语言即通过五官的动作形态传递信息。美国学者巴克研究发现，单是人的脸，就能做出上万种不同的表情。在管理沟通中，面部表情是最易被人关注和察觉的非语言元素，而面部表情往往是心灵最直接的反映，因此也是最容易用来解读交流双方真实想法的非语言因素。所谓"察言观色"，就是说明通过关注、分析别人面部表情及其变化，揣摩、把握别人的内心世界和真实观点。

1．眼睛

俗话说，眼睛是心灵的窗户。《诗经》对卫庄公夫人庄姜的赞美是"美目盼兮"，孟子曰"胸中正，则眸子瞭焉"，德国谚语中也有"眼睛是爱情的信使"的说法。一个人眼睛的形态及变化可以反映出其喜怒哀乐、思虑忧悒。

在管理沟通中，眼睛也是会说话的。它可以是辅助性的，比如在演讲开始前，扫视全场，用目光告诉大家：我要开始讲话了，我的讲话很重要。在演讲过程中，通过与听者目光的交流，加强语言沟通的效果，获得听者对于讲话内容的反应，如有听众"交头接耳"或者接听电话，只要停顿片刻，并向该听众投以劝阻或恳求的目光，听众大都能自觉地安静下来。同时，它也可以是补充性或替代性的，将讲话者没有完全说出来或者没有表达出的信息传播出去；还可能是否定性的，如合作双方虽然嘴上说希望合作愉快，但可能眼睛会充满不信任和戒备，预示沟通很难顺利开展。

暴露人们心灵秘密的，首先是眼睛瞳孔的变化。在相同的灯光条件下，随着态度和情绪从积极转向消极，瞳孔就会由扩张转向收缩，反之亦然。当人们处在兴奋的状态时，瞳孔会比原始尺寸扩大四倍。相反，如果人们处在消极的情绪状态时，瞳孔就会收缩。瞳孔的变化是无法用意志来控制的，因此，瞳孔是兴趣、偏好、态度、情感和情绪等心理活动的高度灵敏的显示器，如相爱的人目光交汇时瞳孔会扩大，古代的珠宝商通过观察顾客的瞳孔变化来了解顾客是否对其商品感兴趣。如图 8-13 所示为两种不同的瞳孔变化。

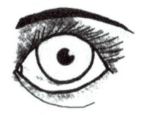

图 8-13 两种不同的瞳孔变化

其次，目光的角度也有一定的含义。目光的角度有注视、斜视以及眨眼。斜视的含义很丰富，它可能表示感兴趣，也可能表示不确定，甚至表示敌意。如果人们在目光投向侧方的同时，眉毛微微上扬或者面带笑容，那就是很有兴趣的表现，恋爱中的人们经常将之作为求爱的信号，特别是女人。如果斜视的目光伴随着压低的眉毛、紧皱的眉头或者下拉的嘴角，那就表示猜疑、带有敌意或者批判的态度。

眨眼在沟通中也具有重要意义。在正常而放松的状态下，人们的眼睛每分钟会眨6~8次，每次眨眼时眼睛闭上的时间只有1/10秒。眨眼的频率以及眨眼时闭眼的持续时间都能暴露人们的秘密：处在压力比较大的状态，如撒谎时，人们眨眼睛的频率就很可能显著提升；而感觉厌倦、无趣或认为自己高人一等时，人们会延长闭眼时间，以阻止对方进入自己眼中；而东张西望的神情是人们对于眼前的人或事缺乏安全感，想要逃避的表现。

注视在人们的沟通中具备的意义则更加重要。

> **资料链接：**
> 英国的迈克尔·阿盖尔先生是一位研究社会心理学和肢体语言技巧的先驱。他发现欧美人在彼此交谈的过程中，平均约有61%的时间里目光会保持着注视对方的状态。这其中包括自己说话时，注视对方的时间约占41%；聆听别人说话时，注视对方的时间约占75%；而交谈时双方彼此目光对视的时间约占31%。阿盖尔的记录显示，人们的每次注视平均持续2.95秒，双方目光对视平均持续1.18秒。

按照主客体关系的不同，注视分为P、A、C三种。

P——parent，指用家长式的、教训人的目光与人交流，视线是从上到下，打量对方，试图找出差错，常见于管理者对下属、老师对学生。

A——adult，指用成人的眼光与人交流，交流双方相互之间的关系是平等的，视线从上到下，常见于一般的商务沟通。

C——children，一般是小孩的眼光，目光向上，表示顺从、请求或撒娇，是处于相对弱势的一方经常使用的目光交流方式。

根据目光停留的区间，注视分为三类，分别是公务注视、社交注视和亲密注视。

公务注视是指人们在进行业务洽谈、商务谈判、布置任务等谈话时采用的注视区间，其范围一般是以两眼为底线，以前额上部为顶点所连接成的三角区域。由于注视这一部位能造成严肃认真、居高临下、压住对方的效果，所以常为企图处于优势的商人、外交人员、指挥员所采用，以便帮助他们掌握谈话的主动权和控制权。

社交注视是指人们在普通的社交场合中采用的注视区间，其范围是以两眼连线为上线，以下颌上缘的中点为顶点所连接成的倒三角区域，如图8-14所示。由于注视这一区域容易形成平等感，因此，常被公关人员在茶话会、舞会、酒会、联欢会以及其他一般社交场合使用。注视谈话者这一区域，会让对方轻松自然，因此，他们能比较自由地将自己的观点、见解发表出来。

亲密注视是指具有亲密关系的人在交谈时采用的注视区间，如图8-15所示。主要是对方的双眼、嘴部和胸部。恋人之间、至爱亲朋之间，注视这一区域能够激发感情、表达爱意。"频送秋波""眉目传情"都是在这样的区间进行的。

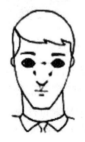 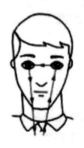

图8-14　社交注视　　　　　　图8-15　亲密注视

注视而不是一直凝视，否则会让对方感觉不自在，同时两眼也不能在某一区域上下翻飞、左顾右盼，否则对方会觉得不知所措。用目光注视对方时，应是自然、稳重、柔和的，而不能死死盯住对方某一部位，也不能不停地在对方身上"扫射"。交谈过程中可能会出现双方目光对视的情况，这时不必惊慌和躲闪，自然地与其对视1~3秒，再缓缓移开，那种一触及对方目光就慌忙移开的做法是拘谨、小气的表现，会影响谈话的正常进行，引起对方猜疑。

每次目光接触的时间不要超过3秒。交流过程中用60%~70%的时间与对方进行目光交流是最适宜的。少于60%，则说明对对方的话题、谈话内容不感兴趣；多于70%，则表示对对方个人的兴趣要多于他所说的话。

2. 鼻

鼻子在沟通中较少使用，而且一般都是略带有贬义的词，如"嗤之以鼻"表示蔑视，"鼻孔朝天"表示傲慢，"仰人鼻息"表示卑贱。但鼻子也会泄露一个人的真实感情。例如，不满的时候，会在鼻子里发出哼哼的声音；愤怒的时候，鼻孔会张大、鼻翼翕动；紧张的时候，鼻子会流汗、鼻尖会发红；说谎的时候，会不自觉地摸鼻子。

3. 嘴巴

嘴的表情是通过上下唇的动作来实现的：生气或不屑时，嘴巴往下撇；开心微笑时，嘴角上翘；惊讶时，张大嘴巴；把手指挡在嘴唇上方，通常代表想要掩饰自己的真正想法。

4. 眉毛

眉毛除了和眼睛一起构成仪表的重要部分，还表达主人的心情。如眉飞色舞、扬眉吐气、眉开眼笑是说眉毛上扬、舒展的时候主人心情很好；横眉冷对则说明愤怒；至于双眉紧锁那自然是苦恼，林妹妹"两弯似蹙非蹙胃烟眉"暗示着她内心的孤苦伶仃。

5. 耳朵

人在激动的时候耳朵会红，撒谎的时候会用手拽耳朵。一些欧洲国家的警察在审案时，会注意被审问人是否拽耳垂儿。

6. 脸部表情

脸部表情是情绪的真实写照，古往今来，能够真正做到喜怒不形于色的人只是少数，大部分人的喜怒哀乐会表现在脸上。脸部肌肉放松说明心情也很轻松，而脸色阴沉则表明遇到了烦恼。笑容由脸部所有器官与脸色本身组合使用而形成，是人类独有的表情，人们可以用嘴角上扬的表情来表达心中的快乐之情。与此相反，当人们沮丧、绝望、愤怒或紧张的时候，他们就会表现出一种嘴角下垂的不高兴的表情，也就是我们常说的撇嘴。

英国伦敦学院的鲁斯·坎贝尔教授认为，我们的大脑里有一种"反射神经元"，它不仅可以促使大脑识别别人的面部表情和动作，还能够向面部肌肉发出指令，做出与所见表情相似的面部动作。换言之，当我们看到对方露出笑脸时，我们将不由自主地露出笑脸；当我们看到对方撇嘴时，我们就会自然而然地撇嘴。表情将会直接影响他人对我们的看法，并且决定对方回应我们的方式。

微笑是每个人与生俱来的"法宝"，在日常工作与生活中若善加应用，能让我们获得更多机会与友谊。当然，每个人微笑的方式千差万别，有些可能不太容易被人领会，因此，很多人着力对微笑进行训练。礼仪培训中经常讲到，美的微笑是嘴角微微上扬，上下刚好各露出 6~8 颗牙齿。当然，虚伪的笑容只会让人觉得"皮笑肉不笑"，真正的微笑须发自内心、充满友善。

除了微笑，人若遇到开心或者滑稽的事情，也会"捧腹大笑"，人在尽情大笑的时候，大脑会分泌出内啡肽，使人们有一种"自然的快感"。神经学家亨利·鲁宾斯发现，开怀大笑一分钟可以使人在接下来的 45 分钟内都处于放松状态。

在社会交往中，值得关注的笑容有以下五种。

（1）抿唇笑。"笑不露齿"的内在含义是，微笑者隐藏了某个不为人知的秘密，或是他不想与对方分享自己的想法或观点。传统女性为展现矜持、不让对方知道自己内心的想法，常会露出这种笑容；而女性在遇到自己不喜欢的人而又不想让对方知道这一点的时候，也会露出这样的笑容。

（2）歪脸笑。这种歪脸的微笑说明内心并不愿意真正微笑，左右两边脸出现不对称的结果，传递的信息也只有一个——挖苦讽刺。

（3）开口大笑。嘴巴张开、下巴低垂、嘴角上扬可以给人一种很开心的感觉，勾起周围人想笑的欲望，营造一种快乐的氛围，开口大笑常在竞选等场合出现。

（4）斜瞄式的微笑。微笑时双唇紧闭，同时还低下头，歪向一侧，并且斜着眼睛向上望，这样的笑容不禁会让人联想到少年时的俏皮和心理暗示。无论何时何地，女性都喜欢在异性面前露出这种略有些腼腆害羞的笑容，因为这样做很容易引发男性的保护欲，使他萌生出保护她不受伤害、呵护她的念头。当沟通对象露出这样的微笑，意味着他想获得你的同情和保护。

（5）傻呵呵的微笑。这是一种没有特别意义、习惯性的微笑，通常源自一个人的文化背景、个性及习惯，看起来非常笃定、满足。但是，经常这样微笑，可能会让沟通对手揣测微笑者是否掌握更多他人不知道的信息。

波士顿大学的马文·海切特和玛丽安·拉·弗朗斯进行了一项研究。在面对主管和上级时，无论在气氛友好的前提下，还是在不友好的紧张气氛当中，下级人员都会面带微笑；而主管在下级面前，只会在气氛友好的前提下露出微笑。这项研究还表明，无论在社交中还是在职场交往中，女性微笑的频率远高于男性，这也就在无形中使微笑的女性在面对不苟言笑的男性时居于弱势或从属的地位。这并不代表女性无法像男性那样具备至高无上的权威，只不过过多的微笑容易让女性看起来显得更加柔弱恭顺而使其权威性略有所降低。

资料链接："千手观音"的微笑

8.5 环境语言沟通

环境是沟通的必备要素，所有的沟通必然发生在特定的环境中，同时，环境又是沟通的工具，通过时间环境、空间距离、环境设置也能进行信息和情感的交互。

8.5.1 时间环境

在管理沟通中，沟通时间的确定反映出沟通主体对沟通事项及沟通对象的微妙态度。是迫不及待、越早越好呢，还是无所谓？是管理者的黄金工作时间段呢，还是无关紧要的时间段？是预留了非常充足的时间呢，还是只在两个重要安排中间的一小段"边角料"时间？是只能公事公办的上班时间呢，还是可以进行更深入交流的临近下班的时间？所有这些安排都流露出管理者对沟通的重视程度及其对所希望达到结果的预期。

此外，管理者是否准时，也流露出其对沟通的重视程度以及管理者的个人素养。

8.5.2 空间距离

空间距离是非常重要的环境沟通语言，不同的空间距离能够表达不同的意义和情感，甚至能够反映出不同的信仰、文化背景。例如，当你参加一个舞会，你对位置的选择反映了你在舞会上的角色定位，如果你坐在或站在比较显眼的地方，与其他人的距离比较接近，那么你就在传达一个积极参与的信息；如果你躲到无人的角落里，那么你就是在无声地告诉周围的人：我只想做一个旁观者，你们不要邀请我。

1．空间距离的内涵

（1）空间距离表达了"领地"意识。在动物界，大型的动物都有"占山为王"的习性，狮子或老虎会通过在树木、草丛中留下尿液的方式，告知竞争者自己的领地不可侵犯。人类习惯用围墙、房门等把自己的领地与别人的分割开来。领地代表了一种安全和隐私，保护自己不受他人侵犯，是人类本性中的固有需求。

人们在日常沟通中不可能随身带着一堵墙来保护自己，但又不能忍受别人进入自己的安全距离内，于是，就会通过与他人保持一定的空间距离竖立无形的围墙，以保护自己的虚拟领地不受侵犯。据统计，一个人至少需要 0.6 平方米的地盘，超过这样的密度，人的私人空间由于互相拥挤受到破坏，人就会亢奋、烦躁。

（2）空间距离反映了亲疏程度。古往今来，人们一直运用个人空间作为符号来表达某种意义。中国成语从"如影随形""促膝谈心""若即若离"到"退避三舍"，都引出在人际交往中，空间距离的近远与感情的亲疏成正比关系。

（3）空间距离代表身份和地位。在一个组织中，空间距离显示了个人的地位高低和权力大小，这主要表现在一个人的地位越高，其拥有的空间就越大，和其他人的空间距离就越远。这是由于身份和地位越高的人掌握组织的资源和机密越多，处理组织重大和机密事件的机会就越多，所以需要一定的空间距离来保证其不受打扰。同时，越有身份和地位的人越需要保持一定的权威感，而和组织成员太亲近容易削弱权威感，因此，也会有意地在他和组织成员之间制造较大的空间距离。相应地，地位较低的人会因为彼此地位的差距，而有意识地与地位较高的人保持一定的空间距离。

（4）空间距离反映个性和文化。性格开朗、外向的人对空间距离的敏感性较低，而性格封闭和内向的人需要的空间距离较大。

美国、意大利等相对开放的社会文化导致其国民对空间距离的要求较低，而德国、日本等较为拘谨保守的民族，则相对要求比较大的空间距离。

2. 空间距离的分类

美国霍尔教授经过研究发现，人们在交际中有四种空间距离——亲密距离、私人距离、社交距离、公众距离，具体分类如表8-1所示。

表8-1 空间距离的分类

空间距离	距离	使用场合/对象
亲密距离	0~0.46米	父母、爱人、知己
私人距离	0.46~1.22米	酒会交际
社交距离	1.22~4.0米	企业内上下级及同事之间
公众距离	4.0米以上	开大会、演讲/明显级别界限

（1）亲密距离。这是恋人之间、夫妻之间、父母子女之间以及至爱亲朋之间的交往距离。其中又可分近位距离和远位距离两种。

① 近位距离。在0~15厘米。这是一个亲密无间的距离空间。在这个空间里，人们可以彼此肌肤相触，能够直接感受到对方的体温和气息。恋人之间极希望处于这样的空间，在这样的空间里，双方都会感到幸福和快慰。

② 远位距离。在15~46厘米。这是一个可以肩并肩、手挽手的空间。在这个空间里，人们可以谈论私情，说悄悄话。

在公众场所是不允许一般人进入这个空间的，否则就是对对方不尊重。即使因拥挤而被迫进入这个空间，也应尽量避免身体任何部位触及对方，更不能将目光死盯在对方的身上。

（2）私人距离。这是一个更有"分寸感"的交往空间，也可分为近位距离和远位距离。

① 近位距离。在46~76厘米。在这一距离内，稍一伸手就可触及对方，双方可以亲切握手。近位距离在酒会的交际中比较常见，谈话双方会有一种亲切感。

② 远位距离。在76~122厘米。在这一距离内，双方都把手伸直，还有可能相互触及。由于这一距离有较大的开放性，亲密朋友、熟人可随意进入这一区域。

（3）社交距离。这是超越朋友、熟人关系的社交距离，体现的是一种社交性的、较正式的人际关系。社交距离可分为近位距离和远位距离。

① 近位距离。在1.22~2.13米。在工作环境中，领导对部属谈话，布置任务，听取汇报等一般保持这个距离。在一般的社交聚会上，陌生人之间、客户之间商谈事务时也采取这一距离。

② 远位距离。在2.13~4米。这是正式社交场合，是商业活动、国事活动等所采用的距离。采用这一距离主要在于体现交往的正式性和庄重性。在一些领导人、企业老板的办公室里，其办公桌的宽度在2米以上，设计这一宽度的目的就在于，领导者与下属谈话时可显示出距离与威严。

（4）公众距离。这是人际接触中领域观念的最大距离，是一切人都可以自由进入的空间，也有近位距离和远位距离之分。

① 近位距离。在4米之外。这通常是小型活动的讲话人与听众之间的距离，如教师讲课与学生听课之间的距离。

② 远位距离。在8米之外。这是大型报告会、听证会、文艺演出时报告人、演讲者、演员与听众、观众之间应当保持的距离。大人物在演讲时需要与听众保持这一距离，以便

在加强权威感的同时，增强安全感。

以上四种空间距离只是人际交往的大致模式，并不是固定的、刻板的。人际接触的具体空间距离是根据具体情况的变化而变化的。因此，具体的空间距离总是具有一定的伸缩性和可变性。例如，由于民族文化传统的不同，人们交往的空间意识会有差异，如日本人相对要求小距离；性别不同，对交往空间的需求也有差异，如异性之间比同性之间要求的距离大；社会地位高的人会有意识地与普通人保持较大的社交距离；年龄相差大的人之间的交往有缩小距离的愿望，同龄人之间则有一种要求扩大交往距离的冲动；性格外向的人容易打破空间界限，对对方的侵入也不会太反感，而内向的人对空间距离的防范心理强；人的情绪也许是影响交往空间距离的最大、最容易变化的因素，在人处于极度兴奋或极度压抑等状态，可能会采取一种不符常规的空间界限与人交往，或缩短或扩大人际空间距离。

8.5.3 环境设置

环境的设置可影响人们的心情，从而影响沟通的效率及效果，还能够传达出非常重要的信息。在管理沟通中，环境设置主要包括场所的设计、座位的设置、朝向的设置。

1．场所的设计

场所的设计包括房间的格局、房间颜色的搭配、房间内的陈设等。

房间的格局涉及很多方面，但和管理沟通相关的内容主要包括房间的通风性、采光性与私密性。通风良好、采光理想的房间，让人感觉舒爽，从而能够让双方在比较轻松的环境中沟通，暗示着沟通向良好方向发展的期许；而私密性是否有保障，则决定沟通双方所协商问题的私密性程度，以及双方沟通的方式。例如，在一个完全开放的空间进行沟通，双方处于众目睽睽之下，语言和身体语言都会循规蹈矩、温文尔雅；而在封闭的房间内，双方甚至可能会通过激烈的辩论来达成共识。

房间颜色的搭配也会影响沟通双方的心理和感情，在红色、橙色、黄色的房间内，人们会因为血压增高、心跳加快而思维活跃或脾气暴躁；而在蓝色、绿色的房间内，人的情绪会比较平和安详。因此，如果是脑力激荡，不妨选在红色的房间里；如果要通知一个员工，企业将要解聘他，建议选择蓝色的房间。

房间内的陈设能够体现一个人的个性和鉴赏能力，给人留下深刻印象，同时桌子的摆放等还将影响沟通双方的空间距离及朝向，决定沟通的效率与效果。

2．座位的设置

古往今来，人们在社交场合对座位、座次的安排也是颇为讲究的，长幼尊卑在座次安排上一目了然：在室内的座次，最尊的是坐西面东，其次是坐北面南，再次是坐南面北，最卑是坐东面西。《史记》中描写"鸿门宴"时详细交代了一幅座位图："项王即日因留沛公与饮。项王、项伯东向坐，亚父南向坐……沛公北向坐，张良西向侍。"刘邦是客人，并且曾经与项羽在楚怀王面前"约为兄弟"，如果项羽尊重他，就应按宾主之礼让他坐西面东，如今却让他退而为三等。从这一对座次的精心安排中，透露出项羽轻慢刘邦的信息。

而在现代沟通理念中，左边的位置比右边的位置显得更有控制力，是政治家们在会面时的"兵家必争"之地。布什在与其他国家元首的会面中，就经常胜利抢占左边的风水宝地。

3. 朝向的设置

交流双方的位置朝向也透露一定的信息，常见的朝向有如下几种。

（1）面对面：这种朝向是商务沟通中常见的朝向，表示了希望得到全面充分沟通的愿望，同时也显示了沟通双方或亲密或严肃或敌对的关系。人们在协商问题、讨论合作或者争吵时都常选择这种朝向。

（2）背对背：这种朝向要么是完全没有沟通的意愿，要么是非常亲密的人背靠背坐着聊天，"一起慢慢变老"。

（3）肩并肩：非常亲密，同时也是非常不正式的交流，常见于非正式沟通场合。

（4）V形：双方在面对可能会引发冲突的问题时，采取这种朝向，可以淡化敌对的情绪，并给双方调整自己情绪的空间。上级对下级进行绩效辅导时经常采用这种朝向。

8.6 中西方非语言沟通的比较

以上各节介绍了世界各国非语言沟通的通行管理，但是由于国家、民族、地域文化的不同，实际非语言沟通也会有较大的差别。下面简单论述一下中西方非语言沟通的差异与侧重点。

8.6.1 中国人更偏爱非语言沟通

在北欧、德国、美国等西方国家，人们认为非语言沟通的方式不易理解、不够精确、不够客观，因此大多数信息会通过完整、清晰、准确的符号（如语言、文字等）传递，否则就无法准确、完整地表达自己的思想并使对方做出反应。

而在中国，非语言沟通有很强的表达作用，可用来传递大部分或全部信息，信息的发出者和接收者可以很好地运用非语言符号进行沟通，语言有时甚至是可以省略或非直接的。因此，中国人对语言表达的信任程度较低，较多地依赖非语言沟通方式来完成沟通。

8.6.2 中西方非语言沟通的功能侧重点不同

西方人比较坦率热情，他们较多使用非语言沟通信号对自己的语言进行加强和补充，如在说话的时候加入很多手势，以表达自己的感受。

中国人相较于西方人，性格较为含蓄，说话比较委婉，这导致中国人的语言表达效果不如西方人来得直接，所以中国人更多依赖于非语言沟通代替语言。如李清照的"和羞走，倚门回首，却把青梅嗅"，分明是想将来人仔细端详，但不表露出来，只是假装闻着青梅，悄悄打量；又如中国人就算因饥饿腹鸣如鼓，但到邻居家串门被邀请一起吃饭时，仍旧会摆手说"不饿不饿"，但其喉咙间吞咽口水的声音以及眼中掩饰不住的渴望，已经暴露了其心声，只等主人再次热情相邀了。

8.6.3 中西方在非语言沟通方式上存在差异

中国人的含蓄同样体现在非语言沟通的方式上面。西方人对于手势、头部动作、肢体动作的运用较为广泛，说话的时候经常通过大幅度的身体语言加强自己的语言表达效果；而中国人讲究庄重，不喜欢"指手画脚"或"动手动脚"，因此更多倾向于使用相对文雅和隐蔽的方式，如以面部表情、眼神、空间等传达内心的真正想法。

在中西方的商务沟通中，中国人很注重仪式，包括时间、场合以及座位的安排等，认为这些体现了双方的诚意；而西方人对表面的、仪式性的东西看得极淡，对实质性的问题却非常敏感，且容易忽略谈话双方的身份地位及人际关系，习惯于开门见山，在谈判一开始就急于直接进入具体条款。面对分歧的时候，中国人往往顾及谈话双方的身份、地位差异，为尽量保持友善和谐的人际关系，一般不会采用直接、强硬的交流方式直接拒绝对方，而是常常给以含糊其词、模棱两可的答复，或采取反问的方式把重点转移。西方人之间的交流则较为直接，对直率的谈判对手较为欣赏，如果对方提出的建议他们不能接受，往往会毫不隐讳地直言相告。任何非直接、模棱两可的回答都会被视为缺乏能力与自信、不真诚甚至虚伪。

8.7 倾听的含义与意义

倾听是一种特殊的非语言沟通形式。在沟通过程中，它和语言沟通一样具有说服力。在很多人看来，语言沟通（讲）是一种主动施加影响的行为，可以加大自己对场面的控制力度，可以凸显自己的睿智和权力，而"听"则相对消极，意味着失去主导权。但事实上，真正成功的管理者都是非常专注的倾听者。当被称为"经营之神"的松下幸之助被问到经营哲学时，他只有简单的一句话，"首先要细心倾听他人的意见"；沃尔玛的创始人山姆·沃尔顿在60多岁的时候，经常自己开着飞机，从一家分店跑到另一家分店，和员工一起吃早点，或跑到自己的超市里，专门倾听购物老太太们的抱怨，以了解沃尔玛的运营情况和顾客的需求。

由此可知，倾听是管理者成功的不二法宝，管理者要想提高管理及沟通的效率，必须正确认识倾听的含义及意义。

8.7.1 "倾听"与"听"的关系

听是指耳朵接收响声的行为，是被动的、自动的、自然的，听力是人类与生俱来的能力。而国际倾听协会对倾听的定义是：倾听（listening）是接收口头和非语言信息、确定其含义和对此做出反应的过程。有心理学家指出："积极倾听的人把自己的全部精力——包括具体的知觉、态度、信仰、感情以及直觉——或多或少地加入倾听的活动中，消极地听，则仅仅把自己当作一个接收声音的机器，既不加入任何个人的感觉或印象，也不产生什么好奇心。"

中文更能让人从字面上领悟听和倾听的不同。倾听的"倾"字，在中文中表示一种倾斜的姿势，寓意交流时用身体的前倾表示关注和尊重，同时，"倾"也代表完全的、毫无保留的意思，如倾家荡产意味着付出全部财产去做一件事情，倾囊而出意味着全体出动，倾听也暗含着付出自己全部的精力和心智去听的意思。

听是倾听的基础，因为只有听到了对方所说的话语，才能为正确全面理解对方想要表达的意思提供前提；听也是倾听的一部分，因为倾听包括耳朵听、眼睛看、头脑想、身体语言传递反馈等。而倾听则是听的延伸，因为倾听是通过捕捉对方的语言沟通信息、识别对方的非语言沟通信号、分析和判断对方的意图、制定自己的应对策略、做出相应语言或非语言反馈的过程。

可以说，没有听的倾听是不完整的，它让倾听失去基础，更多代表一种心灵的感悟，如"于无声处听惊雷"；而没有倾听的听是无效的，用中国俗语来说，那就是"充耳不闻""右耳进左耳出"的"耳边风"，只有两者结合，才能达到有效沟通。

8.7.2 倾听的意义

管理者每天花费大量时间用于宣讲自己的观点和决策，同时，投入更多时间用于倾听其他人的看法和意见。美国宾夕法尼亚大学 Nichols 教授和 Stevens 教授认为，一般人每天有70%的时间用于某种形式的沟通，而在人们用于沟通的所有时间中，45%用于倾听，30%用于交谈，16%用于阅读，9%用于书写，如图 8-16 所示。

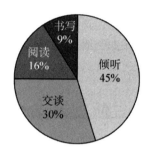

图 8-16　沟通行为比例

倾听在沟通中占据如此大的比例，其重要性不容置疑，其意义主要体现在以下两个方面。

1. 倾听是管理者获得信息的主要方式之一

管理者无时无刻不需要从其他人那里获取信息，而与他人沟通则是其中最直接的一种。在交谈中，聆听对方的语言信息、识别对方的非语言信息，并不时通过积极的身体语言表明自己的重视与赞赏，鼓励对方更为充分、完整地提供其所知道的信息，表达其想法，可以让管理者最大限度地从沟通对象那里获得信息。同时，倾听可以防止管理者过往的主观偏见对沟通造成的负面影响，使管理者能够获得更准确的信息。

2. 倾听是给沟通对象留下良好印象的有效方式之一

心理观察显示，人们喜欢善听者甚于善说者。真诚的聆听态度最能够使别人觉得受到重视，也最能让人感受到倾听者的心理素质和风度，从而增进了解、达成信任。很多证据表明，沉着安静地听的领导者更有领袖魅力。有影响力的领导不会通过无休止的说教表现自己的地位，而会通过倾听下属汇报、适当提出问题、让别人说得更多的方式，展现自己对事情的驾驭与对下属的控制。

8.7.3 常见的倾听障碍

倾听障碍主要包括客观因素和主观因素，其中客观因素包括沟通对象信息的质量，即倾听的环境，主观因素则包括倾听者的个人偏见、先入为主的印象及自我中心的思维特征。

1. 环境障碍

环境从客观上和主观上都影响着倾听的效果：一是干扰信息的传递过程，削减或歪曲信息；二是影响沟通者的心境。影响因素主要包括以下四个方面。

（1）空间环境。环境中的声音、气味、光线以及色彩、布局、沟通双方座位的设置、朝向，以及空间是否具备封闭性、有无其他人的打扰等干扰因素，都会影响人的注意力与感知。布局杂乱、声音嘈杂的环境将会导致信息接收的缺损。

（2）时间环境。时间安排会影响沟通双方的态度和投入程度，如上班时间的谈话往往偏向正式、严肃，而在咖啡厅的谈话则会显得更加轻松，如"您真漂亮"，在上班时间听起来可能是一种礼貌，而在下班之后的会面中听起来则含有一些爱慕欣赏的意思；又如仓促的会面往往导致谈话者不能充分表达、倾听者不够专注，倾听的效果也由此大打折扣。

（3）氛围环境。氛围也即沟通双方对于沟通所持的态度和期望，它将影响沟通双方的心境，如沟通双方对于沟通主题是否有所准备，双方的心态是开放的还是互相排斥的，双方的态度是友善的还是敌对的，沟通的话题是沉重的还是轻松的，这些都会影响信息的传达与接收，从而对倾听效果造成影响。

（4）对应关系。说话者与倾听者之间对应关系方面的差异，会导致双方在心心理角色定位、心理压力和注意力集中程度方面的不同。其中，一对一的情况下双方感到自己角色的重要性，最不容易走神；相反，如果自己是众多听众中的一员，则容易开小差；如果在多对一的情况下，例如，经理听几个下级关于下期销售策略的辩论，则需要注意力集中。表 8-2 分析了管理者通常所处的几种谈话环境。

表 8-2 环境类型与倾听障碍源

环境类型	空间	时间	氛围	对应关系	主要障碍源
办公室	封闭	正式 上班时间	严肃	一对一、多对一	不平等造成的心理压力，紧张情绪，他人或电话铃声的干扰等
会议室	较为封闭	正式 上班时间	严肃	一对多	对在场的其他与会者的顾虑，时间受限制
现场	开放	非正式 上班时间	可松可紧	一对多	外界的干扰，准备不足
谈判	封闭	正式 上班时间	紧张	多对多	对抗心理，想说服对方的愿望太强烈
讨论会	封闭	正式 上班时间	轻松、友好	多对多、一对多	很难把握信息要点
非正式场合	开放	非正式 上班时间	轻松、舒适	多种对应关系	外界干扰，易跑题

2．信息质量障碍

双方在试图说服、影响对方时，并不一定总能发出有效信息，有时会有一些过激的言辞、过度的抱怨，甚至出现对抗性的态度。现实中我们经常遇到满怀抱怨的顾客、心怀不满的员工、剑拔弩张的争论者。在这种场合，信息发出者受自身情绪的影响，很难发出有效的信息，导致信息准确性下降，从而影响了倾听的效率。

信息质量低下的另一个原因是，信息发出者不善于表达或缺乏表达的愿望。例如，当人们面对比自己优越或地位高的人的时候，害怕"言多必失"，以致留下坏印象，因而不愿意发表自己的意见，或尽量少说，从而导致信息不够完整或深入。

3．倾听者的自身障碍

倾听的效果归根结底在于倾听者的主观障碍。曾有一项调查要求下属评价老板的倾听能力，结果一半以上的人选择了"差"，而他们的老板对自己倾听能力的评价却是

94%的人选择了"好"或者"很好"。倾听者的观念或文化差异、假设、预期、认定、兴趣、说话速度与思维速度的差异都会造成倾听障碍。下面将具体探讨倾听者自身障碍的主要表现。

（1）急于表现。人们都有表达的欲望，尤其在正式的场合，发言尤其被视为主动的行为，而倾听是被动的。美国参议院前参议员 Hayakawa 曾说："我们都倾向于把他人的讲话视为打断我们思维的烦人的东西。"在这种思维下，人们容易在他人还未讲完话的时候就迫不及待地打断对方，或者心里早已不耐烦了，往往不可能把对方的意思听懂、听全。

（2）自我中心。人们习惯于关注自我，总认为自己才是对的。在倾听过程中注意和重视自己爱听、熟悉、感兴趣、喜欢听的部分，通常表现为：当出现符合自己观点的信息时，会集中精力；当信息与支持自己的观点无关的时候会转移注意力；当发言者的观点与自己的有分歧或者没有太多直接关系时，则置若罔闻。

（3）个人偏见。个人偏见又可以理解为心理定式。我们常常事先就假定一个人的话或思想很无聊，或者假定他说的话毫无价值。我们从经历中建立了牢固的条件联系和联想，可能造成根深蒂固的心理定式和成见，很难以冷静、客观的态度接收说话者的信息。如果一个人思维封闭，常常不乐于营造轻松和赞赏的谈话氛围，那么个人偏见可能对他造成的倾听障碍最大。

资料链接：让他把话说完

8.8 倾听的过程与策略

倾听不单纯是运用耳朵这一器官接收对方的信息，而是通过全身所有器官的系统作用，使自己通过倾听获得最完整、最全面信息的过程。有人总结了倾听的五位一体法则，即用耳听、用眼看、用嘴问、用脑思考、用心灵感受。同样，我们将倾听过程总结为六个环节，而根据倾听的态度和技巧，倾听又分为七个层次。理解倾听的过程与倾听的层次，对于管理者排除沟通障碍、了解倾听过程与提升倾听技巧有着非常重要的作用。

8.8.1 倾听的过程

理想的倾听过程必须包括六个环节：预想（prediction）、感知（perceiving）、注意（attention）、解码（decoding）、评价（evaluation）和反应（reaction）。在实际沟通情景中，这个过程如果在任何一个环节中断，倾听就是无效的。下面我们将研究倾听各个阶段，并分析各个阶段是如何影响倾听效果的，如图 8-17 所示。

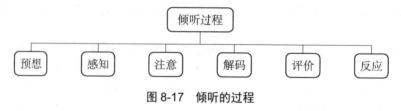

图 8-17 倾听的过程

1. 预想

在沟通开始之前，人们一般会根据以往的经验预测沟通对象将要传递的信息，即人们会对自己将会接收的信息做出预测,并做好沟通的准备。例如,向下属交代一项任务之前,根据以往对他的了解,你可能知道他习惯不动脑筋就满口应承,而不向你了解任务的背景或目标,那么你就应在他对你猛拍胸脯表示一定完成任务时,多问一下他执行的思路,这可能会让该项任务的完成更为可控。

准确的预想可以让管理者提前做好准备,引导沟通向自己期望的方向进展,但由于自身经验和能力的限制,可能导致预想出现偏差,造成管理者在沟通过程中需要及时调整心态或策略,从而影响自己的倾听效果。

2. 感知

当我们听到信息的时候,就称作感知信息。但需要注意的是,感知并不一定只是听觉系统受到刺激的生理过程,而涉及对对方身体语言、周围环境等因素更加复杂的知觉过程。因此,感知信息不仅包含听,还包括通过眼睛观察对方的身体语言和面部表情,了解讲话者没有完全表达的言外之意。很多时候,对非语言沟通信息的感知甚至比对讲话者话语的感知更重要,因为非语言沟通能够更真实、更直观地表达讲话者的态度和喜好,从而加深对其真实意图的理解。

3. 注意

管理者在每一天中,都要感知远远超过其所需要或所能处理的数量的信息。倾听时,人们通常要过滤掉一些无关或者不感兴趣的信息,而把注意力集中在自身认为重要或者感兴趣的内容上。把感知集中在某些特定信息上的行为被称为选择性注意(selective attention)。例如,当你在机场候机时,为了打发时间,打开手提电脑看一部喜欢的电影,这时你只关注电影的内容,周围其他的声音,如广播声、脚步声、其他人谈话的声音则都被淡化忽略。

虽然我们能按照某种特定的方式集中注意力,但注意力集中的程度是有限的。据统计,大多数人平均每分钟可以说出 125 个词,理解 400～600 个词,思考速度与说话速度之间的巨大差异,会使得倾听者在听和说之间的间隙容易感到厌倦而使注意力分散。而且,据研究,一般情况下,人们每次只能对 20 秒以内的信息完全集中注意力。

4. 解码

当注意力集中到一个声音、一个手势或一则信息上时,人们就开始理解自己所感知到的信息的含义,和本书第 3 章所讲的沟通过程中的解码类似,人们会把接收到的信息与已有的知识、经验联系起来,并赋予其意义。因此,倾听者的相关背景、知识、经验都会影响其对所感知的信息赋予什么意义,这导致人们通过解码所获得的理解很可能与信息本身的含义不同。

5. 评价

人们在对自己所关注的信息内容进行理解并赋予含义之后,会对信息内容进行分析和评价。通常,评价是基于个人的信念对信息进行的衡量。一位研究人员在一份研究报告中指出,倾听者思想封闭僵化以及存在偏见都会使其失去对信息进行理性客观评价的能力,由此造成倾听障碍,影响有效倾听的达成。

6. 反应

在持续进行的谈话中,倾听者的反馈很重要,它不仅有助于倾听者更准确地理解和评价,还有助于讲话者确认信息是否得到了清晰、完整的传达。积极的反馈有利于保证双方注意力的集中,有利于达成有效的倾听和沟通。反馈的类型可以是评价以示鼓励、分析以明确观点、询问以获得更多信息、重复以核实信息、忽略以避免冲突。

8.8.2 倾听的"珠穆朗玛峰"七层次

倾听的"珠穆朗玛峰"七层次是指根据以上过程六个环节的含义,按照投入程度、倾听过程的把握以及沟通效果,将世界第一高峰珠穆朗玛峰的顶点比喻为倾听效果的最高层次,将其山脚比喻为倾听效果的最差层次,依次把倾听从低到高划分为七个层次:佯装倾听、控制、第一印象、尊重、换位思考、激励、把握别人的倾听投入程度。而位于七个层次之下的"不予理睬",则是尚未进入倾听状态的阶段。

倾听的"珠穆朗玛峰"意味着管理者对倾听技巧的运用越娴熟有效,其能取得的成就也会越高。随着越来越接近顶峰,倾听技巧会使管理者及其团队变得强大并能激发创造力,使工作能高效率、突破性地开展。现在让我们具体看一下图8-18中的每一个层次。

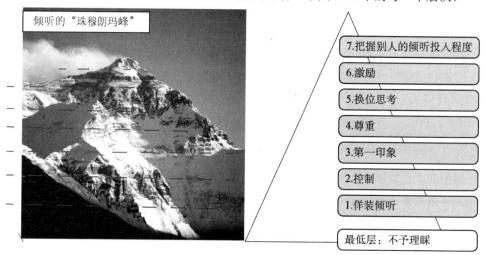

图8-18 倾听的"珠穆朗玛峰"七层次

最低层:不予理睬

"不予理睬"就是对别人所表达的信息置之不理,甚至中途随意打断别人的谈话。例如,上级和下属谈话时只顾看电脑或者手机而丝毫不顾别人说了什么,不管是有意的还是无意的,这一方面导致对别人的信息无法感知和注意;另一方面也会给对方带来压力,造成沟通质量低下。

组织内忽视员工的言论就会使人心涣散,丧失凝聚力。如果公司不认真听取顾客的意见,就会直接失去市场。面对顾客的投诉,第一步是做一个好的倾听者,从话语中了解顾客所需,找到解决问题的方法。不善于倾听顾客的公司,通常把顾客投诉当成"找碴儿的",不但忽视顾客的意见,甚至采取对抗和反对的态度。

资料链接:安迪·格罗夫的"芯片门"事件

第一层:佯装倾听

佯装倾听,是指在别人讲话时,倾听者假装对别人说的话很感兴趣,甚至还点头称

"嗯""是啊""好"，或者有时候露出微笑，但其注意力并没有放在发言者身上，对于讲话者所说的话实际上一句也没有听进去。与不予理睬相比，佯装倾听多了一些伪善的成分。通常，当倾听者对讲话者所说的话不感兴趣，或者由于自身精神或身体的疲惫不能保持注意力，或者虽然没有听清对方的话又觉得不好意思询问时，会采取佯装倾听的策略。

有学者指出，年轻人最易犯的毛病是出于想要表现的心理，为了让自己"一鸣惊人"，表面做出倾听的姿态，却一直在想着自己待会儿要说的话。此时，倾听者关注的不是讲话者，而是自己，因此，所做出的反应可能与说话者驴唇不对马嘴，在自己发言时对别人说的话完全没有回应，而是一味按照自己的思路说下去。

资料链接："销售大王"乔·吉拉德的倾听教训

第二层：控制

控制性倾听的表现是：通过手势、面部表情或者声音等反馈，控制讲话者的表达内容。不管出于有意无意，掌握权势的人员，例如高级管理人员、法官、教授以及医生，通常习惯于处于控制别人的状态。你是否有这样的经验，即当你想和老板说话的时候会感到有些时机不当？到最后你虽然说出了对方所要听的话，但对你来说并非完全是本意？这是因为你处在一种受控制的状态下，他人控制了你说话的内容。例如，销售部经理小李向总经理汇报自己负责区域的销售业绩时，总经理无意识的咳嗽可能被小李认为是不满意或者禁止他继续讲下去的意思。无疑，这种心理上的敬畏产生的控制使上下级的沟通变得更为困难。

案例链接：

Corel软件公司老板Michael Cowpland坦言："每周的管理人员大会常常是99%的人都意见一致。而实际上，他们都有自己不同的想法……如果我正在说一件事，他们会感觉有压力而不敢提出一个更好的意见。"

产生控制性效果的倾听者并非局限于权势和地位，生活中有很多人性格强势，好为人师，他们总是试图控制别人。有时他喜欢采取各种方式证明对方所说的是不正确的，而他本人更正确、更权威；有时，对于别人说的话，他郑重地给予确认，目的是显示自己的重要性。

习惯于在任何场合都采取控制性倾听的人，往往使得对方无法自由充分地表达自己的观点，从而无法全面深入地获取信息，在一定程度上导致自己信息缺失，久而久之，就容易产生信息的干涸。

资料链接：控制对方谈话如此简单（游戏）

开始先由两人和数人一起交谈。交谈的对象，可以选择平时你就不喜欢的人。方法很简单，你只要在对方谈话时稍稍摇摇头或者摆摆手即可。但注意千万不能点头。摇头时幅度不要太大，摆手时也要自然。每个人对于这种动作都很敏感，觉得自己所说的话引起你怀疑或被否定了。一开始对方也许会表露出看不起你的样子，根本不理会你。这时你仍然冷静地听他说话，并在适当的时候摇摇头。这时，注意观察，他可能继续说下去，但他会做多余的说明或解释。你瞧，他上当了。如果你继续做下去，也许他的鼻子、额头开始出汗，要是他焦急起来，那么他说的话也会变得语无伦次。

第三层：第一印象

第一印象表现在：将别人的话按照已有的主观臆断进行处理，加入个人色彩，使个人过去的知觉印象占据主导地位；只听符合自己的意思或口味的话语，与自己意思相左的声音则一概自动消音过滤掉。倾听处在本层次，仍旧不能称为积极有效的倾听。

> **案例链接：疑邻盗斧**
>
> 从前有个乡下人，丢了一把斧子。他怀疑是邻居家的儿子偷去了，观察那人走路的样子，像是偷斧子的；看那人的脸色表情，也像是偷斧子的；听他的言谈话语，更像是偷斧子的，那人的一言一行、一举一动，无不像偷斧子的。后来，丢斧子的人在山谷里挖地时，掘出了那把斧子，再留心察看邻居家的儿子，就觉得他走路的样子、他的脸色表情、他的言谈话语，都不像是偷斧子的人了。（战国·郑·列御寇《列子·说符》）

第四层：尊重

"尊重"层次上的倾听需要人们"全神贯注"地聆听，对讲话者所传递的信息内容进行准确解码和客观评价，并做出积极反应，如微笑、点头、身体前倾等。前面几个层次都是优秀倾听者的反面教材，而"尊重"层次的倾听终于算到达有效倾听的半山营地了，而珠穆朗玛峰的绝世真容也首次映入眼帘。尊重使得倾听者准确把握讲话者所传递信息的同时，还获得了对方的信任和友谊，中国的一句古训"敬人者，人恒敬之；爱人者，人恒爱之"，讲的就是这个道理。

资料链接：请蹲下来和你的孩子对话

第五层：换位思考

"换位思考"要求人们站在对方的立场、以为对方着想的方式思考问题并解决问题。"换位思考"也就是我们通常所说的"同理心"。相对于尊重层次上的倾听，听者不仅需要理解对方的内容，而且需要从更深层次用心领会其内涵，并且对对方言辞进行反馈（feedback），而不仅限于微笑、点头等反应（reaction）。

同是一面镜子，站在左边的人说是凹面镜，站在右边的人说是凸面镜，这就引起了冲突，如果大家都尝试站在对方的角度，就能理解对方的感受。这个例子形象地指出了人们为什么要换位思考。

> **案例链接：谁懂得换位思考**
>
> A、B、C 三个朋友在谈话。A 说："我用了整整三个月时间来争取这单大业务，客户基本已决定在我公司投保，但最后公司的分保方案拿得太晚，客户改投了别的保险公司。"对此，B 和 C 采取了不同的反应。
>
> B 说："我觉得太可惜了，你已经非常努力地争取，但还是没有做成这单业务。"
>
> C 说："你投入了这么多精力和时间在这单业务上，却由于始料未及的原因没能成功，一定非常难过。但整个过程中你积累了丰富的经验，如果加强公司内部的沟通协调，今后的业务开展一定会顺当很多，公司内部协调方面以后我们加强配合！"

很明显，在以上案例中，C 做到了换位思考，因为他不仅很好地理解了对方的感受，而且听到了甲的言外之意——由于公司内部协作的问题失去了业务。在商业领域，市场营销学讲究"了解消费者需求、满足消费者需要"，其中做到"换位思考"的公司由于能够最大限度地理解消费者需求，从而能赢得消费者并获得其忠诚。

第六层：激励

现在，我们要讲的是一种更高层次的倾听能力——激励。激励层次的倾听是指倾听者不仅通过换位思考理解了他人的需求，并通过反馈很好地回应了对方的需求，而且倾听者还通过积极的鼓励激发对方倾诉的欲望，使得其不但能够清晰、准确地传达自己的意思，还能够在交流中碰撞出灵感的火花，产生针对某个问题的出色方案。激励是一种积极的富于创造力的行为，优秀的管理者在与下属沟通时，如果能达到这种倾听层次，则能取得较好的管理效果。

资料链接：玫琳凯化妆品创始人的故事

第七层：把握别人的倾听投入程度

懂得倾听使人们能获得确切的信息，使得倾听者完美地完成了自己的倾听使命，而"把握别人的倾听投入程度"使得倾听者不仅善于倾听，还能够善于运用倾听理论和技巧，在转换到讲话者角色时，时刻关注对方的反应，把握别人对你的话语的倾听层次。伟大演讲者的伟大之处就是知道听众在自己说话的时候是如何倾听的，他们能够寻求听众想要的话语、满足他们内心的渴望，成为听众的代言人。

管理者训练自己的演讲才能时，需要训练如何把握别人倾听的投入程度。要想达成这个高度，需要时刻关注对方的反应，提高把握细微情节的能力，然后根据听众的口味调节自己的言辞，并注意对方的语调、表情和姿势表达出来的意思是不是正面的、积极的，从而根据听众的反应调节自己的言辞。当然，这并不是要管理者出卖自己的思想，其所做的，只是调整说话的方式，而不是改变实质的内容。

8.8.3 如何达成有效倾听

当人们进行"珠穆朗玛峰"七个层次中的"尊重"及其以上层次的倾听时，都可以成为有效倾听。然而，由于各种倾听障碍，人们的倾听经常处在低层次上，例如，讲话的人不如自己学识高或者没有自己地位高，我们就虚与委蛇地听，停留在伴装倾听的层次；如果对方的讲话冗长烦琐，我们会明显地厌倦疲惫，甚至不予理睬；对于我们怀有成见的人，无论他说什么，我们都认为他在推卸责任，陷入第一印象的陷阱……因此，管理者有必要学习和掌握有效倾听的技巧，提升自己的倾听技能。

1．认真准备，营造倾听环境

根据沟通内容及沟通性质，合理确定沟通时间、选择沟通场所，确保沟通能够在不受外界非必要干扰的情况下进行，并使得双方有一个好的沟通氛围。

2．调整自我，消除主观障碍

> 资料链接：
>
> 　　　　　　　以恕己之心恕人，则全交。
> 　　　　　　　以责人之心责己，则寡过。
>
> 　　　　　　　　　　　　　　　　——〔清〕金兰生
>
> 以宽恕自己的心宽恕别人，则交情深。以责备他人的心责备自己，则过错少。

(1) 专注、认真对待。积极的倾听者会注意力非常集中地关注讲话人所说的内容，去掉其他成百上千的容易分散注意力的念头，并在大脑空闲的时候概括和综合所听到的信息，不断把每一个细微的新信息注入信息框架。具体步骤如下：① 在心里回顾讲话人刚刚说过的话，给予总结概括；② 揣摩讲话者的意图，思考对方的需求以及自己如何反应；③ 预测讲话人接下来要讲的话，然后和你的预测做对比。

(2) 设身处地，运用同理心。暂时抛开自己的想法与感觉，把自己置于讲话者的位置上，设身处地站在讲话人的立场，努力去理解讲话者想要表达的含义，并从讲话者的角度调整自己的观感，进一步保证对所听到的信息的理解符合说话者的意思。

做到同理心需要结合讲话者的背景：一是对方为什么要这么说，即目的是什么；二是他的经历如何，他的这种观点和想法与他的经历有没有关系；三是他现在的身份是什么，他的话与自己的身份是否密切相关；四是自己与他的熟悉程度、亲密程度如何；等等。

结合背景，一方面能帮助自己加强对话语的理解，有利于及时应对和交流；另一方面也能增强情感的交流。如果倾听者能把讲话者的背景紧密结合起来，点出其没有说出的意思，对方就会像遇到知音一样，谈话就会越来越投机。

(3) 摒除偏见，对事不对人。倾听中注意时刻提醒自己摒除偏见，只关注信息本身，而不将自己以往成见掺杂进来，更不能因为自己和某人有过矛盾，就刻意在沟通中忽略其信息。如果确实认为自己无法抛弃以往的芥蒂，那么可以通过委托其他人与之进行沟通，或者邀请中立公正的第三人加入沟通，缓解氛围，并起到提醒和监督作用。

资料链接：蜡烛

(4) 不多说，不打断，听完最后才下判断。积极倾听首先表现为接受，即先接受说话者所说的内容，客观地倾听而不轻率做出主观臆断，把自己的结论推迟到讲话者说完以后，这样可以排除先见，有利于更全面地了解信息、客观地评价对方讲话内容，从而做出正确反馈。如表8-3所示，不同情绪下的主观臆断表明了不同的情绪可能导致的结果，证明倾听者听完对方陈述再发表自己观点的必要性。

表8-3 不同情绪下的主观臆断

可能的情绪	例　子
先入为主，对对方的话根本无法专心倾听	"这件事根本就行不通，怎么这家伙又……"
个人好恶	"他的这个话题我根本就不感兴趣，都什么年头了！"
由对对方的个人看法引起	"他这个人说什么都不值得信任！"
由利益冲突造成	"想和我争？别想！"

3. 及时响应，给予正面反馈

(1) 微笑。美国密歇根大学心理教授詹姆士对人的微笑这样注解："面带微笑的人，通常对处理事务、教导学生或销售都显得更有效率，也更能培育快乐的孩子。笑容比皱眉头所传达的信息要多得多。"

倾听者点头微笑，表示对于对方的认可和鼓励，可以激发讲话者的自信心与思维活跃程度，并可以建立相互之间的信任与尊重，形成良好的合作关系。

(2) 目光。注视是表示你的重视的最好方式，每个人都需要被关注，你的目光让他心理上得到慰藉和鼓励。使用目光接触，还可以让自己把注意力集中于讲话者，避免分心，在会议或聚会上同听众谈话时，目光接触不仅能够传达自信，还能保证你的听众不会忽视你。

如果你想和别人建立良好的默契，应用 60%～70% 的时间注视对方，注视的部位是两眼和嘴之间的三角区域，这将有助于在你们之间建立平等、尊重的沟通氛围，促进双方的目光交流。

在倾听过程中，特别在初次和陌生人进行沟通的倾听中，想要获取成功，最好以期待的目光注视讲话人，不卑不亢，有礼有节，展现非常好的沟通姿态。

（3）身体前倾。当对讲话人所说的内容感兴趣时，倾听者的身体都会很自然地前倾，以表示仔细聆听。因此，为了表示自己的兴趣和重视，倾听者应有意识地把身体前倾，头部微斜向一边，并用眼神来表明你们会倾听对方说的东西。对倾听者自己来说，前倾的姿势是保证精力充沛的良好方式，可以保证你不走神。

同时，倾听者还要注意身体不要出现任何封闭、消极或对抗的信号，交叉双臂、跷起二郎腿也许会是很舒服的姿势，但往往会让人解读成不耐烦、抗拒或高傲。

（4）做笔记。有时，你可能要一边听一边做笔记。做笔记不但有助于聆听，而且有集中话题和抓住对方的焦点。俗话说，好记性不如烂笔头。记笔记可以把有意义的信息保留下来，以备重新温习和梳理，同时由于要记笔记，倾听者的思维不容易涣散或者疲倦，从而有助于倾听者用心聆听。而讲话者看到对方在笔记本上记下自己所说的要点，潜意识中的"虚荣心"得到满足，从而获得精神上的巨大愉悦，有助于双方形成更加良好的沟通氛围。

（5）插话、重复和询问。插话的频率要适度，内容要有所选择，同时，要特别注意三点：一是不要随便打断对方的话；二是要用商量的口气；三是句子形式要灵活。倾听者应该以认真的聆听为主，以适时的插话为辅。插话的内容大致有这样几个方面。

① 肯定和鼓励。像"嗯"和"真有意思"等中性评价性语言能表示对谈话感兴趣，促进对方表达的意愿，鼓励对方继续说下去。

② 帮助续接。有时，对方说着说着，突然语言卡壳，或一下子找不到合适的词了，此时，你就可以帮他接下话尾。

③ 提问。提问是获得完整准确信息的一个有效保证。提问可以达到对含糊进行辨析、适时转换话题、引导话题深入等作用，以探索方式获得更多的信息及数据。提问有如下几种形式：

- ◇ 开放式（你认为……如何……哪个……能举个例子吗，这有什么依据吗？）
- ◇ 清单式（A 情况……B 情况……C 情况……）
- ◇ 假设式（若是你的话，你会怎么想/看/做？）
- ◇ 重复式（你的意思是不是……你是说……）
- ◇ 确定式（这很有趣，后来呢？）
- ◇ 封闭式（你在那家公司工作了几年？）

④ 复述。可以采用"按我的理解，你的计划是……""你是说……"及"所以你认为……"等句式。这些说法表明你在倾听，并明白对方的意思。重复的重要性在于让你尽早发现有无曲解对方，一般用于讨论结束时，用来确定没有误解对方的意思。

本章小结

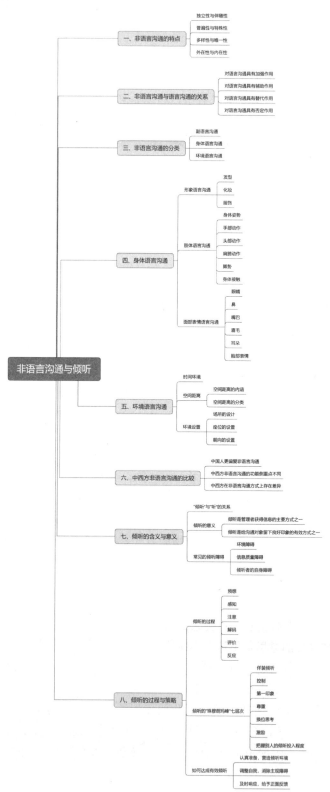

本章典型案例：倾听，使沟通从心开始

优惠不均引烦恼

2015年11月25日，王先生收到了中国移动10086的短信通知，中国移动针对老客户推出了流量年包产品，即用户可以莅临营业厅办理次年流量年包业务，仅须花费360元，即可享受2016年每月500MB流量。王先生内心盘算着，该产品自己适用，价格也实惠。他立刻起身，一路快走，跑到当地营业厅，办理了360元流量年包，办理后即时生效且不可取消。王先生觉得自己获得了移动提供的优惠，心中暗暗得意。没几天，朋友偶然告诉他，在广州移动微信公众号正在进行流量年包免费赠送活动，可以通过微信或拨打10086客服热线办理免费流量年包。

王先生先是感到懊恼，跺了跺脚，紧紧握住手机，低声感叹：太冲动了！不应该马上跑去营业厅办理业务。继而，他感到不满，从抽屉里找到从营业厅办理的业务回执，看了又看。作为一名使用移动服务已超过10年的老客户，明明可以通过微信免费获得优惠，自己不仅出高价，还得跑一趟营业厅。他放下回执，拨打了10086服务热线。电话接通后，甜美女声从话筒中传出："中国移动热情为您服务。"王先生忍不住对着电话吼起来："你立即把费用退给我。"话筒的另一端，客服默默地聆听王先生的怒吼，平静地记录下他的抱怨和诉求，继而耐心地为他解释，本次微信渠道免费赠送活动并非全省统一活动，仅仅是广州分公司推出的短期优惠活动，而且仅针对微信渠道适用。不同渠道推广活动的计费规则不同，因此在营业厅渠道办理流量年包需要缴纳360元费用，而微信渠道的活动则可以免费办理。而且，由于业务在办理后即时生效，计费系统无法进行退费。最后，热线客服向王先生解释，中国移动之后将陆续推出不同的优惠活动，请王先生添加微信公众号，留意平台上的优惠信息。

王先生听了热线客服的回复和处理办法，内心更加愤怒，自己明明是广州的用户，也是同样的套餐，他提高了嗓门，对着热线客服大吼大叫："明明可以免费办理的，为何还不向老客户开放优惠退费！我要取消这张卡，实在是气人！"热线客服觉察到王先生情绪激动，用平和的语气安慰道："王先生，请您息怒，我目前的权限有限，难以帮您申请优惠补偿，或者，您看这样行吗？我先把您的诉求升级，向后台进一步申请后再给您回复可以吗？"王先生稍微恢复了平静，感觉到电话客服的为难，满脸不情愿地回了句："好，请尽快答复！"

现场投诉讨公道

王先生等了一个多星期仍未得到热线客服回应，再次跑到开通业务的营业厅进行询问。王先生一进门就找到营业厅值班的陈经理，手指着陈经理，训斥道："为什么同样的流量包，短信和微信的优惠不一样，这样不公平啊！而且为什么不提早告知客户有不同的优惠途径？"陈经理看到王先生激动的样子愣住了，看着怒发冲冠的这个人，陈经理努力压抑自己内心的委屈，没有当场与王先生争吵，转而安抚他的情绪，微笑着说："王先生，谢谢您提出的意见。因为后面的客户还需要办理其他业务，为了不影响他们，不如我们到VIP室，我再详细为你解释一下情况。"陈经理把王先生领到了VIP室，热情地问道："王先生，您需要茶还是咖啡？"王先生冷冷地说："热茶吧！"陈经理双手端着一杯热茶，轻轻地放在王先生面前的茶几上，她拿出了笔记本和笔，诚恳地和王先生交谈，耐心倾听他的诉求，不时点点头，并记录下交谈内容。王先生的语速很快，把自己的情况与诉求，特别是对移动服务的失望和不满，像吐苦水一般向陈经理倾泻。陈经理坐在王先生的对面，不闪躲王先生投来的失望及愤怒的眼神，细心聆听，温柔地对王先生说："王先生，不好意思，对您造成的不便和疑惑，我代表公司先向您表示歉意。由于移动的用户面很广，我们公司会通过不同平台发布不同的优惠信息。各种平台的活动力度都有不同，所以我建议您可以关注微信公众号。或者您可以把手机给我，我帮您进行关注和设置？"王先生有点被面前这个年轻人的真诚所打动了，心里感觉舒服了很多，回应道："那上面最新的优惠都有吗？"陈经理说："嗯，是的，上面发布的信息都是最新最快的优惠。"王先生边听边把手机递给陈经理。接着，陈经理再解释道："王先生，我代表公司再次对您的经历深表歉意，我这就帮您关注广州移动10086的官方微信，因为有很多最新、最给力的优惠都是在微信上进行的。不同渠道有不同活动，所以其计费系统也是有所不同的。而且由于微信的赠送活动是在您办理了营业厅业务后才推出的，所以按照公司的规定是按照确认业务扣费的当月生效了，所以，目前情况是真的没办法给您退费了。"王先生略带失望，眉毛皱了起来，说："只能自认倒霉了。"看出来王先生心中的怒火尚未平息，陈经理接着说："移动希望能够提供给客户称心满意的贴心服务，我们了解王先生的不满，会向公司的上级部门反映这样的情况，争取以后在营销部分有更多的改进空间，并尽量争取为王先生返还部分费用。非常遗憾的是，微信的赠送活动推出时间是在您办理业务之后，为了表示歉意，我这边准备送您一些最近公司发行的限量版纪念品和抱枕等促销礼品。"王先生听到陈经理的解决方案，脸色稍微好一点，但感觉根本问题并没有解决。陈经理见状接着说："要是您不介意的话，我会向上级反映这个情况，争取给您返还一些费用。"说完，陈经理掏出自己的手机，主动添加了王先生的微信，她说："如果事情有新的进展，我会第一时间联系您，还有以后有大的优惠力度，我也将第一时间通知您。毕竟您是我们多年的老客户，我们非常感谢您的支持和认同，希望能够将最好、最贴心的服务和优惠都提供给我们的老朋友。"王先生看着眼前的陈经理，态度很真诚，一直耐心倾听他的诉求，心里的火气渐渐平息了一半，相信陈经理能更好地解决这个问题。

头脑风暴给方案

陈经理认为王先生的案例不会是个例，应该形成沟通解决的模板，共享给其他营业厅的同事。为了更加全面地得出解决方案，陈经理计划向上级部门深入了解情况，并召集营业厅全体员工召开头脑风暴会议。

送走王先生之后，陈经理马上发送正式邮件给广州市公司的营业厅服务主管，简明扼要地描述了王先生的诉求。在邮件中，她强调王先生是忠实客户，建议能给予费用返还或者给予一定的优惠。随即，陈经理在工作团队微信群发布了紧急会议通知，当天的工作总结会议程上增加王先生投诉处理方法的讨论环节。发完了会议通知，陈经理通过工作QQ群与其他营业厅的经理共享王先生的案例，希望大家能一起想出最有效的解决办法。紧接着，她直接打电话给临近营业厅相熟的经理，分享王先生的案例，并请教解决方法。

在随后的厅内工作总结会议上，陈经理发动所有团队成员发散思维，思考更多的有效解决方案，经过15分钟的自由发言，陈经理结合从同级收集的有效信息，总结了几个处理办法：

第一，引导客户再次主动拨打10086服务热线，追问已升级的投诉工单，根据公司对忠诚度高的客户的管理规定，可适当给予话费赠送或者额外流量奖励。

第二，申请高价值促销礼品赠予客户，进而保持客户忠诚度。

第三，依托微信群建立老客户营销圈子，传播优惠信息，固化互联网营销模式，促进双向沟通。

问题解决成朋友

三天后，陈经理通过微信联系了王先生，建议王先生使用客户升级投诉，通过拨打10086申请赠送话费，获得话费补贴，或者以额外流量赠送的方式进行补偿。陈经理在微信里写道："王先生，实在不好意思，本来我想在我这儿帮您完成这个投诉升级的要求，但是由于话费补贴涉及客户个人隐私，我不能代办。麻烦您亲自给客服拨打电话。因为必须由客户本人拨打电话，其他人没法代办。"王先生看到陈经理的微信，心里感到十分欣慰，想了想，回复道："谢谢你陈，从此以后事情你了哪么多为我出，我给客服打电话将投诉升级吧。另外，如果以后有新的活动记得一定要第一时间通知我。"感觉到陈经理确实从客户的角度出发，想尽了办法把事情解决，王先生脑海里回忆了整个事情的经过，决定事情就这么解决，也令他感到不需要再计较。最后，他还不忘感谢陈经理的帮忙。

一个月后，王先生再去营业厅打印话费清单，陈经理远远地，一眼就认出了王先生，与王先生主动问好，并询问是否需要帮忙，王先生主动和陈经理握了手，左手拍了拍陈经理的肩膀，笑嘻嘻地表达了上次移动的处理结果他很满意，还和陈经理聊起了天。最终，两个人还成了朋友。

资料来源：许盈，陈杰，王铃，等. 中山大学管理学院管理沟通小组作业[Z]. 2016.

本章思考与讨论

一、根据开篇导引案例"藏不住心事的齐桓公"，试编制一个你亲身经历的非语言沟通的案例。

二、根据本章典型案例"倾听，使沟通从心开始"，分组讨论在职业生涯过程中如何提高倾听能力并就如下问题进行讨论。

1. 案例中的陈经理如何运用管理沟通技巧？如何实现与客户的有效沟通？
2. 试从倾听的"珠穆朗玛峰"七层次模型，分析该案例中的陈经理对外与对内的倾听对策。

延伸阅读提示

1. 张晓梅. 修炼魅力女人[M]. 2版. 北京：中信出版社，2009.
2. 邓明明. 破译身体语言密码：人类身体信号心理解析大全[M]. 北京：新世界出版社，2009.
3. 亚伦·皮斯，芭芭拉·皮斯. 身体语言密码[M]. 王甜甜，黄佼，译. 北京：光明日报出版社，2018.
4. 埃格特. 了不起的身体语言：如何用好非语言技能[M]. 丁敏，译. 北京：人民邮电出版社，2020.
5. 兹韦费尔. 管理就是沟通[M]. 杜晓伟，译. 北京：中信出版社，2004.
6. 尼克斯. 倾听让关系更美好[M]. 邱珍琬，译. 北京：译林出版社，2011.

第9章 演　　讲

> 运用之妙，存乎一心。
> ——《宋史·岳飞传》

本章目标

- ◇ 了解演讲的基本定义、特征与分类。
- ◇ 掌握对演讲对象进行分析的技巧。
- ◇ 掌握演讲主题分析与素材收集的技巧。
- ◇ 掌握演讲稿结构"小鸟模式"与写作的基本技巧。
- ◇ 掌握演讲过程中开场、中场与结束的基本技巧。
- ◇ 掌握演讲过程中语言语音技巧与非语言技巧。

关键概念

演讲特征；演讲准备；演讲结构；小鸟模式；演讲技巧。

导引案例：校外导师代表在聘任仪式上的讲话

尊敬的书记、王副院长、各位老师：

　　大家上午好！

　　我是群英发展股份有限公司的李群英，今天非常感谢管理学院给我这个机会，让我荣幸地代表第一届校外导师在此发言。我猜想管理学院之所以选取我作为今天的发言人，不是因为我的工作成就卓越，也不是因为我个人能力超凡，而是因为各位3M中心的老师认为我是一个勤奋的人。在这里我想在十分钟时间里用"一个汇报、两点收获与三重感受"表达今天致辞的内容。

　　首先，所谓一个汇报，就是将本人客座担任管理学院3M校外导师以来，取得的有限工作成果向在座各位领导与老师做一个简短的汇报。本人在日常繁忙工作之余，按照管理学院3M中心的安排，在过去一年中，担任了两名MBA学生的校外导师，指导的论文均已经通过答辩；作为论文的评阅人共评阅了MBA及MPM论文20多篇；作为论文答辩委员参与了20多名MBA与MPM学生的论文答辩工作；作为面试考官参与了30

名MBA学生的面试工作；作为授课老师承担了两个学期的"管理沟通"MBA必修课接近100课时的授课工作，同时给MPM开设了《房地产项目实务案例》讲座，在MBA论坛开设了《非权力影响力提升》的讲座；此外，作为校外老师还应邀参与了EDP中心有关管理沟通、团队建设与领导力等方面课程的授课工作。以上数据是我本人查阅自己行事录上的记载初步统计得到的，可以说取得了一点微薄的工作成绩。这些成绩一方面来源于多年来母校各位老师对我的不断教诲，让我始终拥有一颗感恩之心；另一方面也是管理学院领导开风气之先、率先倡导多元化教学资源融合的结果。

其次，再谈谈"两点收获"：第一点收获了知识与技能，第二点收获了资源与友谊。所谓收获知识与技能，中国有句古话叫"教学相长"，就是通过教与学的双方互动促进共同提高的意思。作为一个毕业二十年有求于作业上，我是一个曾经"与天斗""与地斗"，最后"与人斗"的职场人员。因为我本人本科是大地测量专业，与地斗了四年；研究生的专业是天体测量与天体力学，又与天斗了三年；工作七年后又攻读了企业管理的博士学位。其实本人从进入管理岗位开始就一直在"与人斗"，但经过管理学院的培养提升，发现了"与人和"才是一切管理的真谛。站在MBA的讲台，对本人的知识结构与工作技能都是一个严峻的挑战，但始终在每次MBA学生授课的互动过程中，也只有逼迫自己不断学习，充实并完善自我的知识结构；本人将自己日常的管理案例引入学生课堂讨论，在引导之余，通过与学生思维火花的碰撞，对自己的管理实践经验也是一个极大的丰富。第二个收获就是资源与友谊。当今的世界进入了一个"关系"就是生产力的时代，各位学生来到管理学院课堂，不仅吸收管理的知识技能，而且获得同学的圈子资源与友谊。资源需要流动才能真正形成生产力，关系资源也不例外。所以，本人在授课之余，身体力行地与各行各业学生交朋友，全力倡导建立一种新型的师生关系。这种新型的亦师亦友的师生关系也对本人事业的发展产生良性驱动力，我想这也是在座各位未来的校外导师所不曾设想的吧。

过去一年中本人收获良多，但也感受到责任和压力，同时感受到管理学院蒸蒸日上的发展势头，这就是所谓的三重感受。管理学院给予本人作为校外导师的充分信任，使我无时无刻不感受到肩头沉甸甸的责任，让我不敢懈怠；不论是在授课过程中来自各行各业学生营造的活跃课堂气氛，还是各行各业专业论文的紧张评阅与答辩气氛，都让我感受到了挑战的压力。本人也只有不断学习与总结才能跟上这个信息爆炸的时代，才能真正应对各类学生的挑战，也才能让慕管理学院之名而来求学的学生感到不虚此行，并有所收获。除了以上两点本人的自我内心感受之外，今天来到这里参加这个盛大的聘任仪式，看到各行各业的专家学者等精英如江河入海般加入管理学院校外导师的行列，也让本人感受到了管理学院蒸蒸日上的发展势头。在管理学院迈向国内顶尖商学院的征程中，有幸贡献绵薄之力，也让本人备感自豪。

以上是本人以"一个汇报、两点收获与三重感受"作为主题词所做的致辞，在此希望即将履新的新一届校外导师能够在管理学院领导与各相关部室的指引下，赢得更好的成绩，取得更多的收获，从而也让管理学院以拥有在座各位精英作为校外导师为荣。

最后，本人作为一个管理学院的毕业生，用六个字向在座的各位母校老师表达我的真诚敬意：感谢、感动与感恩。

谢谢大家！

资料来源：改编自2009中山大学管理学院MBA校外导师演讲词。

无论是在日常生活还是在企业的管理工作中，演讲都是必不可少的一个环节。认识演讲的重要性，把握演讲的技巧，对于企业的管理沟通工作尤为重要。

9.1 节简单介绍演讲的含义、特征和种类；9.2 节从演讲的目的、听众、选题和材料四个方面阐述应该如何进行演讲前的准备；9.3 节描述演讲稿的结构安排，包括开场、主体、结尾和文学色彩、幽默智慧的体现；9.4 节着重介绍演讲的技巧，包括情绪控制、开场、现场控制、收尾、解答问题、处理意外、非语言等方面的技巧；9.5 节简要介绍演讲能力持续提升的路径。

9.1 演讲概论

管理人员的大部分时间和工作活动离不开谈话、演讲，当他们想在短时间内向许多人传达大量信息时，最有效的交流方式就是演讲。因此，学习演讲、掌握演讲的技巧与艺术十分重要。

9.1.1 演讲的含义

演讲可定义为：演讲者在特定的时间、环境中，借助有声语言和态势语言等手段，面对听众发表意见，抒发感情，从而达到感召听众的一种现实的带有艺术性、技巧性的社会实践活动。

也就是说，演讲需要结合特定的环境，以语言和非语言等手段向听众传达信息，从而达到"感召听众"的效果。可见，演讲的目的性很明确：将感召听众作为演讲的落脚点，提高听众的认识，改变听众的观念，促使听众采取行动等等。

9.1.2 演讲的特征

演讲是由演讲者、听众，加上信息传播的渠道，形成的一个信息传播的闭环。演讲者是信息编码，通过声音、姿态和手势等载体传递信息；听众是信息译码，通过身体姿态、兴趣、眼神和注意力等反馈信息。演讲活动是典型的信息传播过程。或反过来，在提问的过程中，听众在做信息编码，而演讲者进行译码工作，如图 9-1 所示。

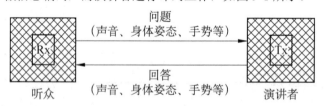

图 9-1 演讲过程双向沟通

在信息传播过程中，演讲一方面有强烈的目的，另一方面讲究艺术性和技巧性。

艺术性是演讲活动最具魅力的精髓，因为"运用之妙，存乎一心"。一般来说，精彩的演讲是演讲者审时度势、精心准备、临场发挥的结果，好的演讲活动可以被学习但是难以模仿，更难以照搬套用。演讲的因素（如时空、听众和演讲者等）都是在变化的，因此每一次的演讲活动都是全新的，对演讲者而言都是新的挑战。而技巧性则表明演讲活动存在可以学习的规律和共性，可以通过学习和训练提高演讲的效果。

9.1.3 演讲的种类

1. 按演讲者与听众的关系分类

（1）单向式演讲。演讲时没有人打断，这在大型场合最适用，而在小型场合，会使听众感到自己受到了忽视。

（2）互动式演讲。它仍然采用演讲者站着说而听众坐着听的形式，且可使用视觉和其他辅助方式，只是给人的感觉更像是在对话而不是在演讲。在销售中常使用此方式，因为销售中的交流是由听众的兴趣决定的。

（3）引导式演讲。演讲者传达信息并事先对内容有个大致了解，然后鼓励听众提问并发表评论。采用引导式的讨论更具有挑战性、互动性。

2. 按演讲者的目的分类

（1）介绍型演讲。介绍型演讲多为解释特征、说明状态、阐明关系等，着重于向听众传达相对客观的信息。因此，介绍型演讲在结构上的要求一般是通过开场白吸引听众注意，然后讲明目的，列出主要观点，陈述利害，表示你的信心和水平。在主体部分会逐次阐述主要观点，主要运用具体的言辞和事例、数据等材料进行说明，段落之间衔接紧密，紧扣听众关心的主题。最后总结主要观点，重申目的，联系听众，在结语运用口号，号召行动，以期给听众留下深刻的印象，达到演讲的目的。

（2）劝说型演讲。劝说型演讲是使听众改变其原有的态度和习惯而转向自己建议的态度或习惯的方法。在演讲的结构安排上，劝导型的演讲一般开场直陈利益，以强有力的开场吸引听众，接着提供事实，以可能发生的情况及背景材料、事实所带来的问题进一步展开说明，然后是阐述正反两方的观点，深入分析，同时不可回避听众目前的态度、观点、习惯和行为，努力改变其固有的习惯，从而提出反面的观点，最后号召行动，使听众明了自己需要做或想什么。

（3）娱乐型演讲。娱乐型演讲更多的是活跃气氛，注重营造轻松愉快的氛围，在相对愉悦的气氛下巧妙地传达演讲者的观点和意图，有"润物细无声"之妙。娱乐型的演讲与演讲者的性格有关系，需要演讲者性格活泼开朗，善于营造轻松氛围，如果是读稿和背稿则很难达到效果，反而让人觉得造作。

（4）辩论型演讲。辩论型演讲是指针对某一观点发表看法，这类演讲的特点是观点非常鲜明，往往与对方的观点针锋相对。在整个演讲过程中演讲者气势如虹，据理力争，通过充分的事例、数据和严密推理，既批驳对方的观念，也树立自己的观点，具有"有破有立，边破边立，破立结合"的特点。

9.2 演讲前的准备

9.2.1 分析演讲的目的

目标明确才能有的放矢。上面已经提到，按演讲者的目的可以将演讲分为介绍型、劝说型、娱乐型及辩论型四类。演讲者应当清楚每次演讲的目的，并做好相应的准备，这样才能取得理想的演讲效果。

9.2.2 分析演讲的听众

不管演讲的目的是什么，听众永远是演讲者的上帝，要做一场精彩的演讲，秘诀就是把重心放在听众身上。因此演讲者要认真分析听众的构成、听众的心理、影响听众的因素，根据听众的特点制定自己的演讲策略。《礼记·中庸》篇有这样一句话："凡事预则立，不预则废。"在本书第 3 章管理沟通客体策略分析中已经介绍了沟通对象分析的有关方法，这里将结合演讲听众的特殊性再阐述如下。

1. 听众的心理特点

从参加演讲会的目的来看，听众的心理大致可分为以下六种类型。

（1）慕名而来。著名政治家、科学家、企业家、演讲家、文体明星等发表演讲时，听众怀着对名人的敬仰、倾慕之心，慕名前往。此类听众大多是为了一睹名人风采，一般不太计较演讲水平的高低。同时，潜在的崇拜往往使名人的演讲在听众中激起异乎寻常的热烈反响。

（2）求知而来。学术讲座、技术辅导、国外见闻等演讲，听众是为了获取新的知识和能力，或增长见识。此类演讲只要内容充实，条理清晰，听众一般不会过于挑剔演讲技巧。

（3）存疑而来。调整工资、保健问答、产品介绍等演讲，由于关系到听众的切身利益，听众会十分主动地参与到演讲交流过程中来。此类演讲只要求内容清晰明白，问题交代清楚，听众对演讲者的身份、地位和演讲水平不会有苛刻的要求。

（4）捧场而来。在某些演讲特别是命题演讲比赛中，往往有一些演讲者的同学、同事和亲属前来助威和捧场。这类听众的人数虽少，但在渲染演讲会场气氛、调动其他听众情绪方面却能起到极其重要的作用。

（5）娱乐而来。青年人喜欢演讲比赛，是因为演讲场上充满了激烈的竞争和热烈的气氛，具有一定的娱乐性。仅仅"看热闹"这一条理由就已经能够吸引许多热心的听众。

（6）不得不来。工作报告、经验交流、各种庆典的会场上，有相当一部分听众是由于纪律约束或出于礼貌而不得不来的。这类听众对演讲内容不甚关心，演讲过程中往往心不在焉，态度冷漠。

2. 分析听众的技巧

要使演讲吸引听众的兴趣，关键在于选择与听众相关的演讲题目，因为每个人都对自己切身利益的兴趣超过其他任何事物。在对听众分析时，可以通过以下问题相对系统地对听众的理解进行梳理。

（1）谁在听演讲？
（2）听众的年龄、职业、级别、信仰？
（3）听众想从演讲中知道什么？
（4）听众已经知道了什么？
（5）听众中谁是重要角色？
（6）听众对这次演讲的态度是怎样的？

（7）听众是否熟悉演讲的主题？
（8）听众是否明白专业术语或行话？
（9）演讲的时间、地点等环境因素。
（10）运用恰当的演讲风格。
（11）演讲是要说服听众还是仅仅提供信息？
（12）我的听众会认为我的演讲与以往演讲有何不同？
（13）在我的演讲结束之后，听众将会获得……

许多人把演讲失败归于缺乏准备时间。可是有的人多次演练、反复修改，而且很自信，但在演讲中还是不能吸引听众的注意力，还是不能与听众产生互动。演讲专家托尼·杰瑞（Tony Jeary）认为发生这样的情况不是因为演讲者缺乏练习，而是因为他们犯了演讲中致命的错误，即不清楚听众是谁。所以想让你的演讲获得成功，千万别忘了你的听众！

9.2.3 分析演讲的选题

演讲的目的是要"感召听众"，具体而言是施加影响、告知情况、传授知识。因此，演讲的选题一定要有时代意义，善于抓住人们普遍关心的问题，抓住社会现实中的热点、焦点问题，要讲出时代感、讲出新意，要能启发听众思考。广州"岭南大讲坛·艺术讲坛"安排了一系列讲座，如孙云晓的《良好习惯缔造健康人格——忠告天下父母的六句话》、张国雄的《广东侨乡近代建筑的解读——以开平碉楼为例》、张磊的《孙中山与宋庆龄》、文小勇的《权利观念与公民素质》、千夫长的《小说世界与现实生活》、黄崴的《近年来国外基础教育现状与趋势——管理的视角》等，都座无虚席、反应热烈，究其原因就是演讲的话题都是老百姓感兴趣、想了解、能得到收获的。

演讲选题通常有三种：一是组织者规定了主题的选题；二是组织者规定了内容的大致范围的选题；三是演讲者自选演讲。无论哪种情况，都有一个选题的问题。演讲的选题非常重要，选题的确立决定着演讲构思的取舍，也决定着演讲的价值。新颖、独特、充满真知灼见的题目能使演讲的价值倍增。因此，应特别注重演讲稿选题的确立。

演讲选题的三项基本原则是体现时代精神、适合听众要求和切合自身实际。

1．体现时代精神

时代和社会是不断向前发展的，人们的思想、意识也是不断更新的。演讲者要紧跟新时代，钻研新理论，捕捉新信息，选择广大人民群众最关心的、社会现实亟须解决的问题作为选题，传播一些新思想，灌输一些新知识。但不管选什么题材，演讲者一定要有自己的独到见解，要使人耳目一新，让听众能吸收一些"新鲜空气"。

2．适合听众要求

每准备一次演讲，都要从客观实际出发，要认真考虑自己所选择的论题是否符合现实需要，是否能使听众受到教益，并取得良好的社会效应；是否对听众具有诱惑力和吸引力，能否激起听众的兴趣和注意。如果论题本身毫无价值，客观上又不需要，那就不要选它。有的论题虽有一定价值，但客观现实并不迫切需要，也不要选它。那种不痛不痒、毫无现实意义的空泛说教，是永远得不到听众欢迎的。

3. 切合自身实际

确立选题时，要选择自己比较熟悉，并且有条件、有把握讲好的题目。许多演讲者的实践证明，选择自己比较熟悉的或选择和自己的专业、知识面比较接近的题目，就容易讲得深、讲得透，讲出自己的风格。因为熟悉，才有话可说；因为熟悉，演讲者才能生产激情，也才能感染听众。如果演讲者对自己的题目根本不熟悉，或者对演讲题目所涉及的基本常识一知半解，似懂非懂，则其所写出的演讲稿内容一定贫乏，所表明的观点、做出的结论，就必然缺乏坚实可靠的论据。另外，演讲的选题要与演讲者的身份相称，要能够体现演讲者的个性特点和风格。不能选择那些与自己身份根本不相称的题目作为自己的演讲选题。

> **案例链接：作家的演讲**
>
> 著名作家陈忠实在海南康乐园国际会议中心，面对来自北京、西安、海口等地的媒体和本地的文学爱好者以及康乐园海航度假酒店的员工，做了一场题为"文学与我们的时代——兼谈企业文化"的演讲。
>
> 陈忠实以一个作家的眼光和丰富的人生阅历，以具体的事例、切身的体会，谈了文化的传承和读书风气的养成，对一个企业、一个地方乃至一个民族的良好风尚的形成、美好情操的培养有着多么重要的作用。他说，读书不仅是文化人的事情，更应该是每一个健康人人格的需要，它不仅拓展人的知识面，而且对形成一个人的判断和提升生活的智慧有着不可替代的作用。他坦言，一个读过《悲惨世界》《百年孤独》的人，不可能去做妨害公德、伤天害理的事情。陈忠实还对当下的文化、文学出现的诸多不良倾向做出坦率的批评，他敢于直面问题的态度，赢得了台下听众热烈的掌声。
>
> 后来，陈忠实开始回答热心听众提出的关于《白鹿原》的创作和作家的生活体验、关于中国当代的文学走向问题，乃至陈忠实本人的作品中人物性格和命运的问题，等等，场面非常热烈。
>
> 资料来源：蔡葩. 直面文学时代精神[N]. 海南时报，2003-12-24.

9.2.4 分析演讲的材料

确定了演讲的目的和选题之后，如何选材将决定演讲的效果。假如写一篇赞颂老师的演讲稿，选取的材料不是老师每天备课到深夜，病了还坚持为学生上课；就是有同学病了，老师背着上医院，挂号、取药都花老师的钱，还安慰学生要安心养病；或者是一个风雨交加的夜晚，老师又来到学生家，给病愈的学生补课……诸如此类，不但让人大伤胃口，还给人胡编乱造、不切实际的感觉。这就是犯了选材的大忌：庸俗、陈旧、平淡。

1. 如何收集演讲素材

演讲的选材是丰富多彩的，但并不是凭空而来的。一个成功的演讲者要善于收集素材，并从中提取观点，归纳分类。

（1）收集素材的渠道。现代社会素材收集的渠道是多种多样的：你自己的经验和知识；公司内部的有关资料；讲义、课本；报纸、杂志、论文、图书、文献；录音、录像、电影、电视；网络。从以上各种渠道收集到的素材，还必须经过精心的筛选，去粗取精、去伪存真，才能派上用场，也只有平时积累的功夫下够了，才能在选材的时候信手拈来，驾轻就熟地使用。

（2）素材的分类。在准备素材时，我们不要因为害怕素材枯竭而使自己在现场手足无措，所以准备了过多无法用于演讲的资料，以至于最后耽误了自己太多的时间；同时，我们在素材准备上还应给自己更大的弹性空间。为此，一般把素材分为以下三类：① 核心素材，即演讲时必须用到的素材；② 可任意处理的素材，即如因演讲时间不足而省略，也不会对整个演讲造成伤害的那些素材；③ 辅助素材，如果时间足够就不妨把这类素材提供给听众，这样做，一定是有利无害的。在回答听众的问题时也可以运用这些素材。

2．如何选材才能突出新颖的特点

素材准备好了，如何筛选？一个精彩的演讲，在选材上要非常注重突出新颖的特点，用新鲜的材料与听众见面，用新鲜的观点和听众进行交流。很多演讲者也认识到了这个问题的重要性，但在具体的操作中效果却不理想，原因是对何谓真正的"新颖"没有透彻的理解。如何才能做到真正的新颖呢？

（1）推陈出新。在演讲中，演讲者要善于多采用新鲜的材料，但并不代表所有陈旧的材料就都不能用。因为有些材料虽然不一定新鲜，但内涵丰厚又紧扣主题，只是需要演讲者以独特的视角去切入，从新的角度来点化，同样能够推陈出新，同样能出奇制胜，甚至能化腐朽为神奇。例如，"舍得"一词，人们一般的理解就是"愿意割舍"，但假如你把这个词解读为"舍与得"的关系时，继而推出"小舍小得，大舍大得，不舍不得"的道理，岂不让人耳目一新？

（2）与时俱进。纷繁多变的现实生活为我们提供了丰富多彩的演讲材料，这些材料仿佛源头活水一般给我们带来了无穷的创作空间。演讲者应紧跟时代步伐，深刻体悟现实生活，不断激发出对生活的新鲜感受，带给听众具有强烈时代感的、鲜活的演讲。

（3）另辟蹊径。另辟蹊径即要选择独特的视角和切入点，视角是演讲的灵魂，好的视角会带来好的观点，而好的切入点能在最短时间内激发听众的兴趣，令听众很容易进入演讲者设计的语境。要学会另辟蹊径，善于利用求异思维，从问题的不同层面进行多方探索，得出新的认识，从而避免人云亦云、千人一面，使演讲的材料具有新颖性。

3．如何选材才能突出说服力

一场演讲是否精彩，关键就在演讲的说服力，而选材的可信度是决定听众对演讲信任度的重要因素。那么，要怎样进行选材才能提高演讲的说服力呢？

（1）提出统计数字。说服别人，就需要证据，而统计数字就是其中一种有力的证据。一个统计数字有时胜过千言万语。卡耐基也曾经强调，统计数字有时候非常枯燥，所以应该用生动、鲜明的语言来说明这些数字。他举例说明："在每 100 个接通的电话中，有 7 个是超过了 1 分钟才来应话。这表示，整个纽约每天约有 28 万分钟就这么浪费了，这样过了 6 个月，因为迟接电话所浪费的时间，几乎相当于从哥伦布发现新大陆到现在所有的工作日时间总和。"

（2）举出亲历事例。因为事例就是我们亲身经历的事情，一方面可以讲得具体、生动和体现真情实感，另一方面亲身经历更容易引起共鸣。演讲者在演讲中提到自己亲身经历的事情，这比引述别人的经验更能够赢得听众认同，更具说服力。

（3）利用示范效果。示范就是一种表演，是最容易吸引听众注意力的方式。如谈到抽烟的害处，除了引用统计数字，演讲者可以拿出一张薄薄的白纸，对着纸吹一口烟气，留下淡淡的印子，然后告诉大家，也许一口烟看起来没有什么影响，但是如果朝纸吹上几千口烟气，沾满烟油的纸就会黑掉。我们的肺就像那张纸，如果长年累月抽烟，肺不知道会变成多么可怕的模样。这个示范动作，比你单纯采用描述的方式更容易让人感受到吸烟的危害之大。

（4）运用恰当比喻。相信很多人在演讲、做简报时，会因为专业性而使台下的人听不懂，那么该怎么把事情表达清楚呢？比喻，就是一种很好的方式。如有一位 IBM 的学员把铅笔、杯子、橡皮擦和订书机都放在杯子里，再解释她所做的行业就是为客户提供完整而稳定的系统服务，可以把很多资料放在系统中，而不会错乱，就像在杯子中可以摆进各种文具一样。这样就简单易懂多了。

（5）引用专家证言。演讲时，可以用名人说过的话佐证我们的理念。不过，引用专家证言时，就像引用统计数字一样，最好用比较生动、活泼的方式来表达，避免生搬硬套，同时也不会让听众觉得演讲人是在故意卖弄知识。

（6）展出贴切道具。所谓"百闻不如一见"，就是说多次听到别人的介绍，不如自己亲自见到，也就是所谓的"眼见为实"。因此，在演讲现场，如果能结合主题和内容准备一些道具，会使你的演讲内容增添不少的说服力。例如，演讲者在谈到珍贵友谊的时候，拿出自己珍藏多年的和好朋友的合照，并结合照片做一番描述，这样更容易让听众感受到演讲者传达的信息。

9.3 演讲稿的结构安排

传统上对演讲结构的描述，用的是"凤头""豹尾""猪肚"三个形象的比喻。"凤头"者，绚丽多彩而又精妙绝伦，引领下文，达到引人入胜的最佳效果；"豹尾"者，色彩斑斓而又刚劲有力，承担着收拢全篇的任务；"猪肚"则形容充实的演讲内容。在此借用易书波《精彩演讲特训营》一书中关于演讲培训的"小鸟模式"，来谈演讲的结构安排。演讲结构其实就像如图 9-2 所示这只小鸟的全身一样，我们用"凤头、猪肚、豹尾与强力双翼"来描述这只演讲小鸟的全身。简短而精彩的开头就是所谓的"凤头"，是一个演讲能够吸引听众的最基本要素，素材丰富、思路清晰与主题突出的演讲主体就是所谓的"猪肚"，简短而又耐人寻味的结尾就是所谓的"豹尾"。在以上三个演讲的基本要素后，一个成功的演讲还需要配上优美的文学色彩和幽默智慧两个特征，这两个特征就是我们所谓的小鸟的"强力双翼"，这只演讲小鸟要想飞得更高更远，如果缺乏强有力的翅膀是不可能实现的。

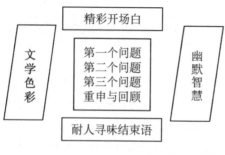

图 9-2　演讲结构的小鸟模式

9.3.1 精彩的开场

演讲稿的结构应该包括开场白、主体和结尾。开场白占10%的时间，演讲主体占80%的时间，结尾占10%的时间，正像小鸟的身体结构一样：两头短小精悍，中间内容充实。

既然说演讲的开头就是所谓的"凤头"，那么简短而精彩，美丽而夺目，那么提高听众的兴趣，捕捉听众的注意力，就是开场白的追求和目的。演讲者一般会在开场部分简述演讲的目的和要点，让听众对接下来的演讲内容有大致的了解，并开始营造气氛，制造演讲的语境，引导听众的思维转向即将开始的演讲主题。演讲者在开场部分也可以稳定情绪，增强演讲的信心，为演讲进入精彩内容做好铺垫。

常用的开场策略包括以下几种。

（1）发问聚焦法。通过与主题相关的问题正面切入，告诉听众为什么需要他们关注这个演讲。

（2）故事聚焦法。引用与主题相关的有关趣话或轶事。

（3）活动聚焦法。采用游戏开场，让听众动起来，借助游戏热身，打破僵局。

（4）开门见山法。针对熟悉听众，可以采用直奔主题的方法。

（5）对比反差法。引用相反的观点，吸引注意力，如"保险不是人做的"。

> **案例链接：罗永浩《一个理想主义者的创业故事》开场互动的方式**
> 大家镇定一下情绪，我准备出来了。
> 基本上这个区域的都是我的朋友，然后在亲朋好友面前吹牛皮是我长久以来的梦想。因为，我这辈子出去吹牛都是对着外边人吹的，所以我很想有个机会能对朋友们吹吹牛。咱们进入主题，我们去年高校巡讲时使用的演讲主题叫"我的奋斗"，今年我们已经换了，叫作"一个理想主义者的创业故事"。

9.3.2 清晰的主体

开场白之后，将逐步进入演讲的主体部分，主题突出、思路清晰与素材丰富的演讲主体就是所谓的"猪肚"。

1. 突出主题

演讲的主题是演讲稿的灵魂和核心。一般来说，一篇演讲稿只能有一个主题，必须围绕这个主题展开阐述，否则就容易出现头绪不清、思想枝蔓的毛病。主题要求鲜明、正确、新颖、深刻。鲜明，是指主题要贯穿于全篇，能够给听众留下深刻的印象，引起强烈的反响；正确，是指其观点见解具有积极意义，能使听众受到教益，取得良好的社会效应；新颖，是指见解独特，给人以醒目之感，对听众具有诱惑力和吸引力，能吸引听众的兴趣和注意；深刻，是指提出的主张和见解能揭示事物的本质，能使听众受到启迪，从感性认识提高到理性认识。

2. 搭建架构

良好的架构能把演讲者想要传达的主题信息成功地传递给听众。搭建架构，首先要决定中心论点是什么，然后是确立中心论点所包含的分论点，最后是分论点下属的小论点，这些论点都应用简明的语言逐层列出。就像建房子一样，搭建好房屋的框架，有了良好的演讲架构，就能吸引听众的注意力，帮助听众理解，同时让自己所传递的信息能更深刻地印记在听众的脑海中。

3．丰富素材

有了架构，往里面添加素材和内容就容易多了。演讲者只能引导而不能强迫听众接受自己的观点，因此，必须依靠演讲本身丰富多彩的内容吸引听众。在论点的旁边，应用简明的语言逐一列出阐明主题的事实材料和事理材料，前面收集的对演讲有帮助的素材，如材料、事例、观点、数据、名言警句等，这时就可以恰当地填充进来。

4．构筑高潮

演讲中最精彩、最激动人心的段落，既是演讲者感情最激昂、气势最雄劲的时候，又是听众情绪最激动、精神最振奋的时刻，所以演讲需要高潮。在主体部分的行文上，要在理论上一步步说服听众，在内容上一步步吸引听众，在感情上一步步感染听众，层层深入，环环相扣，水到渠成地推向高潮。

9.3.3 耐人寻味的结尾

演讲的结尾，或是加深认识、揭示题旨；或是鼓舞斗志，促使行动；或是抒发感情、感染情绪；或是富有哲理，发人深思。总之，结尾要收拢全篇，首尾呼应。俗话说"编筐编篓，难在收口"，演讲的结尾应该是"豹尾"，有力、精彩、耐人寻味。

通常，演讲者在结尾时要切忌三类毛病：一是草草收兵，话没有讲完，观念没有表述清楚就急于结束；二是画蛇添足，无话找话，言之无物，甚至是越说错误越多；三是套话废话太多，空泛、滥情的口号太多，惹人反感。

在一场演讲中，精彩的结尾如余音绕梁，会使听众回味无穷。如何掌握技巧，留下一个耐人寻味的结尾呢？我们将在9.4.4小节中详细阐述。

9.3.4 文学色彩的体现

演讲要有较强的逻辑性，但演讲也是十分讲究美感的艺术，除了立意高远、角度新颖、逻辑严密等因素，它还要求语言朗朗上口，铿锵悦耳，富有文采。非常有必要对演讲的语言文字进行润饰，使它生动、活泼，具有感染力。但需要明白的是，演讲稿毕竟不是文学作品，文学色彩不能太浓，否则与有声表达会格格不入。

演讲者可以学习运用增强文学色彩的办法有以下几种。

1．灵活组句法

汉语中的句型和句式多种多样、丰富多彩，如果选择得好、运用得好，可以增添语言的文采。有经验的演讲者很注重利用句型句式的巧妙组合，从整齐中求变化，在常规中求个性。

下面是《同宗同源同胞情》中的一段演讲。它围绕主线"同样的"组织句子，自然而然地变化着句型，用事实表现两地之"同"，显得气势浩荡，文采飞扬。

案例链接：同宗同源同胞情

在座的各位可能还记得中学学过的课文，还清晰地记得《爱莲说》和《木兰辞》，记得《桃花源记》和《满江红》。许多人还能流畅地背诵"人生自古谁无死，留取丹心照汗青"的慷慨诗篇，也能吟诵"夕阳西下，断肠人在天涯"的优美句子。台湾地区学生学的也是这些诗篇，两岸语文教材中有百分之三四十的文章是完全相同的。也就是说，当大陆的孩子们在黄河源头、在泰山之巅高声朗诵那些诗文的时候，台湾地区的少年也在阿里山下、日月潭边吟诵同样的诗句。这是怎样动人的情景啊！同样的肤色、同样的眼睛、同样的语言，朗诵同样的诗文，体验同样的感情，不是同胞兄弟哪会如此亲近？不是同根亲人，哪会有相同的声音？

资料来源：https://zhuanlan.zhihu.com/p/443281894.

2. 妙用修辞法

一篇好的演讲应具备语言的美，恰当的修辞方法能有效地达到这个目的，而且修辞能使语言生动、鲜明，使抽象变具体，深奥变浅显，复杂变简单。比喻、排比、对偶、对比、反复、设问、反问等，都是演讲常用的修辞手法。

案例链接：

全国政协主席汪洋同志在任职广东省委书记时，曾经谈到广东省产业转移的问题，他说："我们鼓励企业异地转移，也以下岛对就地转型，希望通过多种方式推动产业转型升级。我们提出在'腾笼换鸟'的同时，鼓励'扩笼壮鸟''筑笼引鸟'，多种方式推动产业转型升级。"

这位领导运用比喻的修辞方法，把问题阐述得生动形象。

下面一个案例是梁思成教授在清华大学给美术班学生现场演讲时，用现场看到的学生写生的教具陶罐和瓷盘子做比喻，将瓷盘子的浅薄比作学生对知识的拥有量，将陶罐的大容量比作老师的学问，阐明学生和老师之间在学识与能力上的巨大差距，这些用比喻表达的语句极富文采，它生动形象地表达了演讲者对学生与老师的理解，言辞耐人寻味，带给听众美的享受。

案例链接：梁思成教授在清华大学给美术班学生现场演讲

看到学生写生的教具是一个陶罐和一个瓷盘子，他指着陶罐和瓷盘子对学生说："今天老师给你们挑了很好的教具，罐子和盘子放在一起，这里面就有很深的哲理。一个盘子，你滴上几滴水就看见一个很大的水面，你可以一眼就看见它有多少水。但是，一个小口的罐子，你却看不见它有多少水，即使装满了，你看见的水面也只是一点点。你把它碰翻了，它洒出来的水也只是一部分，还有很多留在里面，所以要知道盘子的水绝对不如罐子里的水多，你要想喝到这些水并不容易。你们考上了清华大学，自己觉得了不起，但那只是一个盘子，是你们看得最清楚的，一点一滴都看见了。但你们的老师则是一个罐子，首先你要认识到他的容量是很大的，要知道他们的学问都装在肚子里，你是看不见的。老师所具有的本事和美好的东西不是你在课堂上就能看到的。不要只重视名人专家，要学会尊重你的老师、你周围的人，而且要看到你周围人的本事，不要把自己的分量看得太重了。"

资料来源：https://jianshu.com/p/e62bf6896ale.

3. 活用情感法

演讲，需要冷静的分析，晓之以理；更需要诚挚热烈的情感，动之以情。而情感的表达，需要借助文采。只有情感炽热真诚的演讲者，将喜怒爱憎等情感适当流露与倾泻，才会推动听众情感的升温与迸发,才能达到演讲的预期目的,甚至可以收到意外的效果。

9.3.5 幽默智慧的体现

文学大师林语堂曾说:"幽默本是人生之一部分。"幽默感是一种高雅而可贵的情趣,是智慧和感情的结晶;幽默思维是一种愉快的思维,幽默机智的话能使人产生喜悦满足之感,令人久久难忘。如何才能使我们演讲的语言幽默风趣、机智灵活呢?

1. 捕捉生活的趣味

演讲者要具有幽默感,说话不按常规思路,"岔"到有趣的方面去。

> **案例链接:**
> 有个光头忘了戴帽子,有人故意嘲笑他,他却说:"你们不知道光头的好处——我是第一个知道下雨的人。"

2. 培养敏锐的思维

幽默的谈吐具有反应迅速的特点,这就要求演讲者思维敏捷,能言善辩,并在演讲中恰如其分地把握演讲的气氛和听众的心态。

3. 收集恰当的资料

一个人语言修养高,文化知识丰富,对古今中外、天南地北、历史典故、风土人情、逸事趣闻等都有所了解和掌握,再加上词汇丰富,语言表达方式灵活多样,说起话来自然得心应手,灵活生动,幽默智慧。

4. 掌握必要的技巧

当你叙述某件事情时,不要急于显示结果,要沉得住气,以独具特色的语气和带有戏剧性的情节显示幽默的力量,在最关键的一句话说出之前,应当给听众造成一种悬念。当你说笑话时,每一次停顿,每一种特殊的语调,每一个相应的表情、手势和身体姿势,都应当有利于幽默的发挥。有时一个姿势、一个心照不宣的微笑,都能表达意味深长的幽默。

9.4 演讲过程中的技巧

根据以上论述,分析了听众,准备好了演讲稿,就进入所有准备的最关键目标——使演讲过程精彩,那么实际演讲过程有哪些技巧?下面从演讲过程的情绪控制、开场、中场、收尾、解答问题、意外处理以及非语言处理等方面进行详细阐述。

9.4.1 情绪控制的技巧

每一个演讲者几乎都经历过紧张的情绪,尤其在临上场前的几分钟,尤为紧张,有的人甚至开始觉得登台演讲是一件非常恐怖的事情。西方学者斯德尼·史密斯曾深刻指出:"在缺乏勇气的情况下,许多伟大的才能都消失了。"演讲者首先要在认识上能够理解,每个演讲者都会紧张和焦虑,要正视这一情绪。其实适度的紧张反而有助于演讲者的精神达到一个相对集中的状态,可以帮助演讲者超水平发挥。当然,如果是过度的紧张,对演讲效果而言,当然是有影响的。那么要如何有效地克服紧张呢?

恐惧心理是可以克服和转移的,主要的技巧包括如下几点。

1. 放松状态,注意转移

有规律地深呼吸是缓和焦虑、紧张的有效途径;放松全身肌肉,把目光移向远处景物。

2. 适度走动,缓和焦虑

如提前进入会场,熟悉环境并尽力去适应环境,利用环境;和在场的听众说几句话,缓解焦虑的情绪。

3. 心理暗示,坚定信心

暗示自己没有退路了,必须放开胆子去讲吧!准备很充分了,一定会成功。

4. 目光接触,眼神交流

演讲者不要害怕与听众进行目光接触交流,要重视运用眼神与听众进行交流。

5. 充分准备,适当排练

事先排练,一方面会使你更熟悉演讲内容,并且在排练中,你可以进一步做必要的修改;另一方面,在排练时可以想象当时的场景,注意自己的举手投足是否得体,说话声音要响亮、清楚。

资料链接:美国著名主持人拉里·金——说出您的感觉

9.4.2 开场的技巧

演讲正式开始了,演讲者真正地站在了广大听众的面前。听众因为对演讲者缺乏足够的了解,在其内心会产生如下疑问:

(1)你是谁?

(2)你主要讲什么?

(3)我为什么听你讲?

(4)你的演讲对我有何好处?

这些问题会使听众产生一种自我防卫的心理,听众在思维上会关闭对演讲的主题和演讲者所传达的信息的通道,我们称这种心理为对抗心理。听众对抗心理的存在决定了演讲者在开场就必须高度警觉,必须十分注意解除听众的对抗心理,否则演讲的效果将大大降低。

那么演讲者要怎样处理,怎样开场,才能软化听众的对抗心理呢?如何在几分钟内有效地做到吸引听众,引出话题,建立信任,介绍要点呢?下面这七个技巧,不妨一试。

1. 语出惊人

如果你想迅速吸引你的听众,那么开场白一开始就要语出惊人。你可能会描绘一个异乎寻常的场面,透露一个触目惊心的数据,或者栩栩如生地描述一个耸人听闻的问题。听众不仅会蓦然凝神,而且会侧耳细听,更关注你的讲话内容,探寻你演讲的原因。

> **案例链接:希瑟·拉森的演讲《逆流而行》开场白**
>
> 每11分钟就有一个美国人死于这种病。这个数量是死于谋杀的人数的2倍。今年有4.6万人死于这种病,而在8年越南战争中死亡的人数也不过是这个数字。在近10年

里，美国人死于这种病的人数是死于艾滋病的13.3万人的3倍。这种病将使你我和其他美国人今年在医疗费用上花费掉超过60亿美元，并失去劳动能力，更不用说我们所遭受到的生命损失了。我所说的患乳腺癌这种疾病的浪潮可能会直接袭击我们在座的每个人。

资料来源：https://www.zhihu.com/question/29412523.

2. 提出问题

你可以一开始提出一个或几个与中心思想相关的问题，能够迅速使听众投入你的开场白。下面这则案例中，于老师的课堂开场不仅用问题开头，而且用诙谐的语言与学生沟通了感情和拉近了距离。

案例链接：全国著名特级教师于永正用歇后语进行扩展想象的作文课

今天看到大家感到很亲切，特别是我们这所学校，那真是哑巴开会——没说的；我们六年级（1）班的同学，一个个就像雨后的春笋——拔尖！为什么我们这所学校这么有名气？因为老师好，校长治校有方。提起我们的校长和老师，真是狗撵鸭子——呱呱叫！铁锤敲锣——响当当！刚才我把你们的老师夸了一通，我夸他们的时候，大量使用了什么？（学生：歇后语）

资料来源：黄兀美. 特级教师于永正"歇后语想象作文"[J]. 小学教学参考：语文版，2004（7）：4-7.

3. 利用幽默

幽默如果运用得恰当，在吸引听众注意力上就能取得很好的效果。它有助于缓和现场气氛，使他们愿意继续听你演讲。

案例链接：李敖在北大演讲的幽默

"各位终于看到我了，主任、校长、总裁、各位贵宾、各位老师、各位小朋友！来演讲紧不紧张？紧张。站在大庭广众面前，很多人可以指挥千军万马的军队，可是你让他讲几句话，他就怕了，不敢讲话。什么原因？胆小。美国打赢南北战争的将军格兰特，指挥千军万马打赢了仗，林肯总统请他上台给他勋章，让他讲几句话，他讲不出口，为什么？怕这玩意儿，一演讲就紧张。前天晚上我编了一个故事。北京大学一个女孩子进了一个小房间，突然看到一个男的在小房间里嘴巴念念有词，来回走动。这个女孩子就问他：你在干吗？他说：我在背演讲稿。她问：你在哪儿演讲？他说：我要在北京大学演讲。女孩子说：你紧张吗？他说：我不紧张。女孩子说：如果你不紧张，你到女厕所来干什么？"

话一说完立刻引起全场的爆笑和热烈掌声，李敖又加了一句："这个人就是连战！"顿时又是一阵爆笑和掌声。他一开场就用一个笑话奚落不久前刚在北大演讲的国民党主席连战。

资料来源：https://zhuanlan.zhihu.com/p/450560942.

4. 设置悬念

设置悬念是一种最有效的方式。因为一个巧妙的悬念可以激发和强化听众的关注兴趣和期待心理，从而产生引人入胜的表达效果。

案例链接：郑鸿魁《擦亮你的名字——军校大学生》

"演讲之前，我先给大家放一段录音。（放磁带）听出来是什么声音了吗？是脚步声，但它不是普通的脚步声，它是一位英雄13年前留下的足音。"

演讲者开讲之前先放一段录音，一下子就吸引了听众。尽管他紧接着通过设问，告诉听众"是脚步声"，但为什么"不是普通的脚步声"？这位英雄13年前为什么要留下足音？这一个个疑问就成了悬念，激发了听众的关注心和探究欲。

资料来源：https://www.dififamwen.com/yanjianggao/daxueshengyanjianggao/2008121403214999.htm.

5. 讲述故事

只要与你演讲的主题相关，不妨讲述故事。动人的故事，人人都会喜欢。无论哪种类型的演讲，只要以故事开篇，都会给人留下深刻的印象。

6. 建立信任

听众之所以倾听你的演讲与你的可信度密切相关。下面这篇温总理的讲演用真诚的话语阐释了到底如何赢得听众的信任。

案例链接：温家宝在剑桥大学演讲《用发展的眼光看中国》的开场白

今天外边下着大雪，天气严寒，但我的心是热的。我早已盼望在剑桥同老师、同学们见面，互相交流。现在正是金融危机的严重时节，但是我看到年轻人，仿佛看到了春天，看到了光明和未来。因为我坚信，知识的力量、年轻人的勇气可以改变人的命运、国家的命运、整个世界的命运。一篇好的演讲应该是不加修饰的。用心说话，讲真话，这就是演讲的实质。我希望我的演讲能够给老师、同学们思想以启迪。你们能够记住其中一两句话，那我也就满足了。

资料来源：http://www.gov.cn/ldnd/2009-02/03/content_1220032.htm.

7. 借景抒情

根据环境特点，融入个人心情，抒发与主题相关的情感。

案例链接：美国前国务卿埃弗雷特在葛底斯堡国家烈士公墓揭幕式上的演讲

站在明净的长天之下，从这片经过人们终年耕耘而现在还安静憩息的广阔田野放眼望去，那雄伟的阿勒格尼山脉隐约地耸立在我们前方，弟兄们的坟墓就在我们脚下，我真不敢用我这微不足道的声音来打破上帝和大自然所安排下的这意味无穷的寂静……

资料来源：https://view.inews.qq.com/a/20220224A3Q5K00.

9.4.3 现场控制的技巧（中场控制）

演讲中，听众的注意力是有一定限度的，超过了一定的限度，听众就会走神。演讲者应考虑到这种情况，适当地运用一些技巧，调节演讲的变化层次，穿插一些新鲜的内容，使听众乐于继续倾听。以下是几种强化中场控制的策略。

1. 依照主题设计有效观念

有效观念是对主题的延伸和阐述，有助于演讲者从不同的角度扩展主题的内容，加强与听众的交流。

2. 用故事讲述

以形象和有趣味的故事内容支持主题，可以丰富主题的内容，更加有效地传递主题的思想内涵。故事可以从名人、自己和身旁的经历去发掘，筛选出与主题相匹配的故事，通过比喻等方式，带出故事的启发意义。讲故事必须把握三个原则：高度新鲜、亲身经历、投入情境。新鲜才有吸引力，如果像祥林嫂那样重复"阿毛"的故事，再怎么悲惨，重复多次之后，也没有了感染人的力量。亲身经历更能投入情境，如果是间接的故事，也需要熟悉其中的细节才能表达出故事的韵味。故事感动人的程度取决于故事的亲切程度，演讲者讲述自己的故事或听众身边发生的故事，更容易打动听众。

> **案例链接**：诺贝尔文学奖得主莫言在瑞典学院的演讲——《讲故事的人》
>
> 请允许我讲最后一个故事，这是许多年前我爷爷讲给我的：有八个外出打工的泥瓦匠，为避一场暴风雨，躲进了一座破庙。外边的雷声一阵紧似一阵，一个个的火球在庙门外滚来滚去，空中似乎还有吱吱的龙叫声。众人都胆战心惊，面如土色，有一个人说："我们八个人中，必定有一个人干过伤天害理的坏事，谁干过坏事，就自己走出庙接受惩罚吧，免得让好人受到牵连。"自然没有人愿意出去。又有人提议道："既然大家都不想出去，那我们就将自己的草帽往外抛吧，谁的草帽被刮出庙门，就说明谁干了坏事，那就请他出去接受惩罚。"于是大家就将自己的草帽向庙门外抛，七个人的草帽被刮回了庙里，只有一个人的草帽被卷了出去，大家就催这个人出去受罚。他自然不愿出去，众人便将他抬起来扔出了庙门。故事的结局我估计大家都猜到了，那个人刚被扔出庙门，那座破庙便轰然坍塌。
>
> 资料来源：http://wenku.baidu.com/view/c424a1b869dc5022aaea00e3.html。

3．注意观念教育与技巧训练

演讲者应根据不同的听众在观念和技能训练之间进行权衡，如果是学生群体，演讲带有教育性质，演讲者应更倾向于改变听众的思维模式；如果是培训性质的演讲，演讲者应更注重听众技能的训练和行为模式的改变。

4．善用分享的艺术

演讲过程中，可适当采用分组的方法，引导听众参与活动，并鼓励听众积极分享经验和体会，这需要演讲者有调度现场气氛、鼓动听众积极参与的能力。

9.4.4 收尾的技巧

前面已经阐述过，整个演讲犹如画龙，而收尾部分就是点睛之笔，能给人以强烈的印象。因此演讲稿的结尾应该是耐人寻味的。

戴尔·卡耐基说过："最后，也是最重要的。"下面介绍实践中几种常见的演讲收尾技巧。

1．幽默式结尾

利用幽默风趣的语言作为结束，在笑声中结束演讲，给听众留下一个愉快、轻松的印象，也使演讲更富有趣味。

2．道具式结尾

在演讲的结尾，妙用某一"道具"结束话题。

> **案例链接**：
> 鲁迅先生在结束在上海中华艺术大学的演讲时说："今天我带来一幅中国五千年文

化的结晶,请大家欣赏欣赏。"说着,他一手伸进长袍,把一卷纸慢慢从衣襟上方伸出,打开一看,原来是一幅病态丑陋的月份牌。顿时全场大笑。

鲁迅先生借助恰到好处的道具表演,与结束语形成鲜明的对比,极具幽默。这不仅使演讲在欢快的气氛中结束,而且使听众在笑声中进一步品味先生演讲的深意。

3. 高潮式结尾

激发高潮就是逐步向上发展,在结尾时达到高峰,句子的力量也愈来愈强烈。这是很普遍的结束方法,不过较难控制,但如果处理得当,这种方法是相当好的。

案例链接:

中央电视台记者陈伟鸿在四川地震救援报道小结的演讲结尾时说:"一份帮助,乘以13亿就能帮灾区渡过难关!一份关爱,乘以13亿就会变成爱的海洋!一份信心,乘以13亿就是中国人的脊梁!而在灾区奋战的记者,就是要用手中的笔、手中的话筒、手中的镜头去做好这个乘法!大灾难中,我们用最快的速度,让全世界都看到了一个古老而又新生的民族,万众一心,共赴国难!大灾难中,我们用最人性的方式,让全世界都看到了一个国家的坚韧与伟大!这就是最伟大的中国,我的祖国!"

资料来源:殷泓.伟大的民族精神在这里闪烁光芒[N].光明日报,2008-06-12.

这是一次面向全国观众的电视直播,她的演讲结尾斗志昂扬、震撼人心。

4. 箴言式结尾

箴言式结尾,是通过引用名言、警句、谚语、格言、诗句、哲理等结尾,这样不仅使语言表达得精练、生动,富有节奏和韵律,还可以使演讲的内容丰富充实,具有启发性和感染力,同时还可以给人一种生动活泼、别开生面之感。

案例链接:演讲稿《谈毅力》的结尾

毅力是攀登智慧高峰的手杖,毅力是漂越苦海的舟楫,毅力是理想的春雨催出的鲜花。朋友,或许你正在向成功努力,那么,运用你的毅力吧。这个法宝可以推动你不断地前进,可以扶持你渡过难关。记住,顽强的毅力可以征服世界上任何一座高峰!

采用箴言式结尾能给演讲者的思想提供有力的证明,增加演讲的可信度,使其显得更加优美、含蓄、睿智大气,具有较强的说服力和鼓舞作用。

5. 告诫式结尾

告诫式结尾便于引起人们对某类问题的关注和思考。

案例链接:中国国民党主席连战先生在北京大学的演讲结尾

各位亲爱的年轻朋友,江山代有才人出,长江后浪推前浪。各位都知道,年轻就是希望,年轻就是机会。在这个时候,大家回想一下,前辈先贤曾经负起他们应该负起的扭转时代历史的责任,现在又轮到大家。

大家都是将来国家、社会乃至民族的领航员。所以在这样的时刻,我又想到以前美国里根总统说的话。他说,假如我们不做,谁来做?假如现在不做,什么时候做?我就是因为这样,所以来到这里。让我们大家共同坚持,互惠双赢,坚持和平。这是我们自我的期许,也是对历史的责任。唯有我们能够达到这样的目标,为民族立生命,为万世开太平,这将是中华民族为举世所称赞的最伟大的成就,也是我们面对世世代代炎黄子孙共同的光荣。

　　资料来源：https://news.sina.com.cn/c/2005-04-29/10435784179s.shtml.

6．点题式结尾

　　一般的演讲者会不知不觉地使谈话范围涵盖得很广泛，以至于结束时，听众对于他的主要论点究竟在何处仍感到有点困惑。而演讲者往往有种错误的想法，认为自己所讲的观点在听众的脑海中很清楚。这种点题式结尾，就便于突出演讲的中心论点。

> **案例链接：莫言在瑞典学院的演讲结尾**
> 　　"我是一个讲故事的人。因为讲故事，我获得了诺贝尔文学奖。我获奖后发生了很多精彩的故事，这些故事，让我坚信真理和正义是存在的。在今后的岁月里，我将继续讲我的故事。"结尾直接回归演讲的主题"讲故事的人"，将他的文学主张重重地烙在了人们的心里。
> 　　资料来源：http://wenku.baidu.com/view/c424a1b869dc5022aaea00e3.html.

7．号召式结尾

　　在结尾时直接向听众提出希望，发出号召，要求听众按自己所说的采取行动。不过，请务必遵从以下原则：一是要求他们做明确的事；二是要求听众做能力之内的反应；三是尽量使听众易于根据请求采取行动。

> **案例链接：**
> 　　在某企业竞聘副经理演讲时，一位演讲者在演讲结束时直截了当地对听众说："同志们，朋友们，请大家助我一'笔'之力投我一票吧，因为选我就等于选了你自己！"

　　他的这一号召很管用，言语不多，却亲切感人，如同一根魔棒触动了听众的心灵，使大家的心和他紧紧拴在了一起，因此取得了很好的效果。

8．抒情式结尾

　　满怀激情，以优美的语言直抒胸臆。这种结尾感情丰富，意境深远，具有强烈的感染力。

> **案例链接：**
> 　　北京某大学教师做竞聘基础部副主任的演讲时，室外正好下雪，他联想到基础部的前景，顿生灵感，随即借景结尾："'风雨送春归，飞雪迎春到。'今天北京天降瑞雪，我相信，不管我是否能竞聘成功，基础部的春天已经不远啦！"这位竞聘者巧妙地以景为媒介，借景发挥，转换语境，把大自然的景象通过联想引入竞聘者身处的工作事业环境中，用自然环境的变化预示事业欣欣向荣的灿烂前景，既紧扣主题，又显露出灵活的反应、饱满的激情和高超的驾驭语言的能力，令评委刮目相看，也赢得了听众的一致赞赏。

9.4.5　解答问题的技巧

　　演讲不可避免会与听众进行互动交流——或者在演讲结束后提问，或者在演讲过程中就提问。如何应对听众的提问呢？在接受提问时，就要做好事前准备，一方面表示出对听众的理解；另一方面要按照自己的目标和计划，选择回答问题的策略。在解答问题时，注意尽量让期望提问的听众参与进来。

演讲者最担心的问题是被听众的问题一下子问住了，不知道回答时应该说些什么才最得体。一般来说，如果对答案一无所知，可以很坦诚地告诉对方，自己在这方面没有思考，暂时无法给出具体的答案；如果问题比较复杂，需要时间思考，可以先简要地复述一遍问题，然后大致分析问题涉及哪些方面，需要进一步探讨的，建议演讲结束后再深入探讨；如果面对含义不明确的问题，演讲者一下子难以回答，可以请对方复述问题，通过提问明确对方的提问意图，再做回答；而如果遇到不友善的问题，可采用回避的策略，或者幽默地轻轻带过，转移话题，不与对方产生正面的冲突是比较可行的方法。

> **案例链接：替富人说话，为穷人办事**
> 2007年12月18日，在此牌中国中庸人物颁奖典礼上，《科技日报》总编辑陈泉涌提问著名经济学家茅于轼。
> 陈泉涌：茅老师，晚辈都很尊敬您，我想请问您，为什么您坚持"替富人说话，为穷人办事"？
> 茅于轼：我想为富人说话的目的是让中国的大多数人都懂得富人的财富不是靠剥削，不是靠介绍赚取得到的，而是创造的创造，我们知道刚刚成立富后就几万几亿则富的转移，没有任何财富创造，我们国家每年的财富创造以百分之十几的速度增长，这是由于我们的企业家，我们的工人、农民付出了劳动，创造出了财富。他们是一批值得我们尊敬的人。同时，我们国家有许多处于困难状况的穷人，我们不光要为他们讲话，更重要的是要为他们办事。每个人的力量都很有限，但是你能做多少，就做多少，这样就使我们的社会成为一个更和谐的社会。大家尊重富人，帮助穷人，这是我的宗旨。
> 资料来源：http://finance.sina.com.cn/hy/20071218/22314307538.shtml.

9.4.6 处理意外的技巧

演讲中，经常会出现一些意想不到的情形，这时不要慌张，更不能气馁，只要镇定自若、沉着应对，就一定会化险为夷，马到成功。

1. 说错的应变技巧

说错话时，该采取什么样的应变方法呢？一般而言，如果演讲者说错的话（字）对演讲的内容或主旨影响不大甚至无关紧要，演讲者完全可以不予理睬；如果演讲者说错的话（字）严重影响了演讲内容或主旨，甚至已经使表达的意义大相径庭，演讲者就应采用巧妙的方法认真对待，按照正确的说法把刚才说错的话再讲一遍，不过要加重语气、减缓语速，针对刚才的错话紧跟着再增添一句设问句，以自问自答的形式自圆其说。

> **案例链接：**
> 有一位演讲者在讲"我最尊敬的一个人"时本来想讲他的父亲身残志坚，可是由于过度紧张却说成了"身残志不坚"，话一出口演讲者立刻意识到说错了，于是他补充道："同学们，我的父亲真的是身残志不坚吗？不，他像众多的残疾朋友一样闯出了一条属于他自己的身残志坚的成功之路。"演讲者在错话之后稍加停顿，然后再增添一个设问句，自问自答，从而使语义巧妙地恢复了正常。

2. 忘词的应变技巧

如果演讲者出现"卡壳"的情况，除了稳定住自己的情绪外，最重要的是采用一些巧妙的方法使演讲继续下去，绝不要停下来做回忆状。第一个方法是，创造思索回忆的机会，从而想起遗忘的内容，即把刚才说过的话用加重语气放慢语速的方式再重复一遍，或者把刚才说过的话用疑问句的形式再说一遍，巧借重复和停顿，回想要讲的内容。第二个方法是，演讲者从哪里记起就从哪里接着讲，因为通常情况下，演讲者忘词并不是将后面的全部内容都忘记了，而是忘记了其中的某一句或某几句或某一段话。倘若到后来又想起来了跳过的内容，演讲者应根据这些内容的性质采取不同的措施：假如这些内容对于演讲的整体影响不大就不必再管它；假如这些内容对于演讲的整体影响很大，是非讲不可的，就应在结尾之前巧妙地追加一笔将之补充完善，可以用这样的语言方式来追加："在此，我再次强调一点……"或者"最后尤其应该注意……"。

3. 意外的应变技巧

如果主持人拼错了你或你公司的名字，或者搞错了称呼，你可以用文雅、幽默，带着明显的友善，不让主持人觉得冒犯的方式，直接告诉听众正确的信息；遇到麦克风坏了，你可以走下讲台，靠近观众，用更加个性化的谈话方式进行演说；在闷热、拥挤的房间里，遇到空调坏了，你不妨脱掉外套，并号召听众也可以这样做，打开房间里的所有窗户；会场喧闹，你可以放慢速度或稍微停一下等静下来再说；如果会场出现对立情绪，你既要镇定自如，绝不示弱，又要机敏应对，避免直接对抗；如果反应强烈，听众不时鼓掌，你不妨在掌声中暂停演讲，并以轻微的手势、鞠躬、点头、微笑等表示对听众的感谢，在听众掌声结束后接着讲。

总之，对于演讲中出现的意外情况，要能泰然处之，采取适当的补救方法，灵活自如地处理，有效地驾驭会场，使听众情绪、注意力高度集中，以保证演讲顺利进行。

> **案例链接：关灯以吸引注意力**
>
> 希望工程的发起者之一解海龙，有一次到北京市二十一世纪国际学校去演讲。这是一所"贵族学校"，学生大都养尊处优。还没等他开讲，台下孩子们便叽叽喳喳地响成一片，像个麻雀窝。解海龙见情形不妙，大声喊了几句，仍然不见孩子们安静下来。于是，他招呼一个老师将灯全部关掉。关灯后礼堂便突然漆黑一片，随之安静下来。这时候，解海龙"啪"地一声打开了幻灯机，银幕上顿时出现了那张有名的"大眼睛"照片。
>
> 资料来源：https://edu.iask.sina.com.cn/jy/32K4FQ60WX8.html。

9.4.7 非语言技巧

演讲者面对听众，以有声语言为主要表达形式，以态势语言为辅助形式，系统、鲜明地阐明自己的观点和主张。本书第8章专门论述了沟通过程中的非语言沟通的方法，下面针对演讲这种特殊的沟通方式，介绍演讲技巧中的肢体语言技巧和副语言技巧。

1. 肢体语言技巧

肢体语言包括站姿、表情、眼神、手势和身体移动，主要运用的技巧具体介绍如下。
（1）站姿。
① 永远记住要面对听众，避免出现死亡角度。
② 身体位置适当地变动，不要总是站着不动。
③ 放松、挺直地站立，但不要挡住听众的视线。

④ 脚尖朝向听众，两脚间距同肩宽。

(2) 表情。

① 与说话的内容相吻合，能传情达意。

② 真心微笑，避免面部僵化，表情呆滞。

(3) 眼神。演讲中最重要的肢体语言是眼神，演讲者一定要重视眼神的运用。

① 看着听众说话。演讲者上台后，眼睛不能总是低头看稿，也不能死盯着一个地方，应适当地环视全场，与现场多个听众进行短时间眼神交流。对于坐在后排的听众，更应给以更多的目光关注。

② 与听众的目光进行实质性接触。演讲者将眼神凝视某一处、某一人或某一方向，能引导听众注意某一点或某一个问题，但若凝视时间过久或过多，会对听众形成压力，因而可以交替使用凝视和虚视。

③ 多种眼神并用。结合演讲内容，准确合理地运用各种眼神传情达意。

(4) 手势。手势的巧妙应用能起到引导听众情绪，增强感染力的效果。在手势应用中要注意以下几点。

① 多用手掌，少用手指。运用手势时，勿挡住视线。

② 充分伸展，勿动作过小，显得小家子气。

③ 双手自然下垂在身体两侧，或交贴式放在身体前边，或选择其他自己认为舒服和恰当的姿势。

④ 避免双手交叉在前面，或双手插在后面，或双手交互握胳膊，或紧抓讲台。

⑤ 避免挠耳朵、绕衣角、抓裤缝、捂嘴巴、摸头发等紧张动作。

(5) 身体移动。身体移动会带来关注，恰当的走位能吸引听众的注意力，因此要注意以下几点。

① 在开放的空间适当移动，配合眼神进行。

② 前后：向前意味着强化听众的感受力；向后表示松弛缓和。

③ 左右：调适、均衡或转换话题、对象等。

④ 上下：站起来表示"正式"或"操之在我"；坐下来表示"较非正式"或"研讨"。

2. 副语言技巧

演讲的成败很大程度上取决于口语表达能力，形神兼备的语言表达容易让听众想象和接受。如何让自己的演讲具有语音造型并形神兼备？下面从副语言沟通的语速、语调、停顿与重音等方面进行论述。

(1) 语速。语速是讲话的速度，演讲的一般语速是每分钟200个左右的音节（字），在不同情形下使用不同的语速能起到不同的效果。

加速：

① 讲述的内容几乎是众所周知的事情；

② 叙述某种无法控制的感情，如激动或愤怒的情绪时；

③ 叙事进入精彩高潮时。

减速：

① 讲述非常严肃、庄重、正式的事情；

② 重要的数字或统计、人名或地名等的叙述；

③ 演讲者欲特别强调时；

④ 须唤起听众特别注意时；

⑤ 引起疑问，须引导听众思考的时候。

整篇演讲的语速应该根据内容的变化而进行调整，否则就会显得呆板而无生气。

（2）语调。语调是语句的高低升降的变化，不同的语调可以表达不同的语气和语意。演讲时，语调要随着内容、环境的变化而不断调整，语调的抑扬顿挫能使语言的感染力大大提升。语调大致可以分成四种基本类型。

① 平调：没有明显的升降变化，多用于陈述、说明性语句，表示平淡、冷静、严肃、闲适等语气。

② 升调：由平升高，句尾明显上扬，多用于疑问句、反诘句和某些感叹句，表示喜悦、惊奇、号召、反问等语气。

③ 降调：由平降低，句尾明显下抑，多用于祈使句、感叹句和某些陈述句，表示申诉、请求、劝阻、感叹、沉重、悲痛等语气。

④ 曲折调：先升后降，或先降后升，多用于语意双关、言外之意、幽默含蓄、意外惊奇、有意夸张等，表示惊讶、怀疑、嘲讽、轻蔑等语气。

（3）停顿。停顿，既是演讲者的生理需要，又是演讲者的表达需求。停顿可以分为以下四种。

① 语法停顿：和语言结构有关的停顿，书面上的标点符号大体上表示语法停顿的时间。

② 逻辑停顿：出于语意表达需要所做的停顿。

③ 感情停顿：为了表达演讲者某种特别的心理或情绪所做的停顿，以突出这种情感。

④ 回味停顿：在接近句尾或段末处特意所做的回味性停顿，目的是留给听众一个思考、体味、揣摩的余地。

（4）重音。在演讲中，重音是为了突出强调某个字或某个词或某个词组，有意加强这些字、词、词组的音量和力度，以便更真切地传达思想，抒发情感，加深听众的听觉印象。重音可以有以下处理方式。

① 重音重读：加重音量，唇舌用力，把需要突出的字词说得重一些、响亮一些。

② 重音轻读：减低音量，把需要突出的字词说得轻一些，例如，"他轻手轻脚地走进房间，怕吵醒了熟睡的孩子"，"轻手轻脚"就要重音轻读表示动作的轻微。

③ 拖长音节：即将话语的音节加长，例如，"啊——我就是这样——"表示一种无所谓的态度。

④ 一字一顿：即每一个字都停顿一下，例如，"你——能——拿——我——怎——么——样？"这句话明显表达出一种挑衅。

9.5 演讲能力持续提升的路径

演讲并不是一种天赋的才能，它是靠刻苦训练得来的。正如美国久负盛名的演讲家戴尔·卡耐基说的那样："演讲绝不是上帝给予少数人的特别才能。"

著名演讲艺术研究者刘伯奎先生提出了口才与演讲的成功之道——虹吸原理。高处的杯为演讲方，低处的杯为听众方。倒 U 管为表述通道，杯内液体为演讲内容。当听众方的杯子液面提高到与演讲者杯子液面同样的高度时，这表明听众已经全部拥有演讲者的知识，故不会产生流动的现象。只有当演讲者的学问、见识、见解、信息量等高于听众方时，这时不需要外部施加任何压力，高杯里的水自然而然流向低杯，而且两者的差异越大，听众吸取的东西就越多，如图 9-3 所示。

如何使别人爱听自己的演讲？自己主张的思想观点，别人更乐于接受？从刘伯奎的虹吸原理中可以得到启示：提高演讲者的自身修养，乃当务之急。那么，演讲者应具备哪些修养呢？

1. 品质修养

古人说："其身正，不令而行；其身不正，虽令不从。"只有崇高的信仰、高尚的道德，才能使人具有正确的价值观，也才能最终形成人格魅力。

2. 学识修养

图 9-3 演讲的虹吸原理

演讲者要保持良好的阅读习惯，持续增强知识积累，培养敏锐的观察力，提高演讲实务技巧，这样才能旁征博引、妙语惊人，才能把生动、具体、精彩的事例自如地组织到演讲中，才能远见卓识、高瞻远瞩，识前人所未识，讲前人所未讲。人们提倡的"要给别人一杯水，自己先得有一桶水"，也就是这个道理。尤其在科技高速发展的时代，新知识、新学科不断涌现，更需要演讲者努力学习，迅速掌握各种新思想、新科学和新方法，使演讲充实、新鲜、生动，更好地服务于听众。

3. 情商修养

真挚、动人、亲切、丰富的情感，也是演讲者必备的修养。冷冰冰的形象，枯涩无味的讲述，是没有听众愿意看和听的。感情的丰富、细腻、深厚与广博，是建立在人的品质和信仰的基础上的。

4. 终身学习

我们在这里介绍演讲者修养的积累修炼，都离不开树立终身学习的人生态度。这种终身学习的态度与儒家所倡导的三纲八目要求相契合。

> **资料链接：儒学三纲八目**
>
> 三纲，是指"在明明德，在亲民，在止于至善"。它既是《大学》的纲领旨趣，也是儒学"垂世立教"的目标所在。所谓八目，《大学》说："物格而后知致，知致而后意诚，意诚而后心正，心正而后身修，身修而后家齐，家齐而后国治，国治而后天下平。"也就是我们惯常讲述的人生最终的追求——"格物、致知、诚意、正心、修身、齐家、治国、平天下"，在八条目中，"修身"是根本。前四者是"修身"的基础和方法，后三者是"修身"的目的。
>
> 资料来源：王国轩. 中华经典藏书：大学·中庸[M]. 北京：中华书局，2006.

从一个人内在的德智修养，到外发的事业完成，构成一贯的不断开展的过程。以修身为本，格物、致知、诚意、正心、修身即其内在的德智修养，就是《大学》三纲领中"明德"的功夫。齐家、立业、治国、平天下为管理者外发的事业完成，便是第二纲领"亲民"的发扬。而物格、知致、意诚、心正、身修、家齐、国治、天下平，表示每一阶段调整得恰到好处的状态，是我们人生最终追求的第三纲领"止于至善"的境界。

一个成功的演讲者，不是一朝一夕就能成就的，须多听多看、多问多悟、多思多想、多学多练，只有终身学习，才能终身受益。

本章小结

本章典型案例：刘震云《中华民族最缺的就是笨人》（节选）

感谢张旭东教授，感谢姚洋院长，使我有机会又回到母校北大，回到百年讲堂。

母校的情结

我记得我上学的时候，这里好像是大饭堂。当时每一个北大的同学手里都会提一个饭袋，是用羊肚子手巾缝成的。我记得我提了四年饭袋，但我不记得我洗过这个饭袋。当时大饭堂的饭菜有四个阶级：第一个阶级是五分钱的：炒土豆丝、炒圆白菜、炒萝卜丝；第二等是一毛钱的：鸡蛋西红柿、锅塌豆腐；一毛五的开始有肉了：鱼香肉丝、宫保鸡丁；两毛钱的有回锅肉、红烧肉而四喜丸子。我是一个农村孩子，一毛五以上的菜我在北大四年从来没有接触过；鸡犬之声相闻，老死不相往来。我最爱吃的菜是锅塌豆腐，不是肉菜，但因为豆腐被炸过，油水比较大，拌上米饭，人生不过如此，夫复何求？大食堂最大的惊喜不是你排队买到了锅塌豆腐，而是当你排到的时候，你是最后一个买到的。到最后了，盆里面的汤汤水水，大厨一下子倒到你碗里。最悲催的是你前面一个同学买到，到你这儿没了。他买到锅塌豆腐之后，会看你一眼，心里特别有其乐祸。从同学的角度，庆幸之余有些幸灾乐祸。最大的奇迹在我身上发生过，等我排到的时候，前面还有一个同学，锅塌豆腐就剩了一份，但这个同学思索了一下，剩了最后一份的锅塌豆腐一定特别凉，他改主意了，想吃鱼香肉丝，锅塌豆腐就到了我的饭盆里。我吃着幸福的锅塌豆腐，找到吃鱼香肉丝的同学问："你是哪个系的啊？"他说他是经济系的。经济系不就是我们国发院的前身嘛！滴水之恩当涌泉相报。

我的意思是，你和母校的关系不在于你在母校的时候，而是当你离开母校、再想起锅塌豆腐的时候；当你十年之后再路过北大的时候，来到百年讲堂的时候。我在母校参加这种场合的活动有三次：第一次是2013年新生入学时，在未名湖畔的大操场，有1万多名新生；第二次是中文系百年校庆的时候；第三次是今天，国发院983名学生毕业的时候。入学和毕业还是不一样的，因为入学是相聚的时候，毕业是分别的时候。自古人生伤离别。但我还是祝贺983名同学毕业，因为从今天开始，在世界的各个角落，又多了983名我的同学。我这些年最深切的体会——同学是通往世界的一张特别有效的通行证。不管到世界的哪个国家、哪个角落，他告诉我："师兄，我也是北大的。"同学能够使陌生到熟悉的时间极大地缩短。你们马上可以谈论一下北大、北大相同的老师和北大的锅塌豆腐。2015年，法国里昂有一个作家的圆桌会议，我遇到一个北大同学，他在里昂大学当教授。法国有名的雕塑家巴托尔迪曾雕塑过自由女神，他雕塑的里昂喷泉是几匹马往不同的方向拉一个车。我看到雕塑就想起了商鞅。这个同学对我说："师兄，你在生活中不能上当啊。"我问："不能上什么当？"他说："比如有人请你到外头吃饭，一定不是同学，应该到家里。如果到家里请你吃牛排也一定不是同学，应该包饺子。"接着我就到他家包饺子。里昂和巴黎最大的区别是，巴黎只有一条河——塞纳河；里昂有两条河。每次看到这些大河波涛汹涌向东流去的时候，我就想，这些河要是在我们村南边该有多好。我去他家吃饺子，同学的家在里昂郊区，河旁边。他先带我去地上看看，他说："房子、车、法国女朋友，都是八成新，怎么样？"我说："好。"接着带我到地下看了看，有个酒窖。镇窖之宝是1985年的三瓶拉菲。同学说："1985年到2015年三十年，人生有几个三十年？今天咱们把这三瓶拉菲喝了！"我说："且慢，今天如果喝了，你明天后悔怎么办？"他说："有好酒不让同学喝让谁喝呢，如果不让同学喝，有好酒又有什么用呢？"他上升到哲学层次。我也热血沸腾，说："喝！就着饺子。"……我还没怎么样，他喝多了，开始跟我讲现代金融学理论，讲外汇市场、股票市场、现代金融学理论在企业的运用……我一句没听懂，拉菲真不错。我的意思是，当你们在学校是同学时，你并不知道什么是同学，当你离开学校再重逢时，你才知道什么是同学。什么是同学？就是他说的话你一句都听不懂，你还跟他聊了一晚上。

知识分子存在的必要性

刚才姚洋院长和张维迎教授做了特别好的发言，谈到了我们的母校是什么。北大是什么？一代一代的北大人认为，这是新文化运动的中心，是五四运动的策源地，是德先生和赛先生的产生地。不但北大人这么认为，全世界的人也这么认为。这里产生了严复、蔡元培、李大钊、陈独秀、胡适和鲁迅。蔡先生办学方针是"思想自由，兼容并包"。这些人虽然所处的时代不同，高矮胖瘦不同，但有一点是相同的，他们是民族的先驱者。什么是先驱者？当几万万同胞生活在当下时，他们在思考民族的未来。为了自己的理想和不切实际的理想献出自己宝贵的生命。黑暗中没有火炬，我只有燃烧了我自己。我以我血荐轩辕。哪怕他们知道几万万同胞会蘸着他的血来吃馒头。这就牵涉到知识分子存在的必要性。

为什么人类需要知识分子？他除了要考虑这个民族的过去、当下，最重要的是未来。每一个知识分子的眼睛都应该像一盏探照灯，更多的知识分子像更多的探照灯聚焦一样，照亮我们民族的未来。如果这些探照灯全部熄灭了，这个民族的前方就是黑暗的。用孙中山先生的话说，这个民族会跌入万劫不复的深渊。

我们的校徽是鲁迅先生设计的。鲁迅先生的作品读来读去，我读出了三个人。一个是我们的父亲阿Q。阿Q最大的特点是什么？哪个同学能跟我说下？他最大的特点是没老婆，出门就挨打。出门挨打不叫欺负，但是你的智商被欺负了而不自知，你又是我们的父亲，我们跟着这个父亲受欺负就叫受欺负了。另外他塑造了一个我们母亲的形象，祥林嫂。她最大的特点是没丈夫，有一个孩子也被狼吃了。她一辈子最重要的工作是要把这个悲剧讲成喜剧。另外鲁迅先生还塑造了一个知识分子的形象，孔乙己。他最大的特点是腿被打断了。如果知识分子的腿被打坏了，他看的远处比平常人还要矮、近，那这个民族就会出现像孙中山先生所讲的那种情况。思想自由，兼容并包，应该是我们北大人捍卫这个民族、这个民族生命的所在。

大家应该知道我们的母校是谁，我们的老师是谁。大家毕业以后是从一所大学到达了另一所大学，从一本书到另外一本书。大家最需要知道的是这个民族最缺失什么。这个民族不缺人，不缺钱。全世界都知道中国人最有钱。我觉得这个说法是最欺负人的。如果14个人有10块钱，另外2个人有9块钱，用我们国发院现代金融学的理论来衡量，到底谁有钱？我们的马路头一年修，第二年要拉开看一看；我们的大桥，寿命不会超过30年；一下雨，我们的城市就淹了。缺什么？我们这个民族缺远见。远见，对于这个民族，如大旱之望云霓，如雾霾之望大风。

中华民族最缺的就是笨人

大家在另外一个大学起步时，有两句话千万不要信：一是，世界上的事是不可以投机的。千万别信，世界上的事是可以投机的。另外一句话，世界上是没有近路可走的，这句话我也不同意。投机分子走近路成功的在人中起码占80%。但主要的区别是，他们得到的利益只是针对他们自己。你做的这些事情是只对自己有利还是你促进了这些事情的发展。这个民族最不缺的就是聪明人，最缺的就是笨人。

我在北大有很多特别好的导师，我在另外一个学校也有两个特别好的导师。一个是我的外祖母，她是个普通的中国农村妇女，不识字。她1900年出生，1995年去世。她在方圆几十里是一个明星，如果演电影她就是安吉丽娜·朱莉，如果踢足球她就是梅西，如果打篮球她就是杜兰特，如果跑步她就是博尔特。但她一辈子给地主打长工。她个子只有一米五六，但是我们黄河边三里路长的麦趟子，每次割麦子时她都是头把镰。头把镰是什么？就是第一把镰手，当她加入了从地头割到地头的时候……她的右边什么时候到地头中间。她晚年的时候，我跟她有个炉边谈话。我问："你为什么割得比别人快？"她说："我割得不比任何人快，只是割麦子我扎下腰，就从来不直腰；因为你直一次腰你就会直十次、二十次；我无非是在别人直腰的工夫割得比别人快一点。"接着她跟我语重心长地说："我是个笨人啊。"这是一个伟大明星的教诲。

我有个舅舅，是个木匠，小时候得过大花，脸上有麻子，大家叫他刘麻子。刘麻子做的箱子柜在周围四十里卖得最好。渐渐周边就没有木匠了。所有木匠都说刘麻子这个人特别毒，所有顾客都说他做的箱子柜特别好。他晚年时我跟他有个炉边谈话，我问："舅舅，你的同行说你毒，你的顾客说你好，你到底是什么人？"他说："别人说你毒，和说你好，并不能使你成为好木匠；我能成为好木匠，是因为别人打一个箱子花三天时间，我花六天时间；你只花六天时间也不是好木匠，我与别的木匠的区别是，我打心眼里喜欢做木匠。我特别喜欢做木匠活刨出的刨子花的味道；你只是喜欢做木匠活，你也当不好，我当木匠会有恍惚的时候，比如我看到一棵树，如果是松木、柏木、楠木，哪家的闺女出嫁的时候打个箱子柜该多好；如果是棵杨树，杨树是最不成材的，只能打个小板凳。"他已经达到了"空即是色，色即是空"的境界。他虽然不是北大哲学系的，但已经达到了哲学系毕业的水平。有时候，我开车路过我们民族的马路，马路两边基本上全是杨树，因为杨树长得快。但你去欧洲、北美那些发达国家，路两旁全是松树、椴树、楠树、橡树、白蜡。树的质量对比能代表一个民族的心态。

所以我送在座的师妹师弟两句话：种树要种松树，做人要做刘麻子；举起你们手里的探照灯，照亮我外祖母没工夫直腰的麦田。还有一句特别重要的话，记得下次见面的时候请我吃饺子。

资料来源：https://view.inews.qq.com/a/20210123A0BSJD00.

本章思考与讨论

一、针对开篇导引案例"校外导师代表在聘任仪式上的讲话"中的演讲词，试分组讨论如下问题：

1. 本演讲稿中，结构非常清晰，主题突出，演讲者如何运用开场的技巧？
2. 本演讲稿的主体"一个汇报、两点收获、三重感受"逐步拓展深化，对主题起到什么作用？

3. 请分析案例中演讲稿结尾的使用技巧。

二、针对刘震云在北京大学发表的"中华民族最缺的就是笨人"演讲词，试分组讨论如下问题：

1. 参照"小鸟模式"的结构，具体分析演讲词中"凤头、猪肚、豹尾与强力双翼"等要素是如何应用的。

2. 分析演讲词中演讲素材选择对演讲主题"最缺笨人"的支持作用。

3. 请分析演讲词如何利用听众的特点，比如听众的构成、心理以及影响因素，制定演讲策略。

延伸阅读提示

1. 孙海燕，刘伯奎. 口才训练十五讲[M]. 3版. 北京：北京大学出版社，2015.
2. 李双. 最伟大的演说辞（导读版）[M]. 北京：中央编译出版社，2006.
3. 刘伯奎. 口才与演讲系统化训练[M]. 北京：北京交通大学出版社，2008.
4. 李成谊. 实用沟通与演讲教程[M]. 武汉：华中科技大学出版社，2007.
5. 俞敏洪. 伟大的声音：演讲的力量[M]. 北京：化学工业出版社，2013.
6. 臧宝飞. 演讲与口才：22堂自我训练课[M]. 北京：中国国际广播出版社，2018.

第10章 谈　　判

> 见可而进，知难而退，军之善政也。
> ——《左传·宣公十二年》

本章目标

- ◇ 理解谈判的定义和分类。
- ◇ 掌握商务谈判过程的各个阶段的基本原则。
- ◇ 掌握谈判的策略与技巧。
- ◇ 认识跨文化谈判的基本理念与方法。

关键概念

谈判；谈判协议最佳替代方案（BATNA）；谈判策略；对抗式谈判；合作式谈判。

导引案例：商务谈判"售后"记

淇亚是家居订制行业的领军品牌。我自毕业以来，在淇亚公司从事培训管理工作长达6年，机缘巧合下，我参与了公司全新销售渠道开拓，这是我销售管理的第一单业务。

初次谈判，快速合作

客户李先生是西北某地级市装饰公司老板，他有意向代理我公司产品，通过互联网渠道报名。此时全新渠道作为零售渠道的增量补充，其直接利用品牌获客的行为必然不被允许，但在业绩压力之下，经过李先生多次保证——不在李先生公司外立面露出我公司品牌、不利用我公司品牌直接获客，经过一个半月的商务洽谈，我们相对快速地达成了合作意向。

老商反弹，合作中止

就在合作敲定、尚未签订合同之时，李先生及其销售团队就开始以本品牌名义违规在当地进行宣传，消息迅速传到了当地原有渠道经销商张总耳中。张总听到李先生宣传自己拿到代理权的消息后大发雷霆，直接越过诸多高管找到公司董事长王先生，声泪俱下地要求我公司停止与李先生的合作事宜。董事长被张总成功说服了，直接向我事业部下达了中止我公司与李先生的合作指令，理由是干扰原有销售渠道，且李先生在当地实

力较弱。

此时面对董事长带来的压力，我急于通过远程沟通结束商务合作，导致客户反应激烈，使小问题变"大售后"。

客户投诉，极限施压

在我根据标准流程向李先生通知中止合作之后，他先是大声痛斥我公司不讲契约精神，而后表示会不惜代价与我公司周旋到底，扬言要用"自己的方式"解决问题。李先生通过个人关系找到了我公司所在地政府相关人员，通过董事会办公室向我公司高层管理人员提出交涉，要求我公司就中止合作事宜进行说明。

面对公司高管、张总、李先生的三重"售后"压力，此刻的我才意识到商务谈判在信息有限、资源有限情况下的难点所在，只有将这次商务谈判的过程仔细梳理并制定详细的应对策略，才能度过这一"劫"。

飞抵现场，解决问题

眼看要过年了，李先生越发着急，再次通过相关人员向我公司施压；与此同时，张总采取了不退让、不妥协的态度，扬言会再次找董事长进行投诉，谈判一度陷入僵局。此时，我已经能够冷静分析事情始末，并掌握了李先生违规宣传的关键信息——我认为当务之急是稳定李先生情绪，应对政府相关人员的质询；其次是安抚张总，解决老经销商向董事长投诉问题。

面对不同的利益诉求，我针对各方利益诉求在书面上提出了解决办法，最终得出了将售后化解为简单的商务合作，先将不相干的外力干扰排除在外的解决思路。依据以上思路，我制定了先逐个摸底、后集中击破的策略。年后，我顶住疫情压力，飞抵疫区项目现场分别与李先生、张总进行了面对面谈判，谈判记录如下。

我公司方案：授权李先生产品销售权限，由张总进行销售后的服务工作，张总做总经销商，享受业绩双算与额外返利，签订三方协议，在保障李先生价格透明的同时，维护当地老经销商张总的利益。

李先生：与我公司合作是为了对标当地头部竞争对手，李先生规划的展厅在当地头部竞争对手百米之内，面积约2000平方米，投入成本较大，故接受我公司三方协作方案。

张总：不接受李先生直接与我公司合作，但接受二级代理模式，原因是当地其他品牌出现了渠道单、零售单重合问题，同时根据最新营销管理制度，张总的区域不在我公司新渠道招商范围内。

次日，我依据以上信息，再次制订了详细的合作方案，并进行了三方谈判。在谈判过程中，李先生与张总双方都比较克制，整体表现大大好于线上沟通效果，虽未最终签订合作协议，但都表示不会继续直接向公司高管投诉，具体合作方式可在公司牵头下另行商定。至此，经过长达半年的拉扯，这次"售后"终于告一段落。

资料来源：牛嘉. 中山大学管理学院MBA案例作业[Z]. 2022.

现代商业社会，企业时时刻刻都处在与其他企业构成的竞争与合作的环境之中，因此，谈判成了企业在经营管理中不可避免的活动，它是决定企业运作，以及企业与供应商、分销商关系的一个重要方面，也是决定企业经营成败的重要一环。掌握商业谈判中一些普遍适用的基本手段和策略，可以让企业和个人在谈判中处于更加主动的地位。

10.1节介绍谈判的定义、要素及分类；10.2节简单介绍谈判的过程与策略；10.3节详细介绍谈判的技巧；10.4节从风格、文化、语言和非语言等方面的差异阐述跨文化谈判。

10.1 谈判的定义与分类

商务谈判之道在于"诚如铜币,外圆内方"。美国谈判学会会长、著名律师杰勒德·I.尼尔伯格曾说:"谈判的定义最为简单,而涉及的范围却最为广泛,每一个要求满足的愿望和每一项寻求满足的需要,至少都是诱发人们展开谈判过程的潜因。只要是人们为了改变相互关系而交换观点,只要人们是为了取得一致而磋商协议,他们就是在进行谈判。谈判通常是在个人之间进行的,他们或者是为了自己,或者代表有组织的团体。因此,可以把谈判看作人类行为的一个组成部分,人类的谈判史与人类的文明史同样长久。"

谈判是双方之间的一种会见形式,旨在就以下问题达成协议:一是双方均认为重要的问题;二是可能引发双方冲突的问题;三是需要双方共同合作才能得以实现各自目标的问题。

10.1.1 谈判的定义与要素

1. 谈判的定义

谈判是指利益相关的双方为了取得对自己有利的结果而进行协商的过程。这个定义中包括几个重要条件。

(1) 双方利益相关,有需要合作共同达成的目标。两个在利益上没有关联的个体或群体是不可能走到一张谈判桌旁的。

(2) 在需要合作的同时,双方又有利益上的冲突,这个冲突主要在于一方与另一方是互赖互补关系。如果一方投入得较多,则另一方需要投入的就较少;一方在利润分享上提成较高,另一方提成就较低。

(3) 假设人是理性的,即有利益最大化的追求。任何一方都希望自己的利益能够最大化,于是就需要与对方协商,通过向对方施加影响,争取自己的利益最大化。

谈判是综合运用一个人的信息与力量,在多种力量所形成的结构网的张力范围内影响人们的惯常行为及反应。从某种意义上讲,谈判事实上贯穿了人们生活中的全部细节,包括工作以及私人生活。在生活中的每一个细小的方面,人们都在不断地与他人进行着谈判。

2. 谈判协议最佳替代方案(BATNA)

BATNA(best alternative to a negotiated agreement)这个概念由费雪和乌协(Fisher&Ury,1981,1991)提出,指的是假如目前的谈判不成功,达到目标所在的其他可能性。如果除了目前的谈判结果,其他的可能性微乎其微,那么谈判者就应该尽量将谈判谈成而不是放弃。一个人对BATNA的估计决定这个人的谈判底线或者临界点在哪一点,在这一点之上,任何超越他的期望的谈判条件,都是他可以接受的。

> **案例链接:买汽车之 BATNA**
>
> BATNA 的形式多样。张勇到一家车行购买新汽车,他可以不买这部新汽车而坐公共汽车上班,或者到另一家已经给他报价的车行去买。如果张勇选择公共交通作为他的BATNA,那么他的价格底线会比较难定;如果他选择另一家车行的报价作为 BATNA,

那么价格底线就比较容易定出，因为这两者容易比较。

可以看出，BATNA 事实上决定一个人谈判中的权利。一个人的 BATNA 越高，底气越足，他就越能掌握主动，越有回旋余地，越有讨价的资本。相反，一个人的 BATNA 越低，他的后路就越少，越被动，越容易被别人牵着鼻子走，越没有可能与对方讨价还价。

3. 谈判双方的立场与利益

谈判双方坐到谈判桌旁之前，对自己的立场一般都有明确的认知，这里的立场指的是一个人想达到的谈判结果。例如，把合同签下来，并要到一个好价钱，最低价格不能低于每件 300 元人民币。或者谈工资，年薪要求 10 万元人民币。这是所谓的立场。利益则是隐藏在立场后面的原因。如你为什么要把合同签下来，是为了完成老板交给你的任务？是因为产品是你研发的，不到每件 300 元不足以支持研发费用？是为公司创造收益？还是为了显示你是一个谈判高手？或者为什么要求年薪 10 万元？是为了显示你的实际价值？是因为你的同学都拿这样的年薪？是因为这个公司给的平均年薪就是这个数？还是因为你维持家庭的开销必须达到这个年薪水平才能支持？这些原因就是谈判者的根本利益所在，也就是谈判者最关心的东西。谈判的时候，关注谈判者的利益比关注立场对达成良好的谈判有更加明显的效果。

> **案例链接：兄弟俩抢橘子**
>
> 两兄弟抢一个橘子，抢了一阵后两人开始谈判，谈判的结果是决定平分，一人一半，公平合理。从表面上看，冲突解决，两人应该高兴。但是，妈妈问哥哥为什么要橘子，哥哥说他想用橘子做橘汁；问弟弟，弟弟说他想用橘子皮做成橘灯。所以，虽然两个人的立场冲突，都想要整个橘子，但是他们要整个橘子背后的原因并不相同。如果关注利益，最好的方法就是把所有的橘子皮给弟弟，而把所有的橘子肉给哥哥，这样才能各得其所，皆大欢喜。

4. 讨价区间与成交可能性

前面我们谈到谈判底线。在买方卖方关系中，买方的谈判底线是自己愿意出的最高价格，而卖方的谈判底线就是自己愿意接受的最低价格。而在薪资谈判中，雇主的谈判底线是自己愿意出的最高工资，雇员的谈判底线就是自己愿意接受的最低工资。

讨价区间就是谈判双方谈判底线的重合区域。讨价区间可正可负，也可以是零。当谈判双方的底线有重合时，就表明其讨价区间为正。当谈判双方的底线没有重合时，讨价区间就为负。讨价区间为零指的是当双方的底线只在一点上相关，除了那一点，没有其余重合区。

> **案例链接：大学生就业薪酬**
>
> 假如你是即将毕业的大学生，已经被一家大公司录取，其他条件都谈好了，就差工资这一项。假如你的期望年薪是 7 万～9 万元，低于 7 万元，你宁愿不去；录取你的公司也有一个标准，像你这个层次的雇员他们一般给的年薪在 5 万～8 万元，超过 8 万元，宁愿将你放弃。此时，在你的底线与公司的底线之间就有一个重合区间，那就是 7 万～8 万元。这就是讨价区间，如图 10-1 所示。

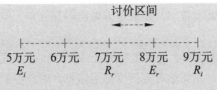

图 10-1 讨价区间

其中，E_i——公司最初报给你的工资；
R_r——你的工资底线；
E_r——公司的最高工资线；
R_i——你最初的要价。

如果你对工资的期望值为9万～11万元，而公司可以给的数目是5万～8万元，那么两者就没有重合，就是负的讨价区间。

从理论上说，当讨价区间为正或零时，双方能够达成交易，通常在双方底线的中间点上成交，如7.5万元就是你与公司在工资上的中间点。而当讨价区间为负时，则不可能达成交易。

10.1.2 谈判的分类

根据谈判双方的输赢导向不同，谈判通常分为两种类型：对抗式谈判和合作式谈判，如表10-1所示。

表10-1 对抗式谈判和合作式谈判的比较

要　素	对抗式谈判	合作式谈判
预期的目标	短期，双方目标不相协调，都在竞取眼下的实利，无视长期关系的发展	长期，同时强调眼下实利和长期合作关系
对对方的观感	不信任，怀疑，相互提防	开诚布公，倾向于相信对方
谈判的导向	强调己方的要求和谈判的实力地位，无视对方的利益	设法满足对方的要求，认为这样对达到自己的目标更有利，努力增进至少不损害双方的关系
让步妥协的做法	让步越少越小越好	如果必须的话，愿意妥协让步，旨在促进关系
谈判时间	把时间用作谈判手段压迫对方让步	把时间看作解决问题的手段，尽量和对方沟通，让对方有考虑的余地

1．对抗式谈判

对抗式谈判是指就一份固定数量的资源应如何分配进行协商，是一种"赢—输"谈判。在对抗式谈判中，每一方都有自己希望实现的目标点，也有自己最低可接受的水平，即抵制点。目标点与抵制点之间的领域为愿望范围。如果双方在愿望范围内有部分重叠，即存在前面所讲的讨价区间，就存在一个解决范围使双方的愿望都能实现。

在进行对抗式谈判时，双方的战术都是试图使对方同意接受自己的具体目标点或尽可能接近它。

对抗式谈判的主要特点有以下四点。

（1）只关注自身利益。对抗式谈判者通常要价极高，又很少让步。往往在最初的提议很不合理，在谈判中让步幅度很小，要求对方做出明显让步，但是即使对方做出让步，也不回应。

（2）操纵时间。对抗式谈判者通常把时间当成一个重要的武器。在谈判中提出的提议往往只在有限时间内有效，并强迫对方接受最近限期，以此控制谈判进程，并要求对方迅速答复。

（3）运用情绪。对抗式谈判者通常利用发脾气、吵架、离开会场等手段迫使对方屈服。

（4）最后通牒。对抗式谈判者运用威胁等手段逼迫对方接受自己的全部条件。

> **案例链接：劳资双方的工资谈判**
>
> 一般情况下，工人代表总是想从资方得到尽可能多的钱，而工人工资的提高又会增加资方的费用，双方在谈判中都会表现出攻击性，并都想在谈判中击败对手。因此，这种类型谈判的本质是对于一份固定利益谁应分得多少进行协商。

2. 合作式谈判

合作式谈判是指双方寻求一种或多种解决方案以达到"赢—赢"目标的谈判。这种谈判将谈判双方团结在一起，并使每一方在离开谈判桌时都感到自己获得了胜利，因此，它构筑的是长期的关系旨在推进将来的共同合作。但合作式谈判需要一些条件：信息的公开与双方的坦诚；一方对另一方需求的敏感性；信任别人的能力；双方维持灵活的愿望。

合作式谈判的特点主要表现在以下四个方面。

（1）分清人际关系与要解决的问题。将人际关系与要解决的实质问题区别开来，直截了当地处理每一个具体问题。不进行人身攻击，只集中精力于寻求解决问题的方案。

（2）注重利益，不墨守立场。谈判的基本问题不是彼此冲突的立场，而是彼此不同的需要和利益。因此，在谈判中致力于弄清、承认对方的利益，并寻求协调双方利益的方案。

（3）谋求互惠的方案。在谈判中尽可能开发多种方案，并从中选出能达到"赢—赢"目的的最佳方案。

案例链接：三赢

（4）使用客观的评判标准。谈判双方寻求客观、公正的标准作为谈判的基础，如法律、效率、市场价值等。

10.2 谈判的过程与策略

> **案例链接：中日汽车故障索赔谈判**
>
> 我国从日本 S 汽车公司进口了大批 FP-148 货车，使用时普遍发生严重质量问题，致使我国蒙受巨大经济损失。为此，我国向日方提出索赔。
>
> 资料来源：张百章. 商务谈判[M]. 杭州：浙江大学出版社，2004.

谈判的过程一般包括准备和计划、界定基本规则、阐述和辩论、讨价还价和解决问题、结束和实施五个阶段，如图10-2所示。本节将结合中日汽车故障索赔谈判的过程案例，在谈判的各个阶段的解析后面分别加入案例链接进行直观论述。考虑到案例实际情况，我们将讨价还价和解决问题阶段融入阐述和辩论阶段进行论述。

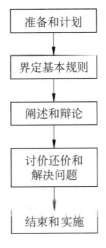

图 10-2　谈判流程

10.2.1　准备和计划

谈判开始前,需要做一些准备工作。主要包括确定谈判目标、收集谈判信息、选择谈判人员等。

> **案例链接：索赔案例之中方的准备工作**
> 在谈判开始前,中方确定了自己的索赔目标,并做了一系列的准备工作。
> 首先,邀请日方代表到质量事故车现场查看,并由商检和专家小组对汽车质量进行鉴定,同时提请商检拍摄录像,由公证机关进行公证。
> 其次,选择了擅长经济管理和统计、精通测算的主谈代表,翻阅国内外相关资料,对每辆车的加工费和整体索赔数额进行了精确的计算,同时对两者确定了一个合理的区间。
> 资料来源：张百章. 商务谈判[M]. 杭州：浙江大学出版社,2004.

1. 确定谈判目标

谈判目标范围包括顶线目标、底线目标和现实目标。顶线目标是指谈判所能取得的最好结果,通常也是对方能容忍的最高限度。底线目标是指谈判的最低要求。现实目标是谈判可以争取或让步的范围。

2. 收集谈判信息

谈判信息就是谈判有关的各种数据与资料。包括冲突的性质与原因、对方参与谈判的人员、对方对谈判的理解、对方的目标与要求、对方对自己目标的态度与反应、对方坚守自己立场的程度、对对方来讲最重要的利益是什么等。如果是组织间的商务谈判,还需要了解市场、技术、金融、政治、法律等相关信息。

3. 选择谈判人员

谈判的过程是双方谈判人员沟通、互动的过程。因此,谈判的成败与谈判人员的素质和谈判技能密切相关。优秀的谈判人员应具备以下素质：良好的职业道德；良好的心理素质,如勇于决断、充满信心、敢于冒险、沉着应战等；具备较强的沟通能力；掌握与谈判有关的专业知识。

4. 确定 BATNA

BATNA 是指个体对于谈判协议可接受的最低价值标准。它决定了在谈判协议中可接受的最低价值水平。只要在谈判中所得到的任何提议高于己方的 BATNA，谈判就不会陷入僵局。反之，如果己方的提议不能让对方感到优于他的 BATNA，也就很难获得谈判的成功。因此，在谈判之前确定己方的 BATNA，了解对方的 BATNA，将有利于在谈判中占据主动地位。

10.2.2 开局

谈判双方刚进入谈判场所时，难免会感到拘谨，尤其是谈判新手，在重要谈判中，往往会产生忐忑不安的心理。为此，必须讲求入题技巧，采用恰当的入题方法。

> **案例链接：索赔案例之谈判的开局**
>
> 谈判一开始，中方简明扼要地介绍了 FP-148 货车在中国各地的损坏情况以及用户对此的反应。中方在此虽然只字未提索赔问题，但已为索赔说明了理由和事实根据，展示了中方谈判威势，恰到好处地拉开了谈判的序幕。日方对中方的这一招早有预料，因为货车的质量问题是一个无法回避的事实，日方无心在这一不利的问题上纠缠。
>
> 日方为避免劣势，便不动声色地说："是的，有的车子轮胎炸裂，风挡玻璃炸碎，电路有故障，铆钉震断，有的车架偶有裂纹。"中方觉察到对方的用意，便反驳道："贵公司代表都到现场看过，经商检和专家小组鉴定，铆钉非属震断，而是剪断，车架出现的不仅是裂纹，而是裂缝、断裂！而车架断裂不能用'有的'或'偶有'，最好还是用比例数据表达，更科学、更准确……"日方淡然一笑说："请原谅，比例数据尚未准确统计。"
>
> "那么，对货车质量问题贵公司能否取得一致意见？"中方对这一关键问题紧追不舍。"中国的道路是有问题的。"日方转了话题，答非所问。中方立即反驳："诸位已去过现场，这种说法是缺乏事实根据的。""当然，我们对贵国实际情况考虑不够……""不，在设计时就应该考虑到中国的实际情况，因为这批车是专门为中国生产的。"中方步步紧逼，日方步步为营，谈判气氛渐趋紧张。
>
> 中日双方在谈判开始不久，就在如何认定货车质量问题上陷入僵局。日方坚持说中方有意夸大货车的质量问题："货车质量的问题不至于到如此严重的程度吧？这对我们公司来说，是从未发生过的，也是不可理解的。"此时，中方觉得该是举证的时候，并将有关材料向对方一推说："这里有商检、公证机关的公证结论，还有商检拍摄的录像。如果……""不！不！对商检公证机关的结论，我们是相信的，我们是说贵国能否做出适当让步。否则，我们无法向公司交代。"日方在中方所提质量问题攻势下，及时调整了谈判方案，采用以柔克刚的手法，向对方踢皮球，但不管怎么说，日方在质量问题上设下的防线已被攻克了。这就为中方进一步提出索赔价格要求打开了缺口。随后，双方对 FP-148 货车损坏归属问题取得了一致的意见。日方一位部长不得不承认，这属于设计和制作上的质量问题。初战告捷，但是我方代表意识到更艰巨的较量还在后头。索赔金额的谈判才是最根本的。
>
> 资料来源：张百章. 商务谈判[M]. 杭州：浙江大学出版社，2004.

1. 迂回入题

为避免谈判时单刀直入、过于直接，影响谈判的融洽气氛，可以采用迂回入题的方法，如先从题外话入题，从介绍己方谈判人员入题，从"自谦"入题，从介绍本企业的生产、经营、财务状况入题等。

2. 先谈细节，后谈原则性问题

围绕谈判的主题，先从洽谈细节问题入题，条分缕析，丝丝入扣，待各项细节问题谈妥之后，也就自然而然地达成了原则性的协议。

3. 先谈一般原则，后谈细节问题

一些大型的经贸谈判，由于需要洽谈的问题千头万绪，双方高级谈判人员不可能直接地不可能介入全部谈判，往往要分成若干等级进行多次谈判。这就需要采取先谈原则问题，再谈细节问题的方法入题。一旦双方就原则问题达成一致，细节问题洽谈也就有了依据。

4. 从具体议题入手

大型商务谈判总是由具体的一次次谈判组成的，在具体的每一次谈判会议上，双方可以首先确定会议的商谈议题，然后从这一具体议题入手进行洽谈。

10.2.3 阐述和辩论

谈判双方表明各自对相关问题和利益的看法，包括：对问题的理解，即谈判应涉及哪些问题；双方的利益，即希望通过谈判取得哪些利益；双方的首要利益；双方对谈判的态度；等等。

双方对对方的立场、观点、条件等展开分析、论证与辩论。这一阶段不一定是对抗性的，实际上是双方就有关问题进一步交流信息与意见的过程，如问题的本质是什么，该问题为什么对双方都很重要，双方最关心什么，如何能够达到对方要求，等等。

> **案例链接：索赔案例之谈判攻坚阶段**
>
> 日方在质量问题上设下的防线被攻克后，双方谈判的问题升级到索赔的具体金额上——报价、还价、提价、压价、比价，一场关于毅力和技巧较量的谈判竞争展开了。中方主谈代表擅长经济管理和统计，精通测算。他翻阅了许多国内外的有关资料，甚至在技术业务谈判中，他也认为只有事实和科学的数据才能服人。此刻，在他的纸笺上，在大大小小的索赔项目旁，写满了密密麻麻的阿拉伯数字。根据多年的经验，他不紧不慢地提出："贵公司对每辆车支付的加工费是多少？这项总额又是多少？""每辆车 10 万日元，共计 5.84 亿日元。"日方接着反问，"贵国报价是多少？"中方立即回答："每辆 16 万日元，此项共计 9.5 亿日元。"精明强干的日方主谈人淡然一笑，与其副手耳语了一阵，问："贵国报价的依据是什么？"中方主谈人将车辆损坏后各部件须如何修理、加固和花费多少工时等逐一报价。"我们提出的这笔加工费并不高。"接着中方代表又表示，"如果贵公司感到不合算，派员维修也可以。但这样一来，贵公司的耗费恐怕是这个数的好几倍。"这一招很奏效，顿时把对方将住了。日方被中方如此精确的计算所折服，自知理亏，转而以恳切的态度征询："贵国能否再压低一点？"此刻，中方意识到，

就具体数目的实质性讨价还价开始了。中方答道:"为了表示我们的诚意,可以考虑贵方的要求,那么,贵公司每辆出价多少呢?""12万日元。"日方回答。"13.4万日元怎么样?"中方问。"可以接受。"日方深知,中方在这一问题上已做出了让步。于是双方很快就此项索赔达成了协议。日方在此项目费用上共支付7.76亿日元。

然而,中日双方争论索赔的最大数额的项目却不在此,而在于高达几十亿日元的间接经济损失赔偿金。在这一巨大数目的索赔谈判中,日方率先发言。他们也采用了逐项报价的做法,报完一项就停一下,看看中方代表的反应,但他们的口气好似报出的每一个数据都是不容打折扣的。最后,日方统计可以给中方支付赔偿金30亿日元。中方对日方的报价一直沉默不语,用心揣摩日方所报数据中的漏洞,把所有的"大概""大约""预计"等含糊不清的字眼都挑了出来,有力地抵制了对方所采用的浑水摸鱼的谈判手段。

在此之前,中方谈判班子昼夜奋战,液晶体数码不停地在电子计算机的荧光屏上跳动着,显示出各种数字。在谈判桌上,我方报完每个项目的金额后,讲明每个数字测算的依据,在那些有理有据的数字上,打的都是惊叹号。最后我方提出间接经济损失费70亿日元!

日方代表听了这个数字后,惊得目瞪口呆,老半天说不出话来,连连说:"差额太大,差额太大!"于是,双方进行无休止的报价、压价。

"贵国提的索赔额过高,若不压半,我们会被解雇的。我们是有妻儿老小的……"日方代表哀求着。老谋深算的日方主谈人使用了"哀兵制胜"的谈判策略。

"贵公司生产如此低劣的产品,给我国造成多么大的经济损失啊!"中方主谈接过日方的话头,顺水推舟地使用了欲擒故纵的一招,"我们不愿为难诸位代表,如果你们做不了主,请贵方决策人来与我们谈判。"双方各不相让,只好暂时休会。这种拉锯式的讨价还价对双方来说是一种关于毅力和耐心的较量。因为在谈判桌上,率先让步的一方就可能被动。

资料来源:张百章. 商务谈判[M]. 杭州:浙江大学出版社,2004.

10.2.4 结束和实施

结束和实施阶段主要是将已谈成的协议正规化,并为实施和监控执行制定出所有必要的程序,包括签订协议、落实协议、谈判总结等。

案例链接:索赔案例之谈判尾声

经过了前一阶段的阐述和辩论之后,日方代表急用电话与日本S公司的决策人密谈了数小时。接着谈判重新开始了,此轮谈判一接火就进入了高潮,双方舌战了几个回合,又沉默下来。此时,中方意识到,己方毕竟是实际经济损失的承受者,如果谈判破裂,就会使己方获得的谈判成果付诸东流;而要诉诸法律,麻烦就更大。为了使谈判已获得的成果得到巩固,并争取有新的突破,适当让步是打开成功大门的钥匙。中方主谈人与助手们交换了一下眼色,率先打破沉默说:"如果贵公司真有诚意的话,彼此均可适当让步。"中方主谈为了防止由于己方率先让步所带来的不利局面,建议双方采用"记分法",即双方等量让步。"我公司愿意付40亿日元,"日方退了一步,并声称,"这是

> 最高突破数了。""我们希望贵公司最低限度必须支付 60 亿日元。"中方坚持说。
> 这样一来，中日双方各自从己方的立场上退让了 10 亿日元。双方比分相等，谈判又出现了转机。双方界守点之间仍有 20 亿日元的逆差。几经周折，双方共同接受了由双方最后报价金额相加除以 2，即 50 亿日元的最终谈判方案。
> 一场罕见的特大索赔案终于公正地交涉成功了！
> 资料来源：张百章. 商务谈判[M]. 杭州：浙江大学出版社，2004.

1. 签订协议

为确保双方都充分理解达成的协议，对谈判结果一一进行记录是最佳的方式，并在签订协议前，细致双方逐一核实协议的所有条款，并努力使协议内容明确，避免使用模棱两可的语句。

2. 落实协议

在谈判协议中应包括一项落实协议的条款，该条款明确规定做什么、何时做、谁来做等。

3. 谈判总结

在谈判结束后，应很好地做总结，包括：对谈判结果是否满意；谈判人员中谁是有效的谈判者；哪些策略与行动是有效的；哪些策略与行动阻碍了谈判的进程；谈判中时间利用得如何；谈判中是否了解对方最关心的问题；谈判是否达到了对方的目的；谈判前的准备工作是否充分；此次谈判哪些方面值得以后学习，哪些方面需要吸取教训；等等。

10.3 谈判技巧

以上介绍了谈判的过程，下面从谈判技巧角度进行阐述。

1. 声东击西

声东击西是指为了达到自己的真正目的，故意将议题引向对自己来讲并不重要的问题，以分散对方的注意力。

这种策略可以一举多得：表明我方对讨论的问题很重视以表示我们谈判的诚意，在谈判中我们做出一定的让步会让对方感到满意和高兴；可以转移对方的视线；通过目前问题的谈判摸清对方的虚实，为正式谈判铺平道路；将主要问题的讨论暂时搁置起来以便有更多时间做充分准备；麻痹对方，延缓对方在主要问题上所要采取的行动。

> **案例链接：**
> 某工厂要从日本 A 公司引进收音机生产线，在引进过程中双方进行谈判。在谈判开始之后，日本公司坚持要按过去卖给某厂的价格来定价，坚决不让步，谈判陷入僵局。我方为了占据主动地位，开始与日本 B 公司频频接触，洽谈相同的项目，并有意将此情报传播，同时通过有关人员向 A 公司传递价格信息，A 公司信以为真，不愿失去这笔交易，很快接受了我方提出的价格，这个价格比过去其他厂商引进的价格低 26%。

2. 疲劳战

疲劳战是指己方和对方展开拉锯战，或是从体力上使对方感到疲劳，从而使对方精神涣散、反应程度降低、工作热情下降，这样己方就能趁机达到目标。

具体的做法有如下几种：第一，在商务谈判开始前期，为谈判对手安排许多游玩活动，然后马上安排谈判活动，在谈判对手处于疲劳状态时一举攻破对方的防线；第二，在谈判过程中，反复就某一个或几个问题进行陈述，从心理上使对手感到疲劳。而我方要注意的是，准备的问题须是的确能使对方在不知不觉中感到疲劳的问题，而且在对方的回答中注意记录其错误和对我方有利的信息。

这种疲劳战术主要适用于那些锋芒毕露、咄咄逼人的谈判对手。

3. 白脸、红脸

谈判小组的成员分别扮演白脸和红脸等不同的角色，白脸向对方提出苛刻的条件并且在谈判中寸步不让。当谈判中双方争得不可开交时，红脸谈判者出面缓和气氛，促成相互谅解以达成协议。

需要注意的是，白脸不能表现得过于蛮横以致对手过于反感直接导致谈判破裂；红脸也不能过于失掉气节、软弱，使白脸据理力争来的条件都付诸东流。

但如果对方使用此策略就应该注意：第一，不理会是红脸还是白脸，贯彻自己的风格；第二，以红脸对付红脸，以白脸对付白脸；第三，对白脸还可以退席表示不满，或向其上司抗议，或公开谴责他。

4. 最后期限

提出签约的最后期限会给对手施加压力，尤其是当对方有签约使命时。这样有利于促成对方加快谈判的进程，而且可能会在局部利益上有所让步，从而带来对我方有利的局面。但如果我方有签约使命，使用该策略一定要慎重。

使用这一策略，己方须注意的是：第一，谈判中己方必须处于有利的主导地位，这是运用这一策略的基础条件；第二，必须在谈判的最后关头再应用这个策略，当谈判双方都花费了大量的人力、物力之后，双方都想尽快结束谈判的心理已经非常明显，这时候恰到好处地抛出"最后通牒"，对方很有可能因为不舍得之前已花去的大量成本而接受条件达成协议；第三，"最后通牒"的提出必须清晰、坚定且毫不犹豫，不能给谈判对手以心虚、模糊、不自信之类的感觉。

但如果对方使用此策略就应该注意：第一，不要泄露自己的期限，即别让对手了解你非在哪个时间之前完成谈判不可；第二，细心预判对手设定期限的动机以及不遵守该期限所招致的后果；第三，绝大多数的期限都有谈判余地。

> **案例链接：**
> 一个美国代表被派往日本谈判。日方在接待的时候得知对方须于两个星期之后返回。日本人没有急着开始谈判，而是花了一个多星期的时间陪他在国内旅游，每天晚上还安排宴会。谈判终于在第 12 天开始，但每天都早早结束，为的是让客人能够去打高尔夫球。终于在第 14 天谈到重点，但这时候美国人该回去了，已经没有时间和对方周

旋，只好答应对方的条件，签订了协议。

资料来源：https://www.tyust.net/sixiangxuexi/2020/0604/109041.html。

5．沉默法

俗话说，沉默是金。沉默法就是在谈判中尽量避免对谈判的实质问题发表议论。沉默在商务谈判中的确有很大作用：第一，使谈判气氛达到降温的效果；第二，对谈判对手施加心理压力。

而我方在应用沉默战时，须注意两点：第一，沉默要有理由，不能随便就不说话了，否则可能会让对方觉得自己业务不熟练、谈判方案有漏洞等；第二，沉默要有度，不能一直都不讲话，要抓住时机，适当予以反击。

沉默法主要适用于两种谈判对手：第一，飞扬跋扈的对手。正这种对手了自己一个人说，冷着他，越是硬碰硬地反击，越谈不出结果。第二，坚持并且积极表达自己意见的对手。不用马上暴露是否同意对方的观点，给自己留出思考时间，也让对方动很大脑筋去揣测。

6．吹毛求疵

吹毛求疵主要应用于商务谈判中"讨价还价"的过程。这种技巧通常被买主用来压低报价，方法是故意找碴儿，提出一大堆问题和要求，其中有些问题的确存在，有的则是"鸡蛋里挑骨头"，故意制造出来的。谈判一方主要可以从谈判标的质量等地方"吹毛求疵"，这样，对方便在不知不觉中处于不利地位，对于买主的百般"挑刺儿"，大多数缺乏耐心的卖方只能通过让价求得买卖合同成立。

需要注意，这种策略必须在买方市场的条件下进行，如果卖方具有垄断性，那么他完全可以说："有毛病也就卖这个价，你爱买不买！"这样的情况下，买方就非常被动了。采取这种策略要适可而止，谈判毕竟宜双赢，因此不宜通过无理的"挑刺儿"过分地压低对方的报价。

7．货比三家

这种策略是指精明的买家在掏钱包之前要比较各个商家的商品。在进行谈判之前，一定要了解产品市场的行情、动态，不然在谈判中，对方随便报个高价，己方心里都没有可以参考的价格，很容易显得准备不足，受制于谈判对手，在谈判中处于被动地位。同时，货比三家之后得到的商品信息可以作为价格谈判的筹码来应用。因此，货比三家这一策略对谈判的顺利进行很重要。

应用这一策略需要注意，要保证所得到的信息真实可靠。

8．挡箭牌

这种谈判策略是指谈判者推出假设决策人，表示自己权力有限，以此来隐藏自己，金蝉脱壳。上司的授权、国家的法律和公司的政策以及交易的惯例限制了谈判者所拥有的权力。一个谈判人员的权力受到限制后，可以很坦然地对对方的要求说"不"。因为对方无法强迫己方超越权限做出决策，而只能根据己方的权限来考虑这笔交易。因此，精于谈判之道的人都信奉这样一句名言："在谈判中，受了限制的权力才是真正的权力。"

应用这种策略可以使己方在遇到棘手的问题时争取更多的反应时间，不必马上回复对方。

9. 针锋相对

商务谈判中往往可以发现有些难缠的人，类似"铁公鸡"一毛不拔，他们往往报价很高，然后在很长时间内拒不让步。如果按捺不住，做出让步，他们就会设法迫使你接着做出一个又一个让步。

美国心理学家针对这类谈判者做了一些试验，分别让采取不同让步程度的谈判对手与之进行谈判。试验结果表明，对于这种强硬难缠的谈判对手，最好的办法就是以牙还牙，针锋相对，自己也成为难缠的谈判对手。但需要注意，与对手针锋相对不是目的，只是达到目标的手段，因此针锋相对也要注意适度。

> **案例链接：中国人不吃这一套——中美高层战略对话**
>
> 2021年3月18日至19日，中美高层战略对话在安克雷奇举行。美方在先致开场白时严重超时，并对中国内外政策无理攻击指责，挑起争端。美方发言时强行留住记者，发完言就立即要求记者离场，不想给中方留发言的机会。美方作为东道国，未奉行待客之道、不遵守外交礼仪在先，中方正面回击："美国没有资格居高临下同中国说话，中国人不吃这一套。""美国的这个老毛病要改一改了！"
>
> 中美高层战略对话中美国人这种谈判技巧其实是一种策略，是几百年来欧美在国际政治中训练出来的。上来给你谈你最不能接受的问题，把你逼到底线，然后再抛出一个看起来可以接受，但是实际上大大不利于你的条件，一般没有经验的，因为前面碰撞太过激烈，到这一步稍微一放松，就觉得可以接受了。
>
> 咱们看到的这一套东西，欧美上下都很熟，包括与外企的很多合作都是这样的，稍微不注意就容易着他们的道。这招对大部分国家的人非常好使，但是中国不同，中国是一个有古老传统的国家，这些手段是我们在春秋战国时期就见过的。当天那一套，其实就是渑池会。我们国家小学生都学过的《将相和》。美国自己公开讲话强硬斥责——秦王使赵王鼓瑟。讲完让记者退场——命史官记录：×年×月×日，秦赵会于渑池，秦王令赵王鼓瑟。看见没有，你觉得是一个很友善的动作，他们马上造成实际的氛围，认为你在气势上输了，所以你一旦友善，你就真的输了。
>
> 你该怎么办呢？老祖宗蔺相如早都讲过了，立刻拔剑上前，让秦王为赵王击缶，只要他拿小锤子敲那么一下，立刻让史官记录：秦王主动为赵王击缶。这就是当天中方为啥让记者留下来，当面提出抗议。这些东西，我们在几千年前就见过了。由于我们的历史过长，我们的经验中有各种样本的案例，这些案例能够让我们应对所有情况。
>
> 资料来源：https://www.zhihu.com/question/450134525/answer/1789321048。

10. 心理战术

这是一种以造成对方不舒服或以情感人的方法促使对方让步的谈判策略。如：以感情拉拢的方式动摇对方的意志；以眼泪等软方法来博得对方的同情与怜悯；以发怒、震惊等爆发行为使对方手足无措；制造负罪感使对手产生赎罪心理；恭维比较强的对手使其因冲昏头脑而失去正常的判断力与控制力；激怒对方以打乱其正常的思维；以诸如谈判代表的一些安排影响对手策略；等等。

资料链接：古代的心理战——四面楚歌

如果对方使用此策略应该注意：第一，保持冷静，千万别令自己失去心理平衡；第二，与对手只谈事实，不涉及感受；第三，对对手充满感性的话语重新措辞，使之成为理性化的表白，以显示你了解他的感受。

11．出其不意，攻其不备

这是指为打乱对方的计划，采取对手预想不到的措施。比如：提出对方毫无准备的问题，突然改变谈判的时间和地点，突然亮出我们所掌握的对对手不利的信息，等等。

如果对方使用此策略应该注意：第一，维持冷静以免丧失心理平衡；第二，多听少说，以争取时间思考对策；第三，必要时立即叫停并探索奇袭的用意，因为在不熟悉的情况下轻举妄动最容易上当。

> **案例链接：**
> 1987年6月，济南市第一机床厂厂长在美国洛杉矶同美国卡尔曼公司进行推销机床的谈判。双方在价格问题的协商上陷入了僵持的状态，这时我方获得情报：卡尔曼公司原与台商签订的合同不能实现，因为美国对日、韩和中国台湾提高了关税的政策使得台商迟迟不下单，而卡尔曼公司同原有的客户签订了供货合同，必方所需出货，卡尔曼公司陷入了被动的境地。我方根据这个情报，在接下来的谈判中沉着应对，卡尔曼公司终于沉不住气，在订货合同上购买了150台中国机床。
> 资料来源：王黎．谈判决定成败[M]．北京：学林出版社，2006．

12．信息干扰

所谓信息干扰，就是故意给对手介绍一些毫不相关的情况或提供一大堆琐细的资料，以分散对方的注意力、实现自己的真实目的。

如果对方使用此策略应该注意：第一，要保持冷静的头脑；第二，谈判之前尽可能多地了解问题的本质，以便能够对信息有较强的分辨力，一举击破。

资料链接：铁矿石之殇——三十年铁矿石国际定价权争夺战

13．以退为进

以退为进是指为了以后更有力地进攻或实现更大的目的，暂时退让或妥协。通常的做法是：先提出温和的要求，或接受对方的一些条件，然后以此为砝码，提出更有利于己方的条件，获取更大利益。

14．得寸进尺

得寸进尺是指根据掌握的情况，在对方做出一定让步的基础上继续进攻，提出更多的要求，以逐渐接近己方的谈判目标。

> **案例链接：**
> 我国某厂与美国某公司谈判设备购买生意时，美商报价218万美元，我方不同意，美方降至128万美元，我方仍不同意。美方诈怒，扬言再降10万美元，若118万美元不成交就回国。我方谈判代表因为掌握了美商交易的历史情报，所以不为美方的威胁所动，坚持再降。第二天，美商果真回国，我方毫不吃惊。果然，几天后美方代表又回到中国继续谈判。我方代表亮出在国外获取的情报——美方在两年前以98万美元将同样

设备卖给匈牙利一客商。情报出示后，美方以物价上涨等理由狡辩了一番后将价格降至合理。

资料来源：https://www.renrendoc.com/paper/212208296.html。

15. 最高预算

最高预算是指对某方案表示感兴趣，但提出自己的最大授权或最高预算不允许接受该方案，以迫使对方再修改建议的方法。

运用该策略，需要注意的是：第一，要在对对方报价中含有多少水分具备充分了解的情况下运用该策略。如果没充分了解对方大致的价格底线、利润水平，一下子开出不合适的价格，对方可能就会选择不理会最大预算而坚持自己原来的价格方案。第二，要注意灵活应对，不宜过于坚持自己的报价。事实上，最高预算的报价往往不是最终的成交价，只是用最高预算这种手段使最终报价更接近于己方的目标。因此，应在合适的时机、合适的价格上促成交易，以免贻误了谈判时机。

这种策略往往与心理战术一起应用，用示弱的方法表示自己的权力有限，只能开出那么多价或只能拿出那么多钱。

16. 化整为零，化零为整

这一策略是指在整体谈判条件不能够达成共识的时候，转而谈局部的条件，采用各个击破的手法来实现谈判目标；或者，在局部条件谈不拢的时候，转而谈一些宏观的条件。这样做可以保证至少在某一方面达成谈判目标，保证谈判不至于在一个方面搁浅后就裹足不前。

采取这种策略需要注意，谈判的主要目的是双方达到双赢，因此在转移谈判目标的时候也要适当做些让步，适当为谈判对手的利益着想。若坚持只把整体条件拆分后接着谈判或者把局部条件加总后接着谈判，必将使谈判对手感到厌烦并且觉得我方没有诚意。因此，在实行这种策略的时候需要本着双赢的理念。

10.4 跨文化谈判

虽然前面阐述的谈判基本要点在多数情形下可以使用，但因为跨文化谈判有其独特的挑战，故应参照本书第 2 章的相关原理酌情处理。下面分别从跨文化谈判的风格差异、文化差异、语言差异和非语言差异以及跨文化谈判双赢策略等方面进行阐述。

10.4.1 跨文化谈判的风格差异

在现实中，文化差异的形态千姿百态，难以捉摸。国家与国家之间、文化与文化之间的不同，越来越多地体现在谈判行为上。研究表明，阿拉伯人注重情感，注重人与人之间的长期关系，在谈判时出手比较夸张，要价高，但愿意让步，而且视谈判让步为必要。相反，俄罗斯人比较教条死板，一切从理念出发，而不是从实际谈判情形出发，不仅要价高，而且不肯让步，视让步为懦弱，同时又对合同的期限不加理会。而北美人与阿拉伯人和俄罗斯人都不同，他们讲求理性，讲求逻辑，只要有道理就愿意改变自己的立场，比较灵活，但不为情所动，愿意建立短暂的商务关系，但不愿建立长久的个人关系，同时视期限为不可更改的承诺,必须守定。

试想如果一个北美商人与一个阿拉伯商人谈生意,彼此仅仅从自己的风格出发用自己认为最有效的方法去说服对方,会有什么样的结果。北美人的逻辑很难打动阿拉伯人,而阿拉伯人的"以情动人"也无法打动北美人,结果只能是谁也不买谁的账,而且彼此会觉得对方荒唐,建立不起信任,更达不成交易。

10.4.2 跨文化谈判的文化差异

除了谈判风格,谈判的过程、谈判者如何做决策、谈判者的价值观和行为也有很大的文化差异。前面讨论了许多重要的跨文化维度,不同文化在这些维度上的不同表现方式是直接影响其谈判行为的因素,Pierre Casse(1982)在他的《跨文化经理培训》一书中描述了日本人、北美人和拉丁美洲人在谈判过程中的表现的差异。

这三个地区的人在以下几个维度上表现出不同。

第一个维度是情绪的表露,也就是 Pierre 提出的中性—情绪维度。日本人含而不露,拉美人热情奔放,北美人则处在二者之间。谈判时的表现是:日本人掩盖情绪同时对他人的情绪异常敏感;拉美人充分表达情绪同时也对他人的情绪敏感;北美人不见得情绪应该是谈判的一个重要部分,倾向于忽略情绪这个因素。

第二个维度是个体主义—集体主义维度:决策是由一个人做出还是由集体做出,决策的最终受益者应该是个人还是集体。显然,日本和拉美文化都强调集体主义,但日本人对个体与团体有清楚区分,拉美人则倾向于把个体与群体混为一谈;北美文化则强调个体主义。

第三个维度是特定关系—散漫关系维度。在这一点上,日本人与拉美人有相似之处,都偏向于散漫关系、讲面子;而北美人则相反,只讲理性不讲面子。

第四个维度是普遍主义—特殊主义维度。北美人讲求恪守法律规范,不受特殊利益群体的影响;而日本人和拉美人都认为受特殊利益群体影响是可以接受的。

Graham 和 Lam(2003)曾经比较过美国人与中国人在谈判过程中的差异,指出中国人在谈判时潜在的八大原则为利用关系、使用中间人、注重社会等级、追求人际和谐、讲究整体观念、节俭、顾及面子以及吃苦耐劳。具体的谈判行为表现上有四大方面的不同之处:一是谈判之前的准备,二是信息交换的方式,三是说服对方的方法,四是合同的目标,如表 10-2 所示。

表 10-2 中美谈判者差异

	美 国 人	中 国 人
谈判准备	快速会议 随意 直接给陌生人打电话	冗长的熟识过程 正式 通过中间人介绍
信息交换	谈判人有完全的权威 直截了当 先陈述提案	只有有限的权威 拐弯抹角 先给出解释
说服方法	说服对方时用进攻的方式 缺乏耐心	用提问的方式 耐心持久(吃苦耐劳)
合同目标	达成互利的交易	建立长期的关系

10.4.3 跨文化谈判的语言差异

谈判的过程是双方沟通的过程，也是信息交流的过程，不同文化背景的人在沟通最主要的方式——语言方面，也存在较大差异。

路易斯（1996，1999）曾经观察总结了在会议开始的半小时内，不同国家的人沟通的内容，他发现德国人、美国人和芬兰人大概只花 2 分钟时间在彼此介绍上，然后就入座讨论正题。但是在英国、法国、意大利和西班牙，这样做会被认为粗鲁无礼。他们会花 10～30 分钟的时间寒暄问候，英国人尤其不愿意开口说出进入正题讨论的话。在日本，大家一般花 15～20 分钟的时间彼此介绍，互道冷暖，直到一位年长者突然发话宣布会议开始，然后大家就都低头准备开始。西班牙人和意大利人一般会花 30 分钟左右互道冷暖，谈足球，谈家里的事，一边谈一边等待姗姗来迟的参会者，待人到齐后再开始会议。

10.4.4 跨文化谈判的非语言差异

在管理沟通中，口头语言交流占据谈判过程的 80%～90%，但这些通过言辞传达的意义恐怕还不及 20%，其他的意义都是通过非语言的媒介传递的。在不同文化背景中，非语言沟通的方式和偏好也有所不同。

1．谈判的场所和布置

场所本身具有正面的和负面的效应，在公司谈还是去对方公司谈、双方的座位是否舒适等都有讲究。美国人喜欢坐在对手的桌子对面以便保持目光接触。日本人则喜欢挨着对方坐在一边，让目光注视白墙或地面，说话时眼睛也不直视对方。

2．座位的安排

座位与座位之间的空间距离应该如何确定也因文化而异。东方人、北欧人、德国人一般认为人与人之间合适的空间距离在 1.2 米左右，墨西哥人、南美人、阿拉伯人则认为 0.5 米左右是合适的距离。

3．着装与态度

美国人喜欢随意，经常直呼其名，谈着谈着就脱去西装放松领带，有的人还喜欢嚼口香糖，跷二郎腿，把鞋底对着别人。但其他国家的人并不能完全接受这种随意的行为：日本人喜欢正式；德国人不愿意别人对他们直呼其名；法国人不习惯别人把西装脱去；泰国人认为鞋底不洁，对着别人是一种侮辱。

4．沉默

倾听在谈判过程中的重要性不容忽视。日本人和芬兰人可能是世界上最善于倾听的民族。中国有句古话"知者不语，语者不知"，完全被日本人和芬兰人认同。在日本和芬兰，沉默是社交过程中不可或缺的一部分。沉默意味着你在认真倾听和学习；而谈话只表现你的聪明，甚至自私和傲慢。沉默帮助你保护隐私，也是对他人的尊重。

美国人的"大声思维"，法国人的"舞台表演"，意大利人的"推心置腹"，这些可用来取得对方欢心和信任的方法，常常给日本人和芬兰人带来恐惧，因为在这两个国家，说出的话就是泼出的水，不仅收不回来，而且应该像承诺一样严格遵守。话不是用来改变别人的观点或填补谈话间的空隙的，它们有实实在在的意义，可谓"一言九鼎"。

5. 肢体语言

肢体语言是人类早期沟通的主要工具，后来由于口头语言的发展，人们依赖肢体语言沟通的程度逐步降低，但是无论口头语言如何发达和精确，人类的许多深层情绪还得依赖肢体语言来表达，在这一点上，不同国家和地区也有相当大的文化差异。

意大利人、南美人、多数拉美人、非洲人和中东人比日本人、中国人和芬兰人更多地采用肢体语言来传递信息。意大利人在培训谈判者时，总是让他们关注对方的坐姿：如果对方向前倾，那就说明他有兴趣或诚意；如果向后靠，就说明不感兴趣，或者有自信让局面向他们想要的方向扭转。交叉的双臂或双腿显露出对方的警惕和防卫心理，在这种情况下不应该结束交易。如果发现对方手指在无意敲击桌子，或脚在无意抖动，就应该让他们说话。在快要结束谈判时，应该坐得离对方近一些，这样对最后签署合同会更有利。

10.4.5 跨文化谈判的双赢策略

既然文化差异渗透到谈判的各个方面，那么如何才能取得跨文化谈判的成功呢？目前，学者们普遍认为成功的谈判取决于三个因素：谈判者的个人特征、谈判的场景、谈判的策略和技巧。

1. 谈判者的个人特征

Casse（1982）在他的书中曾详细描述了不同国家成功谈判者的特征。印度的谈判者谦逊、耐心、尊重对方，同时愿意做让步；美国的谈判者则强调"立场坚定"。阿拉伯的谈判者与其他国家都不同的地方在于他们是中间协调人，而非谈判方本身，因此不可能发生直接冲突。成功的瑞典谈判者小心谨慎，善用事实和细节；而意大利谈判者恰恰相反，表情丰富但华而不实，远不如瑞典人来得直截了当。

Graham（1983）在研究美国、日本、中国台湾和巴西的谈判者时发现这些地方的成功谈判者所具有的个体特征也不尽相同。表10-3给出了谈判者关键个体特征的文化差异。

表10-3 谈判者关键个体特征的文化差异

美国谈判者	日本谈判者	中国台湾谈判者	巴西谈判者
准备和计划能力	对工作的献身精神	毅力和决心	准备和计划能力
压力下思考的能力	感知和利用权力	赢得尊敬和信心	在压力下思考的能力
判断能力和智慧	赢得尊敬和信心	准备和计划能力	判断能力和智慧
口头表达能力	正直可信	产品知识	口头表达能力
产品知识	良好的倾听能力	有趣	产品知识
感知和利用权力	视野开阔	判断能力和智慧	感知和利用权力
正直可靠	口头表达能力		竞争能力

有趣的是，虽然我们看到巴西人的谈判风格与美国人大相径庭，但他们对成功谈判者特点的要求却几乎完全雷同；而日本人和中国台湾人列出的特征与巴西和美国两个国家有

较大的区别，反映出自己独特的文化特色。

了解在不同文化中对成功谈判者特点的要求，谈判者可以突出自己某方面的特点以取得谈判的成功。索尼公司的创立者 Morita 先生曾经说，自己在美国与美国人谈生意的时候就变成了一个"美国人"，而回到日本又变成了日本人，意思就是要调整自己的行为和特点以适应文化环境的特征，最终取得谈判的成功。

2. 谈判的场景

前文已经谈过，谈判的场所本身对于谈判的双方都有巨大的影响作用。谈判场所本身具有正面和负面的效应，在自己公司还是在对方公司或第三方地点谈判，谈判的会场应该如何布置、座位应该如何安排等都有重要的意义。

谈判者之间合适的距离非常重要。前面说过，东方人、北欧人、德国人一般认为人与人之间合适的空间距离在 1.2 米左右，墨西哥人、南美人、阿拉伯人则认为 0.5 米左右是合适的距离。如果某谈判者与一个墨西哥人保持 1.2 米的距离谈生意，墨西哥人会觉得需要大叫才能让对方听到。

3. 谈判的策略和技巧

前面我们已经讨论了许多有助于谈判成功的技巧。这些技巧原则上都可以使用，只是到了跨文化的情境中其内涵有了扩展，其表现形式有了变化。艾德乐（2002）曾经在合作式谈判的基础上提出了"协作谈判"的概念，并将其作为跨文化谈判者应该遵循的谈判技巧，包含以下五大要点。

（1）良好充分的准备。在准备阶段，主要研究谈判对手的各个方面，包括可能立场、根本利益、BATNA 等。跨国谈判的准备，因为文化的不同，所做的工作就要增加很多，而且在很多时候不能确保你做的研究一定可靠。有许多例子表明对文化的深刻理解不是一朝一夕就可以达到的，需要长期的努力。如果有该文化之内的人相助，也许可以达到事半功倍的效果。在这一点上，美国福特汽车公司曾在中国有惨痛的教训，由于它事前对中国文化没有充分了解，导致合资公司长安福特在成立之初出现大量跨文化冲突，组织效率低下，全球战略实施受到影响，失去最佳市场发展机会。若非如此，今天大量在中国马路上行驶的汽车应该是福特汽车，而不是通用汽车公司的别克汽车。

（2）建立良好的关系。建立关系包括两个部分：先处理与人有关的问题，再处理与谈判事项有关的问题。当与来自不同文化背景的人建立关系时，除了了解对方的处事方式的表面特征，一定得探究背后的原因，了解深层的价值观和信念，搞清为什么该文化中的人会对一些你认为不重要的东西看得那么重要。

美国人常常重事不重人，不愿意在与人建立关系方面"浪费时间"；而中国人又常常重人不重事，花很多时间在了解对方派来的谈判代表身上，结果可能此人没几个月就离开了公司，又要重新花时间了解新派来的谈判代表。如果来自"关系"文化和来自"任务"文化的谈判双方都能适当调整自己的价值取向，认识到"人""物"两方都是谈判取得成功不可或缺的方面，才有可能真正达到良好关系的建立，使谈判顺利进行。

（3）充分交流信息。谈判过程中有相当一部分的时间是花在信息交流上的。通常人们会关注与谈判议题直接有关的信息，如产品的款式、用料、价格、送货时间，服务的范围、性质、速度、质量等。在这些与"物"有关的信息交流过程中，虽然针对的都是客观的东西，但由于沟通方式上的文化差异，误解也免不了发生，双方必须事先对另一方的沟通方式仔细研究才行。

例如，美国人比较直截了当，想了解什么信息会直说，不会遮遮掩掩；日本人就不会直接告知对方需要了解什么信息，而是通过不断问问题的方式了解信息。此外，西方人的思维显得比较线性，喜欢一个议题接着一个议题地讨论，不再回头；而东方人的思维比较综合回旋，在讨论到后面的问题时仍会不断回过头重提前面讨论过的问题，然后不断调整在各项议题上的立场。所以，在分享信息时一定要时刻牢记双方沟通习惯的差异，从而想办法把沟通的鸿沟填补好。

另外，很重要的一点是对"人"的信息的交流分享。要与对方建立起相互关系，光是对"物"的信息交流还无法达到。花时间了解每个人在谈判中的角色，在公司里的职位，他们的教育背景、个人特长、生活背景、家庭情况、个人好恶等，对建立良好的关系至关重要。在了解每个参与谈判个体的个人特征后，你会更容易地理解他们的沟通方式，并了解他们的立场背后的根本利益所在，从而会更容易地从满足对方根本利益的角度出发去寻找解决方案。

（4）创造双赢方案。在建立良好关系、充分交流信息的前提下，创造出适合双方文化风俗的解决方案就应该是水到渠成的事情。事实上，由于文化价值观不同，己方看重的东西可能恰恰是对方不重视的东西，于对方而言价值千金的东西也可能正是己方觉得一钱不值的。文化价值观的不同在跨国谈判上有时反而是对达成协议有利的方面，它使谈判者更容易找到同时满足双方利益的解决方案。

资料链接：最后期限的区间

当然，情况并不完全如此简单，有时候文化差异导致的冲突也会使双方都陷入困境。

（5）促进达成协议。谈判的最后阶段是达成协议。对大部分美国人来说，合同签了，事情就完成了，不用再操心，以后一切照着合同做就行了。但对很多亚洲人（日本人、中国人、韩国人、马来西亚人）来说，合同只是一切的开始，在项目进展过程中，还会不断有事冒出来需要再协商谈判、再修正合同。也就是说，不同文化的人对合同的看法不尽相同。美国人倾向于将合同看成法律文件，字字句句不可更改；而亚洲人只把合同看成一纸协议书，有很多随着情况的变化可以修改的空间。因此，谈判双方必须对最后签署的合同有共识，才不会导致在合同执行过程中出现各种问题。

此外，因为是跨国谈判，最后的合同一定得有两种语言的版本。假如是中美两家企业的谈判，就应该有中英文两个版本。为了保证两个版本的内容完全一致，通常遵循的程序是"翻译—再翻译"。如合同一开始是英文版的，就需要一名精通中英文的人将英文翻译成中文，然后再让另一名精通中英文的人把翻译成的中文重新翻译成英文，最后比较翻译版英文合同与原来的英文合同之间有无出入。如果有，就说明中文的翻译不够准确，需要修正。如果没有，那么就说明中文的译文准确地反映了原来英文的意思。这个过程一定不能缺少，否则，由于翻译带来的误解可能导致双方关系破裂和最终生意失败。

本章小结

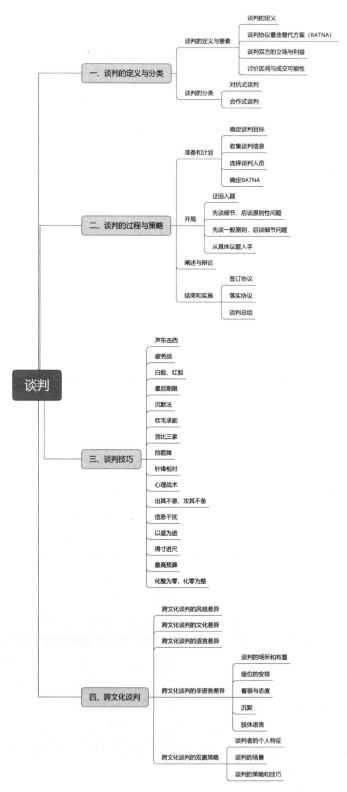

本章谈判练习：房屋出租

 本章典型案例：步步为营，96小时的谈判催收历程

房屋出租

案例人物

我：张总，男，38岁，13年银行信贷工作经验，某外资银行个人贷款部总经理。

洪小姐：40岁，深圳某大型社区内民营幼儿园老板。

案例背景

2013年6月，洪小姐在我服务的银行申请个人经营性贷款1300万元，用于在莲塘开一家新幼儿园的装修、用品、人员等开办及扩张，以深圳某物业、教育机构作做抵押，抵押物评估价值约1800万元。我与经办支行的行长、经办客户经理共同对客户进行了现场调研，充分评估后贷款于2013年8月发放。

风险初显

2014年8月29日是洪小姐贷款到期日，支行提前2个月对其进行例行贷后检查。在审核资料时我发现，客户在我们银行开户，另有在他行办理了7000多元机械贷款，并且近半年，将近10张信用卡100多万元的额度几乎全都用满，我嗅到了一丝危险的气息。于是，我让支行再次对客户进行调查，但支行行长很不情愿，说客户很稳定、很安全，但职业敏感告诉我有问题，我要求陪支行行长一起去，支行行长无奈只能约客户。

现场检查时我开门见山提出了我的疑问，并将提前准备好的资料拿出来佐证我的判断。我问客户：除了幼儿园经营是否还有其他投资？起初客户支支吾吾不愿说，但在我的坚持下，客户只能和盘托出。原来，客户参加了一个当时盛行的"资本运作"的课程，同学基本都是企业老板，学着西方社会利用银行融资的杠杆来进行投资，说白了就是民间集资。洪小姐跟其他4个同学每人出800万元，共筹措了4000万元资金，投资到一部影视作品的拍摄中，她说到时一上映，回报率能达到100%还多。另外，她还借给其他同学大约600万元，月息3.5%，比银行利息高多了。我一听就知道客户危险了，我帮客户认真分析了当前影视市场与民间借贷市场的格局与风险，劝洪小姐撤资。客户却不理解，并责怪银行对其还款能力的质疑，这次面谈不欢而散。

贷款逾期

回行后，我立刻组织召开风险会议，邀请风险部、法律部、经办支行以及条线副行长等领导出席，将当天调查的结果做了说明，指出客户已经处于高风险状态，银行必须提早应对。虽然经办支行还是振振有词为客户辩解，但在其他几个部门与行领导的一致参与下，会议商定方案如下：

（1）密切关注客户贷款到期前的资金安排，须逐步落实资金入账；

（2）马上着手调查客户目前的财产线索，摸清客户家底；

（3）准备好客户续贷资料，说服客户不管续贷与否都进行签署；

（4）着手准备资产保全材料，万一出现风险第一时间进行诉讼保全。

会后，按照会议部署及分工各自展开工作。对客户摸底的同事反馈信息：客户的配偶是国家公务员，副处级干部，在深圳还有一套小点的房产；客户全家老小就住在我们银行的抵押屋里。我们将这些信息都进行了整理，等待还款日的到来。

直到8月28日晚上，洪小姐通知客户经理，原本计划好的资金明天无法及时到账，需要用过桥资金还款并且续提款！还好之前有所准备，约好客户准备提款材料于29日一早来分行签订相关提款协议，并让其联系过桥资金。29日一早，客户来到分行办好所有提款手续，并称过桥资金下午就会入账。到下午的时候，客户的还款资金依然没到位，等到4点，支行联系担保公司的工作人员，工作人员称客户十几万元的担保费用给不出，担保公司无法出账。

洪小姐贷款逾期了……

谈判施压

洪小姐逾期后，分行召开第二次联席会议，制订下一步解决方案：

（1）连夜安排上门，给客户施压，要求客户向我们坦白实际情况，制订下一步解决方案；

（2）分行自行制订解决方案，联系所有熟悉的担保公司，将客户贷款转走；

（3）准备好诉讼保全资料，随时准备向法院递交立案申请。

晚上，趁着月色，支行两位客户经理按之前约定上门拜访客户，不一会儿我的电话响了，客户经理小A说客户不方便在家里谈，要在外面谈。我跟小A说一定要在家里谈，要把压力用最直接的方式传递给客户，让她清楚地了解她的行为已经给她的家庭与生活带来很大的影响，必要的时候可以跟客户说，如果拒绝上门拜访，我们会拿着客户的合同以及违约事实找管理处协助。果然，客户让步了。晚上10点多，客户给我打电话了："张总，我知道我的事情让你们很难做，但你放心，我一定会尽快解决你们的事情，这么晚了，你让你们的两个小伙子回去休息吧。"我平和地说："洪总，方案订好了吗？"洪小姐说："我准备出让我幼儿园的部分股权，明天跟一个同行朋友谈，让他注资800万元……实在不行，我把我的房子卖掉还你们银行的贷款，还不行吗？"看来客户还是有些抵触，我依然平静地说："银行没有那么多时间，今天晚上您要先把您当前的处境一五一十地跟我们工作人员说清楚，明天一早跟您老公一起来我分行订方案，一定要一起来！放心，应该不至于到您说的卖股权、卖房子的地步。""那我们明天再谈吧，我家里有老人有小孩，他们也要睡觉了。""不行，今晚你们谈到多晚都要把这些情况了解清楚，哪怕通宵也要谈，这没的商量！"我坚定地说。"你们这是骚扰，我可以报警的！"洪小姐激动了。"洪总，如果您报警的话，我们也只能跟警察实话实说，您欠我们1300万元没还，我们连了解情况的权利都没有吗？您自己想想，如果您欠社会上那些人的钱，他们会如此客气地跟您谈吗？""……"电话那头传来抽泣的声音，我却只能趁热打铁："您赶紧跟我们的工作人员说清楚吧，然后明天一早订方案。"

方案谈判

快深夜12点了，客户经理用疲惫的声音跟我汇报了交谈情况，我们之前的担心全部变为现实：投资款撤不回，对外借款要不回，幼儿园的经营客户还从其他地方借了100多万元，目前手头一点流动资金都没有。而她老公对她的这些事情并不是特别了解，知道情况后非常生气，两人大吵了一架。

8月30日，周六，一大早洪小姐与其老公来到分行，我与支行行长亲自接待。我提出分行之前制订的方案：先由担保公司将其贷款接收过去，保住自身信用记录，再找其他银行重新申请贷款，用于置换担保公司借款，并将现在的短期流动资金贷款转变为中长期贷款，缓解她的短期还款压力，解决期限错配、流动性不足的问题。洪小姐一听到担保公司每月3%的利息，又开始犹豫了。我负责任地对她说："你付出几十万的成本，保住你的幼儿园股权、你的房产，避免银行起诉……孰轻孰重，你自己判断。""好吧。"洪小姐有些犹豫地说。

当即我就联系了几家担保公司，其中一家了解了情况后表示基本没有问题，并且愿意周末加班，若一切顺利的话，9月1日周一就可以安排放款。于是，周六、周日我们开始了忙碌的准备工作。

再生波折

合作的担保公司周一一大早就将周末加班准备好的材料上报至决策层审议并通过了。这时，担保公司经办人员打电话给我，说客户不接电话了！我当时心里一惊，亲自拨打了洪小姐和她老公的电话，真的无人接听。我感觉事情有些蹊跷，便一方面派人直扑上门找人，另一方面见了洪总，低信派了严重后果，并将我们事先准备的诉状抬照给她看。大约过了一个小时，洪小姐的电话打了过来："张总，我觉得这个方案我还是要再考虑一下，你再给我点时间吧。""不行。"我心里清楚，如果这个时候退步，我们银行将陷入绝对的被动。"今天您不配合，分行管理层已经决定马上诉讼查封您的房产。"我对她说。洪小姐说："我咨询了律师，律师说过，银行即使诉讼查封，等到处置完也需要很长的时间，这点时间，我有能力解决你们的问题。"洪小姐态度的转变让我有点措手不及。"洪总，您自己考虑清楚，一旦诉讼，您就会有案底，再加上如果您的逾期时间拖长，您找其他银行贷款的可能性会越来越低。请相信我，我们的方案是双赢的。"我只能先稳住她，脑子却在飞速地运转。洪小姐说："我想清楚了，我再也不找银行贷款了，实在不行，我就把房子卖掉，从头来过。"我心里暗骂："怎么这么钻牛角尖！"可现实中却不能跟她争吵，只能整理一下自己的情绪，继续跟她说着不良的后果。但洪小姐已经掉进自己的思维习惯中，无论我怎么说，她就是不同意，不惜采用两败俱伤的劣等办法来对抗。我心急如焚，突然心中一动，狠下心对她说："洪总，您的幼儿园明天就正式开学了，如果您真的采取对抗的方式解决问题，我们银行只能向市教育局反映，您拖欠了我们巨额债务，我们要查封您的幼儿园。为了不至于因小孩子的教育引起社会群体事件，请教育局责令您的幼儿园停止营业招生！""你们，太过分了！"洪小姐抓狂了。"没办法，洪总，我一直觉得整个事情都是您比较过分。"我硬着心肠，"您必须现在过来配合执行我们的方案，不然我们马上采取行动！"

圆满解决

最终，洪小姐还是配合我们的解决方案，用预先收到的部分学费支付了担保费用，结清了我们银行贷款。96个小时的紧张追款，终于有了一个较为圆满的结果。而我用了不到1个月的时间就联系洪小姐在华润银行成功获批了5年期的贷款，直到现在，洪小姐还是非常感谢我们银行当初逼她所做的决定。

资料来源：张晓亮. 广东财经大学 MBA 管理沟通作业[Z]. 2015.

 本章思考与讨论

一、仔细阅读开篇导引案例"商务谈判'售后'记"，回答下列问题：

1. 从谈判策略与技巧的角度，谈谈主人公与张总、李先生在前期谈判过程中各有哪些失误。

2. 复盘本次三方谈判，谈判沟通方式还有哪些需要改进的地方？

二、仔细阅读本章典型案例"步步为营，96小时的谈判催收历程"，回答下列问题：

1．你认为这次催收谈判过程是对抗性谈判还是合作性谈判？为什么？

2．试分析张总在整个谈判过程各阶段运用了哪些策略。

3．你认为案例中张总运用了哪些谈判技巧，这些技巧的效果如何？

4．"谈判对手理解力达不到要求时，往往需要教育提升你对手的水平"，试通过本案例谈谈你对这句话的理解。如果洪小姐不接受这个方案，试预判一下后续双方的结局。

三、试举例分析你身边遇到的案例中所涉及的谈判策略和技巧。

延伸阅读提示

1．刘必荣．中国式商务谈判[M]．北京：北京大学出版社，2011．

2．苏勇，罗殿军．管理沟通[M]．2版．上海：复旦大学出版社，2021．

3．张莉，刘宝巍．管理沟通[M]．3版．北京：高等教育出版社，2017．

4．杜慕群．管理沟通案例[M]．北京：清华大学出版社，2013．

5．道森．优势谈判[M]．刘祥亚，译．北京：北京联合出版公司，2022．

6．邹芙林．试论文化差异对国际商务谈判的影响[J]．企业世界，2007（6）：40-41．

7．建修．商务谈判36计[M]．北京：当代中国出版社，2002．

第4篇

管理沟通未来发展趋势

◆ 第11章 组织管理沟通未来发展趋势

第 11 章 组织管理沟通未来发展趋势

> 与天地相应，与四时相副，人参天地。
> ——《黄帝内经·灵枢·刺节真邪》

本章目标

◇ 了解组织管理沟通未来的发展趋势与沟通渠道。
◇ 认识学习型组织的沟通原则。
◇ 了解虚拟组织沟通的特征。
◇ 了解网络沟通的特征及其优势和劣势。
◇ 了解网络环境下的组织沟通伦理。
◇ 掌握网络环境下的管理沟通策略。

关键概念

管理沟通发展趋势；网络沟通；虚拟组织；学习型组织；移动互联网；沟通伦理。

导引案例："粤省事"将便民服务发挥到极致

2018年5月21日，为不断提升广东政务服务效能，根据今年数字政府改革建设重点部署，广东在"粤省事"微信小程序架构基础上打造出 App 版本正式发布上线。其全新推出团体码、一键找核酸点、快捷亮码、个人数字空间、粤省事码、老人关怀版、地方特色服务大厅、数字人民币专区八大亮点功能。

广东省政府副秘书长、广东省政务服务数据管理局局长杨鹏飞在会上介绍，粤省事小程序作为粤省事 App 的架构基础，是全国首个集成各部门民生服务的移动平台，自上线以来，集成各级各部门超过 2400 项高频政务服务事项，实名注册用户超过 1.64 亿人，成为全国用户最多、服务集成度最高、最活跃的省级移动政务服务平台。

杨鹏飞表示，粤省事 App 更具开放性，支持各地各部门现有政务服务一次开发、多终端复用，让移动应用建设和接入更加便捷高效。其不仅支持微信支付、银联云闪付，还支持支付宝、数字人民币等支付方式接入，为群众办事提供更多选择。同时，粤省事 App 在政务服务应用场景上更丰富，提供更多主动、智能化的服务体验和内容。比如，"粤省事码"可以为用户提供扫码住店、乘车、疫情防控查验等服务。

作为今年广东省数字政府重点建设任务，"个人数字空间"率先在粤省事App上线。目前，该空间首批包含92项常用证照和31项常用个人信息，为个人数据授权使用探索出一条新路径。在便利用户办理政务服务的同时，也为下一步广泛应用于金融、通信等各行业、各领域搭建一个安全稳定的框架和载体。

"团体码"功能是粤省事App的一大创新，用户一次认证"团体码"后，管理员便可随时查看其个人最新的防疫信息。在"一键找核酸点"功能中，群众可在线查询核酸检测机构信息，并直接启动导航服务以前往最近的核酸检测点。同时，在手机桌面长按粤省事App图标，即可"一键亮码"和扫码，能够提升日常核验效率。值得关注的是，粤省事App开发出老年用户一键转换"关怀版"，语音搜索升级支持23种方言，能够便捷办理养老相关事项，并能够一键拨打12345政府服务热线，让老年人等特殊群体办事更容易。

广东启动数字政府改革4年多以来，致力于构建高效集约的一体化基础支撑平台，目前已基本建成数字政府"1234+N"工作业务体系。具体来说：

"1"即广东省政务服务数据管理局牵头推动的"一个要素市场"，去年广东数据要素市场化配置改革在全国率先破题。

"2"即加快出台与数字政府建设紧密相关的《广东省政务服务条例》《广东省数据条例》"两个法规"。

"3"即全面建成数字政府建设运营中心（数字广东公司）、广东省政务服务数据事务中心、广东数字政府研究院"三个支撑"。

"4"即瞄准政务服务"一网通办"、省域治理"一网统管"、政府运行"一网协同"、数据资源"一网共享"四个主攻方向。

"N"即这几年广东创新推出的粤省事、粤商通、粤政易、粤省心等标志性成果。

资料来源：https://baijiahao.baidu.com/s?id=1732822904266024273&wfr=spider&for=pc。

全球经济的迅猛发展以及竞争的日趋白热化，对未来组织的管理沟通实践提出了莫大的挑战。

移动网络的普及化及虚拟组织的出现使未来组织的管理沟通不再受时空限制，为更广泛、更频繁、更便捷的组织内和组织外的沟通、交流创造了良好的条件。但是，不可否认，网络沟通也给当今组织带来诸如信息超负荷、理解偏差、横向沟通扩张等弊端，成为未来组织管理沟通中不可避免的障碍。

11.1节概要介绍组织的未来管理沟通发展趋势与沟通渠道；11.2节介绍未来学习型组织的沟通原则；11.3节探讨虚拟组织与网络沟通的特征；11.4节探讨网络环境下的沟通伦理与策略。

11.1 组织管理沟通未来发展趋势概述

未来的组织管理沟通是指在新的组织结构、新的观念、新的技术下，通过各种形式实现组织内部及组织外部信息传递和交换的过程。

11.1.1 未来的组织发展趋势

信息技术的使用和普及为当代组织的信息传递提供方便，同时也对管理沟通实践提出了新的挑战。随着学习型组织、网络沟通及虚拟组织越来越明显地成为未来组织的主要发展趋势，有必要对未来组织中的管理沟通进行考察以探寻在新形势、新环境下有效管理沟通的途径。

未来的组织有两大发展趋势：第一，从传统的机械体系向更为有机的体系转变，这种转变基于这样一种认识，即组织的竞争优势取决于组织对知识资产或人力资本进行有效管理的能力；第二，随着跨国组织的不断膨胀，未来组织的地域跨度越来越大，分支机构分布范围越来越广。

为了能够适应这种发展趋势，组织需要创建一种学习型机制，充分有效地运用网络信息技术并开发和利用人力资源以增强组织竞争力。因此，学习型组织、网络沟通及虚拟组织不仅是这种趋势下的必然产物，也将成为今后较长时间内未来组织发展的必由之路。

11.1.2　未来的组织沟通渠道

除了传统的沟通方式，随着信息技术的发展和日臻成熟，互联网成为企业信息化结构必然的选择。企业的网络沟通方式多种多样，主要形式有以下几种。

1. 电子邮件

电子邮件沟通是指企业计算机网络上的各个用户之间通过电子邮件进行沟通、交流的方式。电子邮件沟通可以实现一对一的通信需要，也可以实现一对多、多对多的通信需要。因此，利用电子邮件这个渠道，企业管理者可以向某个个体传递信息，也可以向某个群体发送会议通知、备忘录等。电子邮件的其他功能包括转发邮件、建立新闻组、订阅电子刊物等。

> **案例链接：500强公司的电子邮件使用共识**
>
> （1）对于常规性的工作责任，就不用致谢信了（这是因为有些人特别喜欢发"谢谢"两个字给别人，不管必要与否）。
>
> （2）常用 FYI（for your information）——仅供参考和 NRN（no response needed）——无须回复。
>
> （3）收到 FYI 和 NRN 的人不要把此信息当回事（意指不要动不动就回复）。
>
> （4）绝对不使用"回复全部"，除非真的有必要。
>
> （5）当一串电子邮件变得越来越复杂、过长或双方情绪失控时，拿起电话或者走到别人跟前，面对面解决问题。
>
> （6）需要约定有多方参加的会议，使用电子邮件中的年历计划功能，而不要发邮件给多人。
>
> （7）工作时间之外，尽量不用电子邮件沟通。
>
> （8）容量超过1MB的邮件，没有收件人的同意就不要发。
>
> （9）更新主题栏（在一串的转发或回复中）。
>
> （10）当收件人超过一个时，把工作具体地布置给某人，特别是当你有多个要求时。
>
> （11）当你被抄送时，不要回复，除非有必要。只有收件人需要回复。
>
> （12）避免闲谈或讲笑话。
>
> 资料来源：https://ishare.iask.sina.com.cn/f/IgBszIEMngv.html。

2. 网络电话

随着互联网技术的发展，利用网络进行实时通话的梦想成为现实。网络电话的发展经历了三个阶段：电脑对电脑的通话、电脑对电话的通话和电话对电话的通话。目前，不仅实现了电脑和电话的通话，而且电话对电话可以实时通话。也就是说，世界上任何一部普通电话机都可以通过互联网呼叫本地或异地的普通电话机。与传统的长途或越洋电话相比，IP 网络电话的突出优势是价廉，通信成本大大降低。近年来，随着移动互联网的不断普及，微信电话等逐步成为网络电话的主流。

> **资料链接：Skype——免费的全球性网络电话**
> Skype（中文名：讯佳普）是一款网络即时语音沟通工具，其具备 IM（instant messaging，即时通信）所需的功能，如视频聊天、具心日音业机、多人聊天、即屁文件、文字聊天等。通过它可以免费、清晰地与其他用户语音对话，也可以拨打国内、国际电话，无论固定电话、手机均可直接拨打，并且可以实现呼叫转移、短信发送等功能。Skype 目前已成为全球最受欢迎、最普及的网络通信工具。
> 资料来源：http://baike.baidu.com/view/7042.htm.

3. 网络传真

传真是企业进行外部沟通的主要形式之一。传统的传真技术须通过当地、国内或国际长途线路实现，存在费用昂贵的缺点。而且，传统的传真技术需要发送人在事前确认接收者传真机的工作状态，在发完传真后，再打电话确认。而网络传真通过互联网使传真件发送到对方的普通传真机或电子信箱中，可以选择在任何时间、任何地点发送传真。而且网络传真也有电脑和传真机间通信、传真机和传真机间通信两种形式可以选择。因此网络传真在功能上比传统传真更强大，在价格上更便宜，在时间上更自由。

4. 电子论坛（BBS）

电子论坛是供企业发布信息和员工自由发表言论的地方，又名电子公布牌。目前，电子论坛一般与电子公告牌相结合使用，用户可以将自己对某产品的建议或对某事的看法写成小文章张贴在电子公告牌上，也可以对公告牌上自己感兴趣的话题进行讨论。

电子论坛的另一重要作用是发布新闻。基于内部网络的新闻发布，可以满足内部员工对公司经营信息的需求，为此，企业可以借助内部网络新闻发布系统出版电子刊物，替代传统的内部刊物。基于外部网的新闻发布，可以满足企业合作伙伴以及主要顾客对企业经营信息的需求。基于互联网的信息发布，可以满足所有一般意义上的外部顾客对企业经营信息的需求。这可以比作企业的窗口，向公众传达企业的经营理念，树立企业形象。

5. 即时通信

随着移动互联网的普及，网络即时通信工具已经迅速发展为人们最常用的网络通信方式之一，也是目前使用率最高的网络软件。微信、QQ、MSN、飞信等是目前非常流行的网络即时通信工具，其中微信已是全球用户最多的手机网络即时通信工具。截至 2020 年年底，微信活跃用户超过 12 亿人；此外，还有各个专业网站附带的即时聊天软件，例如，新浪微博的私信、阿里巴巴的诚信通、163 的网易泡泡、校内网的校内通等。不可否认，即时通信非常深刻地融入了我们的日常生活和工作。虽然某些企业禁止在工作时间使用即时通信工具，但是员工也没有完全脱离对这些软件的使用；某些企业甚至鼓励员工使用即时通信工具以降低企业运作成本。

> **资料链接：国内阅后即焚的社交聊天软件**
>
> 现在越来越多的人重视个人安全隐私，当我们在网上聊完天后，我们的谈话内容会留存在手机和网络上，具有被揭露和分散的风险。而阅后即焚可以让对方查看后的谈话内容当即毁掉，相当于为我们的谈话安全加了一把锁，让我们可以放心大胆地畅聊各种敏感话题，免除信息走漏的后顾之忧。国内阅后即焚的社交聊天软件有以下几个。
>
> （1）密聊猫。阅后即焚只是密聊猫的附带功用，它还可以伪装成其他 App，聊天内容、消息通知伪装，并且聊天记录不上传服务器，只加密存储到两头设备，还有发后即删、阻止截图等功能。
>
> （2）钉钉。用户在谈天输入框中输入"***"，就可以主动进入"密聊"情况，两头的头像会被打马赛克，昵称会被隐藏，发送给对方的音讯会在对方翻开你们的谈天界面后，进行倒计时删除。整个谈天界面是不能进行截图和录屏的，一切谈天音讯也不允许复制、转发。
>
> （3）蝙蝠。相对于钉钉，蝙蝠算是比较小众的一款谈天软件。它主打的就是安全谈天，选用的非对称端对端加密技能（现在全球最有名的几款安全谈天软件都运用端对端加密），谈天内容在传输过程中是加密的，只有谈天目标间可以看到真实的谈天内容。
>
> （4）支付宝。尽管很少有人用支付宝谈天，但支付宝确实可以算是一款谈天软件，并且具有"阅后即焚"功用，只不过它叫"悄悄话"。
>
> 资料来源：https://zhuanlan.zhihu.com/p/389634478.

案例链接：利用QQ群进行群体沟通结出专业研究成果

6. 企业商务沟通软件

微信在客户端的火爆引发的马太效应让各大互联网通信巨头绝不放过做企业级"微信"的机会，但在企业端领域，还没有出现像微信在客户端领域那样处于绝对领导者地位的厂商，目前专注工作方式的钉钉或有机会成为佼佼者。这些企业级商务沟通软件按功能形态大致可以分为业务管理、办公管理、沟通协作，往下细分如移动 OA、CRM、团队 IM 沟通、协作或项目管理，各个产品服务商的差异化越来越低，也有较大功能重叠性，各家服务商用到最多的几个词是：连接、工作方式、工作平台。下面简介四种相对常用的应用。

（1）钉钉。钉钉是一种工作方式；是阿里巴巴集团专为中国企业打造的免费沟通和协同的多端平台，支持移动终端和电脑间的文件互传。目前，钉钉宣布与 Uber 合作，正在从一款团队沟通应用向企业办公门户衍变，未来甚至可能布局企业 O2O。但钉钉作为一种工作方式，核心功能还在于为企业量身打造统一办公通信平台，主打即时通信功能，集成了 IM、电话、邮件等，解决跨部门沟通、异地团队沟通与管理难题。

（2）企业微信。企业微信是腾讯微信团队打造的企业通信与办公工具，具有与微信一致的沟通体验、丰富的 OA 应用和连接微信生态的能力，可帮助企业连接内部、连接生态伙伴、连接消费者，实现专业协作、安全管理、人即服务。

企业微信已覆盖零售、教育、金融、制造业、互联网、医疗等 50 多个行业，正持续向各行各业输出智慧解决方案。

（3）腾讯会议。腾讯会议是腾讯云旗下的一款音视频会议软件，于 2019 年 12 月底上线,具有300人在线会议、全平台一键接入、音视频智能降噪、美颜、背景虚化、锁定会议、屏幕水印等功能。该软件提供实时共享屏幕,支持在线文档协作。

自2020年1月24日起腾讯会议面向用户免费开放300人的会议协同功能,直至疫情结束。此外,为助力全球各地抗疫,腾讯会议还紧急研发并上线了国际版应用。3月23日,腾讯会议开放API接口。2022年6月30日,腾讯会议应用市场正式上线。

(4) Zoom会议系统。Zoom是一款多人手机云视频会议软件,为用户提供兼备高清视频会议与移动网络会议功能的免费云视频通话服务。Zoom致力于帮助广大企业和组织打造无障碍的沟通环境,提升工作效率。我们的视频、语音、内容共享和聊天云平台上手简单、安全可靠,可以跨移动设备、桌面、电话和会议室系统运行。Zoom已在纳斯达克(ZM)公开上市,总部位于美国加州圣何塞。

案例链接:魅族科技公司运用"钉钉"提升沟通效率

2020年8月3日,Zoom在其中文官网上表示,Zoom停止向中国用户直接销售产品,转由第三方提供服务。据悉,这一规则变更于8月23日生效。

2020年8月4日,视频会议软件Zoom对外宣布,从8月23日起,Zoom在中国(不包括港澳台地区)转换为仅合作伙伴模式,停止直接向中国客户出售新产品或升级已有产品,Zoom之后在中国仅通过第三方合作伙伴提供视频会议服务。

主要网络沟通方式的比较如表11-1所示。

表11-1 主要网络沟通方式比较

比较项目 沟通方式	主要优点	主要缺点	适用范围
电子邮件(e-mail)	流向清晰、发送速度快、传达准确、保密性好	邮件接收得不及时、需要反馈等待	需要向特定主体(个体或全体)传递需要保密的信息
电子公告牌(BBS)	信息内容丰富,发布接收信息方便,信息公开透明	保密性差、谣言或不实信息会迅速传播	需要向员工或其他相关人员公布的信息或需要征询相关人员意见
聊天室(Chat Room)	可以实现异地同步沟通、立即反馈、话题丰富、保密性好	受沟通对象是否在线的制约与文字载体的约束	适合员工与领导或员工之间工作之余的情感沟通
网络电话、传真	沟通即时,反馈无须等待,内容清晰,成本低廉	通话时间有一定限度、对沟通内容有一定的要求	紧急性的、需要立即回复的简短内容,容易表达清楚的内容
电子内部刊物	成本低,保留时间长,浏览方便,针对性强,具有较强的时效性	信息传递的确定性和范围难以预知	专业性、针对性较强的信息沟通
网络会议系统	召集会议方便、省时、省力,比现场会议节约成本	互动效果相对传统会议较差,参会人员精力投入不充分	不同地域人员参加的非大型会议或需要紧急召开并由分散在各地的人员参加的会议

续表

比较项目 沟通方式	主 要 优 点	主 要 缺 点	适 用 范 围
即时通信产品	方便、即时互动、高时效,成本低廉,随时、实地	受沟通对象是否在线的约束,容易信息超载,并有可能泄密	适合员工与领导或员工之间工作之余的情感沟通
商务沟通软件	方便,功能强大,针对企业量身定制,保密性好	订制需要付出一定的成本	企业日常管理的层级沟通与流程传递

资料来源:董玉芳,王德应. 基于网络技术的企业管理沟通:选择与组合[J]. 江淮论坛,2005(5):34-38.

11.2 学习型组织的沟通原则

在 11.1 节中提到,为了适应未来组织的发展趋势,组织必须建立一种学习型机制。学习型组织的沟通是指在有机的、高度柔性的、全通道的、符合人性的、善于持续学习和发展的组织中,全体成员凭借其创造性思维能力进行相互沟通、相互交流和相互学习的过程。

学习型组织的概念由彼得·圣吉提出,十多年来在全球范围的企业中得到了广泛的重视。彼得·圣吉在其经典著作《第五项修炼》一书中,对学习型组织做了这样的描述:在学习型组织中,"人们不断地扩张自己的能力,去创造他们所真正期望的结果;人们可以释放出他们郁结已久的激情;人们可以不断学会如何在一起学习"。

学习的过程本身就是沟通的过程。因此,沟通对于一个学习型组织而言是相当重要的,它渗透于学习型组织的各个环节。一个组织要保持持续学习的能力就必须进行良好的沟通和信息的交流。

学习型组织的特征主要表现在组织结构、组织氛围、管理理念以及沟通机制等方面。

11.2.1 组织结构

学习型组织的沟通结构是全通道式的,如图 11-1 所示,从决策层到操作层,中间相隔层次极少。组织的边界将被重新界定,组织由多个创造性个体组成,它尽最大可能地将决策权向组织结构的下层移动,让最下层单位拥有充分的自主权,并对产生的结果负责。它打破了传统组织中那种比较适合在静态环境下施行管理的金字塔式结构,更具有灵活性和战斗力,特别适合当今瞬息万变的动态环境。学习型组织竭力

图 11-1 全通道式组织结构

倡导从各级管理层到员工之间的积极互动和全通道式的沟通,而这种沟通是建立在团队基础上的。

> **案例链接:微软锻造学习型企业**
> 微软是怎样创建学习型企业的?首先树立了正确的"学习"理论。微软提出的理念是"学习是自我批评的学习、信息反馈的学习、交流共享的学习"。为此,微软提出了四个原则:

> 第一，从过去和当前的研究项目与产品中系统地学习。
> 第二，通过数量化的信息反馈学习。
> 第三，以客户信息为依据进行学习。
> 第四，促进各产品之间的联系，通过交流共享学习成果。
> 微软的重要理念是通过交流学习实现资源共享。微软为了交流共享，采取了三个措施：
> 第一，成立共同操作、沟通系统。微软是个庞大的系统，需要高度的沟通。
> 第二，开展相互交流活动。
> 第三，开展"东走西瞧"活动。比尔·盖茨要求员工工作时间在各产品开发组之间尽心、尽力、尽责、尽职，起到沟通、交流、相互学习的作用。
>
> 资料来源：https://www.doc88.com/p-908238117674.html?r=1.

11.2.2　组织氛围

学习型组织的氛围是开放的、宽松的。在传统组织中，尽管也承认非正式沟通网络不可避免，却认为非正式沟通网络的活动与组织无关，甚至不利于组织目标的实现，因此对其采取压制的态度。而在学习型组织中，那些由研发人员和工程师们因为相同兴趣、爱好或类似追求而组成的非正式沟通网络则被视作有利于增进员工之间的相互信任、知识共享、专业讨论以及知识创造。因此，在学习型组织中，管理层对于非正式沟通网络是默许、认可的，有时甚至是鼓励的。

11.2.3　管理理念

学习型组织的管理遵循的是一种富有弹性的管理理念，即柔性管理理念，以适应瞬息万变的市场及其生存环境。这种理念的内涵包括：第一，应变能力，即培养组织成员具有应对各种变化的能力，以调整思路，避免威胁；第二，承受能力，即培养组织成员在面临由变化所带来的负面影响时，能够表现出坚强、有韧性，以积极的态度战胜困难或危机的能力；第三，自主管理能力，即培养组织成员具有诸多方面的能力，如边工作边学习、掌握工作和学习紧密结合的方法、发现工作中的问题、自行构建团队、自己选择沟通时机和方式、自己决策、组织实施、检查效果以及自我评估等。

在学习型组织中，管理者既是设计师又是公仆，既是学习者又是教练。作为设计师，管理者应该设计出管理沟通的新途径；作为公仆，管理者应该对实现组织愿景具有强烈的使命感，并通过有效沟通去影响和感染其他组织成员为早日实现组织愿景而共同努力；作为学习者，管理者应该具备极强的学习能力，其中包括学习新事物、接受变革、向组织中其他成员学习以及向其他组织学习；作为教练，管理者应该具有做出准确判断和出色沟通的能力，协助员工对真实情况进行正确、深刻的把握，同时应该允许员工充分表达自己的想法，保持对新的想法的激励态度，以及对失败和错误的宽容态度，这样才能有效地促进创新。

在学习型组织中，员工大多是知识资产的拥有者，他们加入组织主要是为了寻求发展空间和实现自我价值的机会，因此他们不再是单纯意义上受雇于企业的劳动者，而是"知识资本"的投入者，是企业收益的分享者。从这个意义上说，学习型组织是员工发展的平台，而员工反过来又是组织发展的基础，组织成员之间的职位差异、知识差异和工作分工不带有任何等级差异。在这样的组织中，一切管理沟通活动都建立在平等的基础之上。

> **案例链接：**
>
> 松下幸之助在83岁高龄总结自己60年经营实践时，把正确的管理理念放在首位。有了经营管理理念，还要把这种理念渗透到组织成员的内心，渗透到组织的日常活动中。领导者的价值观对于共同愿景的建立、自我超越的推进、团队学习的实施、系统思考的演进都是最重要的决定因素。这给我们两个提示：一方面，在管理者的选择机制上，应更加注重管理者的个人品质；另一方面，管理者也应该注重自身的修养，通过各种途径提高自身的素质。
>
> 资料来源：松下幸之助. 自来水哲学：松下幸之助自传[M]. 李菁菁，译. 海口：南海出版社，2008.

11.2.4 沟通机制

从上述学习型组织的特征来看，真正优秀的学习型组织一定是建立在良好的沟通机制上的。第一，组织内部的气氛是宽松的，相互之间对待过失的态度是宽容的；第二，组织中管理层和非管理层的等级差异不存在或不明显，更多的是一种平等的、相互扶持的关系；第三，组织中的每个成员都是积极的、开放的，都愿意与他人分享自己的知识成果，并乐意采纳他人的建设性意见，及时修正自己的错误观点；第四，部门间经常交流，合作频繁，不会为了各自的利益明争暗斗；第五，组织与外部社会保持联系和沟通。

案例链接：企业微信带来的信息变革

11.3 虚拟组织与网络沟通的优劣势

随着跨国组织的不断扩张，虚拟组织和网络沟通对于企业而言越发重要。在信息技术不断进步的前提下，虚拟组织的沟通和网络沟通有其各自的特点。

11.3.1 虚拟组织的沟通特征

虚拟组织通过计算机技术和信息技术将地域上分散的团队成员连接起来以便捷地共享知识，达到共同的目标。虚拟组织的沟通具有以下特征。

1. 开放性

虚拟组织通过便捷的软件和共享的技术能够涉入供应商、顾客、利益相关者甚至竞争对手的外部网络中，从而与供应商、顾客、利益相关者保持更紧密的联系和更开放的沟通。

2. 共享性

虚拟组织改变了计算机系统集中化、通道有限的机械体系，构建了一个重要的信息使用者都可以从计算机网络系统中获得信息的有机体系。在这一体系中，经过授权，无论是个体还是团队，都可以进行信息传递、交流、加工及运用知识和信息解决实际问题。

3．时效性

虚拟组织通过利用最新的信息技术及时捕捉在线信息，更新数据。这些信息和数据为组织的决策和良好运作提供了快捷、准确的参考数据，使组织能够把握市场变化、适时地做出必要的调整。

4．全球性

虚拟组织凭借互联网有力的通信和信息技术，跨越时空与全球任何地方进行全方位的沟通和合作。这是传统模式下的组织做不到的。

5．灵活性

虚拟组织没有固定的结构，而是倾向于分散型和自主型、管理的柔性化和扁平化的网络结构。虚拟组织具有相当大的灵活性，一旦发现或意识到组织的战略目标、产品方向与组织利益发生冲突，便可以解散现有的虚拟组织，重新设计一个虚拟组织。

6．实践性

在虚拟组织中，管理者通过改变组织结构调整内部运作方式、工作职责及命令链来适应瞬息万变的内部条件和外部环境。管理者需要向员工清晰描述组织目标和组织愿景，有效授权。员工需要时刻掌握新信息、新技术和新能力，对不断变化的顾客需求做出迅速的反应。

11.3.2 信息技术对组织沟通的影响

网络沟通是指组织通过信息技术（IT）网络实现组织内部和组织外部的沟通。

从本质上来讲，网络沟通与传统沟通的不同突出表现在：网络沟通凭借的媒介主要是计算机网络和移动通信网络。但事实是，彻底抛弃传统沟通媒介，而纯粹凭借网络沟通媒介的组织在今天还很少。所以，广义的网络沟通组织是指那些网络沟通与传统沟通并行，或者网络沟通占主导地位的组织。接下来从两个方面重点阐述信息技术对沟通的影响。

1．信息技术对管理沟通环境的影响

信息技术正在把世界经济由工业经济时代推进到知识经济时代，成为知识经济的核心技术。网络的诞生引爆了更多的观念，为了不被历史无情地抛弃，企业必须重铸观念。网络使企业组织"分子化"成为可能，组织内部的员工更应该被称为知识工作者，成为企业的最小单位，可根据工作的需要做机动组合，通过网络合作，以知识和创意为企业创造价值。

网络的出现改变了企业的竞争环境与方式，小企业可以通过网络整合资源，结成同盟，建立网络化的组织，从而与大企业竞争。在信息技术不断更新迭代、网络沟通快速发展的环境下，大不一定强，小不一定弱，企业的成败不再一定取决于资本和规模。

（1）宏观层面。

① 不破不立，不进则退。网络时代，竞争的特点就是：竞争规模更大，竞争时机稍纵即逝。"失之毫厘，谬以千里"，一夜之间，行业的领头羊可能就会处于竞争劣势，原因就是对新生事物的认识稍稍迟于竞争对手。

计算机和通信技术的发展遵循摩尔定律。英特尔公司创始人之一戈登·摩尔通过观察发现，芯片上可容纳的晶体管数目约每隔 18 个月便会增加一倍，芯片性能也将提升一倍，价格则下降一半。这意味着，每经过 6.6 年，微处理器性能就能提高 10 倍，每隔 13 年提高 100 倍。高科技业界的竞争者必须以摩尔定律指示的速度推陈出新，随时以新的产品淘汰现有产品。

② 生命不息，学习不止。摩尔定律所揭示的高科技领域快速变动发展的特性，在驱使企业不断创新和变革的同时，也向企业昭示组织与个体必须持续学习。一方面，知识老化的速度日益加快；另一方面，新的知识不断扑面而来，没有哪个企业和个体在某一阶段的知识储备可以永远满足其需求，唯有不停地学习新技术、新理念，组织和个体才能永远站在时代发展浪潮的顶端。

学习成为网络时代、数字化时代企业制胜的法宝，学习能力也渐渐凸显为企业的核心能力。

③ 团队协作，互动共荣。应对网络时代的快速竞争，缺乏协作的个体独立工作方式显得捉襟见肘。为了获得更大的产出，企业组织结构出现团队化的态势。伴随团队化的"团队精神"，在高效准确处理日益复杂的任务中发挥了无可比拟的作用。这种由信息技术和网络技术推动的团队化趋势和团队精神，在曾经是孤胆英雄主义大行其道的美国更是得到了飞速发展。

（2）微观层面。信息技术推进三网融合，即电信网络、计算机互联网络和有线电视网络相互渗透、互相兼容并逐步整合成为全世界统一的信息通信网络，其中互联网是其核心部分，如图 11-2 所示。

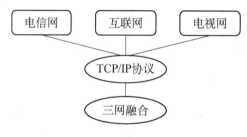

图 11-2　三网融合示意图

电信网、互联网、广播电视网在向宽带通信网、下一代互联网、数字电视网演进的过程中，通过技术改造，使其技术功能趋于一致，业务范围趋于相同，网络互联互通、资源共享，能为用户提供语音、数据和广播电视等多种服务。

三网融合并不意味着三大网络的物理合一，而主要是指高层业务应用的融合。以后的手机可以看电视、上网，电视可以打电话、上网，电脑也可以打电话、看电视。三者之间相互交叉，形成你中有我、我中有你的格局。

借助三网融合，企业经营运作、信息获取将更有效率。企业内部成员几乎可以随时随地通过手机、平板电脑甚至电视处理公司内部事务，发布内部文件，进行大量的信息分享和沟通；也可以更方便快捷地与客户保持良好沟通联系，使跨地区企业间合作与贸易往来更加便捷经济。

2．信息技术对管理沟通主体的影响

信息技术对管理沟通的主体也产生了巨大的影响，主要体现在以下两个方面。

（1）管理者角色的转变。信息技术日新月异的发展和更新，以及其在企业快捷的应用和推广，不仅提高了管理和运营的效率，也改变了企业的运作和管理模式。信息技术及其在商业领域的应用，向工业时代形成并得到尊重的种种传统策略提出挑战，摆脱传统组织分工理论的束缚。以任务和作业为中心，倡导面向顾客和员工，强调自治管理和授权的新型管理技术和手段如雨后春笋般出现，传统的基于"命令与控制"的管理策略正在被注重"集合与合作"的企业内部和企业之间多团队的管理方式所取代。

信息时代向管理者提出了新的挑战，管理者要保证其组织的管理沟通与信息交流得到全面的应用，以最小的投入得到最大的产出；同时，管理者还必须保持各种管理决策能够在向下传递的过程中不"走调"，并对员工、顾客、合作伙伴、投资者和支持者产生预期的影响；再者，来自员工、顾客、合作伙伴、投资者和支持者的各种建议、要求等信息，要及时反馈到管理者的"接收器"，以确保管理决策的准确性和前瞻性。

在知识经济时代，企业生存的外部环境发生了重大变化，企业与它的商业伙伴、供应商、顾客之间是一种平等的关系。这种外部关系基于信任和共有的利益。不同的部门、相关的部门之间必须仔细倾听、互相尊重和诚实。随着不同的公司用电子数据交换、技术数据交换和互联网彼此联系，它们开始共享长期计划和购买意向。

同时，纵向分层次、横向分部门的传统金字塔结构被打破，企业组织结构出现扁平化。横向职能部门间不可逾越的分界线被拆除，以作业和任务流程为中心进行再造，各职能部门的活动出现并行化趋势，而非按传统的顺序化进行。

（2）员工角色的转变。信息技术革命的主体无疑是人，而非计算机。在这场革命中，人的体能和智能得到极大限度的拓展和延伸。同时，人的心智模式、观念、态度也获得了前所未有的转变和发展。人在组织中扮演的角色也发生了本质的变化，从最初的狭隘利益驱动的经济人，发展为有尊重需求的社会人，到现在崇尚自我实现的知识人。

如今，视人为谋求生存的雇员的观念显得愚蠢而无知，而视他们为寻求归属感的员工的观念也变得落伍和不合时宜。因为在这种观念下员工依然走不出组织和科学管理原理所预定的程序和框架，其探索精神和创造力仍然得不到充分的释放。只有将他们看作拥有知识的人，是技术的使用者和发挥者，才能做到对人力资源的重视不仅停留在意识层面，而且提升至挖掘人力资源的行动层面。正是信息技术引发的这场革命使得追求个人价值的实现与组织的价值实现得以有机结合。当我们把员工描绘成网络中的节点或决策点时，我们才会感觉到要充分授权。只有获得授权和认可的知识拥有者才能通过发挥自身的创造力实现企业的目标。

资料链接：数码鸿沟

数码鸿沟（digital divide）是指社会上不同的人，在使用电脑、网络等资讯科技上的机会与能力上的差异：一类人可掌握资讯科技，并能享受资讯科技带来的种种便利和优势，经济条件也向丰厚方向转变；另一类人则未能掌握资讯科技，或给予其认识的空间及机会均不多。两类人的距离越拉越大，不但令"富者愈富，贫者愈贫"的情况更严重，第二类人也逐渐被排挤在外甚至被社会隔离，社会的两极化更趋激烈。

例如，截至2022年1月，欧洲互联网用户占总人口的百分比为98%，排名第一；其次是西欧，互联网用户占总人口的百分比为94%，北美洲互联网用户占总人口的百分比为92%；最差的为非洲地区，中非地区仅为24%，东非为26%，西非为42%，北非稍微好一点，有63%。

> 性别、收入、居住环境、阶级背景、教育和种族等都是造成数码鸿沟的因素，缩小数码鸿沟重要的是确保人们能够平等地享用现代通信和网络基础设施，拥有大体平等的受教育机会。现代企业也是如此，管理者和员工都需要在工作过程中不断地学习新的资讯科技，提升自己的能力，不然就可能被数码鸿沟拉开与同行或上司的距离，在竞争中失去优势。
>
> 资料来源：http://digi.it.sohu.com/20080514/n256851467.shtml。

11.3.3 移动互联网对沟通的影响

随着人类社会和科技的进步，可以为人际沟通所用的媒介不断进行着新旧更替。尤其是当网络为人们打开一个利用大众媒介进行人际传播的突破口时，人际传播更是进入了一个几乎没有屏障的高速发展时代。网络作为人际传播的最新媒介之一，逐渐深入人际传播的更多领域，必将更深刻地影响人际传播模式的发展，乃至影响到人类生活的更多层面。随着智能手机和移动互联网的普及，人们利用媒介终端进行沟通的方式越来越多。

移动互联网是指互联网的技术、平台、商业模式和应用与移动通信技术结合并实践的活动的总称。随着宽带无线接入技术和移动终端技术的飞速发展，人们迫切希望能够随时随地乃至在移动过程中都能方便地从互联网获取信息和服务，移动互联网应运而生并迅猛发展，成为当今世界发展最快、市场潜力最大、前景最诱人的领域之一。截至2021年年底，全球移动互联网用户已达42亿人。随着移动互联网时代的到来，以手机、平板电脑等移动终端为代表的移动互联网沟通方式为用户提供了更加便捷、多样、经济的社交沟通体验，引领了网络沟通新一轮的革命。相对于传统互联网，移动互联网的特点主要在于移动便捷性及信息获取的及时性，用户可以随时随地接入互联网获取所需信息。相对地，用户同样可以自发地通过网络，依靠第三方信息发布平台进行内容发布，以博客、微博甚至微信公众平台为代表的众多自媒体也就应运而生。综上所述，移动互联网对沟通的影响主要体现在改变沟通方式、影响沟通过程和丰富沟通信息三个方面。

1. 多种沟通方式的高效整合

（1）融合通信让沟通无极限。融合通信是传统通信与IT、互联网三大领域逐步发展、自然融合的结果，是基于IP系统和统一平台、跨终端、跨平台的新型综合信息服务业务。融合通信的兴起极大地释放了人们的沟通需求。随着无线网络的发展与普及，以智能手机为载体、基于手机通讯录的沟通类移动互联网应用（移动IM、微信等），成为融合通信领域的市场热点。基于通讯录的移动互联网应用替代语音、短信、彩信等传统通信业务的趋势愈演愈烈。此类业务通过5G、Wi-Fi等移动网络通道提供几乎免费的即时通信、多媒体消息等功能，近乎完美地诠释了SoLoMo理念（social——社交、local——本地化、mobile——移动）。融合通信业务是移动互联网时代的战略性基础能力。融合通信可以有以下两方面好处。

① 整合用户的各类社交关系。加载手机通讯录中的实体社交关系，导入互联网虚拟社交关系，通过微博、微信、手机QQ等各种即时通信应用工具形成对用户社交关系的全覆盖。

② 推进移动通信向多媒体信息应用发展。随着技术的进步，向移动用户提供电视、网游、搜索、支付等多媒体业务已经成为移动通信发展的主要潮流，运营商可以通过移动

设备为客户提供更多的增值服务。无线技术仍然在高速发展,未来空中接口的带宽将不断增加,手持终端的功能将不断完善和增强,它们为多种移动应用的发展开辟了广阔空间。

(2)"移动办公"让沟通更便捷。"移动办公"也可称为"3A办公",即办公人员可在任何时间(anytime)、任何地点(anywhere)处理与业务相关的任何事情(anything)。"移动办公"是云计算技术、通信技术与终端硬件技术融合的产物,成为继电脑无纸化办公、互联网远程化办公之后的新一代办公模式。这种办公模式可以让办公人员摆脱时间和空间的束缚,让组织信息随时随地通畅地进行交互流动,使工作更加轻松有效,整体运作更加协调,尤其是可轻松处理常规办公模式下难以处理的紧急事务。

移动办公系统是一套建立以手机、平板电脑等便携终端为载体实现的移动信息化系统,收发端由智能手机、无线网络、OA系统三者有机结合,实现了任何办公地点和办公时间的无缝接入,提高了办公效率。它可以连接客户原有的各种IT系统,包括OA、邮件、ERP以及其他各类个性化业务系统,使手机也可以用以操作、浏览、管理公司的全部工作事务,也提供了一些无线环境下的新特性功能。

通过移动办公系统,组织成员可以摆脱时间和空间的限制,随时随地随意地处理工作,提高效率,增强协作。移动办公系统是组织管理信息化进入移动时代的必然结果,是组织通过移动通信技术延伸其协同应用和信息交流的必要手段,组织成员可以通过移动协同应用向领导和其他成员提供实时信息和服务,使其能够更方便地与客户、上级组织、同行业或上下游企业随时保持灵动的信息交流。组织领导、相关审批流程的审批人在出差或外出时,可以通过移动终端登录组织OA,实时了解组织最新信息,查阅内部资料,随时查看审批请求,实现审批结果的快速回复。

"移动办公"具有常规办公模式所无法比拟的优势,具体体现在以下四个方面。

① 使用方便。不需要电脑,不需要网线,只要一部可以上网的手机或平板电脑等便携移动设备,即使下班也可以很方便地处理一些紧急事务。

② 高效快捷。无论在外出差,还是正在上班的路上,都可以及时审批公文、浏览公告、处理个人事务等,能更高效地使用闲暇时间,提高工作效率。

③ 功能强大。随着移动终端的日益智能化以及移动通信网络的日益优化,大部分电脑上的工作都可以在移动终端上完成。

④ 灵活先进。针对不同行业领域的业务需求,可以对移动办公进行专业的订制开发,大到软件功能,小到栏目设置,都可以自由组装。

2. 沟通过程的主观性增强

(1)沟通主体的自我本位凸显。在移动互联网背景下,沟通主体的自我本位主要表现在两个方面:首先,对信息的接收和二次传播存在自主性。与传统大众媒体的单线传播不同,移动互联网中的新兴媒体平台为用户提供了一个开放的信息交流场地。用户生活在一个自己通过关注所构造的"封闭世界"中,形成一种膨胀的自我强化,他们只关注自己通过第三方平台主动关注的信息,主动传播自己认为值得传播的信息。其次,对信息的传播存在明显自发性。在网络媒体上,人人都是新闻守门人,人人都握有发言的麦克风,因此人们主观意见的表达得到了最大限度的释放和肯定。微博上的带V账号以及许多网络草根名人都是这一特性的最好体现。

(2)以围观为主的沟通氛围。移动互联网传播主体多元、准入门槛低直接造成了自媒体海纳百川的特性。现阶段人们对移动终端的使用还主要停留在浏览阶段,因此与发表主观信息的用户相比，围观者的人数更是庞大。以微博为例，围观现象会影响到人们的独立判断，使传播者无法不受影响地独立表达观点和做出判断，而不得不迎合围观者的偏好，被围观的氛围所感染，甚至被绑架，进而形成了很鲜明的"沉默的螺旋"的特征。

3. 沟通信息的个性化表达

（1）沟通信息形式简明扼要。受移动终端的传播载体的限制，沟通信息的形式相对简明扼要，以段子化传播为主。无论是微博还是微信，一个"微"字足以体现对沟通信息字数和形式的限制。用户对移动终端的使用习惯和使用时间决定了在移动互联网平台上传播的信息必须有趣、有新意、冲突性强、有故事性。从信息高效传播的目的出发，在移动互联网第三方平台上传播的信息还必须具有"娱乐至死"的精神，在传播过程中，意见领袖利用刻意编排过的文字和语句将信息加以娱乐化渲染，往往能极大地提高信息的传播效率。许多网络用语和新兴词汇也常常脱胎于娱乐化的沟通信息之中。

（2）沟通信息内容批判性强。与传统媒介相比，移动终端最大的优势在于它的灵活性与便捷性。智能手机的普及帮助基于移动互联网的第三方信息发布平台进行信息扩散。而信息内容的批判性又是促使信息进一步扩大影响力的根源。对于移动终端的使用者来说，突发性的和值得批判的消息往往更容易受人关注。人们愿意传播自己亲身经历的难忘事件或转发具有观感刺激性的信息，这种信息传播的特点不仅强化了言论和事件的批判性，同时也是对社会情绪的一种强化。

11.3.4 网络沟通的优势与劣势

信息技术的发展促进了网络沟通的飞跃，人们在看到网络沟通存在大量优点的同时，也认识到网络沟通本身存在不足。

1. 网络沟通的优势

沟通媒介革命波及社会每个角落，在影响个人沟通的同时也以迅雷不及掩耳之势改变着组织沟通。从表面上看，组织内部正式沟通渠道的物理介质发生了翻天覆地的变化，计算机、光纤传输、网络技术给原先的电话、传真机等介质统治的沟通领域插上了腾飞的翅膀；企业外部网、互联网让企业突破了时空障碍，更加游刃有余地运作于四通八达的世界，对企业更加高效地实现目标起到了不容忽视的推动作用。

总的来说，沟通媒介革命为企业沟通带来的利益有以下几方面。

（1）大大降低了沟通成本。IP电话、网络电话和网络即时通信工具的产生使跨国公司总部与分部之间的沟通交流相比国际电话往来成本大为节省。电子邮件不仅可以像传真机一样传送文件、数据、表格，还可以增加内容的色彩信息，增强信息保密性，同时便于接收者修改并存储于计算机内，而且更重要的是，它的费用比传真更低。

（2）使原先一对一的单调语音沟通立体直观化。电话，一直以来无疑是组织沟通的主角。今天，计算机主机、调制解调器、光纤的加盟，加上三维图像识别软件技术，使电话的沟通价值再次大放光芒。视频通信的诞生使企业在真正意义上感受到"地球村"的含义。

（3）极大地缩小了信息存储空间。高密度磁盘、光盘、数据存储器强大的信息存储能力，节约了大量的信息存储空间，形成了信息存储无纸化的趋势，同时便于对文件信息的管理。

（4）使工作便利化。对于那些被工作地域、工作时间限制的员工来讲，网络通信的发达使他们长舒了一口气。他们通过在线途径同样可以做一份工，养家糊口。SOHO（small office，home office，意为"家居办公"）已经被越来越多的组织和个人所推崇。

（5）提升企业危机处理能力。微信、QQ和微博等网络沟通工具的广泛使用极大地加速了信息流动，同时也使企业可以第一时间掌握舆论动态，及时采取适合的营销策略处理公关危机等情况。

（6）安全性好。成熟的防火墙技术和杀毒软件可以较好地保证企业内部网的安全。

（7）跨平台，容易集成。由于采用标准的TCP/IP、HTTP协议，它可以与企业现有网络很好地结合。同时，这些协议可以使企业内部网与外部网实现集成。

网络在某种程度上使企业在更大程度上联结成一个整体，每个人都可以很清楚地知道自己的位置和价值。个人既有归属感，又能感受到竞争的压力。对于管理人员，随时掌握员工的工作情绪和心理需求变动易如反掌。更重要的是，网络面前人人平等。内部网络为企业管理人员和员工的对话提供了绝佳的平台，实现了管理人员和员工间的平等沟通。在过去，基层员工或许数月才能与老板见上一面，通过网络员工可以随时与老板交流。这种网上角色的转变极大地满足了员工渴望沟通的心理需求，在很大程度上鼓舞了员工的士气，增强了企业的凝聚力。

2．网络沟通的劣势

网络沟通为企业内部沟通、外部沟通创造了许多鼓舞人心的利益和便捷，因此，越来越多的企业越来越频繁地使用网络。然而，网络沟通也带来了某些问题，企业在倚重网络沟通的同时，也要认识到以下一些问题。

（1）沟通信息呈超负荷状态，负面信息容易扩散、放大。在知识经济年代，信息以前所未有的速度在组织与组织、组织与个人、个人与个人之间进行流转。信息流速加快的必然结果之一就是，组织中的个体所接收到的信息数量远远超过其所能吸收、处理的信息量，于是出现了信息的超负荷状态，个人无法完全吸收、处理及分辨所得到的信息。

网络论坛、博客、微博、手机等即时通信网络已成为组织负面信息曝光的重要方式。特别是微博，成为各类组织负面新闻的"通讯社"。网络、新媒体尤其是微博的聚集效应使负面新闻的效果被放大，而组织往往反应不及，总体应对能力比较差。应对不当不仅危害组织形象，严重的甚至影响组织生存发展。

（2）口头沟通受到极大的限制。沟通不仅是表达事实，更主要的是传递情感和思想。因此，口头沟通作为完成这两个沟通主体的最佳介质，在组织沟通中具有不可替代的地位。网络时代使得工作与工作场所的分离成为可能，人们愈加青睐通过电子邮件、电子公告板以及即时通信工具等进行沟通，在推崇工作自由并获得大家认可的同时，组织沟通却遭受了严重的打击。而且，令人遗憾的是，弥补因口头沟通不足带来的工作情绪不高的窘境的手段和途径还未得到充分发掘。

（3）纵向沟通弱化，横向沟通扩张。当我们将人们视为网络中的知识资源而不是一定范围的所有者时，向横向沟通转变是一种显而易见的过程。当然，仍然会存在纵向沟通。但当以任务为中心的核心团队在公司各处带动知识进步时，居于主导地位的将是横向沟通形式。

（4）虚假信息的传播破坏组织内信任。企业将微信与钉钉等作为企业内部沟通的渠道，联系企业内部各个部门，在内部沟通中起着上传下达和同级沟通的作用。很多决策者将在微信、QQ等网络沟通平台上接收到的信息作为企业决策的依据,而这些发布的信息也在一定程度上影响了员工的认知和行为。由于网络沟通群组中参与人数众多,接收到的信息来自多个传输者,出现虚假信息的可能性增加,并且由于社会组织是由人组成的,这也使得发生虚假信息成为一件不可避免的事情。由于网络沟通具有信息传输速度快,不受空间、时间限制等优势,虚假信息借助微信这些优势,波及范围更广,传播速度更快,从而破坏力度大增。虚假信息处理不好,会严重影响公司成员的士气与组织的工作效率,不利于员工内部凝聚力和积极性的发挥。

（5）商业机密存在泄露风险。商业机密作为企业的一种重要的无形资产,是企业核心竞争力所在。商业机密的泄露,带给企业的损失将是难以估计的,甚至会影响企业的生存。所以企业为了保持自己的竞争优势,往往通过减少商业机密的获知人数、加强保密措施等来减小企业商业机密泄露的风险。在企业内部传播中,无论是任务下达还是工作汇报,很多涉及企业的商业机密,如企业的财务状况、后台数据等,所以企业内部传播必须做好企业商业信息保密工作,谨防因信息泄露造成不必要的损失。

11.4　网络环境下的沟通伦理与策略

随着信息与网络技术的发展,人们日益认识到网络给人们的生产方式、生活方式、社会伦理及传统道德带来的深刻影响。

当人类迈入21世纪,一个由计算机现代高新技术驱动的信息与网络时代正向我们走来,在网络时代,人与人之间的相互关系主要是一种信息交流与交往的关系。网络时代构筑了一个全球性、开放性、全方位的相互联系的空间。这是一场新的信息网络革命,它对社会、经济、政治、文化等带来的冲击比历史上任何一次科技革命更为巨大,它将影响人们的生产方式和生活方式；同时,也对社会伦理、传统道德提出了严峻的挑战。

在传统的商业领域,企业与企业的沟通、企业与员工的沟通、企业与消费者的沟通、员工与员工的沟通等,都由于网络的出现而产生了巨大的变化,这种变化使得基于传统伦理道德体系的价值判断效果不明显或者无效。

11.4.1　网络环境下的组织沟通伦理问题

所谓网络沟通伦理,是指人们在通过网络进行信息交往时表现出来的道德关系。

网络沟通伦理是随着技术的发展而呈现出来的,因而具有独特性。网络技术革命正在以它独有的特点给人类创造一个全新的生活环境。在这个新环境中,人们原有的道德经验与价值观念受到挑战。网络技术引发了一系列沟通过程中存在的伦理道德问题。

1. 知识产权

人们在信息网络时代遇到的一个重要的道德问题是如何尊重和保护信息网络化的知识产权。由于信息技术的发展,借用、移植、复制他人的程序和某些信息实际上是一种偷窃行为,但由于这种行为既很难发现,又很难判断,因此成为一种普遍现象。所以,网络的普及越来越强烈地要求政府或社会处理好知识产权保护与知识公开合理利用相互矛盾的难题。

案例链接：知网作者维权案例

企业和员工一方面要注意保护自己的知识产权,对核心技术机密以恰当的方式给予保护；另一方面也要防止自己有意无意地侵犯其他企业或个人知识产权。然而，网络环境下的知识产权确定与传统方式存在着很大差别。

2. 个人隐私

在信息网络时代，个人隐私受到信息技术系统采集、检索、处理、重组、传播等信息处理，使某些人更容易获得他人机密及信息，个人隐私面临空前威胁。保护个人隐私是一项社会基本的伦理要求，是人类文明进步的一个重要标志。在信息技术高度发展的网络时代，如何保障公民的个人隐私权，应当引起全社会的关注。

企业在进行决策时必须给予隐私问题足够的重视，否则会引起不必要的麻烦。这种隐私权可能包括合作方越来越透明的企业信息，也可能包括管理层如何尊重员工的隐私权，类似管理层可以在多大范围内通过网络查看员工的文件、监督员工的通信等，很可能还包括企业如何处理采集到的消费者信息。

> **案例链接："人肉搜索"是否合理合法**
>
> 2013年12月3日晚，在连续发出"第一次面对河水不那么惧怕""坐稳了"两条微博后，广东陆丰18岁女高中生琪琪跳入河中自杀身亡。前一天，她曾到一家服装店购物，店主怀疑她偷衣服，于是将视频截图发到微博上来"人肉"。这则"人肉偷衣服女生"的信息引起了热烈反响，众多网友纷纷参与"人肉搜索"。很快，琪琪的个人信息曝光，被同学和朋友指指点点，网上也是一片辱骂之声。
>
> 琪琪的父亲认为此举致使女儿自寻短见。琪琪的姐姐在微博上公开指责涉事服装店店主系"诬陷"，参与人肉搜索的网友的行为导致"一个花季少女无奈走上绝路"。目前当地警方已立案调查，涉事服装店店主已被刑事拘留。法院最终以侮辱罪判处服装店店主有期徒刑一年。
>
> 在网络极度发达的时代，人们在不经意间就会侵犯别人的个人隐私，人肉搜索就是一种典型的方式。
>
> 2019年12月，《网络信息内容生态治理规定》发布，网络信息内容服务使用者和生产者、平台不得开展人肉搜索等违法行为。
>
> 资料来源：http://news.sohu.com/20131214/n391790639.shtml.

3. 网络安全

信息是一种重要资源，是需要重点保护的资产，谁盗取了技术或战略机密，谁就会取得强大的竞争优势。因而，信息与网络的安全问题成为道德关注的一个焦点。由于互联网自身安全性差，网络上时常会非法潜入一些"黑客"进行破坏。常见的网络安全问题有网上盗窃、诈骗、电脑病毒的传播等。信息网络技术的安全问题要求人们必须用道德和法律手段来规范人们的思想和行为。

企业的网络安全问题可能由外部（如黑客）引起，也可能由本企业员工或内部信息管理体制所引起。一般来说，对企业心存怨气或故意恶作剧的员工所引起的安全问题损失更大。

> **案例链接：西北工业大学遭美国网络攻击，揭开美国虚伪面纱**
>
> 2022年9月5日，国家计算机病毒应急处理中心和360公司分别发布了关于西北工业大学遭受美国国家安全局（NSA）网络攻击的调查报告，美国国家安全局下属的特定

入侵行动办公室（TAO）使用了 40 余种不同的专属网络攻击武器，持续对西北工业大学开展攻击窃密，窃取该校关键网络设备配置、网管数据、运维数据等核心技术数据。

以假邮件"钓鱼"，美国使用 41 种网络武器攻击西北工业大学。电子邮件，这一高校师生频繁使用的通信工具，竟然被美国无底线地利用了。2022 年 4 月，西北工业大学就电子邮件系统遭受钓鱼邮件攻击的情况报警称，发现一批以科研评审、答辩邀请和出国通知等为主题的钓鱼邮件，内含木马程序，引诱部分师生点击链接，非法获取师生电子邮箱登录权限，致使相关邮件数据出现被窃取风险。同时，部分教职工电脑也存在遭受网络攻击的痕迹。

资料来源：http://news.enorth.com.cn/system/2022/09/06/053087648.shtml.

11.4.2　网络环境下的组织沟通策略

> **资料链接：熟悉的陌生人——情感的弱联系**
>
> 情感弱联系的概念最早源于社会学家马克·格拉维诺特的论文《弱联系的强度》。在这篇论文中，格拉维诺特从交往双方的互动频率、感情投入程度、亲密关系以及互惠交换四个方面来测量关系的强弱。
>
> 弱联系满足了现代人交往的需要，诸如即时通信（IM）这样的交往包含了情感和信息的交流。参与网络的互动已经成了现代人社会化过程不可省略的一部分，因此，网络的发展不断地促进人们之间的弱联系。弱联系对于人们的日常联系、工作交流往往发挥着巨大的作用，想想看，如果你要找客户，也不可能总是找自己的亲朋好友吧？
>
> 总的来说，弱联系给网络环境下的组织带来了很多益处，但是我们也必须看到，传统的强联系（亲戚、朋友等）的沟通方式也存在很多的好处。
>
> 资料来源：蒋原伦，陈华芳. 我聊故我在[M]. 南宁：广西师范大学出版社，2006.

网络时代，组织结构形态发生变化，随之衍生的组织文化也发生了变化，管理沟通必然也发生巨大变化。尽管有着最快捷、发达、高效的电子沟通介质，但公司并没有放弃传统的非正式沟通形式。管理者在个人信息交流和制定公司的管理沟通目标方面都应该成为员工的楷模。

为了适应 21 世纪的竞争和组织发展需要，提升管理效率，企业在使用网络沟通时必须遵循以下原则。

1．面对面交流，规避情感冷漠

随着互联网和电子邮件的普及，管理者越来越依赖这些新技术传递信息，然而面对面的交流仍然是最重要的管理沟通方式。因为网络沟通并不能替代直接交流，在直接交流中可以观察到对方的面部表情和肢体动作，能够确保沟通的有效性和反馈的及时性。

案例链接：无法替代的面对面交流

2．筛选信息，避免信息超载

企业利用微信等通信工具进行内部沟通时，受传输信息的及时性影响，信息超载问题尤为明显，有时会出现多个群组内信息都推送给某位成员，并且这些信息反映的问题都亟须解决的情况，此时某成员接收到信息过多，难免无从着手，甚至导致重要信息无法及时反馈或者遗漏。

处理微信等内部使用中的信息超载问题，可以考虑使用以下解决办法。

（1）过滤：为了减少高峰时刻信息传输压力，信息发布者可以根据要处理问题的轻重缓急，对所发布的信息进行排序，重要信息可在高峰时刻发布，次重要或者不重要的信息可放至低峰时段发布，信息接收者亦可如此。

（2）筛选：组织间可减少不必要信息的"生产"，以免造成信息冗余，造成企业内部沟通不畅，增加企业沟通成本。

（3）高效：群组内成员沟通往来信息力求言简意赅，并且为了方便成员查看重要信息，重要信息少使用语音形式，多使用文字或者图片，做到一目了然。

3. 信息公开，减少虚假信息

微信等软件作为网络工作平台，参与者众多，这也为虚假信息的产生提供了温床。并且由于对企业真实情况缺乏了解或信息辨别能力有限，虚假信息通常最先在组织低层级成员中传播，因此，信息公开和建立良好反馈网络至关重要。

对于组织的经营发展情况，组织成员都享有知情权，所以对于必要的信息，企业除了微信沟通，还应该辅以现场会议、公文等方式，通过正式渠道告知组织成员，以免成员对不实信息偏信误信。除了信息公开，健全的传播网络也能减少虚假信息的产生。建立微信意见群组，还可在虚假信息产生后，第一时间获悉虚假信息传播状况，从而利用该群组涵盖所有成员的优势，及时注入大量正确信息，在一定程度上遏制虚假信息的传播，为正式澄清做准备。除此之外，管理人员还应该时刻观察，对于已经出现的虚假信息，必须第一时间做出应对，在时间上占领先机，避免因为处理不当给企业带来不必要的损失。

4. 运用防火墙，确保企业网络安全

人们面临电子通信和网络交流时代的到来。如前所述，在网络沟通环境下，企业有更多的机会获取竞争信息"为我所用"，同时，企业自身的信息安全也面临更大的挑战。企业在使用新技术的过程中，应该注意保护自己的网络安全。

> **资料链接：**
> 对于企业的财务系统而言，网络安全更显得至关重要。黑客技术的不断发展使得防止黑客入侵企业的普通防火墙技术轻而易举地被攻破。在财务系统方面，企业除了要做好防火墙，还需要做好企业内部计算机系统与外界的物理隔离。

5. 建立规则，保护个人隐私和知识产权

个人隐私和知识产权是网络环境下管理沟通面临的最大难题。如何有效地控制员工的行为并保护员工的个人隐私，如何激励员工的创新潜力并保护企业和个人的知识产权，是企业在网络沟通环境下需要慎重考虑的问题，企业需要认真建立内部完善的管理规范，确保个人隐私与知识产权的安全。

6. 加强管控，防止自媒体危机传播

对自媒体的信息管控是组织沟通的一大难点。作为企业，应当从以下几个方面控制沟通危机的产生，进行危机管理：首先，充分认识网络时代特征，利用官方发布的优势，建立专门信息沟通渠道，主动掌握话语权；其次，积极进行媒体公关，争取主流媒体的话语权，继而引导网络媒体的舆论；最后，要密切关注、监督对危机讨论的动态，以超链接、跟帖形式参与危机议题的设置，潜在地影响舆论走向。

本章小结

本章典型案例：微信沟通的喜与忧

和煦的阳光依然照耀着内蒙古科尔沁大草原，陈宁如往常一样沿着草原上的公路，驱车来到能源开采基地。那里有他任职的公司——内蒙古通达煤炭能源有限公司。作为公司副总，陈宁管理着公司的生产经营部，每日的业务自然是十分繁忙的。人还没踏进公司大门，微信消息提示就一遍遍响不停了。公司员工的工作也一点儿不轻松，来到办公区域,同事们要么低头拨弄着手机屏幕,要么敲打着电脑键盘,几乎所有人都看着同一个软件——微信。办公室里的微信铃声此起彼伏,同事们并非在偷懒,微信就是这家煤炭能源公司最主要的办公工具。这一切,都要从公司总经理张建军在四年前的一个决定说起。

通达公司管理结构

内蒙古通达煤炭能源有限公司成立于2005年12月,公司现所采矿面积约11平方千米,探明煤炭地质储量2.1亿吨。公司平均年产值3亿元以上,平均年利税额1亿元以上。公司现设有生产部口、设备修理部口、监察部口、营销部口、财务部口及办公室与后勤部口6个部口,现共有员工170人;在管理层级设置上,设有董事长1人、副总经理4人,中层管理人员10人,其中董事长兼任总经理事务,4位副总经理分管如生产副总、经营副总、行政副总及财务总监,直属董事长领导。10位中层管理人员主要是指各部口班组长,分管基层事务,并按时向上级汇报公司日常生产及经营情况。大部分基层员工基本都是初、高中文化水平,其中初中文化水平的员工占到全体员工的20%,高中文化水平的员工占到全体员工的70%,其余10%为大专和本科文化水平。通达公司横向组织如图11-1所示。

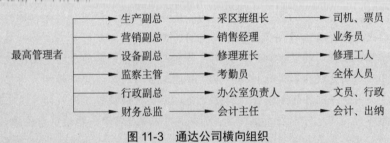

图11-3 通达公司横向组织

曾经的内部沟通困境

以前通达公司管理的方式十分传统,在使用微信之前,公司主要使用的信息传递方式是每日的安全调度会议和每月的总经理办公会,达成的决策命令通过经理层层向下传递。由于考虑问题的角度、思维方式、理解能力等方面的差异,从老总到前线员工,等到最后执行的时候如同漏斗一样,执行的信息与老总最初发出的信息总有差异。同时,受限于员工文化水平普遍偏低,很多基层员工识字水平不高,既看不懂文字类信息指令,也不能流利地用文字跟上级正常沟通。在采用微信管理模式前,公司也曾做过使用手机短信来办理公司内部事项的尝试,但是由于编写文字花费时间精力较大,每日面临超高强度工作的矿场和运输前线员工往往抽不出足够的时间编写短信。要是长时间盯着手机打字也会对开采作业和运输作业带来安全隐患。更不用说少数员工根本不识字,短信沟通的试行效果很差,导致沟通不积极、不及时,反倒影响了员工的工作效率。

为了避免这种信息层层传递造成信息失真的状况,重大事项公司也会组织前线办公会乃至全员大会来发布各种决策建议。说起全员大会,常常令后勤部门头痛不已。公司作为能源类企业,基层员工基本分布在野外采区工作,一线管理者和不少中层管理者也需要到现场视察监督工作,集结员工召开现场会议的难度很大。决定开会的时间和地点,如何协调好参会和留守值班的人员,这些都够各部管理者头痛好一会儿。好不容易协调好一切,一场大会下来,少则两个小时,多则半天一天,算上员工往返的时间,一天的工作就全耽误了。而且每场大会既要发布重大决策,又需要凝聚士气。于是往往从老总到经理层乃至员工代表都安排了发言，一会儿说的是下一季度的工作重点，一会儿说团队奉献，一会儿表彰先锋……一场大会的信息量着实也是不小，同事们是不是能准确抓准重点，达成一致的共识呢？热热闹闹的一场大会，既花钱又消耗大量的人力和时间成本，但效果如何没有人能说得准。

微信沟通初见成效

通达公司总经理张建军一开始对智能手机和各种App并不热衷，但他外出考察其他煤炭企业时，发现一个很有趣的现象：大部分企业在使用微信，据说效果还不错。在走访了几家使用微信沟通的小企业，并且跟企业主沟通以后，张总也决定试试微信。从2013年6月起，公司开始采用"现场会议＋微信群组共享"的形式。日常工作安排上，除了工作日每天早上的安全调度会，公司还要召开每月初的总经理办公会，用来总结上月工作情况，并制订本月工作计划，其余管理层临时决定的事项都在微信中发布。公司创建了9个微信群，分别是公司6个部门的部门群、1个管理层专用群和1个涵盖公司全体员工的整体群，还有1个全体员工讨论群。在所有微信群组中，无一例外的是董事长为群主，并且为了方便沟通交流和身份确认，所有群组人员必须将头像换成较为正式的证件照片，并将群里昵称改为自己的真实姓名。

从那以后，公司内部的沟通打破了时间、地点的限制，管理者通过各部门微信群和全体员工群来发布每日工作任务安排信息，同时群组成员要及时发布工作开展情况，方便管理者掌控。以公司的监察部门群为例，监察人员要将采区的现场施工情况及时在群上发布，并带有图片视频和定位信息，以便管理人员随时了解生产情况。为了方便大家使用微信，公司统一配备了智能手机，并且还在办公区域设置了无线网。员工对于管理人员提出的各种疑问也可以在群里回复，所有成员可见。对于一些值得讨论学习的问题，也可在群内共享，成员相互讨论，最终达成一致意见，有利于决策的有效理解和执行。

大车司机老岳来公司多年了，提起微信也是乐呵呵的。本身开车就需要极强的专注力，以前用短信汇报工作很危险不说，他有很多字还不会写，一条短信有一小半是错别字，沟通费时又不准确。自从使用微信后，老岳在装车和等红绿灯的间歇，发语音就搞定了，又快又准。虽然行驶中听、发语音也是不提倡的，但总比发短信、打电话安全多了。

2014年上半年的一次突发事件使微信办公更深入人心。那时候公司发生一起车辆在运输途中侧翻，班组长除了电话联系管理人员请求支援，还第一时间在微信群内发布了事故现场的最新情况。陈宁作为分管经营的副总，第一时间在微信群中发布最新的任务安排，任务直达个人。修理班长在群里看到现场图片，也第一时间给出了现场控制的建议。运输队同事看到群里的定位，在附近的司机马上赶到现场支援。全公司同事拧成一股绳，群策群力，各司其职。微信迅速及时且扁平化的信息传递，有效地节省了时间，又提高了信息的及时性和准确性，为事故的迅速解决立下功劳。

微信沟通的副作用

随着微信在公司里普及，人们渐渐发现微信也不是万能的，首当其冲的问题是每天的信息过载。公司建立了9个微信群，前线员工平均每天接收到的信息在200条以上。管理人员的信息量就更大了。作为民营企业，公司的主管缺乏授权观念，工作常常亲力亲为，并且需要员工凡事必经呈报。管理层级的人员平均每人加入了5个群，每天收到的信息都在500条以上。就拿陈宁来说，他负责的经营活动深受内外环境变化影响，大小事项发到群里都需要他过目，他必须及时给出指令。3年下来，陈宁每日都面对过载信息的压迫，为了不耽误工作，他基本上每天用三分之一的工作时间来查看微信。信息过量也有可能造成信息传输和提取的错误。有一次业务员小谢如常给生产经营群里发送语音指令，半小时内先后发送了 3 条业务：一批煤炭发到河北石家庄，另外两笔分别发到山东胶州和天津市。没一会儿群里又有了新消息，半小时以后信息已经刷了几版。很不幸的是，两个运输队的班长都点开了同一条语音，两队又没有再做复核就安排运输业务了，最终都把货发往胶州，增加了许多退改运的成本。公司着令陈宁调查事件，陈宁翻回群里记录，十之有九都是语音。微信在设计上，存在无论语音信息多长都无法停止的缺陷，如需要收听记录，只能整条信息重复收听。花了陈宁整整半天时间才找到问题所在，工作极为不便。

虚假信息助长微信也逐渐成为公司员工分关心的一件事。微信群组是他们获取公司信息的主要渠道之一，如果出现虚假消息，由于缺乏对现实情况的认知，员工更容易偏信偏听。2014 年 5 月，某个被开除的前员工心怀不满，在公司全员群里发布了一条"公司拖欠工人工资，毫无人性"的消息，并且这条信息的发布者还在微信朋友圈中转发此消息，他同时哄骗其他员工转发。由于事情发生时间为晚上 11 点，管理人员没有及时处理，导致次日一早，公司大部分员工都要求公司给出合理解释，并煽动群体罢工，经过管理层澄清并给出可靠证据，事件才得以平息。

微信群组的成员除了作为公司员工的角色，还作为一个社会人存在，除了使用微信与同公司的人交流，还与其公司之外的朋友交流，这样无疑增加了泄露公司机密的可能性。为了杜绝隐患，公司的管理者曾经要求员工用于企业沟通的微信账号不能添加公司员工之外的人，不得使用朋友圈、摇一摇和位置定位等功能，但是最后的实施效果差强人意。按照这条指令的要求，很多员工需要在公司微信账号和个人微信账号之间转换，甚至只有一个账号的员工只能作为公司内部沟通使用，剥夺了员工使用微信与外界进行沟通的权利，从而很多员工对使用微信进行内部沟通产生了反感情绪。

针对陆续出现的困扰，老总张建军有些坐不住了。他把调研任务分派给陈宁，要求陈宁提出改善公司内部沟通的方案。要不要继续主推微信呢？要怎样做才能发挥微信的价值呢？陈宁心中没有答案，他点起一根烟呆坐在办公椅上，桌上手机的微信消息提醒依然响个不停，但他早已心不在焉……

资料来源：韩月华. 微信在企业内部沟通中的应用研究[D]. 兰州：兰州大学，2015.

本章思考与讨论

一、仔细阅读开篇导引案例"'粤省事'将便民服务发挥到极致"，对以下问题进行讨论：

1. 移动互联网时代，粤省事 App 服务的优势体现在哪里？
2. 你认为传统政务服务与企业服务转型网络化服务的基本策略是什么？

二、仔细阅读本章典型案例"微信沟通的喜与忧"思考并讨论以下问题：

1. 作为企业领导，应如何看待微信作为企业主要内部沟通工具的利与弊？
2. 假如你是陈宁，你该如何面对当前的沟通困境？内部沟通改进方案该如何入手？
3. 在当今的信息时代，结合案例内容和你个人的工作感悟，你认为该如何利用新媒体或其他应用媒介改善企业内部沟通？

延伸阅读提示

1. 彭兰. 网络传播概论[M]. 4版. 北京：中国人民大学出版社，2017.
2. 欧阳友权. 网络传播与社会文化[M]. 北京：高等教育出版社，2005.
3. 蒋原伦，陈华芳. 我聊故我在：IM，人际传播的革命[M]. 南宁：广西师范大学出版社，2006.
4. 卡斯特. 网络社会：跨文化的视角[M]. 周凯，译. 北京：社会科学文献出版社，2009.
5. 吴太轩，叶明. 互联网即时通信工具规制法律问题研究[M]. 北京：法律出版社，2019.
6. 麦克卢汉. 理解媒介：论人的延伸（55周年增订本）[M]. 南京：译林出版社，2019.
7. 杜慕群. 管理沟通案例[M]. 北京：清华大学出版社，2013.

参考文献

[1] 亚伦·皮斯，芭芭拉·皮斯．身体语言密码[M]．王甜甜，黄伦，译．北京：光明日报出版社，2018．

[2] 埃格特．了不起的身体语言：如何用好非语言技能[M]．丁敏，译．北京：人民邮电出版社，2020．

[3] 水晴柚．修炼魅力女人[M]．2版．北京：中信出版社，2009．

[4] 科恩．谈判天下：如何通过谈判获得你想要的一切[M]．谷丹，译．深圳：海天出版社，2006．

[5] 郑瀛川．有效的选才与面谈技巧：如何突破人才甄选的瓶颈[M]．厦门：厦门大学出版社，2007．

[6] 夏志芳．地域文化·课程开发[M]．合肥：安徽教育出版社，2008．

[7] 邓明明．破译身体语言密码：人类身体信号心理解析大全[M]．北京：新世界出版社，2009．

[8] 卡斯特．网络社会：跨文化的视角[M]．周凯，译．北京：社会科学文献出版社，2009．

[9] 魏江，严进．管理沟通：成功管理的基石[M]．4版．北京：机械工业出版社，2019．

[10] 康青．管理沟通[M]．6版．北京：中国人民大学出版社，2022．

[11] 康青．《管理沟通》教学案例[M]．北京：中国人民大学出版社，2007．

[12] 吴思．潜规则：中国历史中的真实游戏（修订版）[M]．上海：复旦大学出版社，2019．

[13] 吴思．血酬定律：中国历史中的生存游戏[M]．北京：语文出版社，2014．

[14] 胡百精．中国危机管理报告（2012—2013）[M]．北京：中国人民大学出版社，2014．

[15] 张晓慧，石坚．企业危机公关[M]．南京：南京大学出版社，2018．

[16] 陈晓萍．跨文化管理[M]．3版．北京：清华大学出版社，2016．

[17] 张岩松．危机管理案例精选精析[M]．北京：中国社会科学出版社，2008．

[18] 刘宇霞，张斌，王福，等．危机管理理论与案例精选精析[M]．2版．北京：清华大学出版社，2022．

[19] 黄光国．儒家关系主义：文化反思与典范重建[M]．北京：北京大学出版社，2006．

[20] 尹祥智．拓展你的圈子[M]．北京：北京工业大学出版社，2006．

[21] 云中天．圈子成功术[M]．北京：百花洲文艺出版社，2007．

[22] 杨国枢，黄光国，杨中芳．华人本土心理学（上下册）[M]．重庆：重庆大学出版社，2008．

[23] 张健鹏，陈亚明．圈子（文渊阁历史丛书）[M]．北京：当代世界出版社，2009．

[24] 易中天．闲话中国人（修订版）（品读中国书系）[M]．上海：上海文艺出版社，2018．

[25] 翟学伟. 人情、面子与权力的再生产[M]. 2级. 北京：北京大学出版社，2013.
[26] 汪凤炎，郑红. 中国文化心理学（修订版）[M]. 广州：暨南大学出版社，2013.
[27] 张琳琳，黎亮. 面子[M]. 重庆：重庆出版社，2006.
[28] 张涛. 面子：中国社会舞台上的面子艺术[M]. 北京：地震出版社，2006.
[29] 孙彪. 面子心理学[M]. 北京：中国友谊出版公司，2017.
[30] 张廷伟. 国学中的管理智慧[M]. 北京：中国言实出版社，2008.
[31] 赛佛林，坦卡德. 传播理论：起源、方法与应用[M]. 5版. 郭镇之，徐培喜，等译. 北京：中国传媒大学出版社，2006.
[32] 葛剑雄. 人在时空之间 II[M]. 北京：中华书局，2010.
[33] 欧阳友权. 网络传播与社会文化[M]. 北京：高等教育出版社，2005.
[34] 蒋原伦，陈华芳. 我聊故我在：IM，人际传播的革命[M]. 南宁：广西师范大学出版社，2006.
[35] 阿德勒，埃尔霍斯特. 商务传播：沟通的艺术[M]. 施宗靖，译. 上海：复旦大学出版社，2006.
[36] 彭兰. 网络传播概论[M]. 4版. 北京：中国人民大学出版社，2017.
[37] 吴太轩，叶明. 互联网即时通信工具规制法律问题研究[M]. 北京：法律出版社，2019.
[38] 翟学伟. 中国社会心理学评论：第2辑[M]. 北京：社会科学文献出版社，2006.
[39] 陈冠任. 大成商道丛书：中国各地商人性格新解读[M]. 北京：中国戏剧出版社，2006.
[40] 许芳. 组织行为学原理与实务[M]. 3版. 北京：清华大学出版社，2021.
[41] 杨宇. 中国社会心理学评论：第4辑[M]. 北京：社会科学文献出版社，2008.
[42] 曾仕强，刘君政. 人际关系与沟通[M]. 北京：清华大学出版社，2016.
[43] 刘必荣. 办公室里的沟通谈判术[M]. 北京：北京大学出版社，2008.
[44] 刘永芳. 管理心理学[M]. 3版. 北京：清华大学出版社，2021.
[45] 陈国海. 组织行为学[M]. 6版. 北京：清华大学出版社，2020.
[46] 胡河宁. 组织沟通[M]. 北京：中国科学技术大学出版社，2006.
[47] 王怀明，王君南，张欣平. 管理沟通[M]. 济南：山东人民出版社，2008.
[48] 崔佳颖. 组织的管理沟通[M]. 北京：中国发展出版社，2007.
[49] 肖晓春. 人性化管理沟通[M]. 北京：中国经济出版社，2008.
[50] 程艳霞. 管理沟通：知识与技能[M]. 2版. 武汉：武汉理工大学出版社，2019.
[51] 陈国海. 管理心理学[M]. 4版. 北京：清华大学出版社，2020.
[52] 张文昌，成龙. 管理沟通：行为与心理教程[M]. 济南：山东人民出版社，2008.
[53] 王建民. 管理沟通理论与实务[M]. 北京：中国人民大学出版社，2005.
[54] 倪砥，许爱华. 促进我的团队沟通[M]. 上海：上海交通大学出版社，2005.
[55] 姚裕群. 团队建设与管理[M]. 5版. 北京：首都经济贸易大学出版社，2020.
[56] 岳阳. 解码沟通（升级版）[M]. 北京：清华大学出版社，2017.
[57] 苏勇，罗殿军. 管理沟通[M]. 2版. 上海：复旦大学出版社，2021.
[58] 张莉. 管理沟通[M]. 4版. 北京：高等教育出版社，2021.
[59] 刘平青. 管理沟通：复杂职场的巧技能[M]. 北京：电子工业出版社，2016.

[60] 赵洱崟，刘力纬．管理沟通：原理、策略及应用[M]．2版．北京：高等教育出版社，2021．

[61] 张志学．管理沟通：领导力与组织行为的视角[M]．北京：高等教育出版社，2022．

[62] 赵慧军．管理沟通：理论技能实务[M]．北京：首都经济贸易大学出版社，2018．

[63] 黄大钊．敢说会说巧说：当众讲话三部曲[M]．北京：中国书籍出版社，2005．

[64] 应天常．口才训练术[M]．上海：上海文艺出版社，2004．

[65] 孙海燕，刘伯奎．口才训练十五讲[M]．3版．北京：北京大学出版社，2015．

[66] 刘伯奎．口才与演讲系统化训练[M]．北京：北京交通大学出版社，2008．

[67] 臧宝飞．演讲与口才：22堂自我训练课[M]．北京：中国国际广播出版社，2018．

[68] 苏东水．东方管理学[M]．上海：复旦大学出版社，2010．

[69] 王克忠．国学精粹[M]．2版．北京：中国纺织出版社，2011．

[70] 乔雨．悟国学论管理[M]．北京：中国文史出版社，2008．

[71] 南怀瑾．漫谈中国文化：金融•企业•国学[M]．北京：东方出版社，2022．

[72] 苏东水，彭贺．中国管理学[M]．上海：复旦大学出版社，2006．

[73] 张利，林人．国学解码商道[M]．北京：机械工业出版社，2007．

[74] 严文华．跨文化沟通心理学[M]．2版．上海：上海社会科学院出版社，2014．

[75] 陈国海，安凡所，刘晓琴，等．跨文化沟通[M]．2版．北京：清华大学出版社，2021．

[76] 彭凯平．吾心可鉴：跨文化沟通[M]．北京：清华大学出版社，2020．

[77] 黎红雷．中国管理智慧教程[M]．北京：人民出版社，2006．

[78] 邹晓春．沟通能力培训全案[M]．北京：人民邮电出版社，2008．

[79] 张德．人力资源开发与管理[M]．5版．北京：清华大学出版社，2016．

[80] 党静萍．如何应对网络时代：网络文化下的青少年主体性建构研究[M]．北京：法律出版社，2007．

[81] 易书波．精彩演讲特训营：30秒让听众爱上你[M]．北京：北京大学出版社，2007．

[82] 翟学伟．中国人的关系原理：时空秩序、生活欲念及其流变[M]．北京：北京大学出版社，2011．

[83] 翟学伟．中国人的脸面观：形式主义的心理动因与社会表征[M]．北京：北京大学出版社，2011．

[84] 杜慕群．赢在挫折后：职场精英应对困境之道[M]．北京：清华大学出版社，2012．

[85] 杜慕群．管理沟通案例[M]．北京：清华大学出版社，2013．

[86] 于阳．江湖中国：一个非政治制度在中国的起因[M]．北京：当代中国出版社，2006．

[87] 李欣．高效团队管理实战[M]．北京：机械工业出版社，2012．

[88] 贝尔宾．团队角色：在工作中的应用[M]．2版．李和庆，蔺红云，译．北京：机械工业出版社，2017．

[89] 林景新．管理者必读的十堂危机公关课[M]．2版．广州：暨南大学出版社，2013．

[90] 潘一禾．超越文化差异：跨文化交流的案例与探讨[M]．2版．杭州：浙江大学出版社，2020．

[91] 谢玉华，李亚伯．管理沟通：理念•技能•案例[M]．3版．大连：东北财经大

学出版社，2017.

[92] 刘慧霞．会议组织与服务[M]．2版．北京：北京大学出版社，2019．

[93] 罗伯特三世．罗伯特议事规则简明版[M]．3版．孙涤，袁天鹏，张翼，等译．上海：格致出版社，2021．

[94] 罗伯特．罗伯特议事规则[M]．11版．袁天鹏，孙涤，译．上海：格致出版社，上海人民出版社，2015．

[95] 尼克斯．倾听让关系更美好[M]．邱珍琬，译．南京：译林出版社，2011．

[96] 俞敏洪．伟大的声音：演讲的力量[M]．北京：化学工业出版社，2013．

[97] 刘必荣．中国式商务谈判[M]．北京：北京大学出版社，2011．

[98] 道森．优势谈判[M]．刘祥亚，译．北京：北京联合出版公司，2022．

[99] 左小平．意识差异对国际商务谈判的影响[J]．商业时代，2004（15）：54-55．

[100] 麦克卢汉．理解媒介：论人的延伸（增订本）[M]．何道宽，译．南京：译林出版社，2019．

[101] 尤莉．管理沟通实务操作：原理、技巧与行动[M]．北京：电子工业出版社，2016．

[102] 李映霞．管理沟通理论、案例与实训[M]．2版．北京：人民邮电出版社，2021．

[103] 龙涛．中国式沟通[M]．北京：经济管理出版社，2016．

[104] 太虚．佛学常识[M]．南京：江苏人民出版社，2014．

[105] 秋叶．新媒体文案创作与传播[M]．北京：人民邮电出版社，2017．

[106] 秦阳，秋叶．社群营销与运营[M]．北京：人民邮电出版社，2017．

[107] 圣严法师．从心沟通[M]．北京：东方出版社，2014．

[108] 余世维．有效沟通[M]．2版．北京：北京联合出版公司，2022．

[109] 韩月华．微信在企业内部沟通中的应用研究[D]．兰州：兰州大学，2015．

[110] 赵钦政．"微时代"下大学生思想政治教育沟通问题研究[D]．太原：太原理工大学，2013．

[111] 贝克．管理沟通：理论与实践的交融[M]．康青，王啬，冯天泽，译．北京：中国人民大学出版社，2003．

[112] 罗宾斯，贾奇．组织行为学精要（原书第13版）[M]．郑晓明，译．北京：中国人民大学出版社，2016．

[113] 罗宾斯，贾奇．组织行为学（第18版）[M]．孙健敏，朱曦济，李原，译．北京：中国人民大学出版社，2021．

[114] HATTERSLEY M E, MCJANNET L. Management Communication Principles and Practice[M]. 2nd edition. New York: China Machine Press, McGraw-Hill, 2005.

[115] LOCKER K O. Business and Administrative Communication[M]. 6th edition. New York: China Machine Press, McGraw-Hill, 2005.

后　　记

　　本书能够成书要特别感谢中山大学管理学院 2006 届以来各届 MBA 学员、华南理工大学 2011 届以来 EMBA 各班学员以及各高校 EDP 总裁班学员给予我的帮助，本书的部分内容来自他们所提供的案例，课程讲授中的许多内容也得益于他们给我的启发。我还要感谢本书前言所列出的编写团队的每一位成员，是他们与我的紧密合作，为我能按时顺利完成本书第 4 版的编辑修订工作打下了良好的基础。

　　本书成书，同样离不开本人近 30 年职业生涯中各单位领导的关心与支持。在体制内的 25 年各单位履历当中，我有幸遇到了贺全龙博士、周克琨先生、安庆庆先生、王宏伟博士、金更生先生、钟谦先生、梁湖清博士、杨应时先生、朱彤先生、毕然女士、金作斌先生、邓宝雄先生、康健民先生、陈耘辉先生与黄小凡女士等领导。在走出体制做投资的许多年期间中，我有幸遇到了朱孟依先生、陈丹先生、张大林先生、丁福宜先生、吴城先生、陈国权先生、陈岩先生、苏如春先生、林晓辉先生、方明先生、冯耀良先生、林治平先生与刘更申先生等顶尖的民营企业家，有幸遇到了罗金诗先生、祝献忠博士、吴海峰博士、孙晓琴博士、王小兴博士、陈利坚先生、李信民先生、梅咏先生、单方方先生、肖世练博士、李新年先生、邓立新先生、王立新博士、钟光正先生、李广清先生与代伊博博士等领导与同事，在我面临人生挫折的时候，是他们的开解与启发，让我能够一次次走出工作与生活中的困境；是他们的言传身教与近距离熏陶，让我对"高效沟通"这个永恒话题领悟甚多。真诚感恩之余，奉呈本书是对他们最好的答谢。

　　感谢我曾经工作的广州建设资产经营有限公司资产运营部、协荣发展股份有限公司、广州百顺房地产开发有限公司、广州工程总承包集团资产开发总部、广州市广州工程建设监理有限公司、广州市建筑集团办公室、广州广建小额贷款有限公司以及现在工作的大湾产融城乡投资（广州）有限公司的所有团队成员，是他们的支持，让我倡导的团队文化理念——"学习、反省、诚信、感恩"得到充分的实践，也让我的更多沟通策略在团队实践中不断得到升华。

　　感谢我的学术与人生导师毛蕴诗教授，是他从根本上改变了我的人生轨迹，让我深刻体会到了"知识改变人生"的道理；感谢师母文师平在日常关心之余对我的谆谆教导，为人应心存敬畏、诚信为本、踏实干事等理念让本人受益良多。在我业余研究学习与教学过程中，感谢中山大学党委书记陈春声教授、中山大学副校长李善民教授、中山大学法学院刘恒教授，中山大学管理学院的王帆教授、刘静艳教授、谭劲松教授、符正平教授、徐勇教授、李非教授、任荣伟教授、郑国坚教授、唐清泉教授、陈珠明教授、张俊生教授、秦昕教授、朱书尚教授、王永丽教授、肖静华教授、朱沆教授、汪建成副教授、宋耘副教授、张丰副教授、梁剑平副教授与刘光友副教授给予我的支持与肯定；感谢华南理工大学朱桂龙教授、段淳林教授、黄培伦教授、李敏教授、李志宏教授，暨南大学刘少波教授与杜金岷教授、广州医科大学魏东海教授、华南师范大学徐向龙教授与《产经评论》主编郑英隆博士等给予我的鼓励与支持。

　　感谢我从小学求学以来对我影响较大的各位老师：永兴县先锋小学老师曹美娇老师、

代俊辉老师；永兴县一中曹秀庭老师、王庸远老师、段世荣老师，郴州市一中李广林老师、陈继志老师；武汉测绘科技大学大地测量系李凤鸣书记、王观松教授、杨振涛教授、董挹英教授；中国科学院陕西天文台李志刚教授、王敏珍老师、王正明教授；南京大学天文系夏一飞教授与黄天衣教授。

感谢广东省政协原经济委员会主任王珺博士、广东省社科院原副院长李新家博士、东升实业集团联席总裁彭玉冰博士、中信产业投资基金管理有限公司总裁田宇博士、湛江市市长曾进泽博士、海南联通公司原党委书记吴少凡博士、福建铁塔公司总经理舒兆平博士、深圳市创新投资集团有限公司董事长倪泽望博士、伟禄商业集团董事长禹来博士、中国联通公司副总经理何飚博士、广州澳信物业服务有限公司董事长杨广远博士、理昂生态能源股份有限公司董事长郭振军博士、广州银行副行长黄程亮博士、工商银行广州南方支行行长戴传斌博士、广州市工商联副主席李洁明博士、佛山高明区区长姜岳新博士、广东贝英基金管理有限公司董事长施少斌博士、海印集团董事长邵建明博士、联想集团副总裁王帅博士、广东中科科创创业投资管理有限责任公司首席执行官谢勇博士、广州中望龙腾软件股份有限公司董事长杜玉林博士、中山市华艺灯饰照明股份有限公司董事长卢伟林博士、广州国益医药科技有限公司董事长徐力锋博士，我在与他们的日常交往中受益良多。感谢王继康博士给我带来的人生转折机遇，让我在知天命之年还有幸见识了一片全新的天空。感谢徐林发博士、姜里博士、丁汉鹏博士、顾乃康博士、施卓敏博士、龙朝晖博士、史闻东博士、叶勤博士、孙景武博士、蒋敦福博士、杨学军博士、范智博士、周燕博士、李庆博士、舒强博士、曾国军博士、刘阳春博士、周皓博士、梁永宽博士、吴斯丹博士、李玉惠博士、李有刚博士、李田博士、温思雅博士、罗顺均博士、刘富先博士与王婧博士等中山大学各位同门在工作学习中给予的支持与帮助。

感谢中山大学管理学院校友办王远怀主任、EMBA/MBA 教育中心姚海林主任与田正芳老师、华南理工大学管理学院李映照教授与 EDP 培训中心许晓霞主任、暨南大学管理学院 EDP 中心吕新艳主任，是他们的信任与支持，让我拥有了一个分享的平台，帮助我在业余教学过程中实现了教学相长的初衷。本书编辑过程中参考了国内同行的若干成果，感谢清华大学钱小军教授，是她的包容与支持，让我这个校外的教学探索者接触到了国内管理沟通教学的顶尖专家同行，受益匪浅。感谢中国人民大学商学院冯云霞教授、哈尔滨工业大学管理学院张莉教授、暨南大学公共管理学院沈远平教授、浙江大学魏江教授、华东理工大学康青教授、北京理工大学裴蓉教授、刘平青教授、赵洱岽教授、内蒙古大学史增震教授、西安交通大学曾小春教授、云南大学曾萍教授、西南大学李晓阳教授、南京理工大学葛志宏教授、北京航空航天大学苏文平教授、大连理工大学郭文臣教授、湖南大学谢玉华教授、武汉理工大学程艳霞教授、宁夏大学赵智宏教授、武汉科技大学余淑均教授、天津大学梁洨洁教授、河北经贸大学贾鸿雁教授、广州外语外贸大学杨文慧教授、中国科学院大学孙毅教授、江西财经大学叶卫华教授、云南财经大学黄波教授、山东大学孙卫敏教授与重庆工商大学姜维教授，他们作为国内管理沟通课程的教学专家，乐于慷慨地同我进行分享和沟通，让我醍醐灌顶，感触良多。与他们的交流沟通，不仅让我感叹沟通这门学科的博大精深，而且让我领略到了沟通教学的多种路径所带来的不同惊喜。

本书编辑过程中还参考或引用了刘永芳教授、黄光国教授、翟学伟教授、汪凤炎教授、陈晓萍教授、严文华教授等编写的组织行为学、跨文化管理与社会心理学等教材文献，虽然因未能当面向这些前辈请教殊为遗憾，但能从他们的书籍中获益甚多，深感与有荣焉。

限于篇幅，部分来源未能一一注明，我在本书参考文献中列出了大部分参考书目，在此谨向各位作者表示衷心的感谢。

感谢清华大学出版社的杜春杰编辑，是她给予了我及时的鼓励支持，并在本书整个编撰过程中提出了宝贵的修订意见与及时的督促，从而让本书第4版能够按时出版。感谢本书编撰合作搭档朱仁宏老师，多年来推心置腹的交流与合作，让我们彼此求同存异，达成了良好的默契。

最后，谨将此书献给我英年早逝的父亲，在他的言传身教下，我从小便开始了大量的阅读，并理解了终身学习是人生最持久的欢乐；同时感谢我的母亲对我始终如一的关心支持，她时刻默默地为我祈福，成为我人生不断迈进过程中的持续动力源泉。我还要感谢长兄慕晋、从兄慕心以及舅父李怀斌、舅母俞燕飞、姨母赵敏、姨父欧阳建生、叔父桂小纯、堂兄杜震峰与杜震宇、表妹李敏、表弟李锐、表弟欧阳帆、侄女杜鹏鸿与杜若等亲人对我坚定的鼓励与支持。教材当中仍保留着小妹慕菊编撰的案例，可惜她却猝不及防先我而去，在广州与她相处的25载岁月是我永生难以忘怀的美好记忆，希望她在天国岁月静好、风轻云淡。最后我要感谢我的妻子范淑英女士，在自身工作繁忙之余，她仍旧承担本人的后勤支持工作，让我有足够的业余时间全身心投入书稿的编辑修订当中。回想本人在2000年攻读博士学位时，儿子杜泓臻才刚刚出生；这本书出版第1版时，泓臻还在上小学；转瞬之间，他已经快要大学毕业了。正如歌曲《老男孩》的歌词所说："生活像一把无情刻刀，改变了我们模样。"我这个真正的"老男孩"，要感谢儿子的成长让我能够跟上这个时代，让我找到人生可持续发展的根本动力。

今年是本人给中山大学MBA讲授管理沟通课程的第16个年头，不知不觉本人也从尚未不惑的青年，早已迈过了知天命之年。无论是职场起伏的酸甜苦辣，还是教学生涯的纵横豪情，都让我的内心对自己面对的一切充满了感恩之情。感恩我生命当中每一个人，感恩我生命当中遇到的每件事，感恩我生命当中身体的每丝感受，这就是我一直倡导的感恩的三维度。

本书历经打磨，虽然尽可能规避错漏，但由于时间与精力有限，难免还存在若干不足之处，恳请各界读者提出宝贵意见，为本书下一步修订再版打下良好的基础。本人的联系邮箱为：dumuqun@163.com。

杜慕群
2009年8月4日于广州浩蕴商务大厦
2013年8月20日于广州金东环大厦
2017年10月20日广州金东环大厦
2022年10月6日于周大福金融中心

本书微课

人情与面子——
中国式沟通策略